생명정보학 알고리즘

파이썬으로 구현하는 생명정보학 알고리즘

생명정보학 알고리즘

파이썬으로 구현하는 생명정보학 알고리즘

Miguel Rocha · Pedro G. Ferreira 지음   한주현 · 김태윤 옮김

i!i
에이콘

에이콘출판의 기틀을 마련하신 故 정완재 선생님 (1935-2004)

지은이 소개

미겔 로샤^{Miguel Rocha}

포르투갈 민호대학교^{University of Minho}의 부교수로, 정보학과^{Informatics Department}에서 강의하며 생명공학 센터 선임 연구원으로 근무하고 있다. 2007년부터 생명정보학 알고리즘 및 도구, 데이터 분석, 머신러닝 관련 과목을 가르쳐왔으며 생명정보학 석사 프로그램의 책임자다. 주 연구 분야는 대사 모델링과 오믹스 데이터 분석^{omics data analysis}을 위한 도구와 알고리즘의 개발이다.

페드로 페헤이라^{Pedro G. Ferreira}

스타트업 회사인 i3S(포르투갈)의 연구원이다. 컴퓨터 생물학에 관한 연구를 맡고 있으며, 특히 암 유전체학과 인구 유전체학 분야에 집중하고 있다. 여러 연구 그룹과 협력해서 ICGCCLL, GEUVADIS, GTEx 등과 같은 다양한 국제 컨소시엄에 참여했으며, 유전체학 스타트업 환경에서 풍부한 생명정보학 관련 지식을 쌓으면서 데이터 해석을 위한 시스템의 개발을 경험했다.

옮긴이 소개

한주현(kenneth.jh.han@snu.ac.kr)

마크로젠 데이터분석부에서 근무했으며, 현재는 희귀질환 진단 솔루션 서비스를 제공하는 쓰리빌리언에서 생명정보학 엔지니어로 근무하고 있다. 공역서로 『니콜라스 볼커 이야기』(MID, 2016)가 있고, 저서로는 『바이오파이썬으로 만나는 생물정보학』(비제이퍼블릭, 2019)이 있다. '포스트게놈 다부처 유전체사업' 유전체 분석 예비전문가 과정에서 파이썬 프로그래밍을 강의하고 있으며, '생물정보학자의 블로그'(https://korbillgates.tistory.com)를 운영하면서 온라인과 오프라인에서 생명정보학을 알리고자 노력 중이다.

김태윤(deepthought@postech.ac.kr)

제약회사 연구소에서 연구원으로 근무하고 있으며, 생물학 실험과 프로그래밍에 관심이 많은 자칭 바이오해커다. 다양한 과정에서 얻은 경험을 공유하는 블로그(https://partrita.github.io)를 운영하고 있다. 최근에는 신약 개발에서 빅데이터, 머신러닝 등과 같은 다양한 분석 기술을 응용하고자 노력 중이며, 언젠가 사이언스 판타지 소설을 써보고 싶다는 꿈을 갖고 있다.

옮긴이의 말

바야흐로 '바이오의 시대'다. 2019년 말에 발생한 COVID-19는 전 세계를 강타했으며, 전염성이 강한 바이러스의 특성으로 인해 속수무책으로 감염자가 증가했다.

팬데믹pandemic이 돼버린 시대에 세계의 과학자들은 2003년 인간 게놈 프로젝트가 완료된 이후 탄탄하게 쌓아왔던 생명정보학 기술력을 바탕으로 앞다퉈서 바이러스의 전장 유전체whole genome 염기 서열을 분석해 바이러스의 분자 생물학적 비밀을 밝혀내고 있다. 이러한 생명정보학 분석 기술의 원천이 되는 것이 바로 알고리즘이다.

이 책은 기본적인 파이썬 문법과 분자 생물학의 기초를 소개하는 것으로 시작해 단순한 서열을 다루는 알고리즘에서 그래프 알고리즘과 같은 고급 알고리즘까지 다룬다. 각 장마다 친절히 파이썬 스크립트를 제시할 뿐 아니라 깨알 같은 연습 문제로 알고리즘을 학습할 수 있게 해주는 점은 이 책의 큰 장점이다. 특히 각 장의 내용에 맞게 바이오파이썬 라이브러리를 활용해 알고리즘을 설명했다는 점도 흥미롭다. 이 책이 생명정보학을 더 깊게 이해하고자 하는 독자들에게 도움이 되길 바란다.

차례

3장 세포 및 분자생물학의 기초 85

4장   생물학적 서열의 기본적 처리   107

5장   서열 데이터에서 패턴 찾기   137

8장　다중 서열 정렬　　　　　　　　　　　　　　　　　　209

9장　계통학 분석　　　　　　　　　　　　　　　　　　　229

15장 게놈으로 리드 어셈블리: 그래프 기반 알고리즘   343

16장 참조 유전자 서열에 리드 어셈블리   367

17장 더 읽을거리   397

1 서문

1.1 들어가며

지난 수십 년 동안 생명공학 및 생물의학 분야에서 이뤄진 중요한 발견은 모두 실험 기술의 발전 덕분이다. 논란의 여지는 있지만, 가장 잘 알려진 예는 1990년대에 있었던 인간 게놈 프로젝트^{Human Genome Project}다. 게놈 프로젝트가 성공할 수 있었던 것은 40년 간 이어진 서열 분석 기술의 발전 덕분이다[92, 150].

또한 세포에서 유전자 발현, 단백질 또는 화합물 농도를 측정하기 위해 개발된 고처리량^{high-throughput} 분석 기술은 생물의학적 연구에서 실질적인 혁명을 일으켰다. 이런 모든 기술은 현재 생명과학 분야의 건강 관리, 생명공학 및 관련 분야에 많은 데이터를 생성해 연구를 장려하고 새로운 기술 개발을 촉진하고 있다.

그중 대표적인 두 가지 예시로 맞춤형 의학과 생명 공학 산업의 발전을 들 수 있다.

첫 번째로 정밀 의학이 발전함에 따라 환자 개인의 특성을 고려한 맞춤 치료가 가능해졌다. 정밀 의학은 특정 환자에 대한 게놈, 후성유전학^{epigenomic}, 유전자 발현과 기타 유형의 데이터를 이용해 특정 질병에 대한 환자의 위험성을 판단하거나 게놈, 후성유전학의 패턴을 사용해 차별화된 치료를 할 수 있게 해줬다. 또한 유전자 발현 데이터를 기반으로 정확한 진단 및 치료법을 찾을 수 있다. 데이비드 캐머런^{David Cameron} 영국 총리가 2012년에 시작한 10만 건의 게놈 프로젝트(https://www.genomicsengland.co.uk/the-100000-genomes-project), 2015년에 버락 오바마 미국 대통령이 발표했던 정밀 의학의 출범과 유사한 프로젝트들이 향후 몇 년 동안 계속 등장할 것이다.

최근 암 연구에도 서열 분석법으로 큰 진전이 이뤄졌다. 게놈 데이터 커먼즈(https://gdc.cancer.gov) 또는 국제 암 게놈 컨소시엄(ICGC, http://icgc.org/)과 같은 프로젝트들이 암을 일으키는 돌연변이에 대한 포괄적 종양의 정보를 모은 데이터베이스를 만들고 있다.

국제 컨소시엄의 주도하에 처리량이 많은 분석 기술은 전례 없는 규모로 데이터를 생성하고 있으며, 나아가 분자생물학에 대한 관점을 바꾸고 있다. 그중 주목할 만한 것은 다음과 같다. 1,000명의 게놈 프로젝트(www.internationalgenome.org/)와 같이 전 세계 인구에 걸친 인간 유전자 변이를 조사하는 프로젝트다. DNA 요소 백과 사전(ENCODE, https://www.encodeproject.org/)은 기능이 알려진 인간 게놈의 요소들로 지도를 만들고 있다. 후성유전학 지도(http://www.roadmapepigenomics.org/)는 주요 인간 조직 및 세포의 후성적인 유전자형 발현에 대한 프로젝트다. 유전자형 조직 발현 프로젝트(GTEx, https://www.gtexportal.org/)는 50개 이상의 인간 조직으로부터의 유전자 발현 및 정량적 특성을 조사한다.

두 번째로 대사 공학은 바이오 연료, 플라스틱, 제약, 식품, 식품 성분과 기타 중요한 화합물을 생산하기 위해 산업 생명공학 공정에 사용되는 특정 미생물 품종과 관련돼 있다. 숙주 미생물을 개선하는 데 사용되는 전략에는 유전자 결실deletion 또는 불활성화 inactivation, 관련 유전자 과발현overexpression, 외부 유전자 도입 또는 효소 공학을 통한 경쟁 경로pathway 차단이 포함된다.

두 가지 경우 모두 사용 가능한 데이터의 양이 크게 늘어났으며, 동시에 과학 발전과 기술 개발을 위한 새로운 길을 열었다. 그러나 이로 인해 복잡하고 많은 양의 데이터를 관리하고 분석하는 데 상당한 어려움이 발생했다. 생물학적 연구는 여러 측면에서 매우 데이터 지향적이 됐으며, 새로운 지식을 생성하려면 방대한 양의 데이터를 처리할 수 있는 능력이 필요하다. 플로리안 마르코베츠Florian Markowetz가 "모든 생물학은 전산 생물학이다."[108]라고 말했듯이 데이터 처리 및 분석을 해결하기 위해 정교한 계산 도구를 개발하는 것은 필수불가결하다.

이 책은 컴퓨터를 사용해 생물학적 데이터를 처리하고 원시raw 데이터에서 새로운 지식을 발굴하는 것을 목표로 하는 생명정보학을 다룬다. 다음 절에서는 생명정보학이 무엇인지 소개하고, 해당 분야에 관련된 다양한 작업과 과학 분야를 자세히 설명하며, 독자들이 이 책을 더 잘 이해하는 데 도움이 되도록 책의 내용을 간략하게 살펴본다.

1.2 생명정보학이란?

생명정보학은 생물학, 컴퓨터과학, 통계의 교차점에 있는 분야다. 생물학과 정보 기술의 발전에 의해 새롭게 생겨난 분야이므로 빠르게 발전하고 있으며, 그 범위도 계속 재정의되고 있다. 예를 들어 미국 국립 보건원에서는 생물정보학을 '생물학과 의료 체계의 발전을 위해 생물학적 데이터를 분석하는 도구를 개발하는 일 또는 분석법의 개발'로 정의하고 있다[79]. 이 정의에 따르면 생명정보학 작업에는 데이터의 수집, 저장, 보관, 분석, 시각화도 포함될 것이다.

일부 학자는 생명정보학을 주로 세포 수준 연구에서 대규모 데이터를 처리하는 능력을 강조하는 좀 더 좁은 의미로 정의한다[105]. 실제로 생명정보학이 등장한 이래로 대부분의 분석은 세포 수준에서 데이터를 다루는 것과 관련돼 있으며, 이 책에서도 해당 분석에 초점을 맞추고 있다.

미국 국립 보건원의 정기 문서에서는 여전히 전산 생물학을 '생물학과 생명 시스템 연구에 대한 데이터 분석과 이론적 연구로 수학적 모델링과 시뮬레이션 기법이 주를 이룬다.'라고 정의한다. 따라서 일부 학자는 생명정보학과 전산생물학을 같은 의미로 사용하기는 하지만, 전산 생물학은 생명정보학보다 기술 지향적인 관점을 갖고 있고 생명정보학은 생명 시스템에 대한 연구 및 모델링과 관련돼 있다는 점에서 두 분야는 구분된다고 볼 수 있다.

생명정보학은 많은 과학 연구에 사용될 수 있다. 예를 들어 「생명정보학^{Bioinformatics}」 (https://academic.oup.com/bioinformatics) 저널은 게놈 분석, 계통 발생학, 유전자 및 인구 분석, 유전자 발현, 구조 생물학, 텍스트 마이닝, 이미지 분석 및 온톨로지^{ontology}를 포함한 응용 분야에 대해 생명정보학을 적용한 연구를 발표한다. 또한 국립 생명공학 정보 센터(NCBI, https://www.ncbi.nlm.nih.gov/Class/MLACourse/Modules/MolBioReview /bioinformatics.html)는 생명정보학을 다음 세 가지 주요 영역으로 구분한다.

- 대규모 데이터셋의 관계를 평가하기 위한 새로운 알고리즘과 통계분석법 개발
- 다양한 유형의 데이터(예: 뉴클레오티드^{nucleotide} 및 아미노산 서열, 단백질 도메인, 단백질 구조)를 분석하고 해석
- 다양한 유형의 정보를 효율적으로 처리하고 관리할 수 있는 도구의 개발 및 구현

이 책은 이들 영역 중 첫 번째 영역인 생명정보학 문제를 다루기 위한 주요 알고리즘에 중점을 둔다. 따라서 DNA와 단백질 서열 데이터를 처리하고 분석하는 알고리즘을 배운다.

1.3 책의 구성

이 책은 큰 주제에 따라 네 부분으로 나뉜다. 각 주제는 특정 주제를 다루는 각각의 장으로 구분된다.

1장이 포함된 첫 번째 부분에서는 생명정보학 분야를 소개하고 관련 개념과 정의를 제공한다. 2장에서는 알고리즘과 파이썬^{Python} 프로그래밍 언어의 기본적인 사항을 알아본다. 그다음 3장에서는 이 책에서 배우는 알고리즘을 이해하는 데 필요한 생물학적 배경 지식을 소개한다.

두 번째 부분에서는 서열 분석과 관련된 여러 가지 문제를 해결하고 알고리즘을 소개하며 파이썬 함수를 사용해 해결하는 프로그램을 작성한다. 생명정보학의 주된 과제인 기본적인 서열 처리 및 분석에 관련된 전사 및 번역(4장), 서열에서 패턴을 찾는 알고리즘(5장), 다중 서열 정렬 알고리즘(6장, 8장)을 다룬다. 7장에서는 데이터베이스에서 호몰로지^{homology} 서열을 검색하는 방법을 소개하고, 9장에서는 계통 발생학적 분석 알고리즘을 다루며, 10장과 11장에서는 결정론적, 확률적 알고리즘으로 생물학적 모티프를 찾는 방법을 살펴본다. 마지막으로 12장에서는 은닉 마르코프 모델을 생명정보학에 응용하는 방법을 배운다.

세 번째 부분에서는 차세대 서열 분석 데이터 분석을 위해 그래프 기반의 데이터 구조를 사용해 대규모 서열 분석을 수행하는 방법을 배운다. 이 부분은 데이터 구조와 알고리즘(13장)에 대한 소개를 시작으로 그래프(14장)를 사용해 생물학적 네트워크의 구축 및 탐색법을 다루고, NGS 데이터를 처리하는 알고리즘에 중점을 둔다. 15장에서는 리드^{read}로 전체 게놈을 어셈블리하는 작업을 처리하고, 16장에서는 참조 게놈과 정렬해 본다.

네 번째 부분에서는 유익한 생명정보학 책과 온라인 강좌 자료를 제공한다. 17장에서는 앞으로 생명정보학을 공부하는 데 도움이 될 만한 자료를 정리했다.

독자들이 더 많은 것을 학습할 수 있도록 각 장의 끝부분에서는 연습 문제와 프로그래밍 프로젝트도 제공한다. 해당 연습 문제의 해답은 저자의 깃허브 사이트에서 찾을 수 있다.

- 저자 깃허브 사이트

    https://github.com/miguelfrocha/BioinformaticsAlgorithmsBook

- 이 책에 관해 질문이 있다면 옮긴이의 이메일이나 에이콘출판사 편집 팀(editor @acornpub.co.kr)으로 문의하길 바란다.

2 파이썬 소개

2장에서는 파이썬을 간단히 소개한다. 이 책에서는 주로 파이썬 3 버전을 사용해 문제를 해결하는 여러 가지 방법을 배우고 사전 정의된 기본 데이터 구조와 함수를 다루며 새로운 함수, 모듈, 프로그램, 스크립트를 정의하는 방법을 이야기한다. 또한 조건문, 데이터 입출력, 파일, 예외 처리와 같은 기본 알고리즘도 다룬다. 마지막으로는 객체지향 프로그래밍과 클래스 및 메서드를 구현하는 방법을 설명하고 사전 정의된 주요 클래스와 메서드를 살펴본다.

2.1 파이썬의 특징

파이썬은 스크립트script 또는 대화식interactive 모드로 실행될 수 있는 인터프리터 언어다. 1990년대 초반에 귀도 반 로섬Guido van Rossum이 암스테르담의 CWICentrum Wiskunde & Informatica사에서 개발했다[149].

파이썬 커뮤니티에서는 크게 두 가지 파이썬 버전을 사용하는데, 하나는 2.x 버전이고 다른 하나는 3.x 버전이다. 하지만 2.x의 경우 2.7 버전을 마지막으로 2020년에 지원이 종료됐으므로, 이 책에서는 3.x 버전을 사용한다. 3.x 버전은 이전 2.x 버전의 단점을 개선한 차세대 파이썬 버전이다. 일부 호환성 문제로 인해 많은 프로그래머가 여전히 2.x 버전을 사용하고 있지만, 상황은 빠르게 변화하고 있다. 다행히 이 책에서 소개하는 대부분의 예제는 파이썬 버전과 상관없이 작동하도록 작성돼 있으므로 학습하는 데 큰 어려움은 없을 것이다.

귀도 반 로섬이 파이썬을 '상호작용하는 고급 스크립팅 언어'로 설계해서 파이썬에는 명령형 언어, 스크립팅 언어, 객체지향 언어, 함수형 언어를 포함한 다양한 프로그래밍 패러다임이 결합돼 있다.

파이썬의 특징을 정리해보면 다음과 같다.

- **간결하고 명확한 문법**: 파이썬 문법은 코드 가독성을 향상시킬 뿐만 아니라 생산성을 향상시키는 작성하기 쉬운 코드를 만들 수 있게 한다.
- **코드 들여쓰기**: 코드의 구조를 정의하기 위해 시작 블록 또는 중괄호와 같이 명시적 부호를 사용하는 다른 언어와 달리, 파이썬은 콜론(:)과 들여쓰기만 사용한다. 이런 점은 코드의 계층 구조를 간결하게 표현할 수 있도록 해준다.
- **높은 수준의 강력한 데이터 형식 집합**: 파이썬 내장 데이터 유형에는 요소를 저장하는 기본 유형과 요소의 모음을 나타내는 유형(요소의 순서가 포함)이 포함된다. 파이썬의 내장 데이터 형식은 데이터 구조를 관리하고 조작할 수 있는 유연하고 포괄적인 기능을 제공하므로 대부분의 상황에서 사용할 수 있다.
- **객체지향 프로그래밍에 대한 단순하지만 효과적인 접근 방식**: 데이터는 객체와 해당 객체 간의 관계로 나타낼 수 있다. 파이썬 클래스를 사용하면 공유된 객체 구조의 정보와 관련 동작을 정의해 새로운 객체를 만들 수 있다. 또한 파이썬은 클래스 상속 메커니즘을 갖고 있어 클래스는 하나 이상의 클래스에서 상속돼 다른 클래스의 기능을 확장할 수 있다. 따라서 파이썬에서 새로운 클래스를 만드는 작업은 쉽고 효과적이다.
- **모듈**: 모듈은 파이썬의 중심 개념으로 이전에 구현된 코드를 가져오는 방법이다. 모듈의 사용법은 매우 간단하기 때문에 코드 간결성과 개발 생산성을 향상시킨다.

인터프리터 언어인 파이썬은 컴파일^{compile}이 필요하지 않으며, 모든 명령은 바로바로 실행된다. 이를 위해 프로그래밍 언어의 구문을 이해하고 프로그래머가 정의한 명령을 직접 실행하는 인터프리터^{interpreter}라는 컴퓨터 프로그램이 필요하다. 파이썬 3의 인터프리터는 https://www.python.org/downloads/에서 다운로드해 설치할 수 있다.

파이썬의 대화형 모드는 프로그래머가 셸 또는 명령줄을 사용해 각 코드의 즉각적인 피드백을 얻을 수 있는 작업 환경이다. 대화형 모드는 학습 또는 탐색 상황에 특히 유용하다. 파이썬이 설치돼 있는 환경에서 터미널^{terminal}을 열고 **python**을 입력하면 프롬

프트에 심볼 >>>로 표시되는 대화식 모드가 시작된다.

주피터 노트북^{Jupyter notebook}(http://jupyter.org/)은 파이썬을 터미널 환경에서 사용하는 것보다 많은 기능을 제공한다. 주피터 노트북은 실행 가능한 파이썬 코드가 포함된 문서를 작성하고 HTML의 설명 텍스트 및 기타 그래픽 요소와 함께 공유할 수 있는 웹 애플리케이션이다. 주피터 노트북을 사용하면 파이썬 셸과 유사하게 코드를 테스트하고 동시에 문서화할 수도 있다.

스크립트 모드에서 모든 명령(프로그램 또는 스크립트)을 포함하는 파일이 인터프리터에 제공되며, 데이터 입력을 위한 명령으로 코드에서 명시적으로 선언되지 않는 한 추가 개입 없이 실행된다. 스크립트 모드에서는 더 큰 코드 블록이 우선적으로 표시된다.

두 모드 모두 스파이더^{Spyder}, 파이참^{PyCharm} 같은 널리 사용되는 많은 통합 개발 환경(IDE)에 포함돼 있다. 독자들은 이런 IDE 중 하나에 익숙해지는 것이 좋다. IDE는 프로그램 개발을 지원하는 도구와 스크립트 모드를 지원하는 향상된 명령줄을 포함해 생산성을 향상시켜주는 여러 가지 기능을 갖춘 작업 환경을 제공한다.

파이썬 작업 환경을 쉽게 설정하는 방법 중 하나는 아나콘다(https://www.anaconda.com/)를 설치하는 것이다. 아나콘다에는 파이썬과 사전에 설치된 라이브러리, 설치된 라이브러리를 관리하는 도구 등이 포함돼 있다. 다른 대안으로는 엔쏘우트^{Enthought}사(https://www.enthought.com/product/canopy)의 캐노피^{canopy}가 있다. 이런 프로그램을 반드시 사용해야 하는 것은 아니지만, 적절히 활용하면 작업 환경을 쉽게 만들 수 있으므로 생산성을 크게 향상시킬 수 있다.

컴퓨터 프로그램은 데이터 구조와 알고리즘의 상호작용에 의해 정의된다[155]. 알고리즘은 특정 문제나 작업을 해결하기 위해 정보 흐름을 설명하는 명령들의 집합이고, 데이터 구조는 데이터의 구성 방식을 정의한다.

다음으로 파이썬의 주요 내장 데이터 유형과 흐름 제어문을 배우면 독자들은 뉴클레오티드, 단백질 서열 등의 생물학적 개념을 프로그램으로 표현할 수 있을 것이다.

알고리즘의 구조를 설명하기 위해 우리는 의사 코드^{pseudo-code}를 사용할 것이다. 의사 코드는 프로그램을 작성할 때 각 모듈이 작동하는 논리를 표현하기 위한 방법으로서 프로그래밍 언어의 단순화된 버전이며, 의사 코드를 파이썬 인터프리터에 입력하는 것은 의미가 없다.

또한 코드의 주석은 파이썬 인터프리터에서 무시되는 명령이다. 주석은 프로그래머가 코드에 대한 설명을 추가하는 것이며 유지 보수를 하는 데 도움이 된다. 파이썬에서 # 심볼은 주석의 시작을 나타내며 이후의 모든 텍스트는 무시된다.

파이썬 언어는 다음 절에서 다루는 세 가지 주요 규칙에 바탕을 둔다.

- 변수와 객체로 데이터 저장을 처리한다.
- 함수는 데이터 처리를 정의하는 데 사용되는 프로그램 요소로, 수학 함수의 개념과 유사하며 일반적으로 하나 이상의 입력을 받고 출력을 반환한다.
- 프로그램은 하나 이상의 작업을 해결하기 위해 정보 흐름을 정의하는 일련의 명령으로 구성된다. 프로그램을 실행하는 동안 함수들이 호출되며 변수 및 객체의 상태가 동적으로 변한다.

앞으로 파이썬 내장 함수와 각종 조건문 및 반복문으로 코드 내에서 어떻게 데이터가 흐르는지 배운다. 그리고 알고리즘을 구현하기 위해 새로운 함수를 정의하는 방법을 살펴본다.

2.2 변수와 미리 정의된 함수

2.2.1 변수 타입

변수는 특정 유형^{type}의 값을 지칭하는 객체^{object}이며 프로그램이 실행되면서 값이 변경된다. 변수 타입은 독립적이거나 특정 클래스로부터 상속받은 인스턴스 객체일 수도 있다. 즉, 변수 타입은 파이썬 언어에 이미 정의돼 있는 것을 사용하거나 프로그래머가 스스로 정의할 수 있다.

파이썬에서 미리 정의돼 있는 변수 타입은 기본 유형과 컨테이너^{container}라는 두 가지 주요 그룹으로 나눌 수 있다. 기본 유형에는 정수^{int} 또는 부동 소수점^{float}과 같은 숫자 데이터를 나타내는 것과 논리 값(True 또는 False라는 두 값을 허용)을 표현하는 부울^{boolean} 타입이 있다.

파이썬에는 여러 변수 또는 객체를 한 번에 처리하고 관리할 수 있는 몇 가지 기본 변수 타입이 있다. 이를 컨테이너라고 부르며 문자열^{string}, 목록^{list}, 튜플^{tuple}, 세트^{set}, 딕셔너리^{dictionary}가 포함된다. 그중 문자열, 목록, 튜플은 요소의 암시적 순서를 갖기 때문에 서열^{sequence} 타입이라고 하며 인덱스 값으로 접근할 수 있다.

세트와 사전형은 정렬되지 않은 요소의 모음을 나타낸다. 세트는 요소의 위치나 순서가 유지되지 않는 요소 집합이다. 반면에 딕셔너리는 키^{key}에 해당하는 값^{value}을 갖는 요소의 집합이다.

이런 데이터 유형 중 일부는 값을 변경할 수 없는 특성을 갖는다. 이를 불변^{immutable}형이라 부르며, 여기에는 문자열, 튜플, 세트가 포함된다. 불변형 데이터는 값을 변경하려고 하면 오류가 발생한다.

표 2.1에서는 파이썬 기본 및 컨테이너 데이터 유형의 다양한 기능을 요약해 보여준다. 마지막 열은 컨테이너 유형에 다른 유형의 요소가 허용되는지 여부를 나타낸다.

표 2.1 파이썬 내장 데이터 타입의 특징

데이터 타입	유형(Complexity)	순서(Order)	변경 가능(Mutable)	인덱스(Indexed)	다양한 데이터(Heterogeneous)
int	기본 유형	–	yes	–	–
float	기본 유형	–	yes	–	–
complex	기본 유형	–	yes	–	–
Boolean	기본 유형	–	yes	–	–
string	컨테이너형	yes	no	yes	no
list	컨테이너형	yes	yes	yes	yes
tuple	컨테이너형	yes	no	yes	yes
set	컨테이너형	no	no	no	yes
dictionary	컨테이너형	no	yes	no	yes

파이썬에서 데이터 유형은 명시적으로 정의되지 않으며 계산 컨텍스트 및 변수에 지정된 값을 고려해 실행 중에 결정된다. 이로 인해 코드 구문이 좀 더 간결하고 명확하다. 변수 이름이 잘못 쓰여지거나 작동하지 않는 경우(예: 문자열과 정수의 합)에는 실행 오류가 발생한다.

2.2.2 변수에 값 할당

파이썬에서 연산자 =은 변수를 정의하는 데 사용된다. 연산자 =은 파이썬 코드를 작성하는 데 핵심적인 역할을 하고, 연산자 ==은 두 가지 변수를 비교해 서로의 동등성을 확인하는 데 사용된다.

varname = value 문법에 따라 varname이라는 변수는 해당 value 값을 갖는다. 변수의 값은 함수 또는 복잡한 표현식의 출력값일 수도 있다. 이런 경우 해당 값이 변수에 할당되기 전에 출력값이 계산된다.

여러 단어로 구성된 변수의 이름을 정할 때 이 책에서는 밑줄 문자를 단어 사이에 넣어 사용한다(예: variable_name).

이제 대화식 모드(셸)를 사용해 다양한 내장 유형의 변수를 선언하는 방법과 이러한 변수에서 가능한 유형의 작업을 자세히 살펴볼 것이다.

파이썬은 변수의 값을 None으로 설정할 수도 있다. 따라서 코드를 작성할 때 변수가 정의돼 있는지 확인해야 할 수도 있다.

```
>>> x = None
>>> x == None
True
```

변수가 더 이상 사용되지 않으면 del 명령어를 사용해 제거할 수 있다.

```
>>> del x
```

2.2.3 숫자 및 논리 변수

숫자 변수는 정수, 부동 소수점(실수) 또는 복소수다. 부울 변수는 True 또는 False 값을 가질 수 있으며 각각 1과 0에 해당한다.

```
# 정수
>>> sequence_length = 320
# 부동 소수점
```

```
>>> average_score = 23.145
# 부울
>>> is_sequence = True
>>> contains_substring = False
```

한 줄에 동일한 값으로 여러 변수를 할당할 수도 있다.

```
>>> a = b = c = 1
```

단일 명령으로 선언된 순서대로 여러 값을 다른 변수에 할당할 수 있다. 이 경우 변수와 값은 쉼표로 구분된다.

```
>>> a, b, c = 1, 2, 3
```

연산자 =의 오른편에 수식을 사용해 값을 할당할 수도 있다. 이 경우에 식의 평가는 산술 우선순위 규칙을 따른다.

```
>>> a = 2 * (1+2)
```

변수 값도 같은 줄에서 바꿀 수 있다.

```
>>> a,b,c = c,a,b
```

다음 연산자들은 두 개의 숫자 변수에 사용할 수 있다.

- +: 더하기
- -: 빼기
- *: 곱하기
- /: 나누기
- **: 제곱 연산
- //: 나누기(정숫값)
- %: 나누기(나머지 값)

다음 예시와 같이 일반적인 산술 우선순위에 의해 값이 계산된다.

```
>>> x = 5
>>> y = 4
>>> x + y
9
>>> x * y
20
>>> x / y
1
>>> x // y
1
>>> z = 25
>>> z % x
0
>>> z % y
1
>> x ** y
625
```

표 2.2에서는 ASCII 코드를 기반으로 숫자 값과 문자를 변환하는 수학 함수 및 예시를 설명한다.

표 2.2 수학 및 문자 기능

함수	설명
abs(x)	x의 절댓값
round(x, n)	x를 n 자릿수로 반올림한다.
pow(x, y)	x를 y 거듭제곱한다.
ord(c)	문자 c의 ASCII 숫자 코드
chr(x)	x에 대한 ASCII 단일 문자

이러한 기능의 사용 예는 다음과 같다.

```
>>> abs( -3)
3
```

```
>>> round(3.4)
3.0
>>> float(2)
2.0
>>> int(3.4)
3
>>> int(4.6)
4
>>> int(-2.3)
- 2
>>> 0.00000000000001
1e - 14
>>> 2.3e - 3
0.0023
>>> chr(97)
'a'
>>> ord("a")
97
```

파이썬 내장 라이브러리인 math에는 삼각 함수(sin, cos, tan), 제곱근(sqrt), 로그(log), 거듭제곱 함수(exp)와 같은 유용한 수학 함수가 포함돼 있다.

다음 예시처럼 파이썬 대화형 모드에서 해당 함수들을 사용해본다.

```
>>> import math
>>> math.sqrt(4)
2.0
>>> math.sin(0.5)
0.479425538604203
>>> math.log(x)
1.6094379124341003
>>> math.pi
3.141592653589793
>>> math.tan(math.pi)
- 1.2246467991473532e - 16
>>> math.e
2.718281828459045
>>> math.exp(1)
2.718281828459045
>>> math.log(math.e)
```

```
1.0
```

위 예제에서 상수 pi와 e는 라이브러리 내에서 사용할 수 있다는 점에 주의하자.

산술 연산을 통해 변수 x를 변경할 때, 할당 연산자 = 앞에 수학 연산자를 붙여 +=, -=, *=, /=, %=, **=처럼 사용할 수 있다. 예를 들어 다음 두 표현식은 동일한 결과를 나타낸다.

```
# 동일한 결과를 나타내는 표현
>>> a += 3
>>> a = a+3
```

두 개의 부울 변수 x와 y가 주어지면 논리 연산에 의해 True 또는 False의 논리 결과를 반환한다.

2.2.4 컨테이너

2.2.4.1 리스트

리스트^{list}를 사용하면 여러 값을 서열로 저장하고 처리할 수 있다. 리스트는 중괄호([ ]) 속에서 각각의 값이 쉼표로 구분된다.

리스트는 다음과 같이 정의한다.

```
>>> x = [1, 2, 3, 4, 5, 7]
```

리스트의 각 값은 서열 내에서 값의 위치를 정의하는 색인으로 접근할 수 있다. 색인은 0(첫 번째 위치)에서 시작되는 정숫값이다. 예를 들면 리스트의 세 번째 요소에 접근하기 위해 x[2]라고 표현한다. 리스트는 변경 가능한 객체이므로 x[0] = -1을 사용해 값을 변경할 수도 있다.

색인을 음의 값으로 사용하면 리스트의 요소를 반대 방향에서 접근할 수 있다. x[-1]은 리스트의 마지막 요소 7을 나타내고, x[-2]는 마지막에서 두 번째 요소인 5에 해당한다. 리스트의 요소를 제거하려면 del 명령어를 사용한다.

```
>>> x = [1, 2, 3, 4, 5, 7]
>>> del x[4]
>>> x
[1, 2, 3, 4, 7]
```

리스트 객체는 혼합된^{heterogeneous} 데이터를 처리할 수도 있다. 따라서 다음 예시처럼 리스트 안에 새로운 리스트를 포함할 수도 있다.

```
>>> y = [1, 2, "A", "B", [4, "C"]]
```

+ 연산자를 사용하면 리스트를 결합할 수도 있다.

```
>>> [1 ,2 ,3] + [4 ,5 ,6]
[1, 2, 3, 4, 5, 6]
```

슬라이싱은 하위 목록, 즉 원래 목록에서 순서를 유지하는 선택된 요소가 포함된 목록을 생성하는 강력한 메커니즘이다. 슬라이스의 일반적인 문법은 list_name[startslice : endslice : step]이다. 일부 인수를 생략하면 더 간단한 구문으로 사용할 수 있다. 그러나 최종 슬라이스는 항상 마지막으로 선택한 요소의 다음 위치인 것을 기억해야 한다.

리스트에서 슬라이싱을 하는 예는 다음과 같다.

```
>>> x
[1, 2, 3, 4, 7]
# 인덱스 1에서 2까지의 요소
>>> x[1:3]
[2, 3]
# 인덱스 0에서 2까지의 요소
>>> x[:3]
[1, 2, 3]
# 인덱스 3에서 끝까지의 요소
>>> x[3:]
[4, 7]
# 마지막 요소를 제외한 모든 요소
```

```
>>> x[: -1]
[1, 2, 3, 4]
# 두 단계씩 건너뛴 모든 요소
>>> x[::2]
[1, 3, 7]
# 첫 번째와 마지막 요소를 제외한 모든 요소
>>> x[1: -1]
[2, 3, 4]
# 순서를 뒤집은 리스트
>>> x[:: -1]
[7, 4, 3, 2, 1]
```

파이썬은 리스트를 관리하는 데 유용한 여러 함수를 제공한다. 그중 가장 많이 사용되는 함수는 리스트의 길이를 확인하는 len()이다.

파이썬에서 수학의 행렬matrix은 리스트 안의 리스트를 만들어 구현할 수 있으며, 각 리스트는 행렬의 행 또는 열을 나타낸다. 다음 예시 코드는 세 개의 행과 세 개의 열로 구성된 행렬을 만들고, 행과 열의 수를 출력하고, 세 번째 행 두 번째 열의 요소를 확인한 후 마지막 행의 모든 요소를 가져온다.

```
>>> m = [[1 ,2 ,3], [4 ,5 ,6], [7 ,8 ,9]]
>>> print("Number of rows: ", len(m))
>>> print("Number of columns: ", len(m[0]))
Number of rows: 3
Number of columns: 3
>> m[2][1]
8
>>> m[ - 1]
[7, 8, 9]
```

2.2.4.2 문자열

문자열 형식은 일련의 문자를 큰따옴표(") 혹은 작은따옴표(')로 묶어서 정의한다. 다음 예시와 같이 문자열 변수는 print() 함수를 사용해 출력할 수 있다.

```
>>> txt = "This is a string"
>>> print(txt)
This is a string
>>> suffix = "as an example"
>>> txt = txt + " " + suffix
>>> print(txt)
This is a string as an example
```

문자열은 순서대로 정렬된다. 따라서 리스트와 같은 방식으로 슬라이싱을 통해 부분 선택을 할 수 있다.

```
>>> txt [0:4]
'This '
>>> txt[0:4][:: - 1]
'sihT'
```

문자열은 변경할 수 없는 객체다. 따라서 del 명령어를 사용하거나 새로운 값을 할당하면 오류가 발생한다.

```
>>> txt[0] = "t"
Traceback (most recent call last):
File "<stdin >", line 1, in <module>
TypeError: 'str' object does not support item assignment
```

2.2.4.3 튜플

튜플tuple은 정렬된 서열의 세 번째 유형이며 괄호(()) 안에 쉼표로 구분된 일련의 값을 넣어서 정의한다. 튜플은 한 번 생성한 후에는 변경할 수 없다는 점을 제외하면 리스트와 매우 유사하다. 사용 예는 다음과 같다.

```
>>> t = (1, "a", 2, "c", [1 ,2 ,3])
>>> t[1]
'a'
>>> t[-2:]
```

```
('c', [1, 2, 3])
>>> coords = (10, 20)
>>> x,y = coords
>>> coords[1]
20
>>> coords[1] = 25
Traceback (most recent call last):
File "<stdin>", line 1, in <module>
TypeError: 'tuple ' object does not support item assignment
```

2.2.4.4 세트

세트set는 변경이 불가능한 값들을 색인 정보 없이 모은 것이다. 함수 set()를 사용해 정의되며 수학의 집합 개념을 구현하기 때문에 목록에서 중복 값들을 제거하는 데 유용하다.

```
>>> set([1, 2, 3])
{1, 2, 3}
# 두 세트의 교집합
>>> set([1, 2, 3]) & set([1, 2, 4])
{1, 2}
# 두 세트의 합집합
>>> set([1, 2, 3]) | set([1, 2, 4])
{1, 2, 3, 4}
```

세트에 사용할 수 있는 다른 연산자에는 -(차이), ^(대칭적 차이)과 수학 포함 관계 <=(부분 집합) 또는 >=(합집합)이 있다.

2.2.4.5 딕셔너리

딕셔너리dictionary는 키key와 값으로 연결된 객체들이 정렬되지 않은 컨테이너로 각각의 키는 고유한 값을 갖는다. 딕셔너리는 대괄호({}) 속에 콜론(;)으로 구분된 키와 값의 쌍으로 정의한다.

```
# 빈 딕셔너리 객체 만들기
>>> translate_numeric_text = {}
>>> translate_numeric_text = {"one":1, "two":2, "three":3,
1:"one", 2:"two", 10:"many"}
>>> translate_numeric_text
{1: 'one', 2: 'two', 10: 'many', 'three': 3, 'two': 2, 'one': 1}
```

딕셔너리의 값은 중괄호([])를 사용해 해당 키의 값을 출력할 수 있다.

```
>>> print(translate_numeric_text["one"])
1
>>> translate_numeric_text["one"] + translate_numeric_text["two"]
3
```

딕셔너리의 값은 직접 변경하거나 삭제할 수 있다.

```
>>> translate_numeric_text["ten"]=10
>>> del translate_numeric_text["three"]
```

2.2.5 변수 비교하기

유형에 따라 변수는 위에서 설명한 미리 정의된 유형의 경우와 같이 다른 방식으로 비교할 수 있다. 사용할 수 있는 비교 연산자는 다음과 같고 참, 거짓으로 결과를 출력한다.

- < (보다 작음)
- > (보다 큼)
- == (동일함)
- <= (작거나 같음)
- >= (크거나 같음)
- != (동일하지 않음)

특정 값이 컨테이너에 존재하는지 확인하려면 명령어 *value* in *cont*를 사용하고, 컨테이너에 없는지 확인하려면 *value* not in *cont*를 사용한다.

다음은 몇 가지 예시다.

```
>>> x = 23.4
>>> y = 32.3
>>> y > x
True
>>> y <= x
False
# 리스트 안에 있음
>>> x = [1, 2, 3, 4, 7]
>>> 2 in x
True
>>> 5 in x
False
>>> 8 not in x
True
# 문자열 내에 있음
>>> "cd" in "abcdef"
True
>>> "g" in "abcdef"
False
```

2.2.6 데이터 타입 변환

파이썬은 데이터의 타입을 손쉽게 변환할 수 있다. 함수 **type()**을 사용해 변수의 데이터 유형에 대한 정보를 얻고 원하는 데이터 유형에 해당하는 함수를 사용해 변수의 데이터 유형(예: int, float, bool, str, list, dict, set)을 변환한다.

```
# 문자열을 정수로
>>> int("123")
123
# 정수를 부동 소수점으로
>>> float(123)
123.0
# 부동 소수점을 정수로
>>> int(123.5)
123
```

```
# 숫자형 데이터를 부울로
>>> bool(0)
False
# 정수를 문자열로
>>> str(123)
'123'
# 문자열을 리스트로
>>> list("list")
['l', 'i', 's', 't']
# 리스트를 세트로
>>> set(["A","B","A"])
{'A', 'B'}
# 튜플을 딕셔너리로
>>> dict([("one" ,1) ,("two" ,2)])
{'one': 1, 'two': 2}
```

부동 숫자에 대한 일반적인 작업은 특정 소수 자릿수로 반올림하는 것이다. 반올림을 위해 round() 함수를 사용한다.

```
# 소수점 첫째 자리로 반올림
>>> round(123.456 ,1)
123.5
```

표 2.3에는 변수를 선언하고 다른 데이터 형식으로 변환하는 함수에 대한 설명이 요약돼 있다.

표 2.3 데이터 형식 변환 기능

함수	설명
int(x)	변수 x를 정수로 변환한다.
float(x)	변수 x를 실수(소수점 방식)로 변환한다.
str(obj)	객체 또는 변수 obj의 문자열로 변환한다.
tuple(elems)	튜플로 반환한다.
list(iter)	빈 목록(인수가 전달되지 않은 경우) 또는 반복 가능한 객체 iter로 초기화된 목록
dict(iter)	빈 딕셔너리(인수가 전달되지 않은 경우) 또는 이름 값 튜플이 있는 반복 가능한 객체로 초기화된 딕셔너리

(이어짐)

함수	설명
set(iter)	반복 가능한 객체를 설정으로 변환한다.
type(obj)	객체의 타입을 반환한다.
repr(obj)	객체의 표준 문자열 표현

2.3 파이썬 코드 작성하기

2.3.1 들여쓰기

알고리즘 구조와 파이썬 코드를 살펴보기 전에 파이썬 언어의 들여쓰기[indentation] 규칙을 배워보자. 들여쓰기는 파이썬 문법과 관련돼 있으므로 변경되면 전체 코드의 논리에 영향을 미친다. 들여쓰기는 다음과 같이 요약할 수 있다.

- 코드는 파일의 첫 번째 열에서 시작한다.
- 코드 블록의 모든 줄은 같은 방식으로 들여쓰기가 된다(예: 고정 간격으로 정렬). 블록의 시작과 끝을 구분하기 위해 대괄호가 필요하지 않다.
- 콜론(:)은 코드 블록의 시작을 의미한다.
- 코드 블록은 다른 코드 블록 내에서 재귀적으로 정의할 수 있다.

다음 의사 코드에는 세 개의 중첩된 코드 블록이 종속적으로 작성돼 있다. block_1에는 N문이 있고 block_2에는 M문이 있으며 block_3에는 K문이 있다.

```
statement preceding block_1:
    statement_1 within block_1
    statement_2 within block_1
    .
    .
    statement_N within block_1 preceding block_2:
        statement_1 within block_2
        statement_2 within block_2
        .
        .
```

```
        statement_M within block_2 preceding block_3:
            statement_1 within block_3
            .
            .
            .
            statement_K within block_3
    statement after block_1
```

2.3.2 사용자 정의 함수

사용자 정의 함수는 명령어 def 뒤에 함수의 이름과 인수 목록, 그리고 콜론(:)으로 시작하는 코드 블록으로 정의된다.

명령어 return은 함수에 대한 결과를 제공하는 데 사용되며, 일반적으로 함수의 마지막에 나온다. 반환할 값이 없으면 None을 반환한다. 여러 값을 반환해야 하는 경우에는 결과가 포함된 리스트나 튜플이 반환된다.

사용자 정의 함수의 시작 부분에는 해당 함수의 목적과 사용법을 설명하는 주석을 추가하는 것이 좋다. 일반적으로 함수 설명을 위한 주석은 큰따옴표 세 개(""")를 사용해 작성하며, 문서화 문자열^{docstring}이라고 부른다.

```python
def function_name([arguments,]):
    """ 함수에 대한 설명을 주석 처리하기 """
    --some_statements_here--
    (...)
    return result
```

예를 들어 입력된 값의 제곱을 계산하는 함수는 다음과 같이 정의한다.

```python
def square(x):
    return x*x
```

또한 제곱근을 구하는 함수는 다음과 같이 정의한다.

```
def power(x, y):
    return x**y
```

함수 구문을 사용하면 인수의 기본값을 정의할 수 있다. 이 경우 함수를 호출할 때 인수를 생략하면 해당 인수에 기본값이 사용된다. 다음은 지수가 기본적으로 2로 정의된 함수의 예를 보여준다.

```
def power(x, y=2):
    """ y에 대해 기본값 2를 가정해 x를 y의 거듭제곱으로 반환한다. """
    return x**y
```

함수 내에서 선언되고 사용되는 변수는 함수 코드가 실행될 때만 존재하며 함수가 종료되면 사용할 수 없다. 이를 변수의 범위라고 한다. 일반적으로 함수 정의 블록 내에 정의된 변수는 이러한 블록에 대한 지역^{local} 변수다. 함수 외부의 다른 변수와 이름을 공유하는 경우에는 완전히 독립적이며 서로 영향을 미치지 않는다. 이 경우에 함수 정의 블록 내에서 이름은 지역 변수를 참조한다.

함수는 함수 정의에 제공된 순서대로 괄호로 묶인 각 매개변수 값으로 함수 이름을 호출함으로써 호출된다. 반환된 값은 후속 계산을 위해 변수로 캡처하거나 추가 계산에 직접 사용할 수 있다. 파이썬 콘솔에서 직접 호출하면 다음과 같이 반환 값이 화면에 출력된다.

```
>>> x = 3
>>> x_square = square(3)
>>> x_square
9
>>> power(3)
9
```

2.3.3 조건문

if문을 사용하면 특정 논리 조건에 따라 코드 블록의 실행을 조절할 수 있다. 가장 단순한 예시로 다음 의사 코드를 참고하자.

```
if logical_condition:
    statement_if_true_1
    statement_if_true_2
    (...)
else:
    statement_if_false_1
    statement_if_false_2
    (...)
```

이 경우 조건이 참이면 첫 번째 블록의 코드가 실행되고, 조건이 거짓이면 두 번째 블록의 코드가 실행된다. 만약 else 블록에 실행될 코드가 없다면 아무것도 실행되지 않는다.

두 개 이상의 if 조건문이 있는 경우 이전 조건이 실패한다면 다음 elif 코드 블럭으로 넘어가게 된다. 그리고 모든 조건을 충족하지 못하는 경우 마지막으로 else 코드 블럭이 실행된다. 다음 의사 코드는 여러 조건문이 있는 경우를 나타낸다.

```
if logical_condition1:
    statement_1_condition1
    (...)
elif logical_condition_2:
    statement_1_condition2
    (...)
(elif ...)
else:
    statement_1_else
    (...)
```

조건은 부울 변수, 부울 결과를 반환하는 함수 또는 연산자이거나 이를 포함하는 표현식일 수 있다. 일반적인 경우는 2.2.5절에 제시된 비교 연산자를 사용하는 것이다. 다음 예제는 if, elif, else문을 사용해 시험 점수에 대한 평가를 출력한다.

```
score = 45
exam_result = ""
if score < 50:
    exam_result = "failed"
```

```
elif score > 90:
    exam_result = "outstanding"
elif score > 70 and score <= 90:
    exam_result = "excellent"
else:
    exam_result = "good"

print("Exam result for a score of " + str(score) + " was " + exam_result)
```

테스트 조건에 변수 이름만 포함하면 숫자 변수의 논리 값을 테스트하는 좀 더 간단한 표기법을 사용할 수 있다. 예를 들어 숫자 1은 True, 0은 False를 나타내기 때문에 다음 코드가 가능하다.

```
>>> x = 1
>>> if x == 1:
...     print "Yes"
... else :
...     print "No"
...
Yes

>>> if x:
...     print "Yes"
... else:
...     print "No"
...
Yes

>>> x = 0
>>> if x:
...     print "Yes"
... else:
...     print "No"
...
No
```

추가적인 예로, 두 입력 사이에서 가장 큰 숫자 값을 계산하는 함수를 정의하고 시험해본다.

```
def maximum_two(x,y):
    if x > y:
        return x
    else:
        return y

print(maximum_two(3,4))
print(maximum_two(5,4))
print(maximum_two(3,3))
```

2.3.4 조건 반복문

명령문을 여러 번 실행해야 한다면 while 반복문을 사용하는 것이 적절하다. while 반복문의 의사 코드는 다음과 같다.

```
while condition:
    statement1_inside_while
    statement2_inside_while
    (...)
next_statement_after_while
```

이 경우 조건이 충족되는 동안 계속해서 코드 블록이 실행된다. 그러다 조건이 맞지 않으면 반복문이 종료되고 다음 코드가 실행된다. 무한 반복을 막기 위해 프로그래머는 실행의 어느 시점에서 조건이 거짓이 되도록 코드를 작성해야 한다.

다음 예제에서 변수 a의 값이 100보다 작으면 while 반복문이 실행되고, 각 반복마다 변수 a의 값을 10씩 증가시킨다. 결국 변수 a의 값이 100보다 커지면 반복문이 정지된다.

```
>>> a = 0
>>> while a < 100:
...     print(a)
...     a = a+10
...
```

while 반복문의 유용한 사용 예시로 주어진 요소가 숫자 목록에 있는지 검색하는 함수를 만들어본다. 이 함수는 해당 요소가 목록에 있으면 해당 항목의 위치를 반환하고 요소가 목록에 없으면 −1을 출력한다.

```python
def first_occurrence(lst, elem):
    ind = 0
    found = False
    while ind < len(lst) and not found:
        if lst[ind] == elem:
            found = True
        else:
            ind += 1
    if found:
        return ind
    else:
        return -1

l = [1 ,3 ,5 ,7 ,9]
print(first_occurrence(l, 5))
print(first_occurrence(l, 2))
```

2.3.5 반복 순환문

미리 정해진 횟수만큼 코드 블록을 실행해야 한다는 것을 미리 알고 있다면 for 루프를 사용한다. for 루프는 컨테이너 변수에서 검색하거나 이러한 값을 생성하는 함수를 사용해 반복자의 모든 요소를 반복 루프로 제공한다. 즉, 모든 요소를 통과하는 메커니즘을 제공한다. 문자열 또는 리스트와 같은 객체는 for 루프에서 반복하기에 특히 적합하다. 실제로 다양한 값을 통한 반복은 프로그래밍에서 가장 일반적인 작업이다.

다음 예제 코드는 문자열의 모든 문자를 for 루프로 반복하며 seq_len 변수 값을 증가시켜 문자열의 길이를 측정한다.

```python
my_seq = "ATACTACT"
seq_len = 0
for c in my_seq:
```

```
    seq_len += 1

print("Sequence length " + str(seq_len))
```

반복자를 반환하는 함수도 있으며, 이 루프에서 직접 사용할 수 있다. 파이썬은 증분 단계 값으로 시작과 중지 값 사이에서 불변의 정수 서열을 생성하는 함수 범위를 제공한다. 일반적인 구문 범위 ([start,], stop, [, step])을 사용하면 중지 값만 제공하면 되는 좀 더 간단한 표기법을 사용할 수 있다. 이 경우에 시작 값은 0이고 단계는 1인 것으로 가정한다. 음수 값을 갖는 단계를 사용하면 값이 감소하는 서열이 생성된다. 생성된 값 서열에는 중지 값이 포함되지 않는다.

```
>>> b = 10
>>> for a in range(10):
...     print(b*a)
0
10
...
90
```

다음 예제는 문자열을 반복하고 해당 위치에 있는 색인 및 해당 문자로 값 쌍을 출력한다.

```
my_seq = "ATACTACT"
idx = 0
for idx in range(len(my_seq)):
    print(str(idx) + " " + my_seq[idx])
```

enumerate() 함수는 색인과 각 요소를 동시에 제공하는 반복 가능한 객체를 반환한다. 따라서 이전 코드를 다음과 같이 다시 작성할 수 있다.

```
for idx , val in enumerate(my_seq):
    print(str(idx) + " " + my_seq[idx])
# 또는 대안으로
for idx, val in enumerate(my_seq):
```

```
        print(str(idx) + " " + val)
```

이제까지 살펴본 예시들은 문자열을 반복해 출력하는 데 중점을 뒀지만, 리스트형 데이터를 반복해서 출력하는 예도 살펴보자. 이번 예시에서는 for 루프가 리스트의 요소를 살펴보면서 요소의 위치에 대한 새로운 리스트를 만든다. 만약 해당 요소가 존재하지 않는다면 빈 리스트가 반환된다.

```python
def all_occurrences(lst, elem):
    res = []
    for ind in range(len(lst)):
        if lst[ind] == elem:
            res.append(ind)
    return res

l = [1, 3, 5, 7, 9, 1, 2, 3]
print(all_occurrences(l, 1))
print(all_occurrences(l, 2))
```

이 방법은 중첩해서 다차원 데이터 구조에도 적용할 수 있다. 간단한 예시로 행렬을 살펴보자. 일반적으로 행에 대해 두 개를 중첩해 행 인덱스를 반복하고, 다른 하나를 열에 중첩해 처리한다. 다음은 행렬을 만들어 모든 요소의 합계를 계산하는 예시다.

```python
m = [[1, 4, 7], [2, 5, 8], [3, 6, 9]]
s = 0
for i in range(len(m)):
    for j in range(len(m[i])):
        s += m[i][j]

print(s)
```

경우에 따라 루프 내 예상 흐름을 변경해야 할 수도 있다(for 및 while 루프). 파이썬은 루프 제어를 위한 두 가지 문장을 제공한다. break문은 루프를 즉시 종료시킨다. 반면에 continue문은 루프가 다음 반복문으로 이동하도록 한다.

2.3.6 리스트 축약

데이터에서 수학적 또는 논리적 개념으로 새로운 목록을 만드는 작업은 프로그래밍에서 빈번하게 이뤄진다. 예를 들어 200보다 작은 10의 배수를 가진 리스트를 만든다고 가정해보자. 다음 예시와 같이 for 루프를 사용하면 쉽게 만들 수 있다.

```
>>> multiples_ten = []
>>> for x in range(1, 21):
...     multiples_ten.append(x*10)
```

파이썬은 기존 리스트에서 새로운 리스트를 만들 수 있는 편리한 방법을 제공한다. 이를 리스트 축약list comprehension이라고 하며 다음과 같은 일반적인 형태를 갖는다.

```
[expression for obj in iterable]
```

위의 예는 이제 다음과 같이 다시 작성할 수 있다.

```
>>> multiples_ten = [10*x for x in range(1,21)]
>>> multiples_ten
[10, 20, 30, 40, 50, 60, 70, 80, 90, 100, 110, 120,
130, 140, 150, 160, 170, 180, 190, 200]
```

다음 예제에서는 주어진 서열에서 길이가 3인 모든 하위 문자열sub-string을 추출한다. 파이썬은 인덱스가 0부터 시작되기 때문에 2를 뺀 문자열 길이에서 for 루프를 사용해야 한다.

```
seq = "ATGCTAATGTACATGCA"
seq_substrings = [(seq[x:x+3]) for x in range(0, len(seq)-2)]
```

리스트 축약에는 if 조건문도 포함될 수 있다.

```
[expression for obj in iterable if condition]
```

이 기능을 사용해 20보다 작은 모든 홀수의 제곱값을 가진 목록을 만든다.

```
>>> [ x**2 for x in range(0, 20) if x % 2 != 0]
[1, 9, 25, 49, 81, 121, 169, 225, 289, 361]
```

다른 예로 문자열에서 A를 포함하는 모든 하위 문자열로 목록을 만들어본다.

```
>>> [s for s in seq_substrings if "A" in s]
['ATG', 'CTA', 'TAA', 'AAT', 'ATG', 'GTA', 'TAC', 'ACA', 'CAT', 'ATG']
```

위 코드는 리스트 축약으로 새로운 목록을 매우 직관적이고 간결한 방법으로 만들 수 있다는 것을 보여준다.

2.3.7 도움말

함수나 객체에 관한 도움말은 대화식 모드에서 도움말(help()) 함수를 사용해 찾을 수 있다. 아무런 인수 없이 도움말 함수를 사용하면 대화식 도움말 세션 유틸리티가 시작된다. 도움말 함수는 파이썬 내장 함수에 대한 도움말 외에 모듈 또는 키워드 목록에 대한 정보도 제공한다.

```
>>> help()
help> keywords
```

파이썬에서 키워드는 이미 예약돼 있는 내부 명령어의 집합을 의미한다. 따라서 변수, 함수, 클래스 또는 모듈의 이름에는 키워드를 사용할 수 없다. 키워드 목록과 명령의 결과는 표 2.4에 나와 있다. 내장 컨테이너 데이터 유형에 대한 도움말을 얻으려면 도움말help 함수에 생성자 심볼을 인수로 사용한다. 예를 들어 help({})는 딕셔너리에 대한 도움말을 보여주고 help("")는 문자열에 대한 도움말을 보여준다.

2.4 파이썬 프로그램 개발

파이썬과 같은 인터프리터 언어는 일반적으로 내장 함수와 이전에 정의된 함수에 대한 호출을 포함하는 일련의 명령어로 구성된 스크립트 프로그램을 작성한다. 스크립트는 제안된 작업을 수행하는 데 필요한 데이터 흐름을 정의한다.

표 2.4 파이썬 내장 키워드

False	def	if	raise
None	del	import	return
True	elif	in	try
and	else	is	while
as	except	lambda	with
assert	finally	nonlocal	yield
break	for	not	
class	from	or	
continue	global	pass	

 일반적으로 프로그램은 어떤 식으로든 사용자로부터 일부 데이터를 읽고 이러한 데이터를 처리한 후 결과를 사용자가 사용할 수 있게 한다. 좀 더 복잡한 프로그램은 이러한 단계를 여러 주기로 실행할 수 있으므로 사용자와 좀 더 많은 상호작용을 할 수 있다.

2.4.1 데이터 입력과 출력

많은 파이썬 코드는 사용자로부터 입력을 받아 결과를 출력한다. 사용자 입력에는 다양한 데이터가 있고, 출력에는 계산 결과 또는 기타 관련 메시지들이 있다.

 print 출력문을 사용하면 출력 문자열을 형식화하는 옵션과 함께 터미널에 요소들을 표시할 수 있다. 이미 앞의 많은 예시에서 해당 출력문을 많이 사용했다. print 출력문은 쉼표로 구분된 문자열, 변수, 표현식은 물론 인수와 종료 문자열 사이에 사용할 구분 심볼을 정의하는 추가 인수를 처리할 수 있다.

```
>>> my_seq = "ATACTACT"
>>> print("Sequence", my_seq, "has length", len(my_seq))
Sequence ATACTACT has length 8
>>> print(1,2,3, sep=";", end = ".")
1;2;3.
```

이전 예제에서는 문자열 토큰을 하나씩 인쇄 함수의 독립 인수로 정의했다. 문자열 출력의 또 다른 방법은 % 연산자를 사용해 튜플에서 토큰을 전달함으로써 % 연산자의 왼쪽에 정의된 문자열 내에서 토큰의 위치를 정의하는 방법이다. 설명만으로는 다소 어렵게 느껴질 수 있지만, 다음 예시를 살펴보면 쉽게 이해할 수 있다.

```
>>> print("%s + %s = %s" % (1, 2, 3))
1 + 2 = 3
```

연산자 %를 사용해 숫자의 출력 형식을 변경할 수도 있다. 일반적으로 %width. precision datatype 형식이며 width는 숫자가 정렬되는 열 수를 뜻한다. precision은 부동 소수점 숫자를 인쇄할 때 사용되는 정밀도 자릿수다. datatype은 출력 데이터 유형을 정의한다(예: d(정수), f(소수점), s(문자열), e(지수)). 구체적인 사용법은 이어지는 몇 가지 예시를 통해 확인할 수 있다.

```
>>> ratio = 123/456
>>> print("ratio:", ratio)
ratio: 0.26973684210526316
>>> print("ratio:%3.2f" % ratio)
ratio: 0.27
>>> x = 123
>>> print("%d" % x)
123
>>> print("%09d" % x)
000000123
>>> print("%e" % ratio)
2.697368e-01
```

input() 함수를 사용하면 사용자에게 입력값을 받아서 사용할 수 있다. input() 함수

의 인수는 사용자에게 전달하는 메시지다. 입력값은 기본적으로 데이터 형식이 문자열
이기 때문에 추가적인 변환이 필요할 수도 있다. 예를 들어 입력이 숫자인 경우 입력
문자열을 숫자 형식으로 변환해야 한다.

```
>>> x = input("value of x: ")
value of x: 2
>>> x = int(x)
>>> print("square of x:", square(x))
square of x: 4
```

2.4.2 파일에서 읽고 쓰기

앞서 사용자 입력을 파이썬 프로그램으로 전달하는 방법을 배웠다. 그러나 이 방법은
많은 양의 데이터를 처리할 때는 적합하지 않다. 많은 양의 데이터는 파일로 받아 처리
해야 한다.

표 2.5 파일 처리 옵션

방법	설명
'r'	읽기 위해 열기(기본값)
'w'	파일을 쓰기 위해 열기
'x'	새 파일을 만들어 쓰기
'a'	파일이 있는 경우 파일 끝에 추가해 쓰기
'b'	이진 모드(binary mode)
't'	텍스트 모드(기본값)
'+'	내용을 갱신(읽기 및 쓰기)하기 위해 파일을 열기

　　운영체제에서 프로그램을 읽고 프로그램에서 더 큰 차원의 결과를 기존 파일이나 새
파일에 쓸 수 있다.

　　파이썬으로 파일을 읽고 쓰는 것은 기본적으로 다음과 같은 세 단계를 거친다.

　1.　파일의 이름과 경로를 얻고 파일 내용에 접근할 파일 핸들러handler를 만든다.

2. 텍스트를 블록 단위 또는 행 단위로 읽거나 쓴다.

3. 파일 연결을 닫는다.

파일은 텍스트 또는 이진 형식으로 작성돼 있다. 텍스트 파일 형식은 사람이 읽을 수 있는 데이터 표현이고, 이진 형식은 암호화돼 사람이 읽을 수는 없지만 일반적으로 더 효율적인 표현이다.

open() 함수는 주어진 파일 이름과 열리는 방식을 지정하는 open_mode를 인수로 사용해 파일을 불러온다. 표 2.5에 설명한 것처럼 파일을 여는 방식은 여러 가지가 있다. 기본 모드는 r 또는 이와 동등한 rt이며 텍스트 형식의 읽기 모드다.

w 쓰기 모드에서는 파일에 쓸 때 파일에 이미 내용이 들어있어도 파일의 처음부터 새로운 내용으로 덮어 쓴다. a 추가 모드를 사용하면 새로운 내용이 파일 끝에 추가돼 이전 내용을 그대로 유지할 수 있다.

open() 함수의 인수 중에서 인코딩^{encoding}[1]은 특히 중요하다. 인코딩을 지정하지 않으면 파이썬은 프로그램이 실행되는 운영체제의 기본 인코딩을 사용한다. 그러나 utf8, ascii, latin1과 같은 적절한 문자 인코딩을 지정해주는 것이 좋다.

open() 함수의 일반적인 사용법은 다음과 같다.

```
file_handler = open(file_name, open_mode[, arguments])
```

open() 함수는 현재 디렉터리에서 file_name에 해당하는 파일을 찾는다. 파일이 파일 시스템의 다른 위치에 있는 경우 파일을 찾을 상대 경로 또는 절대 경로를 지정해야 한다. 파일이 열리고 파일 핸들러가 시작되면 파일을 읽고 쓸 수 있는 몇 가지 옵션이 있다.

읽기 모드부터 알아보면 다음과 같은 방법들을 사용할 수 있다.

- read(n): n개 문자의 다음 블록에 해당하는 문자열을 읽는다(또는 생략된 경우 파일 끝까지의 문자열).
- readline(n): 다음 행에서 다음 n개 문자를 반환한다(또는 매개변수가 전체 행을 생략한 경우).

---

1 텍스트 정보의 형태나 형식을 변환하는 처리 또는 처리 방식 – 옮긴이

- readlines(): 파일에 모든 줄이 있는 문자열 목록을 반환한다.

파일을 반복해서 다시 열어야 하기 때문에 파일 핸들러의 시작 위치가 변경돼야 한다. 다음은 텍스트 파일('test.txt')의 예시다.

```
line number 1
line number 2
line number 3
line number 4
line number 5
```

다음 예제에서 readlines() 함수 또는 read() 함수에 대한 두 번째 호출은 첫 번째 호출에서 파일의 끝에 도달했으므로 빈 문자열을 반환한다.

```
>>> fh = open("test.txt", "r")
>>> print(fh.readlines())
>>> print(fh.readlines())
```

```
>>> fh = open("test.txt", "r")
>>> print(fh.read())
>>> print(fh.read())
```

반복적인 for 루프를 사용해 텍스트 파일의 줄^{line} 단위로 계산을 수행한다. 다음 예제 코드가 일반적으로 많이 사용된다.

```
with open(file_name) as fh:
    for line in fh:
        statements
        (...)
```

이전 예제 파일의 경우 모든 행을 확인하고 각 행 번호에 비례한 들여쓰기로 출력한다.

```
my_file_name = "test.txt"
prefix = ""
with open(my_file_name) as fh:
```

```
for line in fh:
    print(prefix + line) ·
    prefix += "..."
```

파일에 쓰려면 write(s) 함수는 파일에 문자열 s를 쓰고, writelines(lst)는 문자열 lst에 있는 모든 요소를 파일의 행으로 쓴다. 마지막으로 close() 함수를 사용해 파일 연결을 닫는 것으로 파일 쓰기가 마무리된다. 파일을 닫아야 이전 작업이 완전히 적용돼 나중에 파일을 사용할 수 있다.

다음 예제는 파일을 추가 모드로 열어 'last line in file'이라는 문구를 추가하는 방법을 보여준다.

```
my_file_name = "test.txt"
fh = open(my_file_name, "a")
fh.write("\nlast line in file")
fh.close()
```

마지막으로 writelines() 함수를 사용하면 한 번에 여러 줄의 내용을 파일에 추가할 수도 있다.

```
last_lines = ["\njust to finish", "\ntwo more lines"]
fh = open(my_file_name, "a")
fh.writelines(last_lines)
fh.close()
```

항상 파일 쓰기가 끝나는 동시에 파일을 종료시켜 작업한 내용이 파일에 적용되도록 하는 것이 중요하다.

2.4.3 예외 처리

파이썬 코드가 실행되는 동안 인터프리터를 중단시키는 오류가 발생할 수 있다. 이런 오류가 발생할 것으로 예상되는 경우 해당 오류 예상 지점을 try-except문으로 처리하면 코드가 중단되는 것을 막을 수 있다.

```
try:
    statements
    (...)
except Exception_type[variable]:
    statements
    (...)
else:
    statements
    (...)
```

try 블록에는 오류가 발생할 것으로 예상되는 코드를 작성하고, except 블록에는 에러가 발생했을 때 프로그램이 실행해야 하는 명령을 작성한다.

Exception_type은 발생한 예외 유형을 나타낸다. 예외 유형에는 Warning, Keyboard Interrupt, ZeroDivisionError, RuntimeError, OverflowError, IndexError, Assertion Error, ArithmeticError 등 대략 50가지에 달하는 예외 유형이 있다. 사용자가 적절한 예외 유형을 미리 선택하는 것은 생각보다 쉽지 않다. 따라서 보통은 대화식 콘솔에서 어떤 오류가 발생하는지 확인하고 해당 오류를 예외 유형으로 선택하는 것을 추천한다. 아래 예는 숫자 5를 0으로 나눌 때 발생하는 ZeroDivisionError 오류의 예시다.

```
>>> 5/0
Traceback (most recent call last):
File "<stdin>", line 1, in <module>
ZeroDivisionError: division by zero
```

다음 예시 코드는 try-except문을 사용해 나누기 오류를 처리하는 방법을 보여준다.

```
x = 5
y = 1
try:
    r = x/y
except ZeroDivisionError:
    print("Division by zero detected")
else:
    print("ratio:", r)
```

위 코드의 try 블록은 오류가 발생하기 쉬운 코드를 포함하고 있다. except 블록을 통해 특정 오류가 발생하면 실행시킬 명령문을 작성한다. 오류에 따라 다양한 except 블록을 작성할 수 있다. 선택 사항으로 else 블록이 있는데, 만약 try 블록이 문제없이 작동되면 실행할 명령문이다.

2.4.4 모듈

프로그램의 복잡성이 증가함에 따라 프로그래밍된 기능의 수도 증가한다. 그러므로 모듈module을 사용해 코드를 잘 정리하는 것이 중요하다. 모듈을 사용하면 좀 더 효율적인 유지 관리와 코드 재사용이 가능하므로 시간이 절약되고 오류가 줄어든다.

한 프로그램을 위해 작성한 함수를 다른 프로그램에서 사용할 수 있는 경우가 종종 있다. 그런 경우 파이썬 모듈을 사용하면 코드의 간결한 구성과 함수의 재사용이 가능해진다. 확장자가 .py인 파이썬 스크립트 파일을 만들면, 파이썬에서 import문을 사용해 현재 프로그램의 특정 함수나 모듈의 모든 함수를 불러올 수 있다. 불러온 모듈은 스크립트 내에서 자유롭게 사용할 수 있다.

사용자 정의 모듈 외에 다른 프로그래머가 개발한 모듈도 설치하고 가져올 수 있다. 여러 모듈이 종속된 소프트웨어 번들을 라이브러리라고 부른다. 또한 파이썬에는 표준 라이브러리라 불리는 기본으로 제공되는 모듈이 있다. 일반적으로 사용되는 표준 라이브러리에는 운영체제 인터페이스 및 파일 시스템에 접근할 수 있는 os, 시간 관련 기능을 위한 time, 모듈 검색 경로 또는 표준 입출력/오류 파일을 포함해 인터프리터와 상호작용하는 sys, 정규표현식regular expression에 대한 re 등이 많이 사용된다. 이 책의 3장에서는 다양한 라이브러리를 광범위하게 사용하는 방법을 소개한다.

모듈에서 모든 함수를 가져오는 구문은 다음과 같다.

```
# 모듈에서 모든 기능을 가져온다
>>> import module_name1
```

가져온 모듈의 기능은 module_name1과 function_name을 점으로 구분해 얻은 이름으로 사용할 수 있다. 예를 들어, os 패키지에서 함수를 가져오고 사용하는 방법을 살펴본다.

```
>>> import os, sys
>>> print(os.name)
>>> print(os.getcwd())
```

from ... import ...문을 사용하면 모듈의 특정 기능만 선택해서 불러올 수 있다.

```
# 모듈에서 특정 기능을 가져온다
>>> from module_name import function_name1, ...
```

표 2.6 math 모듈의 메서드

함수	설명
e, pi, tau, inf, nan	수학 상수 및 심볼
cos(x), sin(x), tan(x), acos(x), acosh(x), asin(x), asinh(x), atan(x), atanh(x)	삼각 함수
sqrt(x)	x의 제곱근을 반환한다.
pow(x,y)	x를 y의 거듭제곱으로 반환한다.
exp(x)	자연 상수 e를 x의 거듭제곱으로 반환한다.
log2(x), log10(x), log(x, [base])	서로 다른 밑수에서 x의 로그를 반환한다.
ceil(x)	x보다 크거나 같은 가장 작은 정수를 반환한다.
factorial(x)	x의 계승을 반환한다.
floor(x)	x의 정수 부분을 반환한다.
hypot(x,y)	x와 y 사이의 유클리드 거리를 반환한다.
degrees(x)	라디안 x를 각도로 변환한다.
radians(x)	각도 x에서 라디안으로 변환한다.

이 경우 import 키워드 뒤에 * 심볼이 있으면 모듈의 모든 함수를 가져온다. 모듈의 모든 함수를 가져오는 것은 간편하지만, 서로 다른 두 모듈에서 동일한 이름의 함수가 존재하는 경우에 문제가 발생할 수 있으므로 주의해서 사용해야 한다.

앞에서 본 것처럼 파이썬은 기본적으로 수학 및 산술 연산자를 이미 제공한다. 그러나 좀 더 확장된 수학 함수를 사용하려면 앞서 언급한 math 라이브러리를 사용해야 한다.

표 2.6에 math 라이브러리에서 사용할 수 있는 함수와 변수가 나열돼 있다. 다른 수학적 계산에 필요한 라이브러리로는 statistics, random, decimal, numpy, fractions가 있다.

파이썬 표준 라이브러리 이외의 추가적인 라이브러리는 패키지 관리자 소프트웨어로 쉽게 설치할 수 있다. 패키지 관리자 소프트웨어로는 pip(파이썬 3.4 이후부터는 기본적으로 파이썬에 포함됐다.)가 유명하며 과학 라이브러리를 모아둔 아나콘다 파이썬^{Anaconda Python}도 많이 사용된다.

2.4.5 파이썬 스크립트 실행

파이썬 스크립트 파일의 확장자는 .py다. 여기서는 my_script.py라는 스크립트가 있다고 가정하며, 터미널에서 실행하는 방법은 다음과 같다.

```
> python my_script.py
```

맥 OSX^{Mac OSX}를 포함한 유닉스^{Unix} 기반 운영체제에서는 스크립트의 첫 번째 줄에 파이썬 인터프리터의 경로를 나타낼 수도 있다. #!/path_in_my_os/bin/python과 같이 심볼 #! 뒤에 파이썬 인터프리터 경로를 추가한다. 여기서 path_in_my_os는 파이썬 인터프리터가 포함된 바이너리 폴더의 경로다. 이 경우에는 인터프리터를 호출하지 않고 스크립트를 바로 호출할 수 있다.

```
> my_script.py
```

통합 개발 환경^{Integrated Development Environment}(IDE)을 사용하는 경우 대부분 파이썬 스크립트를 저장하고 실행하는 옵션이 있다. IDE를 사용하면 프로그램이 내부에서 실행돼서 결과를 쉽게 확인할 수 있다.

파이썬 스크립트가 실행될 때마다 사용한 모듈의 코드가 바로 실행된다. 모듈 내의 코드가 즉시 실행되는 것을 방지하려면 아래의 조건문을 사용해야 한다. if __name__ == "__main__"는 스크립트가 직접 실행될 때만 main() 함수가 실행되게 한다. 이 기능은 테스트 목적으로 사용할 때 특히 유용하다.

```python
if __name__ == "__main__":
    main()
```

예시로 DNA 서열을 나타내는 문자열을 읽고 각 뉴클레오티드의 빈도를 계산한 후 유효하지 않은 문자가 있는지 확인하는 간단한 스크립트를 작성해보자.

```python
def count_bases(seq):
    dic = {}
    seqC = seq.upper()
    errors = 0
    for b in seqC:
        if b in "ACGT":
            if b in dic: dic[b] += 1
            else: dic[b] = 1
        else: errors += 1
    return dic, errors

def print_perc_dic(dic):
    sum_values = sum(dic.values())
    for k in sorted(dic.keys()):
        print(" %s ->" % k, " %3.2f" % (dic[k]*100.0/sum_values), "%")

seq = input("Input DNA sequence: ")
freqs, errors = count_bases(seq)

if errors > 0:
    print("Sequence is invalid with ", errors , "invalid characters")
else:
    print("Sequence is valid")

print("Frequencies of the valid characters:")
print_perc_dic(freqs)
```

전체 코드를 단일 파일에 넣거나 두 함수를 sequences.py 파일에 저장한 뒤 다음 명령어로 모듈을 불러올 수 있다.

```
from sequences import count_bases, print_perc_dic
```

2.5 객체지향 프로그래밍

2.5.1 클래스 정의 및 객체 생성

객체지향 프로그래밍[Object-Oriented Programming](OOP)은 객체, 클래스, 상속의 개념을 기반으로 하는 프로그래밍 패러다임이다. 객체지향 프로그래밍은 개발된 코드를 캡슐[capsule]화해서 좀 더 쉽게 재사용할 수 있도록 한다. 파이썬은 객체지향 프로그래밍에 필요한클래스를 기본적으로 지원하며 미리 정의된 클래스도 여럿 있다.

클래스는 객체지향 프로그래밍의 핵심 요소다. 클래스를 사용하면 프로그램 내의 다양한 객체를 모델링할 수 있다. 특히 문자열, 생물학적 서열 데이터로 구성된 데이터베이스나 네트워크와 같은 복잡한 객체들은 클래스를 사용해 모델링하는 것이 좋다.

클래스는 크게 두 가지 구성 요소로 구현된다. 하나는 처리해야 할 데이터 내용이고, 다른 하나는 내용을 조작하는 함수다. 객체지향적 용어로 클래스의 함수를 메서드라고하며, 객체의 상태를 반영하는 정보는 속성이라는 변수에 저장된다.

클래스는 단어의 첫 번째 문자를 대문자로 표현하는 카멜 표기법[CamelCase][2]을 따라 명명하며, 내부 변수는 소문자와 밑줄을 사용해 작성한다.

다음 예시처럼 클래스를 정의한다.

```
class ClassName:
    """ 선택적 주석문 """
    --body_of_the_class--
```

클래스 본문에는 메서드가 명시적으로 정의되고 속성은 암시적으로 사용되거나 정의된다. 새로 생성된 클래스마다 __init__라는 생성자 메서드를 정의해야 한다. 이 메

---

2 각 단어의 첫 문자를 대문자로 표기하고 붙여 쓰되, 맨 처음 문자는 소문자로 표기한다. 띄어쓰기를 하는 대신에 대문자를 써서 단어를 구분하는 표기 방식이다. – 옮긴이

서드는 이 클래스의 새 오브젝트가 선언될 때 자동으로 호출되며 이 클래스의 인스턴스인 객체의 초기 상태를 정의한다.

예를 들어, 아래의 코드는 생물학적 서열을 표현하고 처리하기 위해 매우 간단한 클래스를 구현한다. 클래스에는 seq와 seq_type이라는 두 가지 속성이 포함되며, 각각 서열과 생물학적 유형(단백질, DNA, RNA)을 나타낸다. 생성자는 서열(문자열)을 입력으로 받고 DNA를 기본 유형으로 가정하지만, 생성자에서는 다른 값('RNA' 또는 '단백질')으로 설정할 수도 있다.

```python
class MySeq:
    """ 생물학적 서열 클래스 """
    def __init__(self, seq, seq_type = "DNA"):
        self.seq = seq
        self.seq_type = seq_type

    def print_sequence(self):
        print("Sequence: " + self.seq)

    def get_seq_biotype(self):
        return self.seq_type

    def show_info_seq(self):
        print("Sequence: " + self.seq + " biotype: " + self.seq_type)

    def count_occurrences(self, seq_search):
        return self.seq.count(seq_search)
```

클래스의 메서드에서 self는 항상 첫 번째 인수로 나타내며, 생성자에서 새로 생성된 객체 인스턴스 또는 다른 메서드에서 메서드가 호출되는 객체를 나타낸다. 표 2.4에서 볼 수 있듯이 self는 예약 키워드가 아니라 언어에 대한 강력한 규칙이다.

클래스가 템플릿을 정의하는 동안 객체는 클래스의 인스턴스, 클래스에 의해 정의된 규칙을 따르는 변수다. 동일한 클래스의 객체는 동일한 속성 세트를 갖지만, 특정 값은 다를 수 있으며 동일한 메서드 세트를 구현한다. 객체 인스턴스화는 다음과 같은 구문 구조를 갖는다.

```
object_var = ClassName(arguments)
```

또한 클래스 내에 정의된 메서드는 다음 구문으로 호출할 수 있다. `object_var.method_name(arguments)` 클래스가 위와 같이 정의되면, 해당 클래스에서 오브젝트 인스턴스를 쉽게 작성하고 해당 속성의 값에 접근해 정의된 메서드를 호출할 수 있다.

```python
s1 = MySeq("ATAATGATAGATAGATGAT")
# 속성 값 접근법
print(s1.seq)
print(s1.seq_type)
# 호출 방법
s1.print_sequence()
print(s1.get_seq_biotype())
```

파이썬에서는 클래스의 속성을 직접 수정할 수도 있다. 그러나 수정한다면 속성이 유효한지 항상 평가해야 한다.

다음 예제 코드는 구문적으로 유효한 속성 수정이지만 의미상으로는 올바르지 않은 예시다. `set_seq_biotype` 메서드를 사용해 업데이트된 속성의 유효성을 평가한다.

```python
# 서열의 유형은 속성의 직접적인 변경에 의해
# 유효하지 않은 데이터형으로 업데이트된다
s1.seq_type = "time series"
# 더 안전한 대안: 업데이트 확인을 위한 클래스 메서드
def set_seq_biotype(self, bt):
    biotype = bt.upper()
    if biotype == "DNA" or biotype == "RNA" or biotype == "PROTEIN":
        self.seq_type = biotype
    else:
        print("Non biological sequence type!")

# 속성 업데이트 테스트
s1.set_seq_biotype("time series")
s1.set_seq_biotype("dna")
```

del 기능을 통해 속성을 삭제할 수도 있다. 속성을 삭제한 후 액세스하면 클래스 인스턴스에 속성이 없음을 나타내는 오류 메시지가 발생한다. 또한 클래스 내부에서만 접근 가능한 비공개 속성은 __(이중 밑줄)로 시작하며, 이런 속성은 클래스 외부에서 액세스할 수 없다.

2.5.2 특별한 방법

__init__ 메서드가 특별한 의미를 갖고 클래스의 객체에 대한 생성자 역할을 한다는 것은 이미 확인했으며, 여러 클래스에서 공유되는 몇 가지 메서드가 있다. 예를 들어 len() 메서드는 문자열, 리스트, 딕셔너리 같은 여러 클래스에 공통적으로 사용된다.

일반적인 기능을 구현하는 일부 메서드는 새로운 클래스로 재정의할 수 있다. 그러나 미리 정의된 메서드는 __를 사용해 재정의해야 한다. 다음 예시 코드는 이런 메서드 중 일부, 즉 객체의 문자열 표현, 객체 길이, 항목 액세스, 슬라이싱 동작을 구현한다.

__len__(self) 메서드의 구현은 이 클래스의 객체에 len() 함수를 적용한 결과를 결정한다. 즉, len(object)의 호출은 __len__()와 같다. __str__(self) 메서드는 객체의 표현을 문자열로 결정한다. 여기서 str(object)는 __str__()와 같은 방식이다.

또한 __getitem__ 및 __getslice__ 함수는 연산자 []의 작동 방식에서 각각 단일 인덱스와 슬라이스로 클래스의 객체를 인덱싱한 결과를 정의한다.

```python
class MySeq:
    --some_code_here--

    def __len__(self):
        return len(self.seq)

    def __str__(self):
        return self.seq_type + ":" + self.seq

    def __getitem__(self, n):
        return self.seq[n]

    def __getslice__(self, i, j):
        return self.seq[i:j]

    --some_code_here--
```

이러한 방법을 사용하는 몇 가지 예는 다음과 같다.

```
s1 = MySeq("MKKVSJEMSSVPYW", "PROTEIN")

print(s1)
print(len(s1))
print(s1[4])
print(s1[2:5])
```

2.5.3 상속

구현할 클래스가 기존 클래스와 동작 및 정보 측면에서 매우 유사하지만 좀 더 특수한 버전을 나타내는 경우에는 클래스 상속 메커니즘을 사용한다. 상속을 통해 부모 클래스로부터 필요한 기능만 자식 클래스에 적용할 수 있다.

부모 클래스의 메서드와 특성은 자식 클래스에 자동으로 제공된다. 그러나 자식 클래스는 새로운 메서드와 속성을 도입하거나 이러한 메서드 중 일부를 재정의할 수 있다. 클래스 정의에서 다른 클래스를 상속하려면 단순히 클래스 구문에 부모 클래스의 이름을 포함시키면 된다.

아래 코드는 MyNumSeq라는 숫자 서열 클래스에 대해 MySeq 클래스를 확장하는 방법을 보여준다. 생성자에서 사용되는 super 메서드는 부모 클래스를 명시적으로 참조하는 것이다. 또한 이 코드는 부모 클래스에서 상속된 set_seq_biotype 메서드를 재정의하는 방법도 보여준다.

```
class MyNumSeq(MySeq):
    def __init__(self, num_seq, seq_type="numeric"):
        super().__init__(num_seq, seq_type)

    def set_seq_biotype(self, st):
        seq_type = st.upper()
        if seq_type == "DNA" or seq_type == "RNA" or seq_type == "PROTEIN":
            self.seq_type = seq_type
        elif seq_type == "NUMERIC" or seq_type == "NUM":
            self.seq_type = seq_type
```

```
    else:
        print("Non-biological or Non-numeric sequence type")
```

이제 숫자 서열의 인스턴스를 만들 수 있다. 기본적으로 서열 유형은 'DNA'다. 이것이 상위 클래스의 기본 유형이기 때문이다. MyNumSeq에서 재정의된 set_seq_biotype 메서드를 사용해 숫자 유형으로 올바르게 업데이트할 수 있다. 부모 클래스의 print_sequence 메서드는 이 객체 인스턴스에 의해 호출될 수 있다.

```
>>> a = MyNumSeq("123456789")
>>> a.seq_type
'DNA'
>>> a.set_seq_biotype("numeric")
>>> a.seq_type
'NUMERIC'
>>> a.print_sequence()
Sequence: 123456789
```

클래스의 속성은 내장 데이터 형식으로 제한되지 않으며 객체를 나타낼 수도 있다. 이를 통해 클래스를 좀 더 정교하게 디자인할 수 있다. 작성된 클래스의 인스턴스는 다른 오브젝트와 같이 리스트나 딕셔너리에 저장할 수 있다. 다음 예시 코드는 100개의 숫자 서열 인스턴스를 만들어 리스트에 저장하고 서열을 출력하는 방법을 보여준다.

```
# MyNumSeq의 객체 100개를 생성해 리스트에 저장
list_of_NumSeqs = []
for i in range(100):
    list_of_NumSeqs.append(MyNumSeq(str(int(random.random()*1000000))))

for i in range(len(list_of_NumSeqs)):
    list_of_NumSeqs[i].print_sequence()
```

2.5.4 모듈

코드를 체계적으로 유지 관리하려면 클래스를 모듈로 만드는 것이 좋다. 예를 들어,

MySeq 및 MyNumSeq 코드와 기타 관련 클래스는 myseq.py라는 파일에 저장하고 나중에 이 클래스의 개별 클래스 또는 모든 클래스를 다음 명령문으로 가져오는 것이 좋다.

```
# 모듈에서 특정 클래스 가져오기
from myseq import MySeq, MyNumSeq
# 모듈에서 모든 클래스 가져오기
import myseq
```

2.6 사전 정의된 클래스와 메서드

2.6.1 컨테이너 유형을 위한 메서드

이전 절에서는 파이썬의 컨테이너 유형에 리스트, 문자열, 튜플, 세트, 딕셔너리가 있다는 것을 배웠다. 이 모든 유형은 실제 파이썬 언어로 미리 정의된 클래스다. 내장된 컨테이너 유형의 경우, 설정된 객체를 제외하고는 인스턴스를 만들 때 ClassName이 컨테이너 심볼로 대체된다. 문자열의 경우 "", 튜플의 경우 (), 리스트의 경우 [], 딕셔너리의 경우 {}다.

    컨테이너 데이터 형식은 많은 기능을 공유하므로 이러한 모든 데이터 형식에 몇 가지 방법과 기능이 일반적으로 적용된다. 표 2.7은 이런 데이터 형식에 사용되는 함수의 목록이다.

표 2.7 컨테이너에 사용할 수 있는 함수

함수	설명
len(c)	컨테이너 c의 요소 수
max(c)	컨테이너 c의 유수에서 치댓값
min(c)	컨테이너 c의 요소에서 최솟값
sum(nc)	컨테이너 nc의 숫자 값의 합
sorted(c)	컨테이너 c의 정렬된 값 목록
value **in** c	컨테이너 c에 특정 값이 있는지 판단한 후 부울 값을 반환한다.

숫자 목록의 경우 이러한 기능의 사용 예는 다음과 같다.

```
>>> x = [1, 7, 4, 3, 5, 2]
>>> len(x)
6
>>> max(x)
7
>>> min(x)
1
>>> sum(x)
22
>>> sorted(x)
[1, 2, 3, 4, 5, 7]
```

다음 예제와 같이 문자열에도 적용된다.

```
>>> sorted("acaebf")
['a', 'a', 'b', 'c', 'e', 'f']
>>> "b" in ["a","b",""]
True
>>> "b" in "abcdef"
True
>>> "b" in {"a":1,"b":2,"c":3}
True
```

표 2.8에서는 반복 가능한 구조를 생성하는 데 사용할 수 있는 일부 기능을 제공하며 반복 루프에서의 사용 예는 다음과 같다.

표 2.8 반복 가능한 정보에 사용하는 함수

함수	설명
range(x)	0에서 x−1까지의 x 정숫값을 갖는 반복 가능한 객체
enumerate(c)	(인덱스, 값) 튜플이 있는 반복 가능한 객체
zip(c1, c2, ..., cn)	c1, c2, ... cn의 요소를 결합해 튜플을 만드는 반복 가능한 객체
all(c)	c의 모든 요소가 참으로 평가되면 True를, 그렇지 않으면 False를 반환한다.
any(c)	c에서 하나 이상의 요소가 참으로 평가되면 True를, 그렇지 않으면 False를 반환한다.

```
>>> for e in enumerate(["a","b","c"]):
... print(e)
...
(0, 'a')
(1, 'b')
(2, 'c')
>>> for i in range(2, 20, 2):
... print(i)
2
4
...
18
```

```
>>> for z in zip([1,2,3],["a","b","c"], [7,8,9]):
... print(z)
...
(1, 'a', 7)
(2, 'b', 8)
(3, 'c', 9)
```

all 및 any 함수는 컨테이너의 모든 요소에 대한 논리적 테스트를 제공해 각각 모든 요소가 참이거나 하나 이상의 요소가 참인 경우 True를 반환한다. 빈 목록 또는 문자열과 숫자 0은 여기서 False로 해석된다.

```
>>> all(["a","b"])
True
>>> all(["a","b",""])
False
>>> any(["a","b",""])
True
>>> all([1, 1])
True
>>> all([1, 1, 0])
False
>>> any([0, 0, 1, 0])
True
>>> any([0, 0, 0, 0])
False
```

파이썬에서는 클래스의 속성을 직접 수정할 수도 있다. 그러나 수정한다면 속성이 유효한지 항상 확인해야 한다.

다음 예제 코드는 구문적으로 유효한 속성 수정이지만 의미상으로는 올바르지 않은 예시다. set_seq_biotype 메서드를 사용해 업데이트된 속성의 유효성을 평가한다.

표 2.9 서열 데이터 컨테이너에 대한 함수

함수	설명
c * n	컨테이너 c의 n배를 복제
c1 + c2	컨테이너 c1과 c2를 연결
c.**count**(x)	컨테이너 c에서 x의 발생 횟수를 계산
c.**index**(x)	컨테이너 c에서 x가 처음 나타나는 색인
reversed(c)	c의 요소를 역순으로 갖는 반복 가능한 객체

```
>>> a = [1, 2, 3]
>>> a * 3
[1, 2, 3, 1, 2, 3, 1, 2, 3]
>>> b = [4, 5, 6]
>>> ab = a + b
>>> ab
[1, 2, 3, 4, 5, 6]
>>> c = [1, 2, 3, 2, 1]
>>> c.count(1)
2
>>> c.index(3)
2
>>> for x in reversed(a):
... print(x)
...
3
2
1
```

2.6.2 리스트를 위한 메서드

리스트는 인덱스 정보를 포함하는 다양한 데이터로 구성된 컨테이너다. 리스트는 필요
하면 함수와 메서드를 사용해 내용을 수정할 수 있다. 표 2.10은 리스트에서 가장 많이
사용되는 메서드와 함수를 보여준다.

표 2.10 리스트에서 사용하는 함수/메서드

함수	설명
lst.**append**(obj)	리스트의 끝에 obj 값을 추가한다.
lst.**count**(obj)	리스트에서 obj 데이터의 개수를 센다.
lst.**index**(obj)	리스트에서 obj의 첫 항목 색인을 반환한다. 값이 없으면 ValueError 예외가 발생한다.
lst.**insert**(idx, obj)	idx 위치의 리스트에 obj 객체를 삽입한다.
lst.**extend**(ext)	ext의 모든 요소를 순서대로 사용해 리스트를 확장한다.
lst.**remove**(obj)	목록에서 obj의 첫 항목을 제거한다. 값이 없으면 ValueError 예외가 발생한다.
lst.**pop**(idx)	인덱스 idx에서 요소를 제거하고 반환한다. 인수가 제공되지 않으면 함수는 목록 끝에서 요소를 반환한다. 목록이 비어있거나 idx가 범위를 벗어난 경우 IndexError 예외가 발생한다.
lst.**reverse**()	리스트를 역순으로 만든다.
lst.**sort**()	리스트를 정렬한다.

```
>>> x = [1, 7, 4, 3, 5, 2]
>>> x.append(6)
>>> x
[1, 7, 4, 3, 5, 2, 6]
>>> x.index(5)
4
>>> x.extend([9,8])
>>> x.insert(1,10)
>>> x
[1, 10, 7, 4, 3, 5, 2, 6, 9, 8]
>>> x.pop()
8
>>> x.reverse()
>>> x
[9, 6, 2, 5, 3, 4, 7, 10, 1]
```

```
>>> x.sort()
>>> x
[1, 2, 3, 4, 5, 6, 7, 9, 10]
```

예시 코드에서 요소를 추가하기 위해 append() 함수를 사용하면 리스트의 끝에 값이 추가되고 pop(0)을 사용하면 첫 번째 리스트 요소가 제거되는 것을 알 수 있다.

2.6.3 문자열을 위한 메서드

문자열은 정렬된 문자 데이터를 갖는 서열 컨테이너다. 문자열에 사용할 수 있는 함수들은 다음 예제 코드에서 설명하는 사용법과 같이 표 2.11에 정리돼 있다.

표 2.11 문자열을 다루는 함수/메서드

함수	설명
s.upper(), s.lower()	모든 문자를 대문자 또는 소문자로 만든다.
s.isupper(), s.islower()	모든 문자가 대문자 또는 소문자인 경우 True를, 그렇지 않으면 False를 반환한다.
s.isdigit(), s.isalpha()	모든 문자가 숫자 또는 영숫자이면 True를, 그렇지 않으면 False를 반환한다.
s.lstrip(), s.rstrip(), s.strip()	선행/후행/공백이 모두 제거된 문자열 s를 반환한다.
s.count(substr)	문자열에서 substr 문자의 개수를 센다.
s.find(substr)	문자열에서 substr이 처음 나타나는 색인을 찾아서 반환하거나, 찾지 못하면 −1을 반환한다.
s.split([sep])	sep(선택 사항)를 구분 심볼 문자열로 사용해 구분된 단어의 리스트를 반환한다.
s.join(lst)	리스트 안의 문자열을 하나의 요소로 연결한다.

```
>>> seq = "AATAGATCGA"
>>> len(seq)
10
>>> seq[5]
'A'
>>> seq[4:7]
'GAT'
>>> seq.count("A")
```

```
5
>>> seq2 = "ATAGATCTAT"
>>> seq + seq2
'AATAGATCGAATAGATCTAT'
>>> "1" + "1"
'11'
>>> seq.replace("T", "U")
'AAUAGAUCGA'
>>> seq[::2]
'ATGTG'
>>> seq[::-2]
'ACAAA'
>>> seq[5:1:-2]
'AA'
>>> seq.lower()
'aatagatcga'
>>> seq.lower()[2:]
'tagatcga'
>>> seq.lower()[2:].count("c")
1
>>> c = seq.count("C")
>>> g = seq.count("G")
>>> float(c + g)/ len(seq)*100
30.0
```

이런 방법은 다음에 표시된 것처럼 문자열 내에서 일치되는 문자를 식별하는 데 특히
유용하다.

```
>>> "TAT" in "ATGATATATGA"
True
>>> "TATC" in "ATGATATATGA"
False
>>> seq = "ATGATATATGA"
>>> "TAT" in seq
True
>>> "TATC" in seq
False
>>> seq.find("TAT")
4
```

```
>>> seq.find("TATC")
-1
>>> seq.count("TA")
2
>>> text = "Restriction enzymes work by recognizing a particular sequence of
bases on the DNA."
>>> text_tokens = text.split(" ")
>>> text_tokens
['Restriction', 'enzymes', 'work', 'by', 'recognizing', 'a', 'particular',
'sequence', 'of', 'bases', 'on', 'the', 'DNA.']
>>> text_tokens.count("the")
1
>>> text_tokens.index("sequence")
7
```

주어진 서열 데이터의 길이가 3인 모든 하위 문자열을 가진 튜플을 만들기 위해 2.3.6절의 예제를 다시 확인해보자. 그런 다음 튜플에 대한 메서드를 사용해 발생 횟수를 계산하거나 다른 하위 문자열의 첫 번째 위치를 얻는다. 튜플은 리스트와 달리 값을 변경할 수 없는 컨테이너다.

```
seq = "ATGCTAATGTACATGCA"
seq_words = tuple([(seq[x:x+3]) for x in range(0, len(seq)-3)])
>>> seq_words.count("ATG")
3
>>> seq_words.count("CAT")
1
>>> seq_words.index("TAA")
4
```

2.6.4 세트를 위한 메서드

앞에서는 두 세트 사이에서 사용할 수 있는 여러 연산자를 배웠다. 추가적으로 표 2.12에서는 세트에 사용할 수 있는 다른 방법들을 설명한다.

표 2.12 세트에 사용하는 함수/메서드

함수	설명
s.**update**(s2)	s2 세트와 합집합을 만든다.
s.**add**(obj)	obj를 추가한다.
s.**remove**(obj)	집합에서 obj를 제거한다. obj가 set에 속하지 않으면 예외 KeyError가 발생한다.
s.**copy**()	세트의 얕은 복사(shallow copy)를 돌려준다.
s.**clear**()	세트에서 모든 요소를 제거한다.
s.**pop**()	세트에서 첫 번째 요소를 제거한다. 세트 s가 비어있는 경우 KeyError 예외를 발생시킨다.
s.**discard**(obj)	집합에서 obj를 제거한다. 세트에 obj가 없으면 변경되지 않는다.

이러한 방법의 사용 예는 다음과 같다.

```
>>> A = set([2, 3, 5, 7, 11, 13])
>>> B = set([2, 4, 6, 8, 10])
>>> A|B
{2, 3, 4, 5, 6, 7, 8, 10, 11, 13}
>>> A&B
{2}
>>> A - B
{3, 5, 7, 11, 13}
>>> C = set([17, 19, 23, 31, 37])
>>> A.update(C)
>>> A
{2, 3, 5, 37, 7, 11, 13, 17, 19, 23, 31}
>>> A.add(35)
>>> A.pop()
2
>>> A.discard(35)
>>> A
{3, 5, 37, 7, 11, 13, 17, 19, 23, 31}
```

2.6.5 딕셔너리를 위한 메서드

위에서 볼 수 있듯이 딕셔너리는 데이터 구조를 매핑하며 컨테이너 클래스로도 구현한

다. 딕셔너리에 사용되는 메서드는 표 2.13에 나열돼 있으며, 그 사용법은 아래에 제공
된 예시를 참고하자.

표 2.13 딕셔너리에서 작동하는 함수/메서드

함수	설명
d.clear()	딕셔너리에서 모든 요소를 제거한다.
d.keys()	딕셔너리의 키 목록을 반환한다.
d.values()	딕셔너리의 값 목록을 반환한다.
d.items()	딕셔너리의 키-값 목록을 반환한다.
d.has_key(k)	키 목록에 k가 있으면 True를, 그렇지 않으면 False를 반환한다.
d.get(k,[defval])	키 k에 해당하는 값을 반환하거나 (k가 키로 존재하지 않는 경우) 기본값을 반환한다.
d.pop(k,[defval])	키 k에 해당하는 항목을 제거하고 각 값(또는 키가 없는 경우 기본값)을 반환한다.

```
>>> dic = {"Dog":"Mammal", "Octopus":"Mollusk", "Snake":"Reptile"}
>>> dic["Dog"]
'Mammal'
>>> dic["Cat"]= "Mammal"
>>> dic
{'Dog': 'Mammal', 'Octopus': 'Mollusk', 'Snake': 'Reptile', 'Cat': 'Mammal'}
>>> len(dic)
4
>>> dic.keys()
dict_keys(['Dog', 'Octopus', 'Snake', 'Cat'])
>>> list(dic.keys())
['Dog', 'Octopus', 'Snake', 'Cat']
>>> "Human" in dic
False
>>> "Dog" in dic
True
>>> del dic["Snake"]
>>> dic
{'Dog': 'Mammal', 'Octopus': 'Mollusk', 'Cat': 'Mammal'}
>>> list(dic.values())
['Mammal', 'Mollusk', 'Mammal']
>>> for k in dic.keys():
... print(k + " is a " + dic[k])
```

```
...
Dog is a Mammal
Octopus is a Mollusk
Cat is a Mammal
```

2.6.6 변수 할당 및 복사

할당된 변수는 그 변수의 사본과 구별돼야 한다. 여기서 할당된 변수는 기존 객체 또는 값을 가리킨다. 원래 객체의 변경은 두 변수에 모두 영향을 미친다.

반면에 변수의 사본은 명시적으로 요구되는 경우에만 발생한다. 변수의 사본은 얕은 복사나 깊은 복사로 더 구분될 수 있다. 이 차이는 목록이나 클래스 인스턴스와 같은 다른 객체를 포함하는 객체에서만 나타난다. 두 가지 유형의 복사 모두에서 기존 객체로부터 독립적인 새로운 객체가 만들어진다. 얕은 복사의 경우 복사 중인 기존 객체의 요소가 변경 불가능한 유형이면 요소가 완전히 복사되고 다른 객체에 대한 참조인 경우 참조가 복사된다. 깊은 복사의 경우 기존 객체에서 참조되는 객체까지 모든 요소가 완전히 복사된다.

예를 들어 리스트를 슬라이스하면 얕은 사본이 만들어진다.

```
>>> x = [1, 2, 3, 4, 7]
>>> y = x[:]
```

여기서 x와 y는 독립 변수이며, 한 변수를 변경해도 다른 변수에는 영향을 미치지 않는다. 그러나 변수를 다른 이름(z)에 할당하는 경우 변수 중 하나에서 변경한 내용은 다음에 표시된 것처럼 다른 상태에 영향을 미친다.

```
>>> z = x
>>> z = x
>>> x.pop()
>>> z
[1, 2, 3, 4]
```

다음 예제에서는 슬라이싱을 사용해 리스트에서 여러 값을 변경할 수 있다.

```
>>> x[1:-1] = [-2, -3]
>>> x
[1, -2, -3, -4]
# 값 제거
>>> del x[1:-1]
>>> x
[1, 4]
>>> y
[1, 2, 3, 4, 7]
>>> z
[1, 4]
```

기존 예제에 기존 목록과 같은 다른 개체가 포함돼 있으면 이전 예제가 더 복잡해진다. 이러한 경우에는 컨테이너 변수의 얕은 복사와 깊은 복사를 위한 라이브러리를 활용한다.

참고 문헌과 추가 자료

이 장에서는 파이썬 언어의 가장 중요한 개념을 소개했다. 들여쓰기, 데이터의 유형, 객체지향 프로그래밍을 아우르는 다양한 측면을 살펴봤지만 파이썬 언어에 대한 심층적인 내용은 다루지 않았다.

파이썬을 좀 더 심층적으로 공부할 수 있는 훌륭한 책과 자료가 많다[2-5]. 따라서 이런 책과 자료를 읽어본다면 2장에서 미처 다루지 못한 내용을 보완할 수 있을 것이다. 파이썬 표준 라이브러리와 최신 배포판에 대한 내용은 https://docs.python.org/3/에서 확인할 수 있다. 여기서는 다양한 내장 명령어와 기능에 대한 유용한 자료가 제공된다.

파이썬 알고리즘과 데이터 구조는 위스[N. Wirth]의 연구[155]와 다스굽타[Dasgupta]의 저서[42] 등과 같은 중요한 자료를 통해 더 많이 배울 수 있다. 객체지향 프로그래밍 원칙은 세지윅[Sedgewick], 웨인[Wayne][138]과 필립스[Phillips][128]의 책에서 더 자세히 설명한다.

연습 문제와 프로그래밍 프로젝트

연습 문제

1. 파이썬 셸Shell에서 2장에서 소개한 다양한 유형(숫자, 문자열, 리스트, 딕셔너리)의 변수를 정의해본다.

2. 주피터 노트북을 설치하고 살펴보자.

3. 다음과 같은 작업을 수행하는 짧은 스크립트들을 작성해보자.

   a. 섭씨의 온도를 화씨로 변환한다.

   b. 직각삼각형의 가장 작은 두 변의 길이를 읽고 빗변의 길이(직각과 반대쪽의 가장 큰 변)를 계산한다.

   c. 문자열을 읽고 대문자로 변환해 결과를 출력한다.

   d. 위의 스크립트에서 사용자가 문자열을 입력하도록 하라.

   e. for문과 while문을 사용해 문자열을 읽고 회문[3]인지(예를 들어 뒤집었을 때 동일하게 읽었는지) 확인하라.

   f. 세 개의 숫자를 입력받아 가장 큰 값과 작은 값을 계산한다.

   g. 두 개의 숫자 간격(하한값과 상한값)을 입력받아 합집합과 교점을 출력한다.

   h. 하한값과 상한값을 입력받아 두 값 사이에 있는 모든 정수의 합계를 계산한다.

   i. 0으로 끝나는 정수(양수)의 서열을 입력받아 값들의 합계, 평균, 가장 큰 값을 출력한다.

   j. 0으로 끝나는 정수(양수)의 서열을 입력받아 순서를 내림차순으로 출력한다.

4. 3번 문제에서 작성한 스크립트들을 함수로 정의해 프로그램 내에서 해당 함수를 호출해보자.

5. 속성이 높이와 길이인 사각형을 나타내는 클래스를 정의해보자.

   a. 면적 계산, 둘레 계산, 대각선의 길이를 계산하는 메서드를 구현하라.

   b. 서로 다른 크기의 사각형을 만들어 클래스를 테스트하라.

---

3 앞에서부터 읽으나 뒤에서부터 읽으나 같은 형태가 되는 단어나 문장 – 옮긴이

   c. 이 클래스를 확장해 정사각형을 나타내는 자식 클래스를 구현하라.

6. 2장에서 배운 서열 처리 클래스를 확장해 DNA 서열을 처리하는 자식 클래스를 정의해보자. 또한 DNA 서열의 유효성(예: 'A', 'C', 'G' 또는 'T' 심볼만 포함된 경우)을 확인하는 메서드를 구현한다.

프로그래밍 프로젝트

1. 숫자로 구성된 목록을 입력받아 아래 목록의 기능을 처리하는 함수를 작성해보자. 파이썬 표준 라이브러리를 사용하지 말고 직접 코드를 작성해야 한다.

   a. 목록의 값의 합계를 계산한다.

   b. 목록에서 가장 큰 값을 출력한다.

   c. 목록의 값의 평균을 계산한다.

   d. 설정한 임곗값보다 큰 목록에 있는 요소들의 수를 계산한다.

   e. 매개변수로 주어진 값이 목록에 있는지 확인하고 해당 색인 값을 반환하거나 값이 없다면 −1을 출력한다.

   f. 목록에서 모든 요소의 색인을 출력한다.

   g. 목록의 끝에 새로운 요소를 추가하고 목록을 출력한다.

   h. 두 개 목록의 요소들을 각각 합하고 결과를 출력한다.

   i. 목록의 요소들을 오름차순으로 정렬해서 출력한다.

2. 아래 목록에 설명된 것과 같은 파이썬 함수를 작성하자. 행렬은 함수의 첫 번째 인수로 전달돼야 한다.

   a. 행렬의 값의 합을 계산한다.

   b. 행렬에서 가장 큰 값과 작은 값을 출력한다.

   c. 행렬의 값의 평균을 계산한다.

   d. 각 행(또는 열)에 있는 값의 평균(또는 합계)을 계산해 목록으로 출력한다.

   e. 대각선으로 값의 곱을 계산한다.

   f. 행과 열의 수가 같은 정사각형 행렬인지 확인한다.

   g. 모든 요소에 숫자 값을 곱해 다른 행렬로 반환한다.

   h. 두 개의 행렬을 더하고 값을 출력한다.

      i.   두 개의 행렬을 곱하고 값을 출력한다.

3. 행렬을 유지하는 파이썬 클래스를 만들어 속성은 행 수, 열 수와 행렬의 요소를 유지하는 목록으로 한다. 그리고 위 문제에서 나열된 것과 유사한 기능을 메서드로 구현해보자.

3 세포 및 분자생물학의 기초

분자생물학은 세포 내부의 세포 소기관들이 어떻게 공존하며 상호작용하는지 분자 수준에서 설명하는 학문으로, 3장에서는 생명정보학 알고리즘과 관련된 세포 및 분자생물학의 주요 개념을 배운다. 가장 먼저 세포의 구성과 조직의 다양한 유형을 개략적으로 설명하고, 유전 물질인 DNA의 특성과 생명 활동에 따라 변화되는 방식을 배운다. 이어서 유전자의 개념과 유전 물질의 체계적인 세부 사항을 소개하고, 인간 유전체 연구의 역사에서 중요했던 연구들에 대한 내용과 해당 연구가 생명의 다양성과 질병을 이해하는 데 어떤 통찰을 가져다줬는지 살펴본다. 마지막으로 생물학적 데이터베이스를 간략히 소개할 것이다.

3.1 세포: 생명의 기본 단위

세포는 생명의 기본 단위이며 모든 생물은 세포로 구성된다. 식물과 동물에서 가장 첫 번째 세포는 부모의 정자와 난자가 융합해 생성된 수정란이다. 수정란은 여러 번의 분열과 분화를 거쳐 서로 다른 성질의 세포들을 만든다. 그리고 각 세포는 자체적으로 복제에 필요한 모든 정보를 포함하고 있다.

세포의 일부 특징은 모든 세포에서 공통적으로 나타나지만, 인간과 같은 다세포 생물은 분화 메커니즘을 통해 다양한 유형의 세포를 만들어 독특한 특성을 갖는 세포를 만든다. 그리고 유사한 기능을 하는 세포들이 모여 조직^{tissue}을 형성한다. 조직은 구성 세포의 특성이 반영돼 서로 다른 기능을 한다. 유사한 조직은 모여서 장기^{organ}를 만들고 다세포 생물의 복잡한 생명 활동을 가능하게 한다. 예를 들어 신장이나 심장은 피부나 위^{stomach}와는 매우 다른 기능을 한다. 동물, 식물이나 대부분의 곰팡이는 많은 세포의 결합으로 만들어진 다세포 유기체다. 그러나 모든 유기체가 다세포인 것은 아니다. 실제 대다수의 유기체는 단세포다. 예를 들면 제빵효모로 알려진 출아 효모^{Saccharomyces} ^{cerevisiae}나 모든 세균은 대표적인 단세포 유기체다.

세포는 주로 물로 구성된다. 세포의 약 70%는 물이며, 나머지 30%가 다양한 화학 물질이다. 화학 물질 중 약 7%는 아미노산과 뉴클레오티드와 같은 상대적 저분자이고, 나머지 23%는 단백질, 지질 또는 다당류를 포함한 거대 분자다[120].

세포는 내부 구조에 따라 두 가지로 구분할 수 있다. 보통 핵이 없는 원핵생물과 명확한 핵이 존재하는 진핵생물로 나눈다. 또한 진핵생물에는 다양한 기능을 수행하는 세포 소기관들이 존재한다.

다세포 유무로 원핵생물, 진핵생물을 구분할 수도 있다고 알려져 있지만, 진핵생물에도 단세포 유기체가 있다는 것을 기억해야 한다. 예를 들어 출아 효모 또는 분열 효모$^{Schizosaccharomyces\ pombe}$는 단세포지만 동시에 진핵생물이다. 그러나 복잡한 다세포를 가진 유기체는 대부분 진핵생물이다.

모든 세포는 세포막이라 불리는 구조로 둘러싸여 있다. 세포막은 세포가 외부로부터 흡수하거나 배출해야 하는 분자에 대해 선택적인 투과성을 갖고 세포 안쪽에 젤^{gel}과 같은 물질인 세포질을 보호한다.

세포 내의 분자 중 핵산$^{nucleic\ acid}$은 유전 정보를 암호화하고 발현시키는 역할을 한다. 핵산에는 DNA와 RNA라는 두 가지 종류가 있다. 이 두 종류의 핵산은 화학적으로는 매우 비슷하지만 서로 다른 목적을 갖는다. DNA는 세포를 만들고 기능을 유지하는 데 필요한 정보를 저장하는데, RNA는 이런 정보의 중간 전달체로서 사용된다. 그리고 진핵생물의 DNA는 핵 안에 있지만 원핵생물의 경우 세포질에 존재한다.

또 다른 중요 생체 분자는 아미노산으로, 세포에서 대부분의 기능을 수행하는 거대 분자인 단백질의 구성 요소다. 단백질은 촉매에서 세포 구조 유지에 이르기까지 매우 광범위한 역할을 한다. 특히 단백질 효소는 화학 반응을 촉진하고 특정 분자를 세포 기능에 필요한 다른 유형의 분자로 변환한다.

마지막으로 세포 내의 중요한 거대 분자에는 에너지 저장 역할을 하는 탄수화물과 세포막을 구성하는 지질도 포함된다.

위에서 언급한 것 외에도 세포에는 복잡하고 다양한 구성 요소가 있다. 대표적으로

미토콘드리아와 엽록체는 에너지 생산에 관여하는 세포 소기관이며, 리보솜^{ribosome}은
DNA로부터 단백질을 만드는 역할을 한다.

3.2 유전자 정보: 핵산

DNA는 뉴클레오티드라고 불리는 네 가지 핵산으로 만들어진 중합체^{polymer}다. 뉴클레
오티드에는 아데닌^{Adenine}, 구아닌^{Guanine}, 티민^{Thymine}, 시토신^{Cytosine}이 있으며, 그중 아
데닌과 구아닌은 퓨린 그룹이라 부르고 시토신과 티민은 피리미딘이라 부른다. 일반적
으로 뉴클레오티드는 첫 글자만을 따서 A, G, T, C로 표현한다.

　DNA는 거대 분자이며 상보적인^{complementary} 뉴클레오티드의 결합으로 두 가닥의 구
조를 형성한다. 뉴클레오티드의 상보성은 아데닌과 티민 사이에서는 두 개의 수소 결
합, 시토신과 구아닌 사이에서는 세 개의 수소 결합을 통해 만들어진다. 따라서 DNA
가닥 중 한 가닥의 서열 정보를 알면 반대편의 서열도 쉽게 계산할 수 있다. DNA가 이
렇게 두 개의 가닥으로 존재하는 것은 유전 정보를 안전하게 보존하고 새로운 세포에
온전히 전달하기 위해서다. DNA의 상보성을 이용해 보통 네 가지 알파벳(A, G, T, C)
으로 한 가닥의 서열만 나타낸다.

　수십만 또는 수백만 개의 뉴클레오티드로 만들어진 긴 길이의 DNA를 염색체라 부
른다. 그리고 전체 염색체 중 단백질을 만들기 위한 정보를 암호화하고 있는 영역을 유
전자라 하며, 세포의 유전체 크기와 개수는 종마다 모두 다르다. 예를 들어 세균들은
수백만 개의 염기로 구성된 하나의 염색체를 갖고 있지만, 생쥐나 인간 같은 고등동물
은 30억 개의 염기로 구성된 여러 개의 염색체를 갖고 있다.

　반수체^{haploid}는 염색체가 짝을 이루지 않고 하나의 사본만 갖고 있는 유기체 또는 세
포를 뜻하며, 염색체가 두 개의 쌍을 형성하는 경우를 이배체^{diploid}라 한다. 인간은 이배
체로 22개의 상염색체 쌍과 한 개의 성염색체 쌍을 갖는다. 성염색체는 개체의 성별을
결정하는 것으로 인간의 경우 X 염색체가 두 개 있다면 여성이고, 염색체 X와 염색체
Y가 각각 하나씩 있다면 남성이다. 각 염색체에는 수많은 유전자가 포함되며, 인간의
유전체에는 거의 21,000개의 단백질 정보가 들어있다.

　원핵생물에서 유전체는 원형의 염색체 형태로 존재하며 세포질에서 발견된다. 반면

에 진핵생물에서 유전체는 핵 안에서 발견되며 선형으로 단단히 포장돼 있다. 염색체는 세부적으로 염색질chromatin이라고 하는 DNA-단백질 복합체로 만들어져 있다. 또한 염색질은 뉴클레오솜nucleosome이라는 DNA가 히스톤 단백질에 감겨 있는 구조로 구성된다. 이렇게 체계적으로 단위가 나뉘어 있으므로 작은 공간에도 긴 DNA 분자가 들어갈 수 있고 유전자의 발현 조절이 가능하다

유전자형genotype은 유전체에 포함된 유전자의 구성이다. 그리고 유전자형과 환경의 조합에 의해 나타나는 개인의 신체적 특성을 표현형phenotype이라 부른다. 예를 들면 개체의 키는 유전자형과 환경에 의한 표현형이다.

세포는 동일한 염색체 쌍을 갖고 있다가 세포 분화가 일어나면 두 개의 딸 세포에 염색체 각각을 전달한다. 염색체는 매우 크기 때문에 딸 세포가 부모와 동일한 염색체를 갖도록 하려면 복제 과정은 매우 정확하게 일어나야 한다. DNA는 두 가닥이 이중 나선 구조를 형성하고 있으므로 복제를 위해 가닥이 분리되며, 그런 다음 DNA 중합 효소로 주형 가닥이라 불리는 원래의 가닥을 따라 새로운 DNA 가닥을 합성한다. 이런 식으로 염색체가 복제되는 과정을 DNA 복제라고 한다.

지금까지 DNA에는 세포가 기능하고 복제하는 데 필요한 유전 정보가 포함되며, 염색체에서 발견되는 유전자는 단백질과 기타 분자 산물을 합성하는 데 필요한 정보를 암호화한다는 것을 배웠다. 이렇게 기능성 유전자 산물을 생산하기 위해 유전자에 암호화된 정보를 사용하는 과정을 유전자 발현이라 한다. 이제 유전 정보가 DNA에서 단백질로 전해지는 방식을 살펴보자. DNA, RNA, 단백질은 분자생물학과 세포생물학의 중심 원리central dogma라고 불리는 전사transcription와 번역translation이라는 단계를 거쳐 유전 정보를 전달한다.

RNA는 DNA와 달리 이중 나선 구조를 형성하지 않는 단일 가닥의 분자다. 또한 네 개의 뉴클레오티드로 구성돼 있지만, DNA와는 달리 티민 대신 우라실Uracil(U)이라 부르는 다섯 번째 유형의 핵산이 들어있다. 정리하자면, 티민은 DNA에만 존재하는 뉴클레오티드이며 우라실은 RNA에서만 발견되는 뉴클레오티드다. 다른 세 개의 염기는 DNA와 RNA에서 공통적으로 사용되므로 RNA의 서열은 A, G, U, C로 표현된다.

3.2.1 전사: RNA 합성

전사는 단백질 생산에 필요한 첫 번째 단계로 DNA 가닥으로부터 상보적인 RNA 서열이 복사되는 과정이다. DNA의 서열은 RNA 합성 효소라는 단백질에 의해 RNA 서열로 복제되며 RNA의 안정성을 높이기 위해 단백질 복합체들에 의해 추가적인 처리가일어난다.

RNA에 추가적인 처리가 이뤄져야 성숙한 mRNA를 얻을 수 있다. 성숙한 mRNA는세포질로 운반돼 단백질을 합성하는 데 사용된다. 앞서 이야기한 RNA 복제부터 다음절에서 다루는 번역 과정까지의 유전 정보 흐름을 그림 3.1에 나타냈다.

3.2.2 번역: 단백질 합성

단백질은 세포 내에서 발생하는 모든 화학 반응에 관여하는 중요한 고분자 물질이다.단백질이 올바른 활성을 가지려면 적절한 구조로 만들어져야 한다. 단백질의 구조는크게 네 단계로 구별된다. 1차 구조는 아미노산 사슬에 의해 정의되며 폴리펩티드라 부른다. 2차 구조는 이런 폴리펩티드가 접히거나 코일을 형성하는 것을 말한다. 3차 구조는 2차 구조들이 모여 국소적인 구조를 형성하는 것이다. 4차 구조는 3차 구조들이 모여 활성을 나타내는 전체적으로 적절한 구조를 갖는 것을 말한다.

번역은 mRNA 분자에서 단백질을 만드는 과정으로 리보솜에 의해 수행되며, mRNA의 한쪽 말단에서 시작해 반대편 말단까지 코돈에 따른 아미노산을 연결한다. 코돈은뉴클레오티드 세 개로 구성돼 총 64종류가 있다. 따라서 mRNA 서열의 각 코돈은 하나의 아미노산에 해당한다. 코돈 중 일부는 번역 과정의 시작 또는 종료를 의미하는 특정 신호를 나타내며, 리보솜은 시작코돈으로부터 아미노산 사슬을 만들며 종결코돈에서 끝낸다.

코돈은 총 64개의 조합이 가능한 반면에 아미노산의 종류는 20가지다. 따라서 세포는 하나의 아미노산에 여러 개의 코돈을 할당하고 있다. 하나 이상의 코돈이 아미노산을 암호화하므로 DNA 복제에서 발생하는 오류에 대한 영향을 최소화한다. 코돈에 맞는 아미노산의 정보는 유전자 코드라고 부르며 표 3.1에서 자세한 내용을 확인할 수있다.

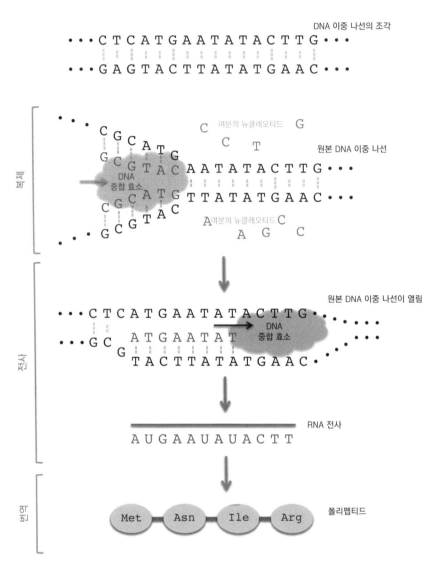

DNA 이중 나선의 조각

・・・C T C A T G A A T A T A C T T G・・・

・・・G A G T A C T T A T A T G A A C・・・

복제

여분의 뉴클레오티드

원본 DNA 이중 나선

DNA 중합 효소

A 여분의 뉴클레오티드

원본 DNA 이중 나선이 열림

・・・C T C A T G A A T A T A C T T G・・・

DNA 중합 효소

・・・G C G A T G A A T A T
T A C T T A T A T G A A C・・・

전사

RNA 전사

A U G A A U A U A C T T

번역

Met — Asn — Ile — Arg

폴리펩티드

그림 3.1 유전 정보의 흐름. 상단에 DNA 이중 나선의 조각이 표시돼 있다. DNA의 복제는 두 개의 동일한 DNA 이중 나선을 형성한다. 전사를 통해 mRNA가 합성되며 번역을 통해 mRNA로부터 아미노산 폴리펩티드가 합성된다.

표 **3.1** 유전자 코드: 코돈과 아미노산 사이의 관계. 아미노산은 여러 가지 표기법으로 나타냈다.

뉴클레오티드	아미노산
UUU, UUC	Phenylalanine/ Phe / P
UUA, UUG, UCU, UCA, UCC, UCG	Leucine / Leu / L
AUU, AUC, AUA	Isoleucine / Ile / I
AUG	Methionine / Met / M (시작코돈)
GUU, GUC, GUA, GUG	Valine / Val / V
UCU, UCC, UCA, UCG, AGA, AGG	Serine / Ser / S
CCU, CCC, CCA, CCG	Proline / Pro / P
ACU, ACC, ACA, ACG	Threonine / Thr / T
GCU, GCC, GCA, GCG	Alanine / Ala / A
UAA, UAC	Tyrosine / Tyr / Y
UAA, UAG, UGA	종결코돈
CAU, CAG	Histidine / His / H
CAA, CAG	Glutamine / Gln / Q
AAU, AAC	Asparagine / Asn / N
AAA, AAG	Lysine / Lys / K
GAU, GAC	Aspartic Acid / Asp / D
GAA, GAG	Glutamic Acid / Glu / G
UGU, UGC	Cysteine / Cys / C
UGG	Arginine / Arg / R
CGU, CGC, CGA, CGG, AGA, AGG	Glycine / Gly / G

번역이 진행되는 동안 tRNA$^{transfer RNA}$라 불리는 작은 RNA 분자는 코돈에 상응하는 아미노산을 리보솜으로 가져온다. 그러면 리보솜은 mRNA 서열에 맞게 아미노산을 연결한다. 하나의 mRNA에 여러 개의 리보솜이 결합하면 다수의 번역이 일어나 여러 개의 아미노산 서열이 만들어진다.

유전자 코드는 오랜 진화의 산물이며 간단한 단세포 유기체에서 복잡한 유기체까지 대부분의 생물에 공통적으로 적용되는 영리하고 견고한 법칙이다.

번역 과정이 진행되는 동안 리보솜에 의한 mRNA 분석은 결합 위치에 따라 상이하다. 코돈이 세 개의 뉴클레오티드로 구성되기 때문에 mRNA 서열은 세 가지 가능한 해석을 가진다. 표 3.2에서 보듯이 세 가지의 아미노산 서열이 가능하다.

표 3.2 mRNA 서열과 세 개 리딩 프레임의 예

AAUGCUCGUAAUUUAG	아미노산
AAU–GCU–CGU–AAU–UUA	Asn–Ala–Arg–Asn–Leu
AUG–CUC–GUA–AUU–UAG	Met–Leu–Val–Ile–Stop
UGC–UCG–UAA–UUU	Cys–Ser–Stop–Stop

이렇게 DNA 서열을 읽는 방법을 리딩 프레임reading frame이라고 한다. 위의 리딩 프레임에서 종결코돈이 발견되면 더 이상 아미노산이 추가되지 않고 번역 과정이 정지된다. 종결코돈까지 충분한 아미노산 서열을 암호화하는 리딩 프레임이 오픈 리딩 프레임Open Reading Frame(ORF)이다. 다시 말해, 단백질이 될 가능성이 있는 염기서열로 유전학에서 분석된 유전체의 서열이 알지 못하는 유전자로 판별되는 경우 해당 오픈 리딩 프레임은 잠재적인 유전자로 간주한다.

지금까지 유전자 정보로부터 단백질이 발현되는 일반적인 방법을 살펴봤다. 이중 나선 구조를 감안하면 유전자는 DNA 두 가닥 모두에서 발견될 수 있다. 따라서 DNA 가닥의 방향성을 식별하기 위해 각 가닥의 끝은 5'와 3'라 부른다. 그리고 DNA는 상보적이기 때문에 관례적으로 5' 말단에서 3' 말단까지 한 가닥의 서열만을 표기한다.

mRNA에서는 단백질 정보를 암호화하는 가닥을 양성(+) 가닥이라 하고 그 상보적인 가닥을 음성(−) 가닥이라 한다. 유전자는 DNA의 양쪽 가닥 모두에 존재하므로 mRNA 서열이 번역될 때 리딩 프레임은 총 여섯 개다.

이 절에서 DNA와 RNA 분사는 네 종류의 뉴클레오티드로 구성되며 단백질은 20가지의 아미노산으로 구성돼 있다는 것을 배웠다. 전사는 유전자의 DNA의 상보적인 mRNA를 만드는 과정이며 mRNA는 DNA와 단백질 사이의 매개체다. 번역은 mRNA에서 단백질을 합성하는 과정이며 코돈 AUG는 번역의 시작과 아미노산 메티오닌을 나타낸다. 종결코돈은 총 세 가지가 있으며 아미노산을 추가하지 않는다. 다음 절에서는 유전자 내에서 단백질을 암호화하는 유전 정보가 어떻게 구성돼 있는지를 설명한다.

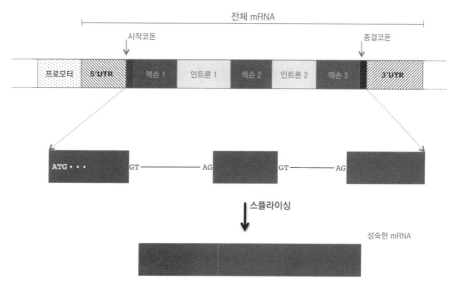

그림 3.2 일반적인 유전자 구조. 진핵생물의 유전자에는 다양한 영역이 존재한다. 전체 엑손과 인트론 영역에서 스플라이싱(splicing)[1]이 일어난 이후 엑손 영역만 mRNA가 된다.

3.3 유전자: 유전 정보의 이산 단위

3.3.1 유전자 구조

염색체에서 유전자는 단백질을 만드는 정보를 암호화하며 유전 정보를 형성하고 DNA로 구성돼 있다. 원핵생물과 진핵생물의 복잡성 차이를 고려하면, 이 두 유형 생물의 유전자에 차이가 있을 것이라고 예상할 수 있다.

그러나 세포의 복잡성에 관계없이 유전자는 일반적인 구조를 갖고 있다. 예를 들면 유전자의 시작 지점에는 전사 시작에 관련한 부분이 있고, 이곳에서는 조절 단백질이 유전자의 전사를 조절하는 신호 전달이 일어난다. 조절 단백질은 신호가 생성되는 mRNA의 양과 주기성 측면을 조절하는 스위치로 작용한다.

유전자의 중간 영역에는 그림 3.2와 같이 전사된 영역이 있다. 원핵생물과 진핵생물의 유전자 차이가 더 두드러지는 곳이 바로 이 부분이다. 예를 들어 세균과 같은 원핵

---

1 인트론을 제거하고 엑손끼리 연결되는 과정 – 옮긴이

생물의 유전자에는 모든 DNA 서열이 mRNA로 전사되는 데 사용된다.

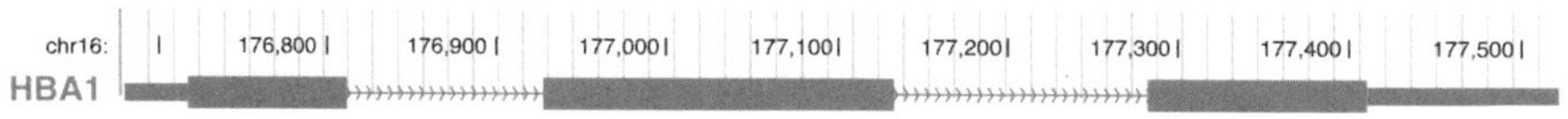

그림 3.3 유전자 HBA1의 엑손 구조. 실선의 어두운 영역은 엑손을 나타낸다. 큰 블록은 단백질 정보를 암호화하는 영역이고, 얇은 블록은 번역되지 않는 영역이다. 점선으로 표시된 영역은 인트론을 나타낸다.

그러나 진핵생물의 유전자에는 인트론intron이라고 하는 단백질 정보를 암호화하지 않는 구역과 단백질 정보를 담고 있는 엑손exon이 별개로 존재한다. 그러므로 전사 과정에서 엑손과 인트론의 서열을 포함한 pre-mRNA에 스플라이싱이라는 후속 단계를 통해 인트론을 제거하고 엑손을 연결시켜 mRNA를 만든다. 이것은 효과적으로 엑손에 상응하는 뉴클레오티드 서열만이 번역 과정에서 사용될 수 있음을 의미한다. 그림 3.2에서 이런 전체 과정을 확인할 수 있다.

진핵생물의 유전자는 좀 더 복잡한 구조를 갖는다. DNA에는 엑손과 인트론이 마구 섞여 있고 보통 엑손은 인트론보다 상당히 짧은 서열을 갖고 있다. 엑손과 인트론의 경계는 5' 스플라이싱 부위 또는 인트론의 끝과 엑손의 시작을 나타내는 신호 서열을 포함한다. 스플라이싱이 일어나는 위치는 스플라이싱 과정 동안 인트론 서열이 절단돼 pre-mRNA로부터 제거되는 영역이다. 추가적으로 그림 3.2와 같이 엑손, 인트론 경계를 인식하고 스플라이싱하는 데 도움을 주는 피리미딘 추적polypyrimidine tract 신호가 있다.

이전 절에서 리보솜이 시작코돈 AUG를 탐지할 때만 번역이 시작되고 종결코돈 UAA, UAG, UGA 중 하나가 발견되면 번역이 중지된다고 배웠다. 그러므로 pre-mRNA에 포함돼 있지만 시작코돈 이전과 종결코돈 이후의 RNA 서열은 아미노산으로 번역되지 않으며 각각을 5'-UTR, 3'-UTR이라 부른다.

그림 3.3에서 인간의 유전자 헤모글로빈 알파1(HBA)에 대한 유전자 구조를 확인할 수 있다. HBA는 폐에서 다른 말초 조직으로 산소를 공급하는 기능을 한다. HBA 유전자는 약 3만 개의 염기쌍으로 인간의 16번 염색체에 위치하며, HBA의 pre-mRNA는 약 900개의 뉴클레오티드를 포함한 세 개의 엑손으로 구성되고 아미노산 144개로 번역된다.

앞에서는 단백질에 대한 정보를 암호화하는 염색체 영역만 생명 활동에 중요한 염색체라고 했었다. 그러나 실제로는 그렇지 않다. 일부 유전자는 단백질을 암호화하지 않아 전사된 RNA 서열이 아미노산 사슬로 번역되지 않는다. 이런 유형을 논코딩 RNA$^{non\text{-}coding\ RNA}$(ncRNA)라 한다. ncRNA는 비교적 짧은 RNA 서열로 세포 내에서 다양한 조절 기능을 하는 것으로 알려졌다. ncRNA에는 miRNA^{microRNA}, snoRNA^{Small} $^{nucleolar\ RNA}$ 등과 같은 다양한 유형이 있다. 또한 ncRNA 중 일부는 단백질 암호화 유전자의 여러 특성을 공유한다[46].

좀 더 간단한 진핵생물의 경우 단백질 암호화 유전자가 유전체에서 큰 부분을 차지하는 경향이 있다[37]. 예를 들어 단세포 진핵생물인 출아 효모는 전체 1,200만 염기쌍의 유전체에서 70%에 해당하는 영역이 단백질 암호화 서열이지만 고등동물과 식물의 유전체에서는 이 비율이 훨씬 낮다.

인간은 전체 3.2×10^9개의 염기쌍으로 구성된 염색체에 약 3%에 해당하는 21,000개의 유전자를 갖고 있으며 나머지 97%의 유전체 서열은 어떤 유전자도 포함하지 않는다. 이런 영역은 비암호화 유전체라 부르며 유전자 사이에 존재한다. 그동안 이런 비암호화 유전체에는 특별한 기능이 없을 것이라고 생각해왔지만, 최근 유전자 분석법의 발전과 Encode[27, 49, 51] 및 Phantom[13, 33] 프로젝트 등의 연구에서 이들 영역이 주로 유전자를 제어하는 세포 조절 과정에 사용된다고 밝혀졌다.

놀랍게도 다양한 종에서 유전자의 숫자는 전체 유전체 크기 또는 전체 세포 복잡도와 전혀 상관없다. 표 3.3에서 다양한 종의 유전체 정보를 확인할 수 있는데, 분열 효모는 출아 효모보다 유전체가 더 길지만 유전자는 더 적다는 것을 알 수 있다. 또한 초파리와 담배(식물)는 비슷한 길이의 유전체를 갖지만 담배의 유전자가 초파리보다 거의 두 배 더 많다. 게다가 생쥐와 인간은 매우 다른 종이지만 비슷한 수의 유전자를 갖고 있다. 이런 정보를 통해 얻은 복잡성은 전체 유전자의 숫자와 무관하다는 것을 알 수 있다.

대체 스플라이싱은 이런 유전체의 복잡성에 기여하는 메커니즘이며 하나의 유전자로 다양한 조합의 단백질을 만들어낸다. 대체 스플라이싱이 일어나면 하나의 pre-mRNA 서열로부터 몇 개의 성숙한 mRNA가 별개로 만들어지며 다양한 단백질 변이를 일으킨다. 고등 진핵생물에서 대체 스플라이싱이 빈번히 일어나고 거대 분자 및 세포 복잡성이 증가된다.

표 3.3 다양한 종에서의 유전체의 크기, 단백질 암호화 유전자의 숫자. 해당 숫자들은 참고 문헌[129]에서 발췌했다.

유기체	유전체 크기(염기쌍)	단백질 암호화 유전자	염색체의 수
출아 효모 – S. cerevisiae	12Mbp	6,600	16
분열 효모 – S. pombe	13Mbp	4,800	3
초파리 – D. melanogaster	140Mbp	14,000	8
담배 – A. thaliana	140Mbp	27,000	10(2n)
생쥐 – M. musculus	2.8Gbp	20,000	40(2n)
인간 – H. sapiens	3.2Gbp	21,000	46(2n)

최근 수행된 RNA 서열 분석 연구들은 인간 세포에서 대체 스플라이싱이 전체 유전자의 90~95%에서 일어나는 매우 흔한 과정임을 밝혀냈다[122, 151]. 대체 스플라이싱은 엑손과 인트론이 여러 가지 방식으로 완전히 또는 부분적으로 결합해 새로운 조합을 만드는 특성을 갖는다[89]. 대체 스플라이싱의 또 다른 중요한 측면은 세포 및 조직 특이 성적으로 일어난다는 것이고, 고등 진핵생물에서 서로 다른 세포 유형이 하나의 세포로부터 분화됐다는 것을 의미한다[24, 111].

3.3.2 유전자 발현의 조절

유전자는 단백질을 암호화하고 단백질은 세포 내에서 다양한 기능을 한다. 그리고 알다시피 세포의 생명 활동은 여러 단백질의 기능이 어우러져 일어난다. 그러므로 주어진 순간에 세포 내에서 수천 개의 유전자가 발현되는 과정은 매우 중요하다. 세포의 역동적이고 환경에 반응하는 성질을 생각할 때 필요한 단백질의 양은 시간에 따라 변하므로 특정 단백질의 합성과 분해가 반드시 균형을 이뤄야 한다.

유전자 발현 조절은 특정 단백질의 생산량을 결정하는 과정을 의미하며 조절 과정은 원핵생물보다 진핵생물에서 훨씬 더 복잡하다.

원핵생물에는 핵이 없기 때문에 DNA가 세포질에 있다. 따라서 전사와 번역 과정이 거의 동시에 일어난다[36]. 그렇기 때문에 단백질이 필요하지 않을 때마다 전사가 중지돼야 한다. 원핵생물은 생성된 단백질이 전사에 즉각적인 영향을 주면서 유전자 발현 조절이 본질적으로 전사 수준에서 결정된다. 세균과 같은 일부 원핵생물은 오페론^{operon} 이라고 하는 공동 조절 유전자 모음으로 유전자를 구성하기도 한다. 오페론을 통해 주변 유전자들의 발현을 조절할 수 있다. 이런 기작은 세포가 환경 자극에 빠르게 반응할 수 있는 능력을 갖게 해준다[131].

진핵생물은 전사와 번역 과정이 분리된 장소에서 일어나기 때문에 유전자 조절은 여러 메커니즘에 의해 여러 단계로 제어된다. 따라서 핵에서 전사 및 RNA 프로세싱 과정이 조절되거나 세포질에서 번역 과정 중이나 번역 과정 이후에 단백질의 생화학적 변형을 통해 조절이 일어난다[36, 131].

3.4 인간 유전체

인간의 몸에는 약 75~100조(10^{12}) 개의 세포가 있다[120, 129]. 암세포를 제외한 모든 세포의 유전자 정보는 동일하며 이배체이기 때문에 염색체가 쌍으로 존재한다.

앞에서 배운 것처럼 인간의 세포에는 총 46개의 염색체가 있다. 그리고 성염색체에 의해 성별이 결정되며 각 염색체에는 유전자가 들어있다. 단백질을 암호화하고 있는 유전자는 대략 21,000개이며 다른 유형의 유전자들이 계속 발견되고 있는 중이다. 현재 인간의 염색체에는 5만 개 이상의 유전자 주석이 달려 있다[72].

150년 전 식물학자 그레고르 멘델$^{Gregor Mendel}$의 역사적인 실험으로부터 현대 유전학이 시작됐다[121]. 멘델은 완두콩 잡종 실험을 통해 유전의 기본 원리를 발견해 '현대 유전학의 아버지'라 불린다. 그리고 20세기 중반에 로잘린 프랭클린, 모리스 윌킨스, 제임스 왓슨, 프랜시스 크릭의 연구를 통해 DNA의 이중 나선 구조가 밝혀져 유전체 연구의 돌파구가 됐고, 1961년에는 마셜 니런버그가 표 3.1에서 봤던 단백질 합성에 필요한 유전자 코드인 코돈을 해독했다.

1980년대 초반에는 두 가지 기술이 현대 분자생물학에 혁명을 일으켰다. 첫 번째는 캐리 멀리스가 발명한 DNA를 증폭시키는 중합 효소 연쇄 반응$^{Polymerase Chain Reaction}$ (PCR) 기술이고, 두 번째는 프레더릭 생어가 개발한 DNA 염기서열 분석법이다. 이 두 가지 기술 덕분에 최초로 유전 질환에 관련된 유전자를 찾을 수 있었다.

1990년에 시작된 인간 게놈 프로젝트는 물리 기능적으로 인간의 유전체를 모두 분석하는 것이며, 인류 역사에 큰 영향을 미친 사건이다. 1998년 크레이그 벤터$^{Craig Venter}$는 인간 게놈 프로젝트에 참여했으며 1999년에 22번 염색체의 모든 서열을 분석했다.

인간의 유전체뿐만 아니라 다른 종의 서열을 분석하려는 시도도 있었는데, 1995년에 처음으로 세균(헤모필루스 인플루엔자$^{Haemophilus influenzae}$)의 모든 염색체가 분석됐다. 2000년도에는 초파리 염색체 서열이 밝혀졌고, 2001년에는 인간 유전체의 첫 번째 초안이 발표됐다. 그리고 2002년에 포유류 최초로 생쥐의 전체 염색체를 분석했고, 2003년에는 좀 더 완전한 인간 유전체 서열이 발표되면서 인간 게놈 프로젝트가 종료됐다.

그 이후에도 인간의 유전체 서열은 대규모의 다른 국제적인 노력으로 개선되고 있다. 그런 프로젝트의 예시로 인간 유전체의 기능적 요소를 연구하는 ENCODE 프로젝트[27, 49, 51]와 인간의 유전자 변이를 찾는 1000 게놈 프로젝트$^{1000 Genomes Project}$[15]가 있다.

인간의 키와 피부색, 머리카락 또는 눈의 색 같은 표현형의 차이에도 불구하고 유전학적 수준에서 개인의 유전체는 매우 유사하다. 실제 두 인간의 DNA 서열은 99% 이상이 동일하다[98]. 따라서 인구 집단 간의 유전적 변이 또한 큰 차이가 없다[156]. 그러므로 유전체의 아주 적은 부분에서 일어나는 변이가 환경적인 측면과 결합해 인구 집단을 독특하게 만드는 데 중요하다. 이런 변이가 발생하는 요인에는 다양한 것들이 있다.

하나의 뉴클레오티드가 다른 뉴클레오티드로 변이된 점 돌연변이$^{point mutation}$는 가장 빈번한 염색체 변이다. 그리고 전체 인구의 1% 이상에서 발생한 점 돌연변이의 경우 단일염기변이 다형성$^{Single Nucleotide Polymorphism}$(SNP)이라 부르며, 특정 개인의 DNA 서열에서 단일 뉴클레오티드의 돌연변이를 의미한다.

다른 형태의 변이에는 일반적으로 12개 미만의 뉴클레오티드의 삽입 결손$^{Insertion and Deletion}$(InDel)이 발생하며, 또한 유전체의 많은 부분에서 서열의 손실 또는 삽입이 발생하거나 재배열이 발생하기도 한다.

다행히 이런 돌연변이의 대부분은 비암호화 유전체 영역에서 발생해 개체의 건강에는 거의 영향을 미치지 않는다. 그러나 만약 유전자를 암호화하는 영역에 변이가 일어난다면 이런 변이가 중요한 영향을 미칠 수도 있다. DNA와 RNA 서열을 변화시킴으로써 아미노산 서열이 바뀌게 되고 단백질의 기능에 문제가 생기거나 단백질의 양이 비정상적으로 증가 또는 감소할 수 있기 때문이다[95, 113].

전체 유전체에서 유전적 변이 특성을 찾는 기술의 개발과 함께 유전자형과 특정 표현형의 연관성을 평가하는 많은 연구가 이뤄졌다. 현재는 통계적으로 의미 있는 결과를 얻기 위해 다수 개체의 표현형을 분석하는 전장 유전체 연관 분석$^{Genome\ Wide\ Association}$ ^{Study}(GWAS)이 진행되고 있다[1, 26]. 그리고 전장 유전체 연관 분석을 통해 일부 유전 변이가 질병의 위험이나 약물에 대한 반응에까지 영향을 미친다는 것을 알게 됐다.

3.5 생물학적 자원 및 데이터베이스

인터넷의 개발과 보급은 분자생물학이 빠르게 발전하는 데 기여했다. 분자생물학 초기에는 DNA 서열 정보의 양이 매우 적었으므로 종이에 인쇄하거나 텍스트 파일로 저장해 공유했다. 그러나 새로운 유전자 분석법의 개발로 DNA 서열 정보가 기하급수적으로 증가함에 따라 서열 정보를 좀 더 효율적으로 전송하고 공유하는 확장 가능한 데이터의 표준이 필요해졌다.

최초의 시도는 마가렛 데이호프$^{Margaret\ O.\ Dayhoff}$가 1965년부터 1978년까지 단백질 서열 정보를 수집한 것이다. 이것은 1984년에 만들어진 단백질 정보 자원$^{Protein\ Information}$ ^{Resource}(PIR, pir.georgetown.edu/)의 시초가 됐다.

DNA 서열 정보를 제공하는 최초의 국제 데이터베이스는 EMBL$^{European\ Molecular}$ $^{Biology\ Laboratory}$이며 1982년에 만들어졌다. 같은 해 미국 국립생명공학정보센터(NCBI)는 Genbank(www.ncbi.nlm.nih.gov/genbank/)라는 DNA 서열 정보 데이터베이스를 공개했다. Genbank는 DNA 서열에 추가적인 정보가 주석으로 달린 데이터베이스이며 DNA 서열이 번역됐을 때의 아미노산 서열 정보도 포함하고 있다. 1986년에는 데이터가 중복되지 않도록 선별한 SwissProt(현재 UniProtKB의 일부) 데이터베이스가 만들어졌다.

1988년 유럽의 EMBL-EBI, 미국의 NCBI, 일본의 DDBJ(www.ddbj.nig.ac.jp/)가 협력해 추진한 INSDC$^{International\ Nucleotide\ Sequence\ Database\ Collaboration}$ 프로젝트로 많은 DNA 서열 정보를 수집했으며, 현재 GenBank와 European Nucleotide Archive(ENA, www.ebi.ac.uk/ena)의 데이터베이스에서 사용할 수 있다.

인간 게놈 프로젝트가 진행되는 동안에는 유전체 서열의 어셈블리^{assembly}를 인터넷

브라우저에서 시각화할 수 있는 도구가 생겨났다.

유럽 생물정보학 연구소와 웰컴 트러스트 생어^{Wellcome Trust Sanger} 연구소가 공동으로 만든 Ensembl 유전체 데이터베이스(www.ensembl.org/)와 캘리포니아 산타 크루즈 대학(UCSC, genome.ucsc.edu/)의 유전체 브라우저는 가장 잘 알려진 유전체 브라우저다. 이 브라우저는 매우 다양한 종의 유전체 정보를 통합한 도구로 유용하게 사용된다.

2002년 UniProt(www.uniprot.org/) 컨소시엄은 EBI, SwissProt, PIR의 단백질 서열 데이터베이스에 많은 주석을 결합해 만들어졌다. 처리량이 많은 유전자 분석을 포함해 다양한 형식의 서열 데이터가 엄청나게 증가함에 따라 EMBL은 DNA 서열과 관련 데이터 및 각각의 실험법 주석을 통합한 European Nucleotide Archive로 대체했다.

DNA 서열 데이터는 전 세계 수많은 실험실에서 생성되고 있다. 현재 대부분의 DNA 서열 데이터베이스는 과학자들이 생성한 데이터를 직접 등록할 수 있도록 하고 있다. 이런 방법은 데이터를 신속하고 쉽게 배포할 수 있지만 입력한 데이터의 일관성과 완전성 측면에서 몇 가지 문제가 발생한다.

생물학적 서열 데이터베이스는 1차, 2차 데이터베이스로 나눌 수 있다. 1차 데이터베이스(1차 데이터베이스의 예로는 ENA 데이터베이스, Genbank 또는 DDBJ 등이 있다.)에는 연구자가 직접 제출한 서열 정보가 포함돼 있으며 완전히 처리되지 않았거나 정돈되지 않은 경우가 있다. 또한 종종 서로 다른 인간들이 제출한 유전자의 서열 데이터가 중복으로 등록돼 있는 경우도 있다. 또 다른 중요한 문제는 데이터가 다른 데이터베이스와 공유되므로 1차 데이터베이스의 데이터에서 발생한 오류나 부정확성이 이러한 소스의 데이터를 사용하는 다른 데이터베이스로 쉽게 전파된다는 것이다.

2차 데이터베이스는 1차 데이터베이스에서 데이터를 가져와 일관성과 완전성 측면에서 전문가가 선별한 데이터베이스다. 따라서 각각의 데이터 항목은 메타데이터와 추가 정보가 주석으로 추가돼 있다. 대표적인 예시로 NCBI의 RefSeq(www.ncbi.nlm.nih.gov/refseq/) 데이터베이스 등이 있다.

많은 과학자가 사용하는 서열 정보 데이터베이스를 간략하게 설명하면 다음과 같다.

ENA (EMBL-bank를 포함) – www.ebi.ac.uk/ena
GenBank – www.ncbi.nlm.nih.gov/GenBank
DDBJ – www.ddbj.nig.ac.jp

위의 세 가지 데이터베이스는 공개적으로 이용 가능한 DNA 서열 1차 데이터베이스다. 각 데이터베이스마다 고유한 데이터 형식을 사용하지만 모두 INSDC 컨소시엄을 통해 정기적으로 데이터를 공유하고 기존 데이터를 업데이트한다.

NCBI Gene – http://www.ncbi.nlm.nih.gov/gene

NCBI Gene 데이터베이스는 여러 종의 유전자에 중점을 둔다. DNA 서열 외에 유전자형 변이, 관련 표현형 또는 유전자가 관여하는 분자 경로와 같은 측면의 데이터를 통합 관리하고 있다.

NCBI RefSeq – http://www.ncbi.nlm.nih.gov/refseq

NCBI RefSeq 데이터베이스는 1차 데이터베이스 GenBank의 데이터를 처리해 유전체 및 프로테옴proteome의 데이터를 통합 선별한 정보로 만들어진 2차 데이터베이스다. RefSeq 데이터셋은 종간의 비교 또는 유전자 발현 분석에 널리 사용되는 특성 연구와 유전체 주석에 중요한 참조 자료로 사용된다.

Gencode – www.gencodegenes.org

Gencode는 ENCODE 프로젝트[27, 49, 51]에서 인간 유전체의 완전한 통합 주석을 추가하기 위한 노력으로 시작됐다. Gencode는 ENCODE를 비롯한 여러 프로젝트에서 사용된 인간 유전자에 대한 포괄적인 주석을 제공한다. 여기에는 단백질 암호화 유전자뿐만 아니라 다른 많은 RNA 유형에 대한 정보가 들어있다. 현재는 생쥐의 유전체 주석을 포함하고자 확장되고 있다.

UCSC Genome Browser – https://genome.ucsc.edu/
Ensembl – http://www.ensembl.org/

위의 목록은 여러 종의 유전체 데이터를 온라인으로 확인하고 다운로드할 수 있는 브라우저다. 이 도구들을 사용하면 유전체 서열, 유전자 주석, 종에 걸친 DNA 서열의 유사성, 질병 데이터 등을 확대하거나 축소해서 시각화할 수 있다. 또한 자체 데이터를 업로드해 선택적인 영역에서 시각화할 수 있다. 이런 브라우저를 사용하면 이미 처리된 서열 및 주석 데이터셋을 다운로드할 수도 있다.

NCBI Protein – http://www.ncbi.nlm.nih.gov/protein

NCBI Protein 데이터베이스는 Genbank 또는 RefSeq 등의 유전자 데이터베이스에서 단백질 정보가 존재하는 항목만 따로 선별한 것이다.

UniProt – http://www.uniprot.org/

UniProt는 유전자 서열과 해당 단백질 정보를 통합한 데이터베이스다. SwissProt, TrEMBL, PIR–PSD를 포함한 다른 여러 데이터베이스에서 데이터를 수집한다. UniProt 내에서 UniParc, UniProtKB, UniRef라는 세 가지 데이터베이스를 찾을 수 있다. UniParc는 공개된 단백질 서열을 중복되지 않도록 처리한 데이터베이스이며 UniRef는 UniProtKB와 UniParc의 클러스터된 단백질 서열을 제공하는 데이터베이스다. 가장 중요한 UniProtKB는 정돈된 데이터베이스(SwissProt)와 정돈되지 않은 데이터베이스(TrEMBL)를 모두 포함하고 해당 단백질에 대한 기능 정보를 제공한다.

Protein Data Bank (PDB) – http://www.rcsb.org/

PDB 데이터베이스는 단백질과 DNA 구조 데이터를 포함한다. 구조 데이터 추가 및 다운로드 기능과 여러 형식의 시각화 도구도 제공한다. 제공하는 형식에는 아미노산 서열, 2차 구조에 대한 주석 정보, 원자들의 3차원 좌표가 있으며 구조의 유사성에 대한 내용과 실험 세부 사항이 포함돼 있다.

dbSNP – www.ncbi.nlm.nih.gov/snp
dbVar – www.ncbi.nlm.nih.gov/dbvar

위의 두 데이터베이스는 인간과 다른 종의 유전체에서의 작은 유전 변이와 큰 구조적 변이에 대한 주석 정보를 포함한다. dbSNP는 주로 점 돌연변이와 작은 삽입 및 결실에 중점을 둔다. 여기에는 변이가 생긴 대립 유전자에 대한 정보와 유전자 서열 내에서의 시각화, 모집단 빈도, 임상학적 중요성에 대한 정보가 표시된다. dbVar 데이터베이스에는 유전체의 변이 영역에 대해 실험 데이터와 보고된 임상 결과 등을 포함하고 있다.

ClinVar – www.ncbi.nlm.nih.gov/clinvar/

ClinVar 데이터베이스는 인간 유전자 변이와 표현형의 연관성에 대한 정보를 제공한다. 연구자 또는 임상의가 작성한 데이터 샘플에는 환자 샘플에서 발견된 변이와 임상적인 관련성에 대한 내용이 들어있으므로 임상실험에 특히 유용하다.

Gene Expression Ominbus(GEO) – www.ncbi.nlm.nih.gov/geo/

GEO는 NCBI의 데이터베이스이며 마이크로 어레이 또는 유전자 분석 기술로 얻은 유전자 발현 데이터셋을 포함한다. GEO는 여러 샘플이 들어있는 데이터셋으로 구성돼 있어서 각 항목에서는 데이터가 생성된 플랫폼, 원본 및 처리된 데이터로 키워드를 통해 데이터셋을 쉽게 검색할 수 있다.

PubMed – www.ncbi.nlm.nih.gov/pubmed/

PubMed는 생물의학과 생명과학 연구에 관련된 논문과 책 정보를 색인화하는 NCBI의 데이터베이스이며, 현재 2,700만 개가 넘는 논문, 책, 뉴스 기사에 대한 정보가 포함돼 있다. 과학 뉴스 기사에는 게시된 웹사이트에 대한 링크가 있으며 키워드, 제목 또는 저자 이름을 기반으로 손쉽게 논문 검색을 할 수 있다.

DNA 서열 데이터가 기하급수적으로 증가함에 따라 온라인 데이터베이스를 통해 데이터를 세분화하고 공유하고 배포하는 과정이 필요해졌다. 또한 DNA와 단백질 서열을 모으는 수많은 데이터베이스가 만들어졌으며, 이런 정보를 통합하고 보완하고자 또 다른 데이터베이스가 개발됐다.

참고 문헌과 추가 자료

3장에서는 세포 및 분자생물학의 주요 개념을 이해하는 데 필요한 기초 지식을 전달했다. 많은 책이 이런 개념들을 더 자세히 다루고 있으므로[10, 37, 120], 관련 내용을 더 알고 싶다면 해당 책들을 더 읽어보길 바란다.

연습 문제

1. 조직의 구조가 증가하는 방향으로 세포, 뉴클레오티드, 염색체, 유전자, DNA를 정렬해보자.

2. 다음 조건에 맞는 모든 가능한 조합의 수를 계산해보자.

   a. 길이가 5인 DNA 서열의 수?

   b. 길이가 5인 RNA 서열의 수?

   c. 길이가 5인 단백질 서열의 수?

3. 길이가 12인 DNA 서열과 관련해서 다음 질문에 답해보자.

   a. DNA 서열을 읽음으로써 얻을 수 있는 코돈의 개수는?

   b. 서열의 처음과 끝에 시작코돈과 종결코돈이 존재한다고 하면 전체 코돈의 개수는?

   c. 판독 가능 프레임의 전체 개수는?

4. 다음 서열은 DNA 서열의 일부를 나타내며, 대문자는 엑손이고 소문자는 인트론이다.

```
> Exon-Intron-Exon sequence
ACTCTTCTGGTCCCCACAGACTCAGAGAGAACCCACCATGGTGCTGTCTC
CTGCCGACAAGACCAACGTCAAGGCCGCCTGGGGTAAGGTCGGCGCGCAC
GCTGGCGAGTAIGGTGCGGAGGCCCTGGAGAGgtgaggctccctcccctg
ctccgacccgtgctcctcgcccgcccggacccacaggccaccctcaaccg
tcctggccccggacccaaacccaccccctcactctgcttctccccgcagG
ATGTTCCTGTCCTTCCCCACCACCAAGACCTACTTCCCGCACTTCGACCT
GAGCCACGGCTCTGCCCAGGTTAAGGGCCACGGCAAGAAGGTGGCCGACG
CGCTGACCAACGCCGTGGCGCACGTGGACGACATGCCCAACGCGCTGTCC
GCCCTGAGCGACCTGCACGCGCACAAGCTTCGGGTGGACCCGGTCAACTT
CAAG
```

- 위 서열에서 mRNA 스플라이싱 이후의 RNA 서열을 표시한다.

- 인트론에 대한 첫 번째 SNP(g → t)가 엑손의 경계에서 발생하면 어떻게 될지 생각해보자. 스플라이싱 후 서열에 어떤 차이가 발생할까?

5. 단백질 서열 Met-Ala-His-Trp를 암호화하는 DNA 서열을 알고 싶다.

   a. 이 단백질을 암호화할 수 있는 mRNA 서열은 몇 개인가?

   b. mRNA의 길이는 얼마인가?

   c. mRNA로부터 얼마나 많은 DNA가 단백질을 암호화하고 있을까?

   힌트: (i) 표 3.1에 제공된 유전자 코드 표를 사용하라. (ii) 단백질을 암호화하는 mRNA는 종결코돈을 포함한다는 것을 기억하라. (iii) 하나의 아미노산은 여러 DNA 서열에 의해 암호화될 수 있다.

6. NCBI에서 인간의 TP53 유전자의 게놈 서열을 검색해보자. Genbank 데이터베이스에서 항목을 찾아 유전자에 대한 추가 정보를 얻을 수 있다. 그리고 여러 이소타입^{isotype}에서 유래한 단백질 서열 목록을 검색한다.

   힌트: FASTA 파일을 갖고 있는 항목을 검색해보자.

7. NCBI RefSeq에서 인간, 침팬지, 쥐의 TP53 유전자에 대한 DNA 서열과 단백질 서열을 검색해보자.

   힌트: 유전자 이름을 검색하고 각 종에 해당하는 유전자 항목을 선택해 '보내기'를 사용함으로써 DNA 서열 또는 단백질 파일을 얻는다.

8. PDB에서 인간의 Transthyretin 단백질 버전 중 하나의 기본 구조와 3차원 구조 파일을 검색한다.

9. UCSC 게놈 브라우저에서 인간의 MDM2 유전자에 대한 정보를 시각화해보자.

   a. 이소타입^{isotype} 중 하나의 게놈, mRNA, 단백질 서열 정보를 다운로드하라.

   힌트: transcript/isoform 메뉴의 Sequence and Links to Tools Database에서 찾을 수 있다.

   b. GTEx의 RNA-seq 발현 데이터를 시각화하고 이 유전자가 어느 조직에서 더 높은 발현을 갖는지 확인하라.

   c. MDM2 유전자에 대한 모든 이소타입 유전자 서열을 찾으라.

10. Ensembl 게놈 브라우저에서 인간의 MDM2 유전자에 대한 사용 가능한 정보를

시각화해보자.

a. 가장 긴 암호화 서열을 갖고 있는 mRNA 서열을 확인하라.

b. 이 유전자에 대해 몇 개의 스플라이싱 변형이 존재하는가? 단백질 암호화 영역은 몇 개인가?

c. MDM2 유전자의 진화 트리^evolutionary tree^를 비교하라.

d. 유전자의 암호화 서열 내에서 발생하는 생식선세포^germline^와 체세포의 SNP 를 찾으라. 체세포 변이체는 COSM 접두사로 식별되고, 생식선세포 변이 체는 anrs 접두사로 식별된다.

4 생물학적 서열의 기본적 처리

이번 장에서는 생물학적 서열의 컴퓨터적 표현과 알고리즘적 처리를 다룬다. 이는 유전자 발현과 관련해 전사, 번역과 오픈 리딩 프레임(ORF)을 포함한다. 또한 DNA, RNA, 단백질 서열과 같은 생물학적 서열을 위한 파이썬 클래스도 살펴볼 것이다. 마지막으로 데이터베이스와 여러 다양한 포맷으로부터 서열을 읽고 쓰고 저장하고 처리하기 위해 만든 바이오파이썬^{BioPython}의 여러 파이썬 클래스를 살펴볼 것이다.

4.1 생물학적 서열: 표현과 기본 알고리즘

3장에서 논의했듯이 생물학적 시스템과 유전 정보는 DNA에 암호화돼 있다. 생명정보학 알고리즘과 도구들은 실용적인 목적으로 DNA를 1차원적 뉴클레오티드 서열로 표기한다.

DNA 또는 RNA 분자는 네 개의 뉴클레오티드로 구성돼 있으므로 컴퓨터로 표현할 때 네 개의 독립적인 문자로 표현한다. DNA의 경우 A, C, G, T로 표현한다. 이는 각각 아데닌, 시토신, 구아닌, 티민이며 RNA의 경우 T 대신 U인 우라실로 표현된다.

DNA의 기본 알파벳에는 네 개의 뉴클레오티드 심볼만 포함돼 있지만, IUPAC International Union of Pure and Applied Chemistry은 확장된 심볼들을 정의해 뉴클레오티드의 모호성을 허용하는 확장된 심볼들을 정의했다. 확장된 심볼들을 통해 중합 효소 연쇄 반응 (PCR) 프라이머의 디자인과 같이 불확실한 뉴클레오티드가 있는 경우에 유용하게 표현할 수 있게 됐다. 표 4.1은 IUPAC 알파벳과 의미를 보여준다.

생물학적으로 중요한 또 다른 서열은 단백질 서열이며 아미노산 서열로 구성돼 있다. 유전 코드로 20개의 아미노산이 암호화될 수 있으므로 표 4.2를 참조하면 단백질 서열은 20개의 각각 다른 알파벳 문자로 이뤄졌음을 확인할 수 있다. 종결코돈을 표현하는 문자도 있어야 한다. 종결코돈 문자는 DNA 번역을 자동으로 수행하는 도구에서 사용하는데 다음 절에서 자세히 알아본다. 종결코돈으로 가장 많이 사용하는 문자는 언더스코어^{underscore}(_) 또는 별표^{asterisk}(*)다.

표 4.1 뉴클레오티드를 표현하는 IUPAC 심볼

심볼	이름	뉴클레오티드
A	아데닌	A
C	시토신	C
G	구아닌	G
T	티민	T
U	우라실	U
K	케토	G, T
M	아미노	A, C
R	퓨린	A, G
S	강함	C, G
W	약함	A, T
Y	피리미딘	C, T
B	A 아님	C, G, T
D	C 아님	A, G, T
H	G 아님	A, C, T
V	T 아님	A, C, G
N	모든 염기	A, C, G, T

표 4.2 아미노산을 표현하는 IUPAC 심볼

심볼	이름
A	알라닌
C	시스테인
D	아스파르트산
E	글루탐산
F	페닐알라닌
G	글라이신
H	히스티딘
I	아이소류신
L	라이신

(이어짐)

심볼	이름
M	메티오닌
N	아스파라긴
P	프롤린
Q	글루타민
R	아르기닌
S	세린
T	트레오닌
V	발린
T	트립토판
Y	타이로신

DNA, RNA, 단백질 서열은 문자열로 표현될 수 있으므로 2장에서 살펴본 많은 함수를 사용해 서열을 처리하고 생물학적으로 의미 있는 결과들을 얻을 수 있다. 예를 들어 2.6.3절에서 살펴본 것처럼 입력된 DNA 서열이 유효한 서열인지 검사할 수 있다.

다음 파이썬 스크립트에서 함수의 첫 번째 줄은 주석이며 함수의 목적과 예상하는 입력 및 결과를 적어뒀다. 책에 나오는 함수들은 가독성을 높이기 위해 주석을 달아놓을 것이다.

함수에서는 서열의 길이와 유효한 문자들을 센 값이 서로 같은지 확인해 전체 서열이 유효한 문자들을 갖고 있는지 확인한다. RNA와 단백질에서도 함수를 활용해 쉽게 만들어볼 수 있다.

```python
def validate_dna(dna_seq):
    """ DNA 서열이 유효한지 체크한다. 서열이 유효하면 True를, 유효하지 않으면 False를
반환한다. """
    seqm = dna_seq.upper()
    valid = seqm.count("A") + seqm.count("C") + seqm.count("G") + seqm.count("T")
    if valid == len(seqm): return True
    else : return False

>>> validate_dna("atagagagatctcg")
True
>>> validate_dna("ATAGAXTAGAT")
False
```

또 다른 유용한 예시는 다음 파이썬 스크립트에서 볼 수 있듯이 서열에서 각 문자의 출현 빈도를 계산하는 것이다. 함수의 결과는 서열의 각 문자는 키[key], 출현 빈도는 값[value]으로 구성된 사전이다. 이 방법은 DNA, RNA, 단백질처럼 어떠한 서열에서도 활용할 수 있다.

```python
def frequency(seq):
    """ 서열에서 각 심볼의 빈도를 계산한다. 결과로 사전을 반환한다. """
    dic = {}
    for s in seq.upper():
        if s in dic: dic[s] += 1
        else : dic[s] = 1
    return dic

>>> frequency("atagataactcgcatag")
{'A': 7, 'C': 3, 'G': 3, 'T': 4}
>>> frequency("MVVMKKSHHVLHSQSLIK")
{'H': 3, 'I': 1, 'K': 3, 'L': 2, 'M': 2, 'Q': 1, 'S': 3, 'V': 3}
```

다음 파이썬 스크립트의 함수는 사용자로부터 입력받은 아미노산 서열의 빈도를 계산해준다. 결과 값으로 가장 많이 출현한 아미노산의 심볼과 출현한 값을 출력한다. 예제에서 사용한 람다[lambda] 표기법은 코드 블록 내에서 암시적으로 함수를 정의할 수 있게 한다. 여기서는 튜플의 두 번째 요소를 기준으로 잡는데, (키, 값) 튜플은 파이썬 사전의 items 메서드를 사용하면 얻을 수 있다.[1]

```python
seq_aa = input("Protein sequence:")
freq_aa = frequency(seq_aa)
list_f = sorted(freq_aa.items(), key=lambda x: x[1], reverse = True)
for (k,v) in list_f:
    print("Aminoacid:", k, ":", v)
```

DNA 서열에서 GC 함량을 계산하는 함수를 살펴보며 이 절을 마무리한다. GC 함량의 계산은 DNA 서열에서 'G'와 'C' 뉴클레오티드의 비율을 계산하는 것이다.

---

1 파이썬 사전의 items 메서드를 사용해 나오는 (키, 값) 튜플에서 두 번째 요소인 값으로 정렬한다. sorted 함수의 key를 lambda로 표현했다. – 옮긴이

```python
def gc_content(dna_seq):
    """ DNA 서열에서 G와 C 뉴클레오티드의 퍼센트를 계산해 반환한다. """
    gc_count = 0
    for s in dna_seq:
        if s in "GCgc": gc_count += 1
    return gc_count / len(dna_seq)
```

유전자 또는 엑손을 찾는 경우처럼 GC 함량을 계산해야 할 때가 있다. 다음 스크립트의 함수는 중첩되지 않는 k 길이만큼의 부분 서열에 대해 GC 함량을 계산해준다.

```python
def gc_content_subseq(dna_seq, k=100):
    """ 겹치지 않는 k 길이의 부분 서열에 대한 GC 함량을 리스트로 반환한다. """
    res = []
    for i in range(0, len(dna_seq)-k+1, k):
        subseq = dna_seq[i:i+k]
        gc = gc_content(subseq)
        res.append(gc)
    return res
```

이번 절에서 만든 함수들은 'sequences.py'와 같이 하나의 파일로 합쳐 파이썬 모듈로 이식할 수 있다. 향후 import 명령어를 사용해 다른 파이썬 스크립트에서 기능을 불러오도록 할 수 있다.

4.2 전사와 역상보

DNA에서 RNA로의 전사는 DNA에 포함된 유전 정보로부터 단백질을 합성하는 전체 과정에서 기본적인 단계다. 3.2.1절에서는 DNA에서 RNA를 합성하는 과정을 설명했다. 이번 절에서는 정보 처리의 관점에서 파이썬 함수 및 프로그램으로 구현한 예제들을 만나본다.

전사를 구현하는 함수를 이해하기 위해 DNA 분자가 서로 반대 방향으로 읽히는 두 개의 상보적 가닥으로 구성돼 있음을 기억해보자. 전사가 일어나면 두 가닥이 나뉘고 새로운 RNA 서열이 해당 DNA 가닥에 상보적으로 생성된다. 따라서 해당 DNA 가닥은 주형 가닥^{template strand}에 상보적인 가닥인 비주형 가닥^{coding strand}과 유사하다. 단지
뉴클레오티드의 'T'가 'U'로 바뀌기만 했다. 이러한 맥락에서 DNA 가닥을 입력하면 간
단히 'T'를 'U'로 대체해 RNA 서열을 얻을 수 있다.

다음 파이썬 스크립트에서 assert 명령어는 입력한 DNA 서열이 유효한지 검사하는
부분이며, 유효하지 않다면 예외를 발생시켜 프로그램을 종료한다. return 명령어는
replace 메서드를 사용해 모든 'T' 문자를 'U'로 바꿔서 새로운 문자열을 반환한다. 또
한 다음 transcription 함수뿐만 아니라 이번 장의 모든 함수에서 upper 메서드를 사용
해 문자열을 대문자로 변환함으로써 처리할 것이다.

```python
def transcription(dna_seq):
    """ 입력한 DNA 서열을 전사한 RNA 서열을 만드는 함수 """
    assert validate_dna(dna_seq), "Invalid DNA sequence"
    return dna_seq.upper().replace("T","U")
```

이전 함수를 보면 서열을 계산할 때 하나의 DNA 서열만 주어지므로 주어진 서열의
상보적 서열도 고려해야 한다. 실제로 생물정보학 데이터베이스에서는 한 가닥의
DNA 서열만 제공되므로 상보적 가닥을 처리해야 한다.

다음 reverse_complement 함수는 입력된 DNA 서열에 역상보적인 서열을 결과로 만
든다. 상보적 서열은 'A'가 'T'로, 'C'가 'G'로 바뀌는 것을 의미한다. 또한 역서열을 만들
기 위해 for문을 돌 때 결과로 만드는 문자열의 가장 앞에 새로운 문자를 추가하는 방
식으로 구현할 것이다.

```python
def reverse_complement(dna_seq):
    """ DNA 서열의 역상보서열 제작 """
    assert validate_dna(dna_seq), "Invalid DNA sequence"
    comp = ""
    for c in dna_seq.upper():
        if c == "A":
            comp = "T" + comp
        elif c == "T":
            comp = "A" + comp
        elif c == "G":
            comp = "C" + comp
```

```
        elif c== "C":
            comp = "G" + comp
    return comp
```

4.3 번역

세포에서 단백질은 전령 RNA$^{messenger RNA}$(mRNA)로부터 번역이라 불리는 과정을 거쳐 아미노산의 체인을 만들며 합성된다. 생물학적으로 복잡한 이러한 과정은 3.2.2절에서 설명했고, 이번 절에서는 파이썬 함수로 구현해본다.

이전 절에서 봤듯이 DNA에서 전령 RNA로의 전사 과정은 어려운 과정이 아니었다. 이번 절에서는 DNA에서부터 단백질로 바로 번역하는 과정을 생각해본다. 번역을 하는 컴퓨터적 사고는 다음과 같다. (i) 번역할 DNA 서열은 겹치지 않게 세 개씩 문자를 읽어 코돈이라 불리는 하위 서열을 만든다. (ii) 각 코돈에 대해 아미노산은 변환 표(표 3.1)에 따라 번역된다. (iii) 변환된 단백질 서열은 순서를 맞춰서 결과가 생성된다.

코돈에서 아미노산으로 변환하는 핵심적인 데이터 구조는 변환 표이며, 이는 파이썬의 사전형으로 구현된다. 사전의 키는 64개의 코돈이고 해당하는 값은 아미노산이다. 다음 파이썬 함수는 내부에 변환 사전이 있고, 이를 참조해 변환 과정을 진행한다. 만약 유효하지 않은 코돈이 함수에 전달된다면 None이 반환된다. 또한 종결코돈이 '_' 심볼을 반환하는 것을 확인해보자.

```
def translate_codon(cod):
    """ 표준 유전 코드가 담긴 내부 사전을 이용해 코돈을 아미노산으로 번역 """
    tc = {"GCT":"A", "GCC":"A", "GCA":"A", "GCG":"A",
    "TGT":"C", "TGC":"C",
    "GAT":"D", "GAC":"D",
    "GAA":"E", "GAG":"E",
    "TTT":"F", "TTC":"F",
    "GGT":"G", "GGC":"G", "GGA":"G", "GGG":"G",
    "CAT":"H", "CAC":"H",
    "ATA":"I", "ATT":"I", "ATC":"I",
    "AAA":"K", "AAG":"K",
    "TTA":"L", "TTG":"L", "CTT":"L", "CTC":"L", "CTA":"L", "CTG":"L
```

```
    ",
    "ATG":"M", "AAT":"N", "AAC":"N",
    "CCT":"P", "CCC":"P", "CCA":"P", "CCG":"P",
    "CAA":"Q", "CAG":"Q",
    "CGT":"R", "CGC":"R", "CGA":"R", "CGG":"R", "AGA":"R", "AGG":"R
    ",
    "TCT":"S", "TCC":"S", "TCA":"S", "TCG":"S", "AGT":"S", "AGC":"S
    ",
    "ACT":"T", "ACC":"T", "ACA":"T", "ACG":"T",
    "GTT":"V", "GTC":"V", "GTA":"V", "GTG":"V",
    "TGG":"W",
    "TAT":"Y", "TAC":"Y",
    "TAA":"_", "TAG":"_", "TGA":"_"}
    if cod in tc: return tc[cod]
    else : return None
```

이전 파이썬 스크립트 함수에서 고려해야 할 사항은 표준 유전 코드가 매번 통용되지는 않는다는 점이다. 사실 진핵세포의 미토콘드리아와 같은 몇몇 유기체는 단백질 합성에 다른 코돈 테이블을 갖고 있다. 이전 함수의 구현에서 다른 변환표를 고려하는 해결 방법은 사전에 담긴 변환표를 함수의 인수로 받는 것이다. 만약 인수가 없다면 표준 유전 코드를 고려하도록 만들 수 있다. 이 방법의 구현은 독자들의 연습을 위해 남겨둘 것이다.

이전에 구현한 함수를 사용해 전체 DNA 서열을 번역하는 함수를 작성할 수 있다. 이 함수는 DNA 서열과 처음 번역하는 위치를 입력받아 해당하는 아미노산 서열을 결과로 반환한다. DNA 서열에서 코돈으로 분할하는 것은 range 함수에 적절하게 인덱스를 사용해 진행한다. range 함수의 마지막 인수는 스텝step을 말하며 몇 칸씩 건너뛸지를 의미한다. 개별 코돈의 번역은 기대한 대로 이전에 구현한 함수와 동일하게 작동한다.

```
def translate_seq(dna_seq, ini_pos = 0):
    """ DNA 서열을 아미노산 서열로 번역 """
    assert validate_dna(dna_seq), "Invalid DNA sequence"
    seqm = dna_seq.upper()
    seq_aa = ""
```

```
for pos in range(ini_pos, len(seqm)-2,3):
    cod = seqm[pos:pos+3]
    seq_aa += translate_codon(cod)
return seq_aa
```

유전 코드는 중복되므로 반복되는 값이 있다. 예를 들어 하나의 아미노산은 여러 개의 다른 코돈으로 암호화된다. 이를 일반적으로 코돈 사용^{codon usage}이라고 부른다. 코돈 사용의 통계를 다른 종의 유전자에 적용해보면 재미있는 결과를 얻을 수 있다.

DNA 서열과 아미노산을 입력해 코돈 사용을 계산하는 함수를 작성해보자. 함수의 결과는 사전으로 반환하며, 이 사전의 키는 코돈이고, 값은 코돈 사용 빈도를 나타낸다.

```
def codon_usage(dna_seq, aa):
    """ 주어진 아미노산을 암호화하고 있는 각 코돈의 비율을 DNA 서열로 표현 """
    assert validate_dna(dna_seq), "Invalid DNA sequence"
    seqm = dna_seq.upper()
    dic = {}
    total = 0
    for i in range(0, len(seqm)-2, 3):
        cod = seqm[i:i+3]
        if translate_codon(cod) == aa:
            if cod in dic:
                dic[cod] += 1
            else: dic[cod] = 1
            total += 1
    if total >0:
        for k in dic:
            dic[k] /= total
    return dic
```

4.4 가능성 있는 유전자 찾기: 오픈 리딩 프레임

이전 절에서는 실제 상황에서 고려해야 하는 규칙을 생각하지 않고 번역 과정을 진행했다. 사실 단백질 번역 과정은 언제나 메티오닌('M')을 암호화하는 특정 코돈('ATG')으로 시작한다. 'ATG'는 시작코돈뿐만 아니라 단백질의 중간에서 나올 수도 있다. 또한 번역 과정은 종결코돈이 나오는 경우 멈추게 된다.

그러므로 이전 절에서 개발한 함수는 처음 위치가 시작코돈이고 마지막 위치가 종결코돈일 때 사용할 수 있다. 여기서 통과한 DNA 서열은 코딩 DNA 서열이다.

그런데 인간 게놈 프로젝트의 결과물처럼 대다수의 DNA 서열은 어디서부터 코딩영역의 시작점인지 알기 힘들다. 이러한 경우에는 DNA 서열에서 가능성 있는 유전자, 즉 코딩 영역을 찾는 것에 관심이 가기 마련이다.

코딩 영역을 찾는 첫 번째 단계는 DNA 또는 RNA 서열에서 리딩 프레임을 계산하는 것이다. 리딩 프레임은 서열을 겹치지 않게 코돈으로 나누는 것이다(3.2.2절 및 표 3.2 참조). 주어진 서열에서는 첫 번째 문자, 두 번째 문자, 그리고 세 번째 문자부터 시작하는 세 개의 가능한 리딩 프레임이 존재한다. 이 세 가지 경우의 수에 덧붙여서 상보적서열도 고려해 총 여섯 가지 경우의 수를 생각한다.

아래의 함수는 주어진 DNA 서열에서 여섯 개의 리딩 프레임에 맞춰 번역을 진행한다. 이를 통해 주어진 유전체에서 가능한 단백질 코딩 영역을 찾을 수 있다.

```python
def reading_frames(dna_seq):
    """ 역상보서열을 포함한 여섯 개의 리딩 프레임에서 DNA 서열을 계산 """
    assert validate_dna(dna_seq), "Invalid DNA sequence"
    res = []
    res.append(translate_seq(dna_seq,0))
    res.append(translate_seq(dna_seq,1))
    res.append(translate_seq(dna_seq,2))
    rc = reverse_complement(dna_seq)
    res.append(translate_seq(rc,0))
    res.append(translate_seq(rc,1))
    res.append(translate_seq(rc,2))
    return res
```

다음 단계는 계산된 여섯 개의 리딩 프레임에서 암호화될 가능성이 있는 단백질 서열을 찾는 것이다. 이 작업은 단백질로 번역될 가능성이 있는 서열인 이른바 오픈 리딩 프레임(ORF)을 찾는 것이다. 다음 함수는 아미노산 서열에서 가능한 모든 단백질을 추출하며 문제 해결을 시작한다. 함수에서 서열을 거치며 처음 'M'이 발견될 때부터 current_prot 리스트에 단백질을 저장하다가 정지 서열이 나오게 되면 리스트의 모든 단백질이 proteins에 저장되는 것을 주의 깊게 살펴보자.

```python
def all_proteins_rf(aa_seq):
    """ 아미노산 서열에서 가능한 단백질을 계산해 리스트로 반환한다. """
    aa_seq = aa_seq.upper()
    current_prot = []
    proteins = []
    for aa in aa_seq:
        if aa == "_":
            if current_prot:
                for p in current_prot:
                    proteins.append(p)
                    current_prot = []
        else:
            if aa == "M":
                current_prot.append("")
            for i in range(len(current_prot)):
                current_prot[i] += aa
    return proteins
```

다음 all_orfs 함수는 이전 all_proteins_rf 함수를 호출하며 모든 리딩 프레임에 있는 가능한 단백질들을 계산할 수 있다. 여섯 개의 리딩 프레임에서 각각 하나의 리딩 프레임을 all_orfs 함수에 넣어 가능한 결과를 res 리스트에 넣는다.

```python
def all_orfs(dna_seq):
    """ 모든 오픈 리딩 프레임에서 가능한 단백질들을 계산한다. """
    assert validate_dna(dna_seq), "Invalid DNA sequence"
    rfs = reading_frames(dna_seq)
    res = []
    for rf in rfs:
        prots = all_proteins_rf(rf)
        for p in prots: res.append(p)
    return res
```

all_orfs 함수에서 반환하는 리스트는 많고 큰 크기의 단백질을 반환하므로 실제 세계에 적용하려면 최대 크기를 정해 단백질 크기로 거르는 작업이 필요하다. 실제로 단백질 서열의 크기가 작을수록 발생할 가능성이 높으며, 큰 크기의 단백질은 발생할 가능성이 낮다. 전체 64개의 아미노산 중 종결코돈은 세 개로 약 5%다. 그러므로 대략 20개의 아미노산에서 한 번꼴로 정지 서열의 발생을 예상할 수 있다.

따라서 다음 all_orfs_ord 함수는 단백질의 크기를 고려해 리스트에 정렬 삽입을 진행한다. 정렬은 insert_prot_ord 함수가 담당하며, 결과는 크기가 줄어드는 내림차순으로 정렬된다.

```python
def all_orfs_ord(dna_seq, minsize = 0):
    """ 오픈 리딩 프레임에서 가능한 모든 단백질을 계산하고 최소 크기로 걸러 정렬된 리스트를 반환한다. """
    assert validate_dna(dna_seq), "Invalid DNA sequence"
    rfs = reading_frames(dna_seq)
    res = []
    for rf in rfs:
        prots = all_proteins_rf(rf)
        for p in prots:
            if len(p) > minsize: insert_prot_ord(p, res)
    return res

def insert_prot_ord(prot, list_prots):
    i = 0
    while i < len(list_prots) and len(prot) < len(list_prots[i]):
        i += 1
    list_prots.insert(i, prot)
```

4.5 하나로 합체

이번 장에서 작성한 모든 파이썬 스크립트를 확장자가 .py인 파일로 작성했다고 하면 정의한 함수를 사용해 스크립트/프로그램을 작성할 수 있다. 다음 예제에서는 사용자의 키보드로부터 서열을 입력받으면 유효성을 확인하고, 서열이 유효하면 앞선 절에서 작성한 모든 함수를 적용할 것이다. 한 파일 내에서 모든 함수를 작성해 진행할 수도 있지만, 별도의 파일로 진행한다면 import문을 사용하면 된다(2.4.4절 참조). 다음 파이썬 스크립트는 이전 절들에서 작성한 함수들이 모두 sequences.py 파일 내부에 존재한다고 가정하고 있으므로 모든 함수를 sequences.py 파일에 넣자.

```
from sequences import *
seq = input("Insert DNA sequence:")
if validate_dna(seq):
    print("Valid sequence")
    print("Transcription: ", transcription(seq))
    print("Reverse complement:", reverse_complement(seq))
    print("GC content(global):", gc_content(seq))
    print("Direct translation:", translate_seq(seq))
    print("All proteins in ORFs(decreasing size): ", all_orfs_ord(seq))
else: print("DNA sequence is not valid")
```

이전에 작성한 파이썬 스크립트는 서열의 길이가 길지 않아 수작업으로 작성할 만큼 짧은 경우에 가능하며, 실제 상황에서는 그다지 유용하지 않다. 따라서 파일로부터 서열을 읽고 결과를 파일에 쓰는 프로그램을 작성하는 것이 바람직하다.

다음 함수는 텍스트 파일로부터 여러 줄로 된 서열을 읽고 결과를 텍스트 파일에 쓰도록 작성됐다.

```
def read_seq_from_file(filename):
    """ 여러 줄로 구성된 텍스트 파일에서 서열을 읽는다. """
    fh = open(filename, "r")
    lines = fh.readlines()
    seq = ""
    for l in lines:
        seq += l.replace("\n","")
    fh.close()
return seq

def write_seq_to_file(seq, filename):
    """ 서열을 파일에 쓴다. """
    fh = open(filename, "w")
    fh.write(seq)
    fh.close()
    return None
```

이 함수들을 사용해 이전에 작성한 파이썬 스크립트를 수정해보자. 주어진 파일에서 서열을 읽고 결과 파일을 작성하자. 가능한 단백질은 각각의 파일로 저장되는데, 파일

이름은 'orf'로 시작하고 일련 번호가 주어지며 확장자는 '.txt'다. 이 경우에 'orf-1.txt'
는 가장 큰 단백질을 가진다.

```python
from sequences import *

fname = input("Insert input filename:")
seq = read_seq_from_file(fname)
if validate_dna(seq):
    print("Valid sequence")
    print("Transcription: ", transcription(seq))
    print("Reverse complement:", reverse_complement(seq))
    print("GC content(global):", gc_content(seq))
    print("Direct translation:", translate_seq(seq))
    orfs = all_orfs_ord(seq)
    i = 1
    for orf in orfs:
        write_seq_to_file(orf, "orf-"+ str(i)+".txt")
        i += 1
else: print("DNA sequence is not valid")
```

4.6 생물학적 서열의 클래스

2.5.1절에서 살펴본 객체지향 프로그래밍의 개념을 바탕으로 생물학적 서열을 표현할
첫 번째 프로토타입 클래스인 MySeq를 정의해본다. 클래스를 사용하면 코드를 더욱 체
계적으로 만들 수 있고, 이를 모듈화해 재사용 가능한 프로그래밍을 할 수 있다.

다음 파이썬 스크립트에서 MySeq 클래스를 정의했으며, 클래스 내부에는 클래스에
대한 정의와 특수 메서드 세트가 있다. 메서드들의 의미는 2.5.1절에서 생성자를 포함
해 설명했다. 또한 서열이 타입과 정보를 보여주는 메서드도 포함됐다.

```python
class MySeq:
    """ 생물학적 서열의 클래스 """

    def __init__(self, seq, seq_type = "DNA"):
        self.seq = seq.upper()
```

```
        self.seq_type = seq_type
    def __len__(self):
        return len(self.seq)

    def __getitem__(self, n):
        return self.seq[n]

    def __getslice__(self, i, j):
        return self.seq[i:j]

    def __str__(self):
        return self.seq

    def get_seq_biotype(self):
        return self.seq_type

    def show_info_seq(self):
        print("Sequence: " + self.seq + " biotype: " + self.seq_type)
```

작성한 클래스에 다른 유용한 메서드를 추가해본다. 먼저 서열을 검증하는 메서드를 정의할 것이다. 또한 서열 검증 메서드를 위해 서열의 종류가 주어지면 허용하는 문자를 반환하는 메서드도 정의해본다.

```
def alphabet(self):
    if (self.seq_type=="DNA"): return "ACGT"
    elif (self.seq_type=="RNA"): return "ACGU"
    elif (self.seq_type=="PROTEIN"): return "ACDEFGHIKLMNPQRSTVWY"
    else: return None

def validate(self):
    alp = self.alphabet()
    res = True
    i = 0
    while i < len(self.seq) and res:
        if self.seq[i] not in alp: res = False
        else: i += 1
    return res
```

이번 장의 앞 절에서 정의한 함수들의 집합은 이제 클래스의 메서드로 다시 정의할 수 있다. seq_type을 사용해 입출력을 더욱 쉽게 검증할 수 있도록 만들어 일관되고 재사용 가능한 코드를 사용할 수 있다. 다음 파이썬 스크립트는 DNA 서열을 입력받아 각각 전사, 역상보서열, 번역을 진행한다. 이 세 가지 메서드는 모두 MySeq 클래스 객체를 반환하지만 생물학적 의미에 따라 타입이 다르다.

```python
def transcription(self):
    if (self.seq_type == "DNA"):
        return MySeq(self.seq.replace("T","U"), "RNA")
    else:
        return None

def reverse_comp(self):
    if (self.seq_type != "DNA"): return None
    comp = ""
    for c in self.seq:
        if (c == "A"): comp = "T" + comp
        elif (c == "T"): comp = "A" + comp
        elif (c == "G"): comp = "C" + comp
        elif (c== "C"): comp = "G" + comp
        return MySeq(comp, "DNA")

def translate(self, iniPos= 0):
    if (self.seq_type != "DNA"): return None
    seq_aa = ""
    for pos in range(iniPos, len(self.seq)-2,3):
        cod = self.seq[pos:pos+3]
        seq_aa += translate_codon(cod)
    return MySeq(seq_aa, "PROTEIN")
```

이전 절에서 만든 함수들은 클래스의 메서드로 다시 정의할 수 있으며, 이는 독자들이 스스로 연습하기에 좋은 예제가 될 것이다.

마지막으로 파이썬 스크립트에서 클래스를 사용하는 방법에 관한 간단한 예시를 살펴보면서 이번 절을 마무리한다.

```
s1 = MySeq("ATGTGATAAGAATAGAATGCTGAATAAATAGAATGACAT")
s2 = MySeq("MKVVLSVQERSVVSLL", "PROTEIN")
print(s1.validate(), s2.validate())
print(s1)
s3 = s1.transcription()
s3.show_info_seq()
s4 = s1.reverse_comp().translate()
s4.show_info_seq()
```

4.7 바이오파이썬으로 서열 처리

바이오파이썬 패키지[7](http://www.biopython.org/)는 파이썬으로 작성된 오픈소스 소프트웨어들을 수집해 생물정보학 작업을 처리할 수 있으며 바이오파이썬 공식 문서와 튜토리얼^{tutorial}, 쿡북^{cookbook}을 통해 사용 방법을 배울 수 있다.[8][2] 바이오파이썬은 OBF^{Open Bioinformatics Foundation} 프로젝트 중 하나다. OBF에는 파이썬뿐만 아니라 펄^{Perl}, 루비^{Ruby}, 자바^{Java} 등과 같은 다양한 프로그래밍 언어로 구현한 생명정보학 소프트웨어들이 있다.

바이오파이썬은 2.4.4절에서 다룬 패키지 관리 도구 중 하나를 사용해 쉽게 설치할 수 있다. 바이오파이썬으로 할 수 있는 다양한 기능을 활용해 알고리즘에 관련된 주제들을 다룰 것이다.

이번 절에서는 바이오파이썬으로 생물학적 서열을 다루는 방법을 배워본다. 파이썬의 객체지향적 언어 특징을 활용해 만든 클래스로 서열을 처리할 것이다. 여기서 Seq는 가장 핵심이 되는 클래스이며, 다른 종류의 생물학적 서열을 다룰 수 있다. 주의할 점은 객체 인스턴스는 생성되고 난 후에는 변경할 수 없다는 것이다.

이어지는 예제는 문자열을 생성자의 인수로 전달해 간단한 서열을 만드는 것이다. Seq 클래스의 모든 객체는 유효한 문자를 정의하는 알파벳을 포함하고 있다. 알파벳이란 Alphabet 클래스의 인스턴스이며 바이오파이썬에서 가능한 문자를 정의하는 클래스

---

2 국내에서는 『바이오파이썬으로 만나는 생물정보학』(비제이퍼블릭, 2019)을 참고하면 실용적인 생물정보학 문제들을 해결해가며 바이오파이썬을 익힐 수 있다. - 옮긴이

의 객체다.

다음 예제는 파이썬 대화형 모드에서 실행한 것으로, 직접 타이핑해서 바이오파이썬
이 제대로 설치됐는지 확인해보자.

```
>>> from Bio.Seq import Seq
>>> my_seq = Seq("ATAGAGAAATCGCTGC")
>>> my_seq
Seq('ATAGAGAAATCGCTGC', Alphabet())
>>> print(my_seq)
ATAGAGAAATCGCTGC
>>> my_seq.alphabet
Alphabet()
```

다음 예제는 사용자의 의도에 따라 Seq 객체에 원하는 알파벳을 지정하는 방법을 보
여준다. my_seq 변수에는 DNA 서열 정보가 있는 Seq 객체를 정의했고, my_prot 변수에
는 단백질 서열 정보가 있는 Seq 객체를 정의했다. DNA의 경우 모호하지 않은
(unambiguous_dna) 알파벳으로 정의했다.

```
>>> from Bio.Alphabet import IUPAC
>>> my_seq = Seq("ATAGAGAAATCGCTGC", IUPAC.unambiguous_dna)
>>> my_seq
Seq('ATAGAGAAATCGCTGC', IUPACUnambiguousDNA())
>>> my_seq.alphabet
IUPACUnambiguousDNA()
>>> my_prot = Seq("MJKLKVERSVVMSVLP", IUPAC.protein)
>>> my_prot
Seq('MJKLKVERSVVMSVLP', IUPACProtein())
```

알파벳의 다른 예시는 다음 예제로 설명한다. 다음 예제를 실행하기 전에 위의 예제
에서처럼 IUPAC을 import하는 것을 잊지 말자.

```
>>> IUPAC.unambiguous_dna.letters
'GATC'
>>> IUPAC.ambiguous_dna.letters
'GATCRYWSMKHBVDN'
>>> IUPAC.IUPACProtein.letters
```

```
'ACDEFGHIKLMNPQRSTVWY'
>>> IUPAC.ExtendedIUPACProtein.letters
'ACDEFGHIKLMNPQRSTVWYBXZJUO'
```

Seq 클래스의 객체는 파이썬 문자열처럼 다룰 수 있다. 다시 말해 문자열의 인덱싱^{indexing}, 스플라이싱^{splicing}, + 연산자를 사용한 더하기^{concatenating}, for와 같은 반복자^{iterator}, in 연산자와 len, upper, lower, find, count 등과 같은 문자열 메서드를 사용할 수 있다. 다음 예시를 보자.

```
>>> for i in my_seq: print(i)
A
T ...
>>> len(my_seq)
16
>>> my_seq[2:4]
'AG'
>>> my_seq.count("G")
4
>>> "GAGA" in my_seq
True
>>> my_seq.find("ATC")
8
```

한 가지 알아둬야 할 점은 서로 호환 가능한 서열에 대해서만 더하기가 가능하다는 것이다. 아래 두 예제를 살펴보자. 첫 번째 예제는 서로 같은 알파벳인 IUPAC.protein을 사용해 더하기가 가능하다. 두 번째 예제는 generic_nucleotide와 IUPAC.unambiguous_dna를 더하는데, 결과는 NucleotideAlphabet이 나왔다. 이는 NucleotideAlphabet이 더 일반적인 알파벳 종류이기 때문이다.

```
>>> seq1 = Seq("MEVRNAKSLV", IUPAC.protein)
>>> seq2 = Seq("GHERWKY", IUPAC.protein)
>>> seq1+seq2
Seq('MEVRNAKSLVGHERWKY', IUPACProtein())
>>> from Bio.Alphabet import generic_nucleotide
>>> nuc_seq = Seq("ATAGAGAAATCGCTGC", generic_nucleotide)
```

```
>>> dna_seq = Seq("TGATAGAACGT", IUPAC.unambiguous_dna)
>>> nuc_seq + dna_seq
Seq('ATAGAGAAATCGCTGCTGATAGAACGT', NucleotideAlphabet())
```

Seq 클래스는 이전 절에서 다뤘던 서열의 전사, 역상보서열을 계산하는 것처럼 생물학적 관련 함수들이 구현했다. 다음 예시를 살펴보자.

```
>>> coding_dna = Seq("ATGAAGGCCATTGTAATGGGCCGC", IUPAC.
unambiguous_dna)
>>> template_dna = coding_dna.reverse_complement()
>>> template_dna
Seq('GCGGCCCATTACAATGGCCTTCAT', IUPACUnambiguousDNA())
>>> messenger_rna = coding_dna.transcribe()
>>> messenger_rna
Seq('AUGAAGGCCAUUGUAAUGGGCCGC', IUPACUnambiguousRNA())
```

또한 다음과 같이 DNA와 RNA 서열 모두 번역을 수행할 수 있다.

```
>>> rna_seq = Seq("AUGCGUUUAACU", IUPAC.unambiguous_rna)
>>> rna_seq.translate()
Seq('MRLT', IUPACProtein())
>>> coding_dna = Seq("ATGGCCATTGTAATGGGCCGCTGAAAGGGTGCCCGATAG", IUPAC
.unambiguous_dna)
>>> coding_dna.translate()
Seq('MAIVMGR*KGAR*', HasStopCodon(IUPACProtein(), '*'))
>>> coding_dna.translate(table="Vertebrate Mitochondrial")
Seq('MAIVMGRWKGAR*', HasStopCodon(IUPACProtein(), '*'))
```

Seq 객체를 담고 있는 coding_dna 변수를 translate 메서드를 사용해 번역했다. 서열의 번역 결과에서 종결코돈은 '*' 심볼로 표시했다. 또한 translate 메서드에 table을 인자로 넣어줄 수 있으며, 예제에서는 'Vertebrate Mitochondrial'을 넣었다.[3] 바이오파이썬은 표준[Standard], 척추동물 미토콘드리아[Vertebrate Mitochondrial], 박테리아[Bacterial] 등 여러 종의 번역 표를 제공한다.

---

3 서열을 번역한 결과가 다른 것을 살펴보자. – 옮긴이

다음 예제는 각 번역 표의 내용 중 일부를 확인하는 방법을 보여준다. 또한 표준 번역 표와 미토콘드리아 번역 표의 차이점을 확인해보자.

```
>>> from Bio.Data import CodonTable
>>> standard_table = CodonTable.unambiguous_dna_by_name["Standard"]
>>> mito_table = CodonTable.unambiguous_dna_by_name["Vertebrate Mitochondrial"]
>>> print(standard_table)
( ... )
>>> mito_table.stop_codons
['TAA', 'TAG', 'AGA', 'AGG']
>>> mito_table.start_codons
['ATT', 'ATC', 'ATA', 'ATG', 'GTG']
>>> mito_table.forward_table["ATA"]
'M'
>>> standard_table.forward_table["ATA"]
'I'
```

4.8 바이오파이썬의 서열 주석 객체

파일에 저장된 서열을 작업할 수 있다면 생물학적 서열 처리에서 유용성이 더욱 증가할 것이다. SeqIO 클래스는 Seq 객체 자체를 포함할 뿐만 아니라 주석 형식으로 메타 정보를 포함해 다양한 포맷의 파일을 읽고 쓸 수 있게 해준다. 서열에 생물학적 기능 또는 관련 지식에 관한 주석을 다는 것은 전체적 서열뿐만 아니라 일부 서열에 대해 정보를 추가할 수 있다는 것을 의미한다.

SeqRecord 클래스는 바이오파이썬에서 Seq와 주석을 담고 있는 틀이며 다음과 같은 항목을 포함한다.

- seq: 서열 그 자체이자 Seq 클래스의 객체
- id: 서열 식별자
- name: 서열 이름
- description: 서열에 대한 설명
- annotations: 전체 서열에 대한 전역 주석(사전형으로 키가 주석 유형이고, 값은 해

당 키의 특정 값이다.)

- features: 구조화된 기능. 전체 서열 또는 그 일부에 적용할 수 있는 SeqFeature 객체 목록
- letter_annotations: 서열의 각 문자 위치에 대한 주석
- dexrefs: 데이터베이스 참조 값

기능에 대한 구성을 이해하기 위해 SeqFeature 클래스를 살펴보자. SeqFeature 클래스는 서열의 주석 구조 정보를 담고 있다. 구조 정보는 GenBank 및 EMBL 데이터베이스 레코드에서 기원한다.

SeqFeature 객체의 주요 속성은 다음과 같다.

- location: 해당 주석에 영향받는 서열의 영역을 FeatureLocation 객체로 나타낸다.
- type: 종류를 나타내는 문자열
- qualifiers: 특성에 대한 추가 정보이며 파이썬 사전형으로 저장한다.

SeqLocation 클래스는 서열에서 구간 설정을 유연하게 해준다. 즉, 위치를 정확하게 설정할 수도 있고 이후 위치(AfterPosition), 이전 위치(BeforePosition), 지정 영역 내부의 위치(BetweenPosition)와 같이 불분명하게 설정할 수도 있다. 다음 예시를 보면서 위치 관계를 확인해보자.

```
>>> from Bio import SeqFeature
>>> start = SeqFeature.AfterPosition(10)
>>> end = SeqFeature.BetweenPosition(40, left=35, right=40)
>>> my_location = SeqFeature.FeatureLocation(start, end)
>>> print(my_location)
[>10:(35^40)]
>>> int(my_location.start)
10
>>> int(my_location.end)
40
```

예제의 마지막 부분에서 FeatureLocation 객체를 생성하고 start와 end를 넣어 my_location을 생성했는데, int 함수를 사용해 단일 값을 얻었다.

FeatureLocation을 정의하는 것은 많은 경우에 유용한데, 예를 들면 전체 서열에서 특정 부분을 뽑아올 때 사용할 수 있다. 다음 예제는 주어진 서열에서 구간과 방향성을 역방향으로 제시한 FeatureLocation을 정의했다.

```
>>> from Bio.SeqFeature import SeqFeature, FeatureLocation
>>> example_seq = Seq("ACCGAGACGGCAAAGGCTAGCATAGGTATGAGACTT")
>>> example_feat = SeqFeature(FeatureLocation(5, 18), type ="gene", strand=-1)
>>> feature_seq = example_feat.extract(example_parent)
>>> print(feature_seq)
AGCCTTTGCCGTC
```

다음 예제에서와 같이 SeqRecord 객체를 만들고 각 항목을 객체 생성 후에 채울 수도 있다.

```
>>> from Bio.Seq import Seq
>>> seq = Seq("ATGAATGATAGCTGAT")
>>> from Bio.SeqRecord import SeqRecord
>>> seq_rec = SeqRecord(seq)
>>> seq_rec.id = "ABC12345"
>>> seq_rec.description = "My own sequence."
>>> seq_rec.annotations["role"] = "unknown"
>>> seq_rec.annotations
{'role': 'unknown'}
```

지금까지의 정보들은 파일에서 읽어오는 것이 더 일반적인 방법이며 더욱 편리하다. SeqIO 클래스는 여러 파일 형식을 읽을 수 있으며 두 가지 함수를 제공한다. read 함수는 하나의 서열과 주석이 있는 단일 SeqRecord 객체를 읽는 반면, parse 함수는 여러 SeqRecord 객체를 반복해 읽어낼 수 있다.

SeqIO 클래스 사용 방법의 예를 들기 위해 페스트균$^{Yersinia\ pestis}$의 박테리아 플라스미드(pPCP1)의 전체 서열을 사용해본다. 좀 더 구체적으로 예시를 언급해보자면 Yersinia pestis biovar Microtus str. 91001이며 Genbank 번호는 NC_005816이다. https://

www.ncbi.nlm.nih.gov/nuccore/NC005816에서 FASTA와 GenBank 파일을 받을 수 있다.

첫 번째 예시는 FASTA 포맷에서 단일 서열을 읽는 방법을 보여준다. FASTA 포맷은 서열에 대한 최소한의 정보를 갖고 있는데, 각 서열에 대해 > 심볼로 시작하는 헤더 ^{header} 및 메타 정보가 있고 이후로는 서열이 나온다. 예시는 'NC_005816.fna' 파일을 사용하며, 서열이 9,606개의 뉴클레오티드를 갖고 있는지 검증해볼 것이다.

```
>>> from Bio import SeqIO
>>> record = SeqIO.read("NC_005816.fna", "fasta")
>>> record
SeqRecord(seq=Seq("TGTAACGAACGGTGCAAT..."))
>>> len(record.seq)
9609
>>> record.id
gi|45478711|ref|NC_005816.1|
>>> record.description
gi|45478711|ref|NC_005816.1| Yersinia pestis biovar Microtus str.
91001 plasmid pPCP1, complete sequence
>>> record.annotations
{}
>>> record.features
[]
```

FASTA 포맷은 최소 포맷이므로 파일을 읽게 되면 레코드의 정보는 비어있기 마련이다. 그러나 FASTA 헤더에서 정보를 가져와서 id, description과 같은 정보가 자동으로 채워질 수도 있다.

Genbank의 경우 더 많은 주석 정보를 채울 수 있다. 더 많은 정보는 위에서 제공한 URL에 담긴 내용이다.

Genbank 포맷의 확장자는 '.gb'다. SeqIO의 read 함수로 읽는 경우에는 두 번째 인수로 'genbank'를 넣어주면 된다. Genbank 파일을 읽고 나면 FASTA 파일에서처럼 seq 항목을 채울 수 있으며, FASTA 파일에서 제대로 채울 수 없었던 id, name, description 항목들을 채워 넣을 수 있다.

```
>>> from Bio import SeqIO
>>> record = SeqIO.read("NC_005816.gb", "genbank")
>>> record.seq
Seq('TGTAACGAACGGTGCAATC...CTG', IUPACAmbiguousDNA())
>>> print(len(record.seq))
9609
>>> record.id
'NC_005816.1'
>>> record.name
'NC_005816'
>>> record.description
'Yersinia pestis biovar Microtus str. 91001 plasmid pPCP1, complete
sequence.'
>>> len(record.annotations)
11
>>> len(record.features)
29
```

annotation 항목은 서열 전체에 대해 여러 가지 속성을 제공하며 파이썬 사전형으로
표현된다. 다음으로는 예시에서 읽은 결과의 annotation 중 일부를 확인해보자.

```
>>> record.annotations["source"]
'Yersinia pestis biovar Microtus str. 91001'
>>> record.annotations["taxonomy"]
['Bacteria', 'Proteobacteria', 'Gammaproteobacteria', '
Enterobacteriales', 'Enterobacteriaceae', 'Yersinia']
>>> record.annotations["date"]
23-MAY-2013
>>> record.annotations["gi"]
45478711
```

레코드에서 29개의 기능^{feature}을 더 자세히 살펴보기 위해 주석이 달린 유전자에 해
당하는 기능 숫자를 세어본다.

```
>>> feat_genes = []
>>> for i in range(len(record.features)):
...... if record.features[i].type == "gene": feat_genes.append(record.
features[i])
```

```
>>> len(feat_genes)
10
```

앞서 얻은 feat_genes 리스트에서 각 항목인 gene의 유전좌위^{locus} 태그, 방향성, 위치를 출력해 내용을 자세히 알아보자. 참고로 방향성에서 1은 순방향이고 −1은 역방향이다.

```
>>> for f in feat_genes: print(f.qualifiers["locus_tag"], f.strand, f
.location)
['YP_pPCP01'] 1 [86:1109](+)
['YP_pPCP02'] 1 [1105:1888](+)
['YP_pPCP03'] 1 [2924:3119](+)
...
```

extract 함수를 사용해 유전자가 암호화한 단백질 서열을 얻을 수 있다.

```
>>> for f in feat_genes: print(f.extract(record.seq).translate(table=
"Bacterial", cds=True))
MVTFETVMEIKILHKQGMSSRAIARELGISRNTVKRYLQAKSEPP ...
```

'CDS'(코딩 서열^{coding sequence})에 대한 열 개 기능을 확인하는 작업은 독자들에게 연습문제로 남겨둔다. 서열에서 번역한 단백질 서열도 확인해보자.

하나의 파일에서 여러 서열을 읽어야 할 경우가 있는데, 이 경우는 parse 함수를 사용한다. 다음 예제에서 사용하는 파일은 책의 웹사이트나 바이오파이썬 튜토리얼^{BioPython's tutorial}[8]에서 받을 수 있다. 예제 파일은 다양한 난초^{orchid}의 리보솜 rRNA 유전자 서열을 담고 있다.

예제에서는 모든 레코드를 살펴서 레코드가 담고 있는 description을 출력하고 주석이 담고 있는 종^{organism} 정보를 리스트에 모은다.

```
>>> all_species = []
>>> for seq_record in SeqIO.parse("ls_orchid.gbk", "genbank"):
...: print(seq_record.description)
...: all_species.append(seq_record.annotations["organism"])
```

```
C.irapeanum 5.8S rRNA gene and ITS1 and ITS2 DNA.
C.californicum 5.8S rRNA gene and ITS1 and ITS2 DNA.
C.fasciculatum 5.8S rRNA gene and ITS1 and ITS2 DNA.
...
>>> print(all_species)
['Cypripedium irapeanum', 'Cypripedium californicum', ..., 'Paphiopedilum
barbatum']
```

바이오파이썬은 데이터베이스에서 직접 서열을 얻어와 이후 과정을 처리하는 다양한 함수를 갖고 있다. 다음 예시는 NCBI에서 GI id를 통해 genbank 정보를 얻는 과정을 보여준다.

```
>>> from Bio import Entrez
>>> from Bio import SeqIO
>>> Entrez.email = "example@gmail.com"
>>> handle = Entrez.efetch(db="nucleotide", rettype="gb", retmode="
text", id ="6273291, 6273290, 6273289")
>>> for seq_record in SeqIO.parse(handle, "gb"):
...: print(seq_record.id, seq_record.description[:100], "...")
...: print("Sequence length: ", len(seq_record))
>>> handle.close()
AF191665.1 Opuntia marenae rpl16 gene; chloroplast gene for
chloroplast product, partial intron sequence. ...
Sequence length: 902
...
```

마지막으로 레코드를 파일에 쓰는 방법을 알아본다. SeqIO 클래스의 write 메서드는 하나 또는 여러 개의 SeqRecord 객체의 내용을 다양한 형식으로 파일에 쓴다. write 메서드는 레코드, 파일 이름, 파일 종류를 인수로 받는다. 또한 convert 메서드도 있는데, 이는 레코드의 형식을 다른 형식으로 바꿀 때 사용할 수 있다.

```
records = SeqIO.parse("ls_orchid.gbk", "genbank")
count = SeqIO.write(records, "my_example.fasta", "fasta")
```

```
count = SeqIO.convert("ls_orchid.gbk", "genbank", "my_example.fasta", "fasta")
```

연습 문제와 프로그래밍 프로젝트

연습 문제

1. DNA 서열을 읽어 대문자로 변환하고 뉴클레오티드를 퓨린과 피리미딘으로 나눠 그 개수를 세는 프로그램을 작성해보자.

2. DNA 서열을 읽고 상보적 서열과 원래 서열이 같은지 확인하는 프로그램을 작성해보자.

3. 주어진 DNA 서열에서 중복된 'CG' 합계를 반환하는 함수를 작성해보자.

4. 주어진 DNA 서열에서 암호화하는 첫 번째 단백질의 크기를 반환하는 함수를 작성해보자. 세 개의 리딩 프레임을 고려하고, 만약 단백질이 발견되지 않으면 −1을 반환한다.

5. 주어진 아미노산 서열이 단백질인지 아닌지 판별하는 결과를 반환하는 함수를 작성해보자.

6. DNA 서열이 암호화하는 아미노산의 빈도를 사전에 넣는 함수를 작성해보자. 번역은 DNA 서열의 첫 번째부터 진행된다고 가정하며 종결코돈은 무시한다.

7. 아미노산 서열과 DNA 서열을 읽고 주어진 아미노산 서열을 암호화하는 부분의 DNA 서열 리스트를 출력하는 프로그램을 작성해보자.

8. 주어진 서열을 첫 번째 인수로, 반복되는 하위 서열의 크기인 k를 두 번째 인수로 넣어 하위 서열을 키로 하고 반복 횟수를 값으로 하는 사전을 만든다. 값은 최소 2 이상으로 하고 사전은 내림차순으로 정렬해 결과를 출력하는 함수를 작성해보자.

프로그래밍 프로젝트

1. MySeq 클래스를 사용해 DNA, RNA, 단백질이라는 세 가지 유형의 생물학적 서열 클래스를 구현해보자. 각각의 적절한 생성자를 만들고, 필요하거나 유용하다고 생각되는 경우에는 부모 클래스에서 메서드를 다시 정의한다. 각 메서드에 맞는 출력 결과를 고려해 작성한다.

2. random 패키지는 난수를 생성할 수 있는 여러 함수를 포함하고 있다. 이러한 함수들을 사용해 무작위로 DNA 서열을 생성하고 돌연변이 분석을 구현하는 모듈을 만든다. 주어진 숫자의 서열에서 무작위 서열을 생성하는 함수를 포함한다. 임의의 위치에 삽입, 삭제, 치환의 변이를 줄 수 있으며 암호화하는 단백질의 영향을 연구해볼 수 있다.

5 서열 데이터에서 패턴 찾기

5장에서는 서열 데이터에서 패턴을 찾는 방법과 생명정보학에서의 중요성을 설명한다. 먼저 패턴을 찾기 위한 기본 알고리즘을 설명하고 그 복잡성을 이야기한다. 이어서 검색 패턴에 적절한 전처리를 함으로써 계산의 복잡성을 낮추는 휴리스틱 알고리즘 heuristic algorithm을 배운다. 또한 파이썬에서 정규표현식을 사용해 서열의 패턴을 찾는 유용한 방법을 배우고 생물학에 관련된 몇 가지 예시를 살펴본다.

5.1 소개: 생명정보학에서 패턴 찾기의 중요성

생물학적 서열 데이터 내에서 특정한 패턴을 찾는 것은 생명정보학자가 일상적으로 처리하는 가장 일반적인 작업 중 하나다. 3장에서 살펴봤듯이 생물학적 정보는 근본적으로 DNA 서열로 유지되기 때문에 해당 서열 데이터의 패턴 분석은 매우 중요하다.

실제로 서열 데이터의 패턴은 대부분 분자의 특정 기능에 밀접하게 연관돼 있다. 단백질이 특정 기능을 수행하려면 단백질의 구조에 특정한 패턴(예를 들어 효소의 리간드 또는 조절 단백질의 DNA 분자에 대한 결합 부위)이 필요하고, 거기에 상응하는 DNA 서열 패턴이 있을 것이다. 또한 DNA 서열에는 유전자 발현량을 조절하기 위한 결합 부위(예를 들면 프로모터 promotor, 인핸서 enhancer, 전사 인자 transcription factor) 등이 관련돼 있다.

그러므로 서열 데이터(DNA, RNA, 단백질)에서 특정 패턴을 찾는 것은 다양한 생물학적 기능 연구와 깊이 연관돼 있다. 또한 살아있는 생물의 유전체에서 발견되는 반복 서열들과 복잡한 서열의 구조는 이런 패턴 발견 과정의 중요성을 증명한다.

우리가 찾아야 하는 서열 데이터의 복잡성을 생각해본다면 생명정보학을 통해 서열의 패턴을 찾는 것은 다양한 작업이 필요하다는 사실을 알 수 있다. 예를 들면 패턴의 유형, 패턴의 크기와 수, 대상 서열의 종류 등이 있을 것이다. 따라서 이 책에서는 생물학적 서열 데이터 패턴과 관련된 개념을 다루기 위해 여러 장을 통해 배울 것이다.

여기서는 서열 데이터에서 일부 패턴을 찾는 알고리즘을 만들어보고 더 효율적으로 만들기 위한 방법을 설명한다. 거대 서열 데이터에서 좀 더 효율적으로 패턴을 찾기 위해 패턴 검색에 전처리를 해서 실행 속도를 높이는 방법을 사용할 것이다. 그리고 정규 표현식을 사용해 서열 데이터를 탐색하는 방법을 살펴본다.

5.2 고정된 패턴을 찾는 단순한 알고리즘

가장 단순한 접근법으로 서열 s에서 k 길이의 패턴 p를 찾는 것을 생각해보면, p를 s에 하나하나 대조하면서 일치하지 않으면 한 칸 옆으로 이동해 다시 대조해보고 p와 동일한 서열을 찾으면 패턴을 찾는 데 성공했다고 말할 수 있다. 만약 전체 서열에 대한 모든 패턴을 찾으려면 대조를 계속해야 하고, 그렇게 하지 않는다면 가장 먼저 나오는 패턴만 찾게 될 것이다.

위에서 설명한 방법을 파이썬을 사용해 구현한 것이 아래에 있다. 찾으려는 패턴의 처음 위치를 찾는 것은 search_first_occ 함수로 정의했다. 이 함수는 while 반복문을 사용해 패턴이 처음 나타나는 위치를 반환하거나 패턴이 발생하지 않으면 −1을 반환한다.

서열에 존재하는 모든 패턴을 찾는 방법은 search_all_occurrences() 함수로 아래에 정의했다. 이 함수는 모든 서열에서 패턴이 일치하는지 여부를 검사하고 해당 서열의 위치가 있는 목록을 반환한다. 만약 일치하는 서열이 없다면 빈 목록을 반환한다.

```python
def search_first_occ(seq, pattern):
    found = False
    i = 0
    while i <= len(seq)-len(pattern) and not found:
        j = 0
        while j < len(pattern) and pattern[j]==seq[i+j]:
            j = j + 1
        if j == len(pattern): found = True
        else: i += 1
```

```
    if found: return i
    else: return -1

def search_all_occurrences(seq, pattern):
    res = []
    for i in range(len(seq)-len(pattern)+1):
        j = 0
        while j < len(pattern) and pattern[j]==seq[i+j]:
            j = j + 1
        if j == len(pattern):
            res.append(i)
    return res

seqDNA = "ATAGAATAGATAATAGTC"
print(search_first_occ(seqDNA, "GAAT"))
print(search_first_occ(seqDNA, "TATA"))
print(search_all_occurrences(seqDNA , "AAT"))
```

위에 작성한 함수를 다음 코드 예시처럼 사용자가 입력한 서열 데이터에도 사용할 수 있다.

```
def test_pat_search():
    seq = input("Input sequence: ")
    pat = input("Input pattern: ")
    print(pat, "occurs in the following positions:", )
    print(search_all_occurrences(seq, pat))

test_pat_search()
```

위에서 작성한 함수는 내부에 간단한 if문을 사용해 서열이 패턴과 일치하는지를 판단하고 검사를 반복한다. 추가적으로 반복문의 주기를 명시적으로 나타낸 것은 전체 실행 수를 표시하고 알고리즘 복잡성을 이해하는 데 도움을 주기 위해서다.

이런 단순한 알고리즘은 최악의 경우에 총 $(N - k + 1) \times k$번을 테스트해야 한다. 물론 최악의 경우는 실제로 자주 발생하지 않지만, 이 알고리즘은 i에서 시작하는 내부 반복문이 계속 실행돼야 하므로 많은 서열 데이터를 처리할 때는 여전히 느리다. 그렇기 때문에 다음 절에서 이런 점을 개선하기 위한 알고리즘을 살펴본다.

이 절을 마치기 전에 2.6.3절에서 보이는 문자열에 대해 파이썬의 기본 기능인 s.find(p) 함수를 사용하면 유사한 작업을 할 수 있다는 것을 기억해야 한다. s에서 패턴 p의 첫 번째 발생과 s에서 p의 발생 횟수를 계산하는 s.count(p) 또한 연산자를 사용하면 패턴이 문자열에 있는지 확인할 수 있다. 문자열에 대해 정의된 하나의 사전 정의된 대안으로 search_all_occurrences() 함수를 대체하는 직접적인 방법은 없다.

5.3 휴리스틱 알고리즘: 보이어–무어

이전 절에서 살펴본 단순한 알고리즘은 구조적인 한계로 인해 계산의 효율성이 떨어진다는 단점이 있다. 이런 단점을 극복하기 위해 패턴 검색의 평균 계산 효율을 향상시키고 패턴의 구조를 사용해 검색 속도를 높이는 대체 알고리즘이 있다.

대체 알고리즘에는 여러 가지가 있을 수 있지만 여기서는 앞서 배운 단순한 알고리즘과 유사한 복잡성을 갖지만 성능이 크게 향상되는 보이어–무어$^{Boyer-Moore}$ 알고리즘만 다룰 것이다. 보이어–무어 알고리즘은 간단한 두 가지 규칙을 사용하는 검색 방법이다.

앞에서 살펴본 단순한 알고리즘처럼 보이어–무어 알고리즘은 서열 데이터의 왼쪽 끝에서 오른쪽 끝까지 이동하면서 일치하는 패턴을 찾는 동시에 내부 반복문을 통해 오른쪽에서 왼쪽으로의 패턴 비교도 수행한다. 그래서 해당 서열이 일치하지 않으면 대상 서열 데이터에서 두 개 이상의 위치로 이동해 더 효율적으로 작동한다.

첫 번째 규칙은 잘못된 문자 규칙$^{bad-character rule}$이며, 일치하지 않는 서열 데이터 위치에서 패턴에 발생하는 다음 심볼로 이동하는 것이다. 따라서 패턴에 해당 심볼이 나타나지 않으면 최대 패턴 수만큼 앞으로 이동할 수 있다.

그림 5.1A에서 이 규칙을 적용하는 세 가지 경우를 보여준다. 첫 번째 예로, 패턴에 일치하지 않는 서열(T)이 발생하면 바로 다음 위치로 패턴을 이동시킨다. 두 번째 예로, 심볼은 패턴에서 발생하므로 패턴에서 가장 오른쪽에 있는 심볼이 서열에서 일치하지 않는 심볼과 일치하도록 패턴을 이동한다. 세 번째 예는 두 번째와 마찬가지지만, 이 경우 서열 한 개의 위치로 이동시킨다.

두 번째 규칙은 좋은 접미사 규칙$^{good suffix rule}$이며, 불일치하는 서열의 불일치 전(오른쪽)과 일치하는 부분(왼쪽) 서열을 찾은 만큼 이동하는 것이다.

그림 5.1B는 그런 좋은 접미사 규칙의 적용 예를 보여준다. 첫 번째 예시의 경우에는 불일치 서열 왼쪽 서열 'AC'가 패턴에 일치하는 부분까지 이동시킨다. 두 번째 예시의 경우에는 불일치 서열 이후 서열이 패턴에 존재하지 않기 때문에 패턴의 길이만큼 이동할 수 있다. 세 번째 예시는 특별한 경우로, 패턴에서 전체가 일치하는 서열('CAC')은 나타나지 않지만 일부분('AC')이 일치하는 경우다.

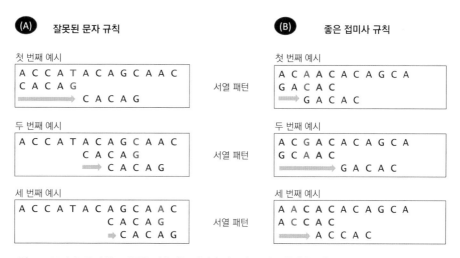

그림 5.1 보이어-무어 알고리즘을 사용하는 예. (A) 잘못된 문자 규칙, (B) 좋은 접미사 규칙

이 알고리즘을 좀 더 효율적으로 만들고 각 경우에 적용할 수 있는 규칙을 빠르게 확인하려면 관련 정보를 효율적인 데이터 구조로 유지하면서 검색 전에 패턴의 전처리를 수행해야 한다. 탐색 알고리즘이 서열 데이터에서 앞으로 이동하는 위치의 수는 패턴에만 의존하므로 패턴에 대한 전처리는 필요한 정보를 쉽게 사용할 수 있게 하고 목적 서열의 순서와 무관하다. 따라서 다른 서열 데이터에도 동일한 패턴을 탐색하기 위한 전처리는 반복할 필요가 없다.

패턴 전처리를 처리하는 데 물론 계산 비용이 들지만, 일반적으로 패턴은 목적 서열 데이터보다 훨씬 작기 때문에 탐색 과정에서의 계산 비용보다는 더 큰 이득을 얻을 수 있다.

잘못된 문자 규칙의 경우 알파벳의 가능한 모든 심볼을 키로 사용해 패턴에서 심볼이 발생하는 가장 오른쪽 위치를 정의하는 값을 사용해 사전형 데이터를 만든다(심볼이 없으면 −1). 이를 통해 오프셋^{offset}(패턴의 불일치 위치 − 사전의 심볼 값)을 계산해 이 규칙에 따라 앞으로 이동할 위치 수를 빠르게 계산할 수 있다. 이 값은 음수인 경우도 있는데, 이 경우에는 규칙이 유용하지 않으며 해당 반복에서 무시한다. 이런 절차는 아래 코드의 process_bcr() 함수에 구현돼 있다.

좋은 접미사 패턴 규칙에 대한 전처리는 더 복잡하므로 여기서 모든 세부 내용을 설명하지 않을 것이다(해당 코드는 아래에 있으며 관심 있는 독자들은 자세히 살펴보길 바란다). 좋은 접미사 패턴의 결과는 패턴의 불일치 위치(목록 색인)에 따라 앞으로 이동할 수 있는 위치 수를 유지하는 목록을 작성하는 것이다. 이 과정에서 위에서 설명한 두 가지 상황을 모두 고려해야 한다. 이 방법은 아래 코드의 process_gsr() 함수로 구현돼 있다.

각각의 알고리즘은 파이썬 클래스로 구현했다. 클래스는 생성자에서 알파벳과 패턴을 정의할 수 있으며, 생성자에 의해 호출된 함수는 전처리 절차에 따라 각 패턴에 전처리를 수행한다.

search_pattern() 함수는 클래스의 초기 객체로 주어진 패턴에 대한 서열 데이터를 검색한다. 이전 절에 사용한 단순한 알고리즘에 두 가지 규칙을 추가로 사용해 허용되는 최대 위치만큼 서열을 이동시킨다. 그리고 최악의 경우에는 단순한 알고리즘처럼 단일 위치로 이동하지만, 다른 경우에는 두 규칙 중 하나를 사용해 더 많은 위치(각 규칙에서 제공하는 최댓값)로 이동할 수 있다.

```python
class BoyerMoore:

    def __init__(self, alphabet, pattern):
        self.alphabet = alphabet
        self.pattern = pattern
        self.preprocess()

    def preprocess(self):
        self.process_bcr()
        self.process_gsr()

    def process_bcr(self):
        self.occ = {}
        for symb in self.alphabet:
            self.occ[symb] = -1
```

```python
        for j in range(len(self.pattern)):
            c = self.pattern[j]
            self.occ[c] = j

    def process_gsr(self):
        self.f = [0] * (len(self.pattern)+1)
        self.s = [0] * (len(self.pattern)+1)
        i = len(self.pattern)
        j = len(self.pattern)+1
        self.f[i] = j
        while i>0:
            while j<= len(self.pattern) and self.pattern[i-1] != self.
pattern[j-1]:
                if self.s[j] == 0: self.s[j] = j-i;
                j = self.f[j]
            i -= 1
            j -= 1
            self.f[i] = j
        j = self.f[0]
        for i in range(len(self.pattern)):
            if self.s[i] == 0: self.s[i] = j
            if i == j: j = self.f[j]

    def search_pattern(self, text):
        res = []
        i = 0
        while i <= len(text) - len(self.pattern):
            j= len(self.pattern)- 1
            while j>=0 and self.pattern[j]==text[j+i]: j -= 1
            if (j<0):
                res.append(i)
                i += self.s[0]
            else:
                c = text[j+i]
                i += max(self.s[j+1], j-self.occ[c])
        return res

def test():
    bm = BoyerMoore("ACTG", "ACCA")
    print(bm.search_pattern("ATAGAACCAATGAACCATGATGAACCATGGATACCCAACCACC"))
```

```
test()
```

5.4 결정적 유한 오토마타

결정적 유한 오토마타^{Deterministic Finite Automaton}(DFA)[1]는 일련의 심볼을 오른쪽에서 왼쪽으로 처리하고 심볼을 처리할 때 내부 상태를 변경하는 장치로 정의된다.

새로운 상태는 이전 상태와 읽은 심볼에 따라 다르다. DFA는 주어진 패턴에 대해 적절한 알파벳, 상태 및 전환 기능을 정의해 패턴 검색을 수행하는 데 사용될 수 있다. 실제로, DFA를 사용하면 단 한 번의 실행에도 전체 서열에서 발생하는 모든 패턴의 위치를 파악할 수 있다.

수학적으로 DFA는 튜플 $M = (Q, A, q_0, \delta, F)$로 정의될 수 있다. 여기서 Q는 상태 세트, A는 허용된 심볼의 알파벳, $q_0 \in Q$는 초기 상태, $\delta : Q, A \mapsto Q$는 전환 기능이고 F는 최종 상태 세트다.

패턴 일치의 경우 상태 집합 $Q = \{0, 1, ..., m\}$을 정의한다. 여기서 m은 패턴의 길이로, DFA가 상태 k일 때 서열의 첫 번째 심볼과 패턴이 일치했다는 것을 의미한다. 따라서 이 경우에는 $q_0 = 0$ 및 $F = \{m\}$으로 설정되므로 감지되는 패턴의 발생에 해당하는 단일 최종 상태가 있다.

패턴 일치를 위한 DFA를 구축할 때 가장 중요한 단계는 전환 기능을 정의하는 것이다. 기본적인 아이디어는 다음과 같다. 상태 $k - 1$에 있는 경우 서열에서 보이는 다음 심볼이 패턴에서 위치 k의 심볼과 같으면 상태 k로 이동한다. 그렇지 않은 경우 불일치가 발생한다. 이 상황에서는 자동으로 상태 $q_0 = 0$으로 돌아가고 싶은 유혹에 빠질 수 있다. 그러나 불일치 이전에 보여지는 이전의 심볼이 어떤 방식으로 패턴과 겹칠 수 있기 때문에 항상 그런 것은 아니다.

따라서 패턴의 $k - 1$ 첫 번째 심볼과 서열의 심볼이 패턴과 겹치는지 확인해야 한다. 해당 서열의 최대 겹침의 문자 수는 해당 심볼에 대한 다음 DFA 상태다. 두 서열 s와 t

---

1 각 입력 문자열 안의 각 심볼에 대해 유일한 상태 변화를 취하는 유한 상태 기계다. 이 용어에서 '결정적'이란 표현은 계산의 유일함을 뜻한다. – 옮긴이

의 최대 중첩값은 s의 마지막 x 문자가 t의 첫 x 문자와 일치하는 것과 같이 x의 최댓값으로 정의한다.

따라서 DFA 전환표의 일반적인 규칙은 다음과 같다.

$$\delta(k, a) = max\_overlap(p_0 \ldots p_{k-1}a, p) \tag{5.1}$$

여기서 p는 패턴을 의미하고 p_i는 패턴의 i번째 심볼이다. max_overlap(s, t) 함수는 위에서 정의한 것처럼 서열 s와 t 사이의 최대 겹침값을 제공해 다음의 파이썬 코드처럼 구현된다(구현은 단순하지만 효율적이지 않다).

```python
def overlap(s1, s2):
    maxov = min(len(s1), len(s2))
    for i in range(maxov,0,-1):
        if s1[-i:] == s2[:i]: return i
    return 0
```

상태	심볼	다음 상태
0	A	1
0	C	0
1	A	1
1	C	2
2	A	3
2	C	0
3	A	1
3	C	2

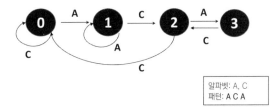

알파벳: A, C
패턴: A C A

서열		C	A	C	A	A	C	A	A
상태	0	0	1	2	3	1	2	3	1
빈도					1			3	

그림 5.2 알파벳 검색에 두 개의 심볼(A 및 C)이 있고 패턴이 ACA인 패턴 검색에 대한 예시

DFA의 예는 그림 5.2에서처럼 두 가지 심볼이 있고 알파벳 p = 'ACA'인 알파벳에 대한 예시를 보여준다. 이 예시에서는 전환표와 그래픽 표현, DFA를 서열에 적용한 결과를 통해 내부 상태와 일치하는 서열의 빈도를 보여준다.

패턴 검색을 위한 DFA는 아래 파이썬 코드에서 클래스로 구현돼 있다. 전환표는 파이썬 사전형(dict)으로 만들어져 있으며, 키[key]가 튜플(이전 상태, 심볼)이고 값[value]은 다음 상태(그림 내 테이블의 마지막 열)를 나타낸다. build_transition_table() 함수는 위의 정의에 따라 클래스 생성자가 호출한 전환표를 만든다.

DFA는 주어진 알파벳과 패턴에 대해 생성되며 다른 순서로 해당 패턴을 검색하는 데 사용된다. apply_seq() 함수는 서열을 처리할 때 DFA가 통과하는 상태 목록을 계산하는 반면, events_pattern() 함수는 서열에서 패턴의 위치에 대한 목록을 만든다(DFA가 최종 상태에 도달하면 발생이 발견되지만 초기 위치는 패턴의 크기를 빼서 계산해야 한다).

```python
class Automata:

    def __init__(self, alphabet, pattern):
        self.numstates = len(pattern) + 1
        self.alphabet = alphabet
        self.transition_table = {}
        self.build_transition_table(pattern)

    def build_transition_table(self, pattern):
        for q in range(self.numstates):
            for a in self.alphabet:
                prefix = pattern[0:q] + a
                self.transition_table[(q,a)] = overlap(prefix, pattern)

    def print_automata(self):
        print("States: ", self.numstates)
        print("Alphabet: ", self.alphabet)
        print("Transition table:")
        for k in self.transition_table.keys():
            print(k[0], ",", k[1], " -> ", self.transition_table[k])

    def next_state(self, current, symbol):
        return self.transition_table.get((current, symbol))

    def apply_seq(self, seq):
        q = 0
        res = [q]
        for c in seq:
            q = self.next_state(q, c)
            res.append(q)
        return res
```

```python
    def occurences_pattern(self, text):
        q = 0
        res = []
        for i in range(len(text)):
            q = self.next_state(q, text[i])
            if q == self.numstates-1:
                res.append(i - self.numstates + 2)
        return res

def overlap(s1, s2):
    maxov = min(len(s1), len(s2))
    for i in range(maxov,0,-1):
        if s1[-i:] == s2[:i]: return i
    return 0

def test():
    auto = Automata("ACGT", "ACA")
    auto.print_automata()
    print(auto.apply_seq("CACATGACATG"))
    print(auto.occurences_pattern("CACATGACATG"))

test()
```

5.5 정규표현식으로 유연한 패턴 찾기

5.5.1 파이썬에서 정규표현식 사용하기

정규표현식은 다수의 현대 프로그래밍 언어에서 사용하는 프로그래밍 개념으로 문자열 데이터 검색에 필요한 패턴을 유연하게 정의할 수 있다. 정규표현식은 일종의 문자열이며 몇몇 문자는 패턴을 나타내는 메타 문자로 사용된다. 정규표현식의 일반 문자는 검색 프로세스에서만 일치하지만, 메타 문자는 의미에 따라 일치하는 여러 가지 대안을 제공한다.

　정규표현식에서 가장 많이 사용하는 메타 문자는 점(.)이며 문자열의 아무 문자와 일치된다. 따라서 정규표현식에서 ...은 세 개의 문자로 이뤄진 임의의 문자열을 뜻한다.

자주 사용되는 메타 문자에 대한 정보를 정리하면 다음과 같다.

- *: 0회 이상 반복되는 패턴
- +: 1회 이상 반복되는 패턴
- ?: 0 또는 1회 반복(패턴이 발생하거나 발생하지 않음)
- {n}: 정확히 n회 반복되는 패턴
- {m, n}: m과 n회 사이에 반복되는 패턴. n은 m보다 크거나 같아야 한다.

정규표현식은 패턴이 몇 번 반복되는지 괄호({})를 사용해 정의하고 패턴은 대괄호([])를 사용한다. 다음 목록은 자주 쓰이는 패턴에 대한 예시를 보여준다.

- [A-Z]: 모든 대문자와 일치하는 패턴
- [a-z]: 모든 소문자와 일치하는 패턴
- [A-Za-z]: 모든 문자와 일치하는 패턴
- [0-9]: 모든 숫자와 일치하는 패턴
- [ACTGactg]: DNA 뉴클레오티드 심볼(대문자 또는 소문자)과 일치하는 패턴
- [ACDEFGHIKLMNPQRSTVWY]: 아미노산 심볼(대문자)과 일치하는 패턴

^ 심볼을 목록 앞에 놓으면 해당 목록에 포함되지 않은 모든 문자를 의미한다. 예를 들면 [^0-9]는 숫자가 아닌 모든 값과 일치된다.

앞에서 배운 정규표현식 기능을 사용하면 자연수에 대한 패턴은 [0-9]*로 정의할 수 있고 DNA 서열은 [ACTGactg]*로 쉽게 표현할 수 있다. 또한 100개에서 200개 사이의 아미노산 서열을 [ACDEFGHIKLMNPQRSTVWY] {100,200}으로 표현 가능하다.

정규표현식에는 \ 심볼과 문자를 조합해 문자 그룹을 선택하는 방법도 있다.

이런 방법의 일부 예시는 다음과 같다.

- \s: 모든 공백(공백, 줄 바꿈, 탭 등)을 포함
- \S: 이전의 부정이므로 공백이 아닌 모든 문자와 일치
- \d: 숫자와 일치
- \D: 숫자가 아닌 문자와 일치

또 다른 중요한 메타 문자에는 논리합(OR)을 의미하는 |, 문자의 끝을 뜻하는 $, 문장의 시작을 의미하는 ^이 있다.

표 5.1에는 정규표현식으로 나타낼 수 있는 문자열의 일부 예시가 나와 있다.

표 5.1 정규표현식과 일치하는 문자열의 예시

정규표현식	문자열 예시
ACTG	ACTG
AC.TC	ACCTC, ACCTC, ACXTC, ...
A[AC]A	AAA, ACA
A*CCC	CCC, ACCC, AACCC, ...
ACC|G.C	ACC, GAC, GCC, ...
AC(AC){1,2}A	ACACA, ACACACA
[AC]3	CAC, AAA, ACC, ...
[actg]*	a, ac, tg, gcgctgc, ...

파이썬에서는 re 라이브러리를 통해 정규표현식을 사용할 수 있다. 표 5.2는 re 라이브러리에서 사용하는 주요 함수를 설명한다.

표 5.2 re 라이브러리에서 사용하는 함수

함수	설명
re.search(regexp, str)	정규표현식(regexp)이 문자열(str)과 일치한다면 첫 번째 결과를 반환한다.
re.match(regexp, str)	문자열의 처음이 정규표현식(regexp)과 일치하는지 확인한다.
re.findall(regexp, str)	정규표현식(regexp)과 일치하는 모든 문자열의 위치를 목록으로 반환한다.
re.finditer(regexp, str)	위와 동일한 기능을 하지만 결과를 반복자(iterator)로 반환하는 것이 다르다.

re 라이브러리의 함수를 사용하면 일치된 결과가 파이썬 객체로 반환된다. 따라서 반환된 객체 m에 m.group()과 m.span() 같은 메서드를 사용하면 문자열에서 일치하는 패턴과 일치하는 초기 및 최종 위치를 출력할 수 있다. 다음은 이런 함수를 파이썬 셸에서 실행하는 예시다.

```
>>> import re
>>> str = "TGAAGTATGAGA"
>>> mo = re.search("TAT", str)
>>> mo.group()
'TAT'
>>> mo.span()
(5, 8)
>>> mo2 = re.search("TG.", str)
>>> mo2.group()
'TGA'
>>> mo2.span()
(0, 3)
>>> re.findall("TA.", str)
['TAT']
>>> re.findall("TG.", str)
['TGA', 'TGA']
>>> mos = re.finditer("TG.", str)
>>> for x in mos:
...     print(x.group())
...     print(x.span())
...
TGA
(0, 3)
TGA
(7, 10)
```

re 라이브러리의 함수와 메서드를 사용해 정보를 검색하고 새로운 두 개의 함수를 정의해 문자열에서 첫 번째 일치하는 위치를 얻거나 일치하는 모든 위치 정보를 수집해 더 유연한 패턴을 정의할 수 있다. 이제 사용자가 원하는 서열과 패턴을 입력하는 간단한 프로그램을 작성해본다.

```
from re import search
from re import finditer

def find_pattern_re(seq, pat):
    from re import search
    mo = search(pat, seq)
    if (mo != None):
```

```python
        return mo.span()[0]
    else:
        return -1

def find_all_occurrences_re(seq, pat):
    from re import finditer
    mos = finditer(pat, seq)
    res = []
    for x in mos:
        res.append(x.span()[0])
    return res

def test():
    seq = input("Input sequence:")
    pat = input("Input pattern (as a regular expression):")

    res = find_pattern_re(seq, pat)
    if res >= 0:
        print("Pattern found in position: ", res)
    else:  print("Pattern not found")

    all_res = find_all_occurrences_re(seq, pat)
    if len(all_res) > 0:
        print("Pattern found in positions: ", all_res)
    else:  print("Pattern not found")

test()
```

위에 작성한 프로그램은 정규표현식을 사용해 생물학적 서열(DNA, RNA, 단백질) 데이터에서 일치되는 서열이 발생하는지 여부와 일치된 서열의 전체 위치를 출력한다.

그러나 위 프로그램은 패턴과 일치하는 모든 서열을 찾기 위한 함수(find_all_occurrences_re)에 한 가지 문제가 있다. 바로 패턴이 겹치는 것을 고려하지 않았다는 점이다. 이 내용을 설명하는 다음 코드를 확인해보자.

```
Input sequence:ATATGAAGAG
Input pattern (as a regular expression):AT.

Pattern found in position: 0
Pattern found in positions: [0]
```

서열 데이터에는 패턴과 일치하는 곳이 위치 0('ATA')과 2('ATG')에 있지만, 위 프로그램에서는 첫 번째 위치만 식별됐다. 이 문제를 해결할 수 있는 한 가지 방법은 전방 탐색 어설션^{lookahead assertion}을 사용하는 것이다. 전방 탐색 어설션은 $(? = p)$로 사용할 수 있으며, 여기서 p는 찾고자 하는 패턴이다. 다음 예제 코드를 통해 사용법을 살펴볼 수 있다.

```python
def find_all_overlap(seq, pat):
    return find_all_occurrences_re(seq, "(?="+pat+")")

def test():
    seq = input("Input sequence:")
    pat = input("Input pattern (as a regular expression):")

    res = find_pattern_re(seq, pat)
    if res >= 0:
        print("Pattern found in position: ", res)
    else:  print("Pattern not found")

    all_res = find_all_occurrences_re(seq, pat)
    if len(all_res) > 0:
        print("Pattern found in positions: ", all_res)

    all_ov = find_all_overlap(seq, pat)
    if len(all_ov) > 0:
        print("Pattern found in positions (overlap): ", all_ov)
    else:
        print("Pattern not found")

test()
```

예상했던 것처럼 이 코드의 결과는 다음과 같다.

```
Input sequence:ATATGAAGAG
Input pattern (as a regular expression):AT.

Pattern found in position: 0
Pattern found in positions: [0]
Pattern found in positions (overlap): [0, 2]
```

많은 문자열에서 동일한 패턴을 반복해 검색해야 할 때는 전처리된 정규표현식을 사용함으로써 좀 더 효율적으로 수행할 수 있다. 정규표현식을 전처리하는 과정을 일반적으로 '컴파일한다.'고 말한다.

정규표현식의 컴파일 과정은 re 라이브러리의 compile() 함수를 사용해 수행할 수 있다. 컴파일된 정규표현식 객체에는 match(), search(), findall(), finditer() 함수를 바로 적용할 수 있으며, 앞서 얻은 결과와 동일한 결과를 반환한다. 다음 예제 코드를 참고하자.

```
>>> import re
>>> seq = "AAATAGAGATGAAGAGAGATAGCGC"
>>> rgx = re.compile("GA.A")
>>> rgx.search(seq).group()
'GAGA'
>>> rgx.findall(seq)
['GAGA', 'GAGA', 'GATA']
>>> mo = rgx.finditer(seq)
>>> for x in mo: print(x.span())
(5, 9)
(13, 17)
(17, 21)
```

정규표현식의 또 다른 중요한 기능은 전체 패턴과 일치하는 문자열을 식별하는 것뿐만 아니라 일부 패턴과 일치하는 문자열에 대한 정보도 제공한다는 것이다. 이는 group() 함수를 통해 제공되며, 어느 부분인지 괄호로 묶어 정의한다.

다음 코드는 정규표현식에서 group() 함수를 사용하는 예를 보여준다.

```
>>> rgx = re.compile("(TATA..)((GC){3})")
>>> seq = "ATATAAGGCGCGCGCTTATGCGC"
>>> result = rgx.search(seq)
>>> result.group(0)
'TATAAGGCGCGC'
>>> result.group(1)
'TATAAG'
>>> result.group(2)
'GCGCGC'
```

5.5.2 생물학적 서열 데이터 분석 예시

정규표현식은 4장에서 다뤘던 일부 내용을 포함해 수많은 생물정보학 작업에 유용하게 쓰일 수 있다. 여기서는 흥미로운 예시로 유형에 따라 특정 서열 데이터를 검증하는 정규표현식을 만들어본다.

아래의 예제 코드는 DNA 서열 데이터를 검증하는 기능을 정의하는 것을 보여준다. RNA, 단백질과 같은 다른 서열 데이터 유형들에 대해서도 비슷한 기능을 작성할 수 있지만, 이는 독자들에게 연습 문제로 남겨둔다(처음에 서열 데이터 유형을 입력값으로 받는 범용 함수를 만들어 사용할 수도 있다).

```
>>> from re import search
>>> def validate_dna_re(seq):
        if search("[^ACTGactg]", seq) != None:
            return False
        else:
            return True

>>> validate_dna_re("ATAGAGACTATCCGCTAGCT")
True
>>> validate_dna_re("ATAGAGACTAXTCCGCTAGCT")
False
```

정규표현식을 유용하게 사용할 수 있는 다른 예시로는 DNA 서열의 코돈을 아미노산으로 번역하는 것이 있으며, 동일한 아미노산을 암호화하는 서로 다른 코돈을 정규표현식으로 정의할 수 있다. 다음 코드는 4장에서 사용한 translate_codon() 함수를 대체할 수 있다.

```
import re

def translate_codon_re(cod):
    if re.search("GC.", cod): aa = "A"
    elif re.search("TG[TC]", cod): aa = "C"
    elif re.search("GA[TC]", cod): aa = "D"
    elif re.search("GA[AG]", cod): aa = "E"
    elif re.search("TT[TC]", cod): aa = "F"
```

```
    elif re.search("GG.", cod): aa = "G"
    elif re.search("CA[TC]", cod): aa = "H"
    elif re.search("AT[TCA]", cod): aa = "I"
    elif re.search("AA[AG]", cod): aa = "K"
    elif re.search("TT[AG]|CT.", cod): aa = "L"
    elif re.search("ATG", cod): aa = "M"
    elif re.search("AA[TC]", cod): aa = "N"
    elif re.search("CC.", cod): aa = "P"
    elif re.search("CA[AG]", cod): aa = "Q"
    elif re.search("CG.|AG[AG]", cod): aa = "R"
    elif re.search("TC.|AG[TC]", cod): aa = "S"
    elif re.search("AC.", cod): aa = "T"
    elif re.search("GT.", cod): aa = "V"
    elif re.search("TGG", cod): aa = "W"
    elif re.search("TA[TC]", cod): aa = "Y"
    elif re.search("TA[AG]|TGA", cod): aa = "_"
    else: aa = ""
    return aa
```

단백질의 서열은 아미노산 M으로 시작하고 _(종결코돈을 의미하는 심볼)로 끝난다. 따라서 번역된 아미노산 서열 데이터에서 실제 단백질 추정 서열을 찾는 문제를 정규표현식으로 해결할 수 있다. 단백질 서열의 중간에 M이 추가로 있을 수는 있지만, 종결코돈인 _는 존재할 수 없으므로 정규표현식은 M[^_]*_로 정의될 수 있다. 다음 코드는 해당 정규표현식을 사용하는 예다.

```
import re

def largest_protein_re(seq_prot):
    mos = re.finditer("M[^_]*_", seq_prot)
    sizem = 0
    lprot = ""
    for x in mos:
        ini = x.span()[0]
        fin = x.span()[1]
        s = fin - ini + 1
        if s > sizem:
            lprot = x.group()
            sizem = s
```

```
    return lprot
```

finditer() 함수는 단백질로 추정되는 서열을 모두 가져오는 데 사용되지만 중복된 단백질을 식별하지는 못한다. 예를 들어 M ... M ... M ..._의 서열이 있는 경우 사용한 정규표현식은 여러 개의 서열을 선택한다. 그러나 이 경우 단백질은 첫 번째 M부터 시작된 것이다. 따라서 가장 긴 단백질 서열을 식별해서 출력한다면 해결할 수 있다. 그러나 만약 중첩된 단백질 서열을 얻는 것이 목표라면 이전 절에서 배운 group() 함수를 사용해야 한다.

5.5.3 단백질 모티프 찾기

5.1절에서 이야기했듯이 서열 데이터의 다양한 유형의 패턴은 생물학적 기능에 연관돼 있다. 이것은 DNA와 RNA뿐만 아니라 단백질 서열에서도 마찬가지다. 일반적으로 단백질 서열에서 반복되는 패턴을 모티프[motif]라 부른다. 일반적으로 모티프는 진화적으로 보존된 단백질 서열이며, 이는 특정 생물학적 기능과 연관돼 있다.

이 책의 다른 장에서 다양한 유형의 단백질 모티프를 통한 작업을 다룰 것이므로, 여기서는 정규표현식을 사용해 간단한 예시만 설명한다.

Prosite(http://prosite.expasy.org/) 데이터베이스에는 다양한 단백질의 모티프 정보가 자체 표현 형식으로 저장돼 있다. Prosite의 형식은 하나의 아미노산 또는 가능한 아미노산 목록을 지정해 각 위치에 대한 정보를 나타낸다. 또한 다양한 길이의 아미노산 서열을 지정할 수도 있는데, 이것은 20개의 아미노산 심볼뿐만 아니라 특정 메타[meta] 문자를 사용해 표현한다.

Prosite 표현의 구문 규칙은 다음과 같다.

- 각 아미노산은 하나의 분자 심볼로 표시한다(4장의 표 4.2 참조).
- 대괄호 안의 아미노산 목록은 주어진 위치에서 가능한 아미노산 목록을 나타낸다.
- 심볼 x는 주어진 위치에 아무 아미노산을 나타낸다.
- 아미노산(또는 아미노산 목록) 뒤의 괄호 안에 있는 숫자는 해당 아미노산의 횟수

를 나타낸다.

- 괄호 안에 쉼표로 구분된 한 쌍의 숫자는 첫 번째 숫자와 두 번째 숫자 사이의 발생 횟수를 뜻한다(즉, 발생 횟수의 범위를 나타낸다).

- - 심볼은 여러 위치를 구분하는 데 사용한다.

예를 들어 징크 핑거^{Zinc finger}(PS00518) 모티프는 C-x-H-x-[LIVMFY]-C-x(2)-C-[LIVMYA]로 표현된다. 위의 징크 핑거 표현을 해석하면 아미노산 시스테인(C)으로 시작하고 나서 임의의 아미노산(X), 히스티딘(H), 임의의 아미노산(X), LIVMFY 중 하나의 아미노산, 아미노산 시스테인(C), 임의의 아미노산(X) 두 개, 다시 시스테인(C), 마지막으로 LIVMYA 중 하나의 아미노산이 위치한다.

이제 정규표현식을 사용해 Prosite 패턴을 나타내는 방법과 주어진 단백질 서열에서 Prosite 패턴을 검색하는 방법을 배운다. 예시로 주어진 서열 데이터에서 징크 핑거(PS00518)를 검색하는 함수를 만들어본다. 이 과정은 Prosite 패턴을 정규표현식으로 변환해 서열 내에서 일치하는 항목을 찾는 것이다. 다음 파이썬 코드를 살펴보자.

```python
from re import search

def find_zync_finger(seq):
    regexp = "C.H.[LIVMFY]C.{2}C[LIVMYA]"
    mo = search(regexp, seq)
    if (mo != None):
        return mo.span()[0]
    else:
        return -1

def test():
    seq = "HKMMLASCKHLLCLKCIVKLG"
    print(find_zync_finger(seq))

test()
```

위의 경우 Prosite 패턴을 사용자가 정규표현식으로 변환해 사용했다. 좀 더 편리한 사용을 위해 Prosite 패턴을 정규표현식으로 변환해주는 코드를 작성해보자.

```
from re import search

def find_prosite(seq, profile):
    regexp = profile.replace("-", "")
    regexp = regexp.replace("x", ".")
    regexp = regexp.replace("(", "{")
    regexp = regexp.replace(")", "}")
    mo = search(regexp, seq)
    if (mo != None):
        return mo.span()[0]
    else:
        return -1

def test():
    seq = "HKMMLASCKHLLCLKCIVKLG"
    print(find_prosite(seq, "C-x-H-x-[LIVMFY]-C-x(2)-C-[LIVMYA]"))

test()
```

Prosite 패턴의 다른 예는 http://prosite.expasy.org/scanprosite/scanprosite_doc. html에서 찾을 수 있다. http://prosite.expasy.org/scanprosite/ 페이지가 제공하는 서비스를 통해 제공된 서열 내에서 주제 인스턴스를 검색하고 데이터베이스의 모든 패턴을 검색할 수 있다. 위의 정규표현식 변환 코드는 모든 패턴을 고려해 작성되지 않았으므로 올바르게 작동하지 않는 경우가 있을 것이다.

5.5.4 제한효소에 응용

제한효소는 특정 서열(패턴 또는 모티프)을 포함하는 DNA를 절단해주는 단백질이다. 예를 들어 EcoRI 제한효소는 DNA 서열 GAATTC의 G와 A 사이를 자른다. 또한 반대편 상보적 서열에 해당하는 위치를 잘라주기 때문에 잘린 DNA 이중가닥에는 돌출부가 생겨난다. 이런 특성은 분자 생물학에서 클로닝cloning 작업을 하는 데 유용하게 사용된다. 같은 제한효소를 사용해 서로 다른 DNA를 붙여줄 수 있기 때문이다.

제한효소의 정보를 모아둔 REBASE(http://rebase.neb.com/) 데이터베이스는 일부 제한효소가 인식하는 DNA 서열에 가변성을 허용하고자 IUPAC 확장 알파벳을 포함한 문자열로 작성돼 있다. 4장의 표 4.1에서 IUPAC 확장 알파벳에 대한 정보를 확인할 수 있었다.

　IUPAC 확장 알파벳은 제한효소가 DNA 서열을 인식하는 부위를 표현하기 위해 사용된다. 따라서 첫 번째로 해야 할 작업은 IUPAC 확장 알파벳을 정규표현식으로 변환하는 것이다. 다음 파이썬 함수는 변환 작업을 처리하는 예시다.

```python
def iub_to_RE(iub):
    dic = {"A":"A", "C":"C", "G":"G", "T":"T", "R":"[GA]", "Y":"[CT]",
    "M":"[AC]", "K":"[GT]", "S":"[GC]", "W": "[AT]", "B":"[CGT]",
    "D":"[AGT]", "H":"[ACT]", "V":"[ACG]", "N":"[ACGT]"}
    site = iub.replace("^", "")
    regexp = ""
    for c in site:
        regexp += dic[c]
    return regexp

def test():
    print(iub_to_RE("G^AMTV"))

test()
```

　REBASE 데이터베이스에서 사용되는 패턴에서는 ^ 심볼이 제한효소가 절단하는 위치를 나타낸다. 그러나 정규표현식에서는 다른 의미를 나타내기 때문에 정규표현식으로 변환하기에 앞서 해당 심볼을 제거하는 작업을 한다.

　정규표현식을 사용하면 주어진 제한효소가 절단하는 DNA 서열을 찾고 제한효소가 처리한 DNA 서열을 계산하는 기능을 작성할 수 있다. 다음 파이썬 코드의 cut_positions()와 cut_subsequence() 함수가 바로 그것이다.

```python
from re import finditer

def cut_positions(enzyme, sequence):
    cutpos = enzyme.find("^")
    regexp = iub_to_RE(enzyme)
    matches = finditer(regexp, sequence)
    locs = [ ]
```

```
        for m in matches:
            locs.append(m.start() + cutpos)
        return locs

    def cut_subsequences(locs, sequence):
        res = []
        positions = locs
        positions.insert(0,0)
        positions.append(len(sequence))
        for i in range(len(positions)-1):
            res.append(sequence[positions[i]:positions[i+1]])
        return res

    def test():
        pos = cut_positions("G^ATTC", "GTAGAAGATTCTGAGATCGATTC")
        print(pos)
        print(cut_subsequences(pos, "GTAGAAGATTCTGAGATCGATTC"))

    test()
```

cut_positions() 함수는 정규표현식의 패턴이 일치하는 위치를 반환하고 cut_subsequence() 함수는 이 위치를 이용해 절단된 DNA 서열의 정보를 계산한다. DNA 는 상보적인 이중 나선 구조를 형성하고 있으므로 상보적 DNA 서열 정보를 계산하는 함수는 독자들에게 연습 문제로 제공될 것이다.

참고 문헌과 추가 자료

단순한 보이어–무어, DFA, 기타 문자열 매칭 알고리즘의 복잡성에 대한 좀 더 공식적 인 설명과 분석은 [28]에서 찾을 수 있다. 보이어–무어 알고리즘은 [29]의 저자에 의해 처음 제시됐다. 패턴 검색 문제에 대한 DFA의 사용은 [9]에서 아호[Aho]와 동료들에 의 해 소개됐다. 여기서 다루지 않았던 KMP[Knuth-Morris-Pratt] 알고리즘 등은 다른 책에서 배 울 수 있다[38].

　정규표현식은 프리들 등[Friedl et al.][66]의 저서와 같은 다른 많은 서적과 기타 자료에서 다룬다. 정규표현식과 DFA의 이론적인 내용은 홉크로프트[Hopcroft]의 책[78]에서 찾을 수 있다.

본문에서 언급했듯이 파이썬에서는 정규표현식 라이브러리를 통해 정규표현식 도구를 제공한다. 이 라이브러리에 대한 설명은 https://pypi.python.org/pypi/regex에서 찾을 수 있다.

5장에서는 생물학적 기능과 관련된 서열 데이터의 패턴을 찾는 방법을 배웠다. 추가적으로 10장과 11장에서는 서열 데이터에서 알려진 모티프를 확률을 고려해 식별하는 방법을 살펴볼 것이다. 또한 16장에서는 패턴 검색을 위한 다른 알고리즘을 배우는데, 이것은 염색체 전체 서열에서 다양한 패턴을 찾는 데 적합한 방법이다.

연습 문제와 프로그래밍 프로젝트

연습 문제

1. DNA 서열이 주어지면 크기 k의 반복 서열이 있는지 감지할 수 있는 파이썬 함수를 작성해보자(여기서 k는 함수에 대한 인수로 전달돼야 함). 함수의 출력은 사전형 데이터이며 하위 서열을 키^{key}, 빈도는 값^{value}으로 나타내야 한다.

2. 대부분의 인트론은 GT...TACTAAC...AC(여기서 ...은 알 수 없는 뉴클레오티드 수를 의미한다.)와 같이 정의된 합의 순서에 의해 인식될 수 있다. 이 정의에 따라 DNA 서열에 인트론이 포함돼 있는지 확인하는 파이썬 함수를 작성해보자. 함수의 출력은 인트론의 모든 위치 정보가 들어있는 목록형이어야 한다.

3. 막에 존재하는 많은 단백질에는 리소좀에서 분해되거나 엔도좀에 의해 운반될 수 있도록 식별 모티프가 존재한다. 식별 모티프의 말단은 타이로신(Y)–XX(아무 아미노산 두 개)–페닐알라닌(F), 타이로신(Y), 트레오닌(T) 중 하나의 패턴이다.

   a. 단백질(아미노산 서열)이 주어지면 모티프가 서열에서 발생하는 위치를 나타내거나 발생하지 않으면 −1을 나타내는 정숫값을 반환하는 함수를 작성하라.

   b. 단백질 서열 목록이 주어지면 이전 모티프를 포함하는 서열(튜플의 첫 번째

위치)과 그것이 발생하는 위치(두 번째 위치)를 포함하는 튜플 목록을 반환하는 함수를 작성하라.

4. 길이가 같은 두 서열에서 최대 d개의 불일치가 있는지 판별하는 함수를 작성해보자. 불일치 수가 d보다 작거나 같으면 출력으로 True를 반환하고, 그렇지 않으면 False를 반환한다.

5. FASTA 형식으로 파일을 읽고 모든 서열이 포함된 목록을 반환하는 함수를 작성해보자.

6. FASTA 형식으로 저장된 UniProt의 파일은 다음과 같은 헤더를 갖는다.

$$db \mid Id \mid Entry\ Protein\ OS = Organism\ [GN = Gene]\ PE$$
$$= Existence\ SV = Version$$

정규식을 사용해 이런 형식에서 문자열을 구문 분석하는 함수를 작성함으로써 필드 값을 키로 하는 사전형 결과를 출력해보자.

프로그래밍 프로젝트

1. 5장에서 배운 함수를 4장에서 만든 생물학적 서열을 나타내는 클래스와 통합해보자.

2. 서열과 주석을 유지하기 위해 NCBI가 사용하는 Genbank 파일 형식을 사용해본다. Genbank 레코드를 읽고 정규식을 사용해 구문 분석하는 함수를 작성하자. 레코드에서 식별자(ACCESSION 번호, GI 등), 서열 크기, 정의, 유기체, 전체 서열 정보를 추출한다. 바이오파이썬을 사용해 이런 작업을 하는 방법은 4.8절에서 이미 배웠다.

6 쌍 서열 정렬

이번 장에서는 두 쌍의 서열을 정렬해 서열 간의 유사도를 평가한다. 프로그래밍의 최적화 관점에서 정렬을 전역^{global} 정렬, 지역^{local} 정렬로 나눠 알고리즘을 논의할 것이다. 논의한 알고리즘은 파이썬으로 구현하며, 또한 바이오파이썬의 함수를 사용해 서열 쌍을 정렬해본다.

6.1 소개: 서열 비교와 서열 정렬

생명정보학이 생물학 연구에 가장 크게 공헌한 것 중 하나는 주어진 유전자나 유전자가 암호화하는 단백질의 기능을 밝히는 데 도움을 줄 수 있다는 점이다. 이 문제를 해결하려면 이미 실험적으로 기능이 검증된 다른 서열과의 서열 유사도에 기반해 생물학적 기능에 대한 가설을 세워봐야 한다.

실제로 목표하고 있는 것은 상동성^{homology}이며, 즉 유사성^{similarity}에 기반해 공통 조상의 존재를 유추하는 것이다. 이 두 개념이 같지 않다고 강조하는 것은 중요하다. 그러나 실제적으로 유사성이 높다고 하는 것은 높은 확률로 상동성을 갖고 기능적으로도 많은 유사점을 가질 가능성이 높다. 이 확률은 유사도가 높을수록 증가한다. 유사성이 특정한 높은 수준에 도달하게 된다면 실험으로 확인해봐야겠지만 기능을 유추할 수 있다.

따라서 서열의 쌍을 비교할 수 있는 것이 가장 중요하다. 막상 생각해보면 서열 비교는 간단한 문제라고 생각된다. 실제로 순서대로 비교해 동일한 문자를 갖는지 확인해보면 직관적으로 유사성을 정의할 수 있다. 따라서 이 작업이 사소한 계산 작업으로 보이지만 실제로는 그렇지 않다.

공통 조상을 공유하는 서열 간의 비교는 돌연변이^{mutation}를 고려해야 한다. 생물학적 돌연변이는 하나 이상의 뉴클레오티드 변화를 일으키는데, 삽입^{insertion}과 결실^{deletion}도 있다. 이러한 점들이 서열 간의 비교를 복잡하게 만들고 서열을 위치별로 하나씩 비교하기 어렵게 만든다.

이러한 어려운 점을 극복하기 위해 순서는 그대로 유지하며 각 서열에서 공유하는 문자들을 찾아 정렬하는 서열 정렬을 진행한다. 서열 정렬에는 공백 문자의 개념을 도입했는데, 이를 간격^{gap}이라고 한다. 이러한 간격을 활용해 최대한 두 서열이 갖고 있는 공통된 문자들을 정렬한다.

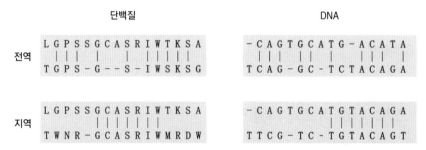

그림 6.1 단백질과 DNA의 서열에 대한 전역 정렬과 지역 정렬의 차이점을 보여주는 예시. 간격은 하이픈 심볼로 표기한다.

유사한 서열은 서열 정렬 후 다수의 일치하는 문자 개수를 가질 것이다. 지금까지의 내용이 서열 정렬 및 유사성에 대한 일반적인 아이디어이며, 다음 절부터 이를 알고리즘으로 설계할 것이다.

서열의 정렬과 유사도를 계산하는 작업에서 고려해야 하는 또 다른 요소는 생물학적 서열의 종류다. 서열 정렬은 대부분 DNA 또는 단백질인데, DNA 서열 정렬은 계통 발생학적 분석과 관련이 있으며 단백질 서열 정렬은 기능 분석과 관련이 있다.

고려해야 할 또 다른 요소는 정렬의 종류이며, 전역 정렬과 지역 정렬이 있다. 전역 정렬의 경우 완전한 서열을 정렬하는 것이 목표이고, 지역 정렬은 전체가 아닌 두 서열의 인접한 관심 영역을 올바르게 정렬하는 것이 목표다. 그림 6.1은 단백질과 DNA의 서열에 대한 전역 정렬과 지역 정렬의 예시를 보여준다.

6.2 시각화 정렬: 점 도표

서열 정렬 알고리즘을 자세히 살펴보기에 앞서 이번 절에서는 두 서열의 가장 유사한 부분을 시각적으로 볼 수 있는 도구를 살펴본다. 시각화 도구는 점 도표^{dot plot}이며 두 서열을 시각화된 행렬의 형태로 표현해주는데, 각 서열은 행과 열에 표현된다. 유사성이 높은 서열은 행렬 내에서 강조돼 표시된다.

서열 1

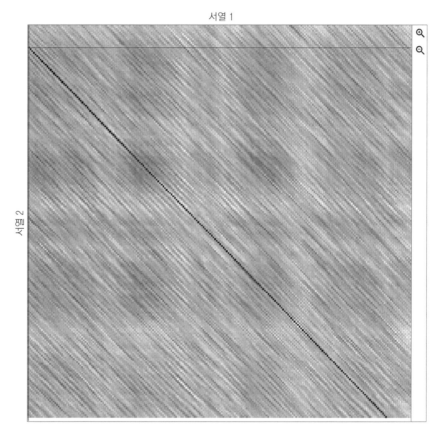

그림 6.2 dotlet 도구를 사용해 만든 점 도표의 예시

그림 6.2에 나온 예시는 웹 기반 애플리케이션 dotlet의 결과물이며(https://dotlet. vital-it.ch), 두 개의 단백질 서열의 결과다. 결과는 서열 1의 시작부터 서열 2의 일치하는 부분(예시에서는 15번째 위치)을 따라 유사성을 갖는 영역을 어두운 대각선으로 보여

준다. 그림 6.2의 왼쪽 상단을 보면 서열 1의 시작 부분에서 정렬이 시작되는 것을 확인할 수 있고, 오른쪽 하단을 보면 서열 2가 끝나는 지점에서 정렬이 마무리되는 것을 알 수 있다.

점 도표로 확인할 수 있는 중요한 사실은 단일 서열에서 반복을 찾을 수 있다는 점이다. 반복 서열은 주 대각선과는 별개로 일정 길이의 대각선이 점 도표에 나타난다.

가장 간단한 형태로, 행렬은 두 서열의 문자가 일치하는 부분에 점을 찍는다. 이 알고리즘은 간단하게 함수로 구현할 수 있다. 다음 함수는 0과 1만을 갖는 이진 행렬^{binary matrix}을 반환한다. 다음 함수를 확인해보자.

```python
def create_mat(nrows, ncols):
    mat = []
    for i in range(nrows):
        mat.append([])
        for j in range(ncols):
            mat[i].append(0)
    return mat

def dotplot(seq1, seq2):
    mat = create_mat(len(seq1), len(seq2))
    for i in range(len(seq1)):
        for j in range(len(seq2)):
            if seq1[i] == seq2[j]:
                mat[i][j] = 1
    return mat
```

create_mat 함수는 모든 요소가 0으로 채워진 행렬을 만드는 데 사용된다. dotplot 함수는 두 서열이 일치하는 경우 요소를 1로 채우는 역할을 한다.

내용을 출력해 함수가 잘 작동하는지 테스트해볼 수 있다. 다음 함수에서 별표(*)는 서열이 일치하는 부분이고 공백은 서열이 일치하지 않는 부분이다.

```python
def print_dotplot(mat, s1, s2):
    import sys
    sys.stdout.write(" " + s2+"\n")
    for i in range(len(mat)):
        sys.stdout.write(s1[i])
```

```
            for j in range(len(mat[i])):
                if mat[i][j] >= 1:
                    sys.stdout.write("*")
                else:
                    sys.stdout.write(" ")
            sys.stdout.write("\n")

def test():
    s1 = "CGATATAG"
    s2 = "TATATATT"
    mat1 = dotplot(s1, s2)
    print_dotplot(mat1, s1, s2)

test()
```

이 알고리즘은 대부분의 경우에서 많은 노이즈를 발생시키므로 결과를 필터링하는 것이 일반적이다. 가능한 해결책 중 하나는 각 위치에 대해 주변을 볼 수 있는 범위, 즉 창[window]을 정해 각 서열 간의 일치하는 문자 수를 계산해보는 것이다. 이 경우에는 범위에서 일치하는 문자 수가 엄격도[stringency]라 불리는 지정한 값을 초과할 때만 리스트에 값을 채우도록 한다. 이를 구현하면 다음과 같다.

```
def extended_dotplot(seq1, seq2, window , stringency):
    mat = create_mat(len(seq1), len(seq2))
    start = int(window/2)
    for i in range(start, len(seq1)-start):
        for j in range(start, len(seq2)-start):
            matches = 0
            l = j - start
            for k in range(i-start, i+start+1):
                if seq1[k] == seq2[l]: matches += 1
                l += 1
            if matches >= stringency: mat[i][j] = 1
    return mat

def test():
    s1 = "CGATATAGATT"
    s2 = "TATATAGTAT"
    mat2 = extended_dotplot(s1, s2, 5, 4)
```

```
    print_dotplot(mat2, s1, s2)

test()
```

extended_dotplot 함수는 두 개의 서열과 창 크기, 엄격도를 매개변수로 받는다. 예시에서는 주어진 위치에서 다섯 개의 문자 중 네 개 이상의 문자가 범위에서 일치하는 경우에만 점을 찍는다. 창 크기가 5인 경우에는 해당 위치에서 이전 두 개의 문자와 이후 두 개의 문자를 고려한다.

6.3 서열 정렬의 최적화 문제

6.3.1 문제 정의와 복잡도

서열 정렬의 과정에 대해 본격적으로 접근하려면 이 문제가 사실은 최적화 문제라는 점을 이해해야 한다. 즉, 여러 가지 해결 방법들 중에서 가장 적합한 방법을 찾는 것을 말한다. 이 문제에 대한 다양한 해결책은 서로 다른 서열의 위치에 따라 간격을 어떻게 두는지에 따라 나오는 조합이다. 서열의 문자 순서는 바꿀 수 없다는 점에 유의하자.

여러 해결책 중에 가장 적합한 방안을 찾으려면 적절한 목적 함수를 정의해야 한다. 쌍 서열 정렬 문제는 다음과 같이 정의할 수 있다.

입력: 두 서열, 정렬을 평가하는 목적 함수
출력: 목적 함수를 최대화하고자 각 문자의 최적 쌍을 만듦. 이를 위해 적절히 간격을 둔다.

목적 함수의 특성을 자세히 살펴보기 전에 문제를 해결할 수 있는 방법의 개수를 세어보며 문제의 복잡성을 알아보자. 이를 위해 두 서열의 크기 n이 같다고 생각해보자. 이러한 가정은 표현을 단순화할 뿐만 아니라 복잡성 문제를 해결할 수 있는 아이디어를 제공한다. 이 단순화는 크기가 서로 다른 서열의 정렬 문제를 고려하지 않는다.

간격을 고려해 길이가 n개인 두 서열을 배치할 경우 전체 정렬의 최대 크기는 $2n$이라는 것을 알 수 있다. 그러나 n만큼의 간격이 있는 것은 상식적으로 옳지 않다.

그러므로 가능한 해결 방법의 수는 다음과 같이 $2n$에서 n 크기만큼의 가능한 조합이다.

$$\binom{2n}{n} = \frac{(2n)!}{n!^2} \tag{6.1}$$

$n = 20$은 실제 생물학적 서열을 생각했을 때 매우 작은 값에 해당하지만, 해결 방법의 수로 봤을 때는 약 1,200억 개의 매우 큰 수다. 그러므로 가능한 모든 해결 방법을 시도해보는 무차별 대입brute-force 방법을 적용할 수 없다. 다음 절에서는 문제 해결을 위한 몇 가지 특성을 지닌 목적 함수를 이용하는 효율적인 알고리즘을 살펴볼 것이다. 먼저 목적 함수를 정의해본다.

6.3.2 목적 함수: 치환 행렬과 간격 페널티

모든 최적화 문제에서 목적 함수는 문제를 해결하는 각 방법에 대해 숫자를 할당하고, 이 값을 최소화(또는 최대화)하는 목표를 갖고 있다. 즉, 정의된 목적 함수는 가장 낮은 (높은) 값을 갖는 함수다.

최대화 문제를 가정했을 때 적절한 목적 함수는 유사한 서열들의 정렬 값이 높고 덜 유사한 서열의 정렬 값이 낮다. 여기서 목적 함수는 점수score를 갖는다.

간단한 해결 방법은 정렬된 서열에서 동일한 문자를 단순히 계산해보는 것이다. 서열 간에 일치하는 열에는 값으로 1을 주고 일치하지 않는 경우와 간격이 발생하는 경우에는 0을 줘서 열에 불이익을 주지 않는다.

이 예시에서 각 열이 기여하는 점수는 독립적이며 목적 함수의 최종 값은 합산되는 첨가additive 목적 함수다. 이 목적 함수는 실제 생물학적 서열에 적용하기에는 무리가 있으며, 실제 서열에 변이가 있고 인근 위치에서 뉴클레오티드 또는 아미노산 서열 간의 상호작용을 고려해야 한다. 그러나 다음 절에서 볼 수 있듯이 대부분의 경우 효율적인 알고리즘을 개발할 수 있으므로 유효한 가정이라고 할 수 있다. 실제로 서로 다른 열 column 간의 상호작용을 고려하면서 개발하면 더 복잡한 최적화 문제가 발생해 문제를 분해하는 데 어려움을 겪게 된다.

이전에 정의한 목적 함수는 '일치, 불일치, 간격'이라는 세 가지 경우의 수에 대해 서로 다른 점수 값을 제공한다. 일치는 양의 점수 값을 갖고, 나머지 두 경우는 음의 점수 값을 가진다. DNA 또는 RNA 서열 정렬에서 '일치'의 일반적인 점수는 +1 또는 +2이며, 불일치와 간격은 −3 또는 −2를 갖는다.

여기서 말하는 목적 함수는 DNA 또는 RNA 서열 정렬에서처럼 많은 경우의 문제를 해결할 수 있지만, 단백질 서열의 정렬에는 좋은 방법이 아니다. 실제로 목적 함수를 정의하는 것에서 뉴클레오티드와 아미노산 서열은 서로 차이가 나는데, 이는 각각 네 개와 20개로 구성된 문자의 개수 차이가 있을 뿐만 아니라 서열 간에 생화학적 특성의 차이도 있기 때문이다.

실제로 단백질 서열의 경우 20개의 가능한 아미노산이 있으며 생화학적 특성에 따라 그룹화가 가능하다. 그래서 불일치의 경우 비교하는 두 아미노산의 특성이 다른지 비슷한지를 고려해 서로 다른 점수를 배정해야 한다.

이러한 맥락에서 생물학적 서열 정렬을 위한 목적 함수는 두 가지 요소를 고려해 일반적인 경우와 유연한 경우로 나눠서 정의된다.

- **치환 행렬**substitution matrix: 간격이 없는 경우에 대한 점수 값을 포함하며, 가능한 문자들의 조합에 대해 모두 값을 할당(예: 각 아미노산 또는 뉴클레오티드 쌍)
- **간격 페널티**gap penalty: 간격에 대한 페널티 점수

단백질 서열 정렬에서 치환 행렬은 각 아미노산이 쌍을 이룰 확률에 기반한 값이다. 즉, 동일한 아미노산으로 만든 쌍과 비교해 다른 아미노산과 쌍을 이룰 확률을 계산함으로써 값을 생성했다. 최종적 행렬을 만들려면 제대로 정렬된 데이터베이스가 필요하다. 이 데이터베이스들은 일반적으로 간격이 없고 높은 수준의 정렬된 단백질 서열을 포함한다.

이러한 데이터베이스들 중 하나에 기반해 주어진 아미노산 쌍의 발생 확률은 정렬의 상대적 빈도에 의해 추정된다. 즉, 아미노산 쌍의 발생 확률은 쌍이 우연하게 만들어진 것으로 추정한다. 이 확률은 각 아미노산 발생의 독립성을 가정해 전체 데이터베이스에서의 상대적 발생 빈도에 의해 추정된 각 개별 아미노산의 발생 확률의 곱으로 계산할 수 있다. 주어진 아미노산 쌍 a, b에 대한 점수 s는 다음 식으로 표현할 수 있다.

$$s(a,b) = round(2 \times log_2 \frac{P_{(a,b)}}{p_a p_b}) \tag{6.2}$$

여기서 $P_{(a,b)}$는 데이터베이스 정렬에서 (a, b)의 아미노산 쌍이 발생할 예상 확률이며 P_a와 P_b는 각각 아미노산 a 및 b의 발생 확률이다.

로그를 적용함으로써 아미노산 쌍이 기대한 것보다 더 자주 나오면 양의 점수를 갖게 되고, 그렇지 않으면 음의 점수를 갖게 된다. 이것은 일반적으로 예상하는 사건에 대해 관찰된 *log odd ratio*로 표시한다. 결과는 정수 행렬에 맞게 반올림해 표기한다.

간단한 예로 데이터베이스에 총 1,000개의 아미노산 쌍이 들어있다고 가정해보자. 여기서 SS는 정렬된 열에서 40번 발생했고 S의 상대빈도는 10%다. 앞의 식에 적용해보면 다음과 같다.

$$score(S, S) = round(2 \times log_2 \frac{40/1000}{0.1 \times 0.1}) = 4$$

	A	C	D	E	F	G	H	I	K	L	M	N	P	Q	R	S	T	V	W	Y
A	4																			
C	0	9																		
D	-2	-3	6																	
E	-1	-4	2	5																
F	-2	-2	-3	-3	6															
G	0	-3	-1	-2	-3	6														
H	-2	-3	1	0	-1	-2	8													
I	-1	-1	-3	-3	0	-4	-3	4												
K	-1	-3	-1	1	-3	-2	-1	-3	5											
L	-1	-1	-4	-3	0	-4	-3	2	-2	4										
M	-1	-1	-3	-2	0	-3	-2	1	-1	2	5									
N	-2	-3	1	0	-3	0	-1	-3	0	-3	-2	6								
P	-1	-3	-1	-1	-4	-2	-2	-3	-1	-3	-2	-1	7							
Q	-1	-3	0	2	-3	-2	0	-3	1	-2	0	0	-1	5						
R	-1	-3	-2	0	-3	-2	0	-3	2	-2	-1	0	-2	1	5					
S	1	-1	0	0	-2	0	-1	-2	0	-2	-1	1	-1	0	-1	4				
T	-1	-1	1	0	-2	1	0	-2	0	-2	-1	0	1	0	-1	1	4			
V	0	-1	-3	-2	-1	-3	-3	3	-2	1	1	-3	-2	-2	-3	-2	-2	4		
W	-3	-2	-4	-3	1	-2	-2	-3	-3	-2	-1	-4	-4	-2	-3	-3	-3	-3	11	
Y	-2	-2	-3	-2	3	-3	2	-1	-2	-1	-1	-2	-3	-1	-2	-2	-2	-1	2	7

그림 6.3 단백질 서열 정렬에 사용한 BLOSUM62 치환 행렬. 행과 열은 아미노산을 하나의 알파벳으로 표현한 것이다.

같은 맥락에서 SL이 아홉 번 발생하고 L의 상대 빈도가 15%라고 한다면 $score(S, L) = round(2 \times log_2 \frac{9/1000}{0.1 \times 0.15}) = -1$이라고 할 수 있다.

실제로 가장 많이 사용하는 행렬은 BLOSUM^{BLOcks of Amino Acid SUbstitution Matrix} 계열의 행렬이며, 이는 블록^{Block} 데이터베이스의 보존된 지역 정렬을 핵심으로 사용한다. 지역 정렬에는 여러 행렬 세트가 존재한다. 예를 들어, 그림 6.3의 BLOSUM62 행렬은 유사성이 62% 이상인 정렬을 사용해 작성됐다.

PAM^{Percent Accepted Mutations} 또한 많이 사용하는 행렬이며 진화적 거리의 개념을 사용한다. 이전과 달리 PAM 행렬의 숫자는 진화의 거리를 나타낸다. 그러므로 더 가까운, 유사한 서열을 비교하기 위해 작은 숫자가 필요하다.

목적 함수의 다른 주요 구성 요소는 간격 페널티를 계산할 때 사용하는 모델이다. 이를 적용하는 가장 간단한 방법은 간격이 발생할 때 페널티를 줄 변수 g를 정의하는 것이다. 단백질 정렬에서 g의 일반적인 값은 −7에서 −12이며, DNA 정렬에서는 −2에서 −3이다.

실제 사용하는 좀 더 정교한 방법은 아핀 간격 페널티^{affine gap penalty} 모델이며, 간격의 시작인 간격 열림 페널티^{gap opening penalty} g는 크게 페널티를 주지만 간격 확장은 $r = -1$ 또는 $r = -2$로 크게 페널티를 주지 않는다.

예를 들어 BLOSUM62 치환 행렬과 $g = -8$, $r = -2$인 아핀 간격 페널티 모델을 고려해 그림 6.1의 왼쪽 위에 있는 전역 단백질 정렬 점수를 계산해본다.

$$score = -1+6+7+4-8+6-8-2+4-8+4+11+1+5+4+0 = 25 \qquad (6.3)$$

만약 간단하게 일정한 간격 페널티를 고려한다면, 변화는 여덟 번째 열인 −8에만 존재하며 점수는 19가 될 것이다.

6.3.3 목적 함수로 계산 구현

파이썬을 사용해 정렬에 대해 점수를 할당하는 목적 함수의 계산을 구현한다면 앞서 언급한 행렬과 산격 페널티를 고려해야 한다.

우선 알파벳 심볼 쌍에 숫자 값을 할당해 대체 행렬을 생성한다. 대체 행렬을 사용하면 일치 및 불일치에 대해 쉽게 계산할 수 있다. 그리고 동일한 심볼을 가진 쌍은 일치 점수를 갖고, 나머지 경우는 모두 불일치 점수를 갖는다.

이러한 정보를 가질 데이터 구조는 파이썬 사전이 적절하다. 각 서열에 정렬된 문자를 키로 갖고 이에 해당하는 점수를 값으로 넣는다. 이 행렬을 수작업으로 직접 넣을 수도 있겠지만 다른 방법으로 넣을 수도 있다. 다음 코드는 일치 점수와 불일치 점수, 그리고 적절한 알파벳을 입력받아 치환 행렬을 만드는 함수다.

```python
def create_submat(match, mismatch, alphabet):
    sm = {}
    for c1 in alphabet:
        for c2 in alphabet:
            if (c1 == c2):
                sm[c1+c2] = match
            else:
                sm[c1+c2] = mismatch
    return sm

def test_DNA():
    sm = create_submat(1,0, "ACGT")
    print(sm)

test_DNA()
```

BLOSUM62 행렬 데이터는 파일에서 불러와 파이썬에서 행렬을 생성한다. 다음은 BLOSUM62 파일을 읽는 코드다. 파일은 탭으로 나뉜 파일이며, 첫 번째 행은 알파벳이다.

```python
def read_submat_file(filename):
    sm = {}
    f = open(filename, "r")
    line = f.readline()
    tokens = line.split("\t")
    ns = len(tokens)
    alphabet = []
    for i in range(0, ns):
        alphabet.append(tokens[i][0])
    for i in range(0,ns):
        line = f.readline()
        tokens = line.split("\t")
        for j in range(0, len(tokens)):
            k = alphabet[i]+alphabet[j]
```

```
            sm[k] = int(tokens[j])
    return sm

def test_prot():
    sm = read_submat_file("blosum62.mat")
    print(sm)

test_prot()
```

치환 행렬을 정의한 후 정렬 점수를 계산할 수 있으며, 여기서 간격 페널티 모델을 정의할 수 있다. 우선은 각 간격에 대해 동일한 페널티 값을 주는 것으로 시작해본다. 이 경우에 정렬 점수는 각각의 독립적인 열로 계산할 수 있다.

다음 함수는 간격을 포함할 수 있는 두 서열을 계산하는 방법을 보여준다. 먼저 각 문자와 짝을 이루는 문자와 점수를 계산하고, 마지막에는 총합을 계산한다.

```
def score_pos(c1, c2, sm, g):
    if c1 == "-" or c2=="-":
        return g
    else:
        return sm[c1+c2]

def score_align(seq1, seq2, sm, g):
    res = 0
    for i in range(len(seq1)):
        res += score_pos(seq1[i], seq2[i], sm, g)
    return res
```

이 함수들을 사용해 다음 코드와 같이 그림 6.1의 전역 정렬 점수를 계산할 수 있다. 다음 예시에서 DNA 정렬은 222의 일치 점수와 −2의 불일치 점수, −3의 간격 페널티를 설정했다. 단백질 정렬은 BLOSUM62 치환 행렬을 사용했고 간격 페널티는 $g = -8$의 페널티 점수를 갖는다.

```
def test_DNA():
    sm = create_submat(2,-2,"ACGT")
    seq1 = "-CAGTGCATG-ACATA"
```

```
    seq2 = "TCAG-GC-TCTACAGA"
    g = -3
    print(score_align(seq1, seq2, sm, g))

def test_prot():
    sm = read_submat_file("blosum62.mat")
    seq1 = "LGPSSGCASRIWTKSA"
    seq2 = "TGPS-G--S-IWSKSG"
    g = -8
    print(score_align(seq1, seq2, sm, g))

test_DNA()
test_prot()
```

아핀 간격 페널티 모델을 사용할 때는 더 복잡한 시나리오가 발생하는데, 이때 각 열에서 연속적으로 간격이 발생하는 경우에는 각 열의 값이 이전 열에 영향을 받는다. 다음 함수는 두 개의 플래그^{flag}를 활용해 이 경우를 처리한다. 간격이 있는 경우 True로 설정한다. 위의 단백질 서열을 예시로 들어보자.

```
def score_affinegap(seq1, seq2, sm, g, r):
    res = 0
    ingap1 = False
    ingap2 = False
    for i in range(len(seq1)):
        if seq1[i]=="-":
            if ingap1: res += r
            else:
                ingap1 = True
                res += g
        elif seq2[i]=="-":
            if ingap2: res += r
            else:
                ingap2 = True
                res += g
        else:
            if ingap1: ingap1 = False
            if ingap2: ingap2 = False
            res += sm[seq1[i]+seq2[i]]
```

```
    return res

def test_prot():
    sm = read_submat_file("blosum62.mat")
    seq1 = "LGPSSGCASRIWTKSA"
    seq2 = "TGPS-G--S-IWSKSG"
    g = -8
    r = -2
    print(score_affinegap(seq1, seq2, sm, g, r))

test_prot()
```

6.4 전역 정렬을 위한 동적 프로그래밍 알고리즘

6.4.1 니들만–브니쉬 알고리즘

쌍 서열 정렬 문제에서 적당한 크기의 서열에 대해서도 가능한 해결책들이 매우 많은 탓에 이 문제가 꽤나 복잡하다는 것을 알았다. 가능한 방법을 모두 적용할 수는 없으므로 문제 해결을 위해 좀 더 지능적인 접근법을 찾아야 한다.

이 알고리즘의 주요 아이디어는 복잡한 문제를 더 간단한 문제로 세분화하고 해결책을 결합해 복잡한 문제를 해결하는 방식인 분할 및 정복divide-and-conquer 방식이다. 이전 절에서 제시한 점수를 계산하는 함수의 특성을 이용해 구현할 수 있으며, 전체 점수가 열 점수의 합이라는 것을 이용한다.

아핀 간격 페널티 가정은 이 원리를 따르지 않으므로 이 절에서는 간단한 간격 페널티의 구현 상황을 고려한다. 아핀 간격 페널티 모델에 대해 유사한 알고리즘을 적용할 수는 있지만 복잡하기 때문에 여기서는 다루지 않을 것이다.

이러한 관찰에 기초해 생물정보학 초기에 몇몇 연구자는 동적 프로그래밍Dynamic Programming(DP) 알고리즘을 사용하는 것을 제안했다. DP는 더 큰 문제를 해결하는 데 하위 문제의 해결 방법을 재사용하는 분할 및 정복 방식에 기반한 최적화 알고리즘이다. 이 아이디어는 두 서열 정렬을 수행할 때, 작은 단위인 일부 서열 정렬로부터 전체 서열 정렬을 진행할 수 있다는 것을 보여준다.

다음으로는 전역 서열 정렬을 위한 니들만–브니쉬$^{\text{Needleman-Wunsch}}$(NW) 알고리즘을 설명할 것이다. 이 알고리즘의 이름은 알고리즘을 제안한 두 저자의 이름을 따서 만들었다. 길이가 각각 n과 m인 두 서열 A와 B를 정렬한다고 해보자. A와 B 서열을 각각 인덱스를 첨자화해 $A = a_1 a_2 \dots a_n$, $B = b_1 b_2 \dots b_m$과 같이 나타낼 수 있다.

NW 알고리즘을 실행할 때 S 행렬을 작성한다. 여기서 A 서열의 요소는 행에 배치하고 B 서열의 요소는 열에 배치한다. 간격을 나타내기 위해 추가적으로 열과 행을 추가한다.

B 서열

		간격	H	G	W	A	G
			b_1	b_2	b_3	b_4	b_5
	간격	0	-8	-16	-24	-32	-40
a_1	P	-8	-2	-10	-18	-25	-33
a_2	H	-16	0	-4	-12	-20	-27
a_3	S	-24	-8	0	-7	-11	-19
a_4	W	-32	-16	-8	11	3	-5
a_5	G	-40	-24	-10	3	11	9

A 서열

Example:

$S_{1,1} = max(S_{0,0} + sm("H","P"), \ S_{0,1} + g, \ S_{1,0} + g) = max(0-2, -8-8, -8-8) = -2$

그림 6.4 니들만–브니쉬 알고리즘의 S 행렬 예

알고리즘의 목적 중 하나는 각 위치에서 요소가 A와 B의 하위 서열에 맞게 행렬 S를 채우는 것이다. $S_{i,j}$ 행렬의 요소는 A 서열의 $(a_1 \dots a_i)$ 하위 서열과 B 서열의 $(b_1 \dots b_j)$ 하위 서열의 정렬 점수다. 두 경우 모두 S 행렬에서 0부터 시작한다는 점을 확인하자.

두 아미노산 서열($A = PWSHG$, $B = HGWAG$)의 정렬을 예로 들면, S 행렬의 구조는 그림 6.4와 같이 시각화할 수 있다. 여기서 행렬 S의 크기는 $n + 1$ 행 및 $m + 1$ 열이다.

이 알고리즘의 주요 아이디어는 행렬 S에서 목표하는 셀에 도달하기 위해 인접한 셀을 하나씩 채워간다는 것이다. 이는 현재 정렬에 대해 최적의 점수를 얻기 위해 이전에 계산한 점수를 이용하는 것을 의미한다. 행렬 S를 채우기 위해 다음과 같은 반복 관계를 사용할 수 있다.

$$S_{i,j} = max(S_{i-1,j-1} + sm(a_i, b_j), S_{i-1,j} + g, S_{i,j-1} + g), \forall 0 < i \le n, 0 < j \le m \qquad (6.4)$$

여기서 $sm(c_1, c_2)$는 c_1과 c_2의 치환 행렬 값을 제공한다. g는 간격에 대한 페널티 상수로 0 미만의 값을 가진다.

이 순환적 표현식은 $S_{i,j}$를 계산하기 위해 $S_{i-1,j-1}$, $S_{i-1,j}$, $S_{i,j-1}$ 값을 알고 있으므로 S 행렬의 모든 값을 계산할 수 있다. 실제로 행렬의 행과 열을 인덱스가 증가하는 방향인 왼쪽에서 오른쪽으로, 위에서 아래로 채운다.

이러한 순환적인 관계는 새로운 정렬을 진행할 때 다른 정렬의 구성으로부터 진행할 수 있음을 말해준다. 새로운 열을 추가할 때, 이전 점수를 합산해 새로운 정렬을 구성한다.

이전 정렬에 열을 추가하는 세 가지 방법이 있다. 각 서열에서 심볼을 추가하는 방법, 첫 번째 서열에서 심볼을 추가하고 간격을 추가하는 방법, 두 번째 서열에서 심볼을 추가하고 간격을 추가하는 방법이다. 이것이 순환에서 사용할 세 가지 가설이다. 식 6.4의 첫 번째 가설에서 새 열의 점수는 치환 행렬로 결정되며, 나머지 두 개의 가설은 페널티 점수 g로 결정된다. 이전 점수와 더해 만들 새 점수는 세 가설 중 가장 높은 점수를 얻을 가설로 행렬 S를 채운다.

이 순환 관계를 사용해 행렬 S를 채우려면 행렬을 초기화하고 첫 번째 행과 첫 번째 열을 채우는 방법을 정의해야 한다. 두 경우 모두 정렬은 페널티 점수 g로 결정되므로 간격의 개수만큼 g를 곱해 계산한다. 그러므로 $S_{i,0} = i * g$, $\forall 0 < i \le n$이고 $S_{0,j} = j * g$, $\forall 0 < j \le m$이다.

그림 6.4는 S를 채우는 알고리즘의 예시를 보여준다. 이 경우에 사용한 치환 행렬은 그림 6.3에 제시한 BLOSUM62이며, 간격 페널티는 $g = -8$이다.

그림의 예시에서 열과 행의 간격은 회색으로 칠해졌으며, 위에서 설명한 대로 계산한다. 나머지 셀들에 대해서는 식 6.4와 같이 계산한다. 셀 $S_{1,1}$의 예시가 그림으로 나와 있다.

완성된 행렬 S에서 최상 정렬의 점수를 알아낼 수 있으며, 이는 행렬의 가장 오른쪽 셀에 있다.

앞서 설명한 과정은 최적의 점수에 도달할 수 있지만 한 가지 아쉬운 점이 있다. 최상 정렬을 만들려면 이전에 내렸던 결정을 '기억'해야 한다. 실제로 세 가지 가설 중 가장 높은 점수를 제공하는 정보를 저장해야 한다.

이를 해결하고자 일반적으로 세 개의 알파벳 심볼을 사용해 S 행렬과 동일한 차원의 T 행렬인 역추적 행렬$^{trace-back\ matrix}$을 만든다.

	간격	H	G	W	A	G
간격	0	-8	-16	-24	-32	-40
P	-8	-2	-10	-18	-25	-33
H	-16	0	-4	-12	-20	-27
S	-24	-8	0	-7	-11	-19
W	-32	-16	-8	11	3	-5
G	-40	-24	-10	3	11	9

그림 6.5 니들만-브니쉬 알고리즘의 역추적 행렬 예제

그림 6.5는 가장 좋은 정렬이 행렬의 어디에서부터 왔는지 잘 나타낸다. 대각선 화살표는 간격이 없이 정렬된 경우며, 수직 또는 수평의 화살표는 간격이 있음을 의미한다.

역추적 정보를 사용해 최상 정렬을 만들 수 있다. 이 과정은 T 행렬의 가장 오른쪽 하단에서 시작해 왼쪽 상단에서 종료된다. 이때 정렬은 마지막 열에서 첫 번째 열로 가는 역순으로 진행된다. 이동이 대각선인 경우 정렬은 원래 셀의 행과 열에 있는 문자로 구성된다. 이동이 수직인 경우 한쪽 서열의 문자는 가져오고 반대쪽 서열은 간격으로 만든다. 수평일 경우는 그 반대다.

그림 6.6은 지금까지 설명한 예시의 전체 정렬 과정을 보여준다. 유효성 검사로 최적의 점수를 계산해 오른쪽 최하단의 점수와 일치하는지 확인할 수 있다.

6.4.2 니들만-브니쉬 알고리즘의 적용

이전 절에서 설명한 알고리즘은 다음에 나올 파이썬 함수로 구현할 수 있다. 첫 번째 함수는 이전 절에서 설명한 반복적인 작업을 적용해 S, T 행렬을 채운다. 이 경우 역추적 행렬은 정숫값을 사용했으며 1은 대각선 화살표, 2는 수직 화살표, 3은 수평 화살표에 사용했다. 보조 함수 max3t로 T 행렬을 채웠다.

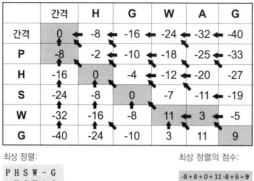

	간격	H	G	W	A	G
간격	0	-8	-16	-24	-32	-40
P	-8	-2	-10	-18	-25	-33
H	-16	0	-4	-12	-20	-27
S	-24	-8	0	-7	-11	-19
W	-32	-16	-8	11	3	-5
G	-40	-24	-10	3	11	9

최상 정렬:

P H S W - G
- H G W A G

최상 정렬의 점수:

-8 + 8 + 0 + 11 -8 + 6 = 9

그림 6.6 니들만–브니쉬 알고리즘의 역추적 정보로부터 최적의 정렬을 구하는 예시

이 함수에서 행렬 S와 T는 리스트의 리스트로 표시하며 append 메서드를 사용해 리스트를 채운다. 우선 간격의 행과 열을 초기화해 반복적 관계를 이용함으로써 나머지 행렬을 채운다. 함수는 S 행렬과 T 행렬을 함께 튜플로 반환한다.

```
def needleman_Wunsch(seq1, seq2, sm, g):
    S = [[0]]
    T = [[0]]
    ## 간격 행을 초기화
    for j in range(1, len(seq2)+1):
        S[0].append(g * j)
        T[0].append(3)
    ## 간격 열을 초기화
    for i in range(1, len(seq1)+1):
        S.append([g * i])
        T.append([2])
    ## 반복 관계를 적용해 나머지 행렬을 채움
    for i in range(0, len(seq1)):
        for j in range(len(seq2)):
            s1 = S[i][j] + score_pos(seq1[i], seq2[j], sm, g)
            s2 = S[i][j+1] + g
            s3 = S[i+1][j] + g
            S[i+1].append(max(s1, s2, s3))
            T[i+1].append(max3t(s1, s2, s3))
    return (S, T)
```

```
def max3t(v1, v2, v3):
    if v1 > v2:
        if v1 > v3: return 1
        else: return 3
    else:
        if v2 > v3: return 2
        else: return 3
```

다음 함수는 역추적 행렬 T와 두 서열을 갖고 최적의 정렬을 만드는 과정을 구현한다. 이 알고리즘은 행렬의 오른쪽 하단에서 시작해 T 행렬을 사용해 위치 정보를 가져오고 서열을 만든다. 대각선 화살표는 두 서열의 문자를 각각 가져와 정렬에 추가하고 수직 또는 수평인 경우 간격을 표시하는 '−' 심볼을 정렬에 추가한다. 행렬의 왼쪽 상단에 도착하면 알고리즘이 멈추게 된다. 정렬은 동일한 길이의 두 문자열을 결과로 만들며 시작부터 끝까지의 정보가 함수에 들어있다. 새롭게 추가되는 문자는 서열 가장 앞에서 추가되는 점을 주의 깊게 살펴보자.

```
def recover_align(T, seq1, seq2):
    res = ["", ""]
    i = len(seq1)
    j = len(seq2)
    while i>0 or j>0:
        if T[i][j]==1:
            res[0] = seq1[i-1] + res[0]
            res[1] = seq2[j-1] + res[1]
            i -= 1
            j -= 1
        elif T[i][j] == 3:
            res[0] = "-" + res[0]
            res[1] = seq2[j-1] + res[1]
            j -= 1
        else:
            res[0] = seq1[i-1] + res[0]
            res[1] = "-" + res[1]
            i -= 1
    return res
```

다음 코드는 이전 절의 단백질 서열 정렬 예시로부터 BLOSUM62 치환 행렬과 간격 페널티 $g = -8$을 사용해 서열 'PHSWG'와 'HGWAG'를 정렬한다.

```python
def print_mat(mat):
    for i in range(0, len(mat)):
        print(mat[i])


def test_global_alig():
    sm = read_submat_file("blosum62.mat")
    seq1 = "PHSWG"
    seq2 = "HGWAG"
    res = needleman_Wunsch(seq1, seq2, sm, -8)
    S = res[0]
    T = res[1]
    print("Score of optimal alignment:", S[len(seq1)][len(seq2)])
    print_mat(S)
    print_mat(T)
    alig = recover_align(T, seq1, seq2)
    print(alig[0])
    print(alig[1])


test_global_alig()
```

6.5 지역 정렬을 위한 동적 프로그래밍 알고리즘

6.5.1 스미스-워터만 알고리즘

앞 절에서는 치환 행렬과 간격 페널티를 고려해 생물학적 서열의 전역 정렬을 위한 동적 프로그래밍 알고리즘을 다뤘다. 이번 절에서는 지역 정렬 알고리즘의 경우 고려해야 할 변경 사항을 설명해본다.

먼저 문제 정의에 대해 변경된 사항을 살펴본다. 지역 정렬을 수행할 때 목적 함수 점수를 최대화하는 하위 서열의 최상 정렬을 만드는 것이 목표다. 부분 서열은 시작 위치에서 끝 위치까지 서열의 모든 문자를 고려해야 한다. 점수를 계산하는 방법에는 차이가 없으나 서열의 일부만 정렬하는 것이 허용된다.

	간격	H	G	W	A	G
간격	0	0	0	0	0	0
P	0	0	0	0	0	0
H	0	8	0	0	0	0
S	0	0	8	0	1	0
W	0	0	0	19	11	3
G	0	0	6	11	19	17

예시:

$S_{1,1} = max (S_{0,0}+ sm("H","P") , S_{0,1}+ g, S_{1,0} + g, 0) = max(0\text{-}2, \text{-}8\text{-}8, \text{-}8\text{-}8, 0) = 0$
$S_{4,3} = max (S_{3,2}+ sm("H","P") , S_{3,3}+ g, S_{4,2} + g, 0) = max(8+11, 0\text{-}8, 0\text{-}8, 0) = 19$

그림 6.7 스미스–워터만 알고리즘 SSS 행렬 예시

스미스–워터만$^{Smith\text{-}Waterman}$ 알고리즘은 이전 절의 알고리즘에 많은 변경 사항을 적용했으며 알고리즘 작성자의 이름을 따서 만들었다. 알고리즘의 주요한 변화는 동적 프로그래밍에 사용한 순환 관계에 있다. 이전에는 세 가지 경우 중에서 가장 높은 점수를 얻는 경우를 채택했지만 이번에는 0을 추가했다.

$$S_{i,j} = max(S_{i-1,j-1} + sm(a_i, b_j), S_{i-1,j} + g, S_{i,j-1} + g, 0), \forall 0 < i \leq n, 0 < j \leq m \qquad (6.5)$$

또한 행렬의 초기화에서 첫 번째 행과 열은 모두 0으로 채운다. $S_{i,0} = 0, \forall 0 < i \leq n$, $S_{0,j} = 0, \forall 0 < j \leq m$ 지역 정렬에서는 점수를 깎는 간격을 무시하는 경우가 있기 때문이다.

그림 6.7은 S 행렬을 보여주는 예시다. 여기서 서열은 이전 절에서 사용한 것과 동일하지만, 이번에는 지역 정렬을 수행할 것이다.

S 행렬의 최댓값에 해당하는 모든 셀에서 최상 정렬을 얻을 수 있다. 예시에서는 19점을 얻은 두 가지 경우의 서열을 얻었다.

이전과 마찬가지로 최적의 정렬을 얻고자 역추적 정보를 담은 T 행렬을 사용한다. 이 경우 T 행렬은 네 개의 가능한 값을 가진다. 세 가지 값은 대각선, 수직, 수평이며 나머지 하나의 값은 정렬이 종료된 경우 채우는 0이다. 정렬이 이어지는 경우 화살표를 표시하며 종료된 경우에는 셀 간에 화살표가 없다.

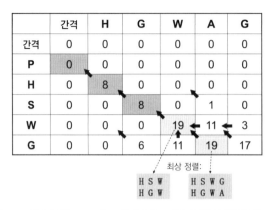

	간격	H	G	W	A	G
간격	0	0	0	0	0	0
P	0	0	0	0	0	0
H	0	8	0	0	0	0
S	0	0	8	0	1	0
W	0	0	0	19	11	3
G	0	0	6	11	19	17

최상 정렬:

H S W   H S W G
H G W   H G W A

그림 6.8 역추적 정보로 스미스–워터만 알고리즘의 최상 정렬을 얻는 과정

또한 그림에서 정렬을 복원하는 과정을 확인할 수 있다. 시작점은 점수가 가장 높은 셀이다. 그런 다음 왼쪽의 최상단에 도달하거나 화살표가 없을 때까지 진행한다. 예시에서는 두 가지의 최상 정렬을 나타냈다.

6.5.2 스미스–워터만 알고리즘의 적용

스미스–워터만 알고리즘을 파이썬 함수로 구현했다. 첫 번째 코드는 S, T 행렬을 작성하고 최대 점수를 반환하는 핵심 기능을 담고 있다. 구현 과정은 위에서 설명한 변경 사항을 담고 있으며 전역 정렬과 유사하다. 함수는 S, T와 함께 최적의 정렬 점수도 튜플로 반환한다.

```python
def smith_Waterman(seq1, seq2, sm, g):
    S = [[0]]
    T = [[0]]
    maxscore = 0
    for j in range(1, len(seq2)+1):
        S[0].append(0)
        T[0].append(0)
    for i in range(1, len(seq1)+1):
        S.append([0])
        T.append([0])
    for i in range(0, len(seq1)):
        for j in range(len(seq2)):
```

```
            s1 = S[i][j] + score_pos(seq1[i], seq2[j], sm, g)
            s2 = S[i][j+1] + g
            s3 = S[i+1][j] + g
            b = max(s1, s2, s3)
            if b <= 0:
                S[i+1].append(0)
                T[i+1].append(0)
            else:
                S[i+1].append(b)
                T[i+1].append(max3t(s1, s2, s3))
                if b > maxscore:
                    maxscore = b
    return (S, T, maxscore)
```

다음 코드는 S, T와 서열을 받아 최상 정렬을 복원하는 함수를 보여준다. 우선 보조 함수 max_mat을 사용해 점수가 가장 높은 셀, 즉 시작점을 찾는다. 행렬을 통해 이동하며 정렬을 만드는 과정은 recover_align에서 구현한 과정과 유사하다. 가장 큰 차이점은 종료 기준에 있으며, 지역 정렬의 경우 T 행렬의 값이 0인 셀을 찾는 것이다.

이 함수에서는 하나의 최상 정렬을 처리하므로 동일한 점수의 여러 정렬이 있을 경우 이전 절의 예시와 같이 하나만 반환된다는 점에 주의하자.

```
def recover_align_local(S, T, seq1, seq2):
    res = ["", ""]
    i, j = max_mat(S)
    while T[i][j]>0:
        if T[i][j]==1:
            res[0] = seq1[i-1] + res[0]
            res[1] = seq2[j-1] + res[1]
            i -= 1
            j -= 1
        elif T[i][j] == 3:
            res[0] = "-" + res[0];
            res[1] = seq2[j-1] + res[1]
            j -= 1
        elif T[i][j] == 2:
            res[0] = seq1[i-1] + res[0]
            res[1] = "-" + res[1]
```

```
            i -= 1
    return res

def max_mat(mat):
    maxval = mat[0][0]
    maxrow = 0
    maxcol = 0
    for i in range(0, len(mat)):
        for j in range(0, len(mat[i])):
            if mat[i][j] > maxval:
                maxval = mat[i][j]
                maxrow = i
                maxcol = j
    return (maxrow ,maxcol)
```

예시로 제공한 단백질 서열의 지역 정렬을 보여준다.

```
def test_local_alig():
    sm = read_submat_file("blosum62.mat")
    seq1 = "HGWAG"
    seq2 = "PHSWG"
    res = smith_Waterman(seq1, seq2, sm, -8)
    S = res[0]
    T = res[1]
    print("Score of optimal alignment:", res[2])
    print_mat(S)
    print_mat(T)
    alinL= recover_align_local(S, T, seq1, seq2)
    print(alinL[0])
    print(alinL[1])

test_local_alig()
```

6.6 서열 정렬의 특별한 경우

이전 절에서는 서열 정렬 문제의 일반적인 목적 함수를 살펴봤다. 응용하기에 따라 목적 함수는 다른 목표를 달성하는 데도 적용할 수 있다.

적용해볼 만한 하나의 예시는 [0, 1] 범위의 값으로 두 서열 간의 동일성을 계산하는 것이다. 이는 두 서열 사이에 동일한 문자는 1로, 불일치 또는 간격은 0으로 설정해 전역 정렬을 진행함을 말한다. 얻은 점수의 합을 전체 서열의 길이로 나눈다면 길이에 상관없이 정규화된 값을 얻을 수 있다.

다음 함수는 이 과정을 구현했다. 두 서열과 허용하는 문자 세트를 입력받는다.

```python
def identity(seq1, seq2, alphabet = "ACGT"):
    sm = create_submat(1,0,alphabet)
    S,_ = needleman_Wunsch(seq1, seq2, sm, 0)
    equal = S[len(seq1)][len(seq2)]
    return equal / max(len(seq1), len(seq2))
```

또 다른 예시는 두 문자 사이의 편집 거리$^{edit\ distance}$를 계산하는 것이다. 이는 한 문자열을 다른 문자열로 변환하는 데 필요한 최소한의 조작 수를 의미하며 조작은 삽입, 삭제 또는 대체를 말한다. 다음 함수는 이전에 정의한 니들만-브니쉬 알고리즘을 사용해 정의했다.

```python
def edit_distance(seq1, seq2, alphabet = "ACTG"):
sm = create_submat(0, -1, alphabet)
S = needleman_Wunsch(seq1, seq2,sm,-1)[0]
res = -1*S[len(seq1)][len(seq2)]
return res
```

이 경우에 일치 점수는 0으로 하고 간격과 불일치는 -1로 한다. 간격은 삽입 또는 삭제이며 불일치는 대체에 해당한다. 계산된 편집 거리 점수의 절댓값은 전체 작업 개수를 나타낸다. 편집 거리는 음수이므로 이를 최대화한다는 것은 편집 거리를 최소화하는 것을 의미한다.

정렬의 또 다른 응용으로 두 서열 간의 가장 긴 공통 하위 서열$^{longest\ common\ sub-sequence}$ 찾기를 할 수 있다. 하위 서열은 원 서열 내에서 연속적이지 않아도 된다는 점에 유의하자. 다음 함수는 니들만-브니쉬 알고리즘에서 사용하는 전역 정렬로 문제에 대한 해답을 제공한다.

```
def longest_common_subseq(seq1, seq2, alphabet = "ACGT"):
    sm = create_submat(1, 0, alphabet)
    _,T = needleman_Wunsch(seq1, seq2, sm, 0)
    alin = recover_align(T, seq1, seq2)
    sizeal = len(alin[0])
    lcs = ""
    for i in range(sizeal):
        if alin[0][i] == alin[1][i]:
            lcs += alin[0][i]
    return lcs
```

이 경우 일치 항목은 1점이며 간격과 불일치는 0점이다. 따라서 니들만-브니쉬는 두 서열에서 동일한 문자를 최대화하는 알고리즘을 반환한다. 이후 일치하는 문자를 얻는 과정을 진행해야 한다.

이 문제의 변형된 형태로 가장 긴 하위 문자열 문제^{longest sub-string problem}라고 불리는 문제는 이전의 문제와 비슷하지만, 하위 서열에서 삽입 또는 삭제가 포함되면 안 된다는 점에서 다르다. 다시 말해 두 서열이 완벽히 동일해야 한다.

문제의 정의는 상당히 비슷하게 보이지만 접근 방식은 다르다. 이 경우는 실제로 지역 정렬로 스미스-워터만 알고리즘을 사용할 수 있지만 최적의 정렬에서 불일치나 간격이 있는지 살펴봐야 한다. 이 조건을 만족하기 위해 시도할 수 있는 한 가지 방법은 불일치와 간격에 큰 페널티를 주는 것이다. 페널티의 크기는 서열의 크기보다 큰 음수 값으로 설정하면 된다.

다음 함수는 이 해결책을 구현한 것이다.

```
def longest_common_string(seq1, seq2, alphabet = "ACGT"):
    m = max(len(seq1), len(seq2))
    pen = -1 * (m+1)
    sm = create_submat(1, pen, alphabet)
    S,T,_ = smith_Waterman(seq1, seq2, sm, pen)
    alinL = recover_align_local(S, T, seq1, seq2)
    return alinL[0]
```

6.7 바이오파이썬을 활용한 쌍 서열 정렬

바이오파이썬에는 Bio.pairwise2라는 모듈이 있으며 이번 장에서 다룬 동적 프로그래 밍 알고리즘을 담고 있다. 이 책에서는 모듈의 사용에 대해 몇 가지 예시를 제공하며, 전체 설명서는 http://biopython.org/DIST/docs/api/Bio.pairwise2-module.html에 서 확인할 수 있다.

이 모듈을 사용해 정렬을 수행할 때는 정렬 유형에 따라 함수가 제공된다. 함수의 이름에서 전역은 'global'로 시작하고, 지역은 'local'로 시작한다. 그리고 함수의 이름에서 끝에 두 개의 문자가 있으며, 첫 번째 문자는 일치/불일치에 대한 것을 나타내고 두 번째 문자는 간격 페널티에 대한 것을 나타낸다.[1] 이에 대해 좀 더 자세히 알아본다.

첫 번째 문자는 일치/불일치에 대한 정보다. 'x'의 경우 정렬에 있어 일치는 1로, 불일치는 0으로 한다. 'm'의 경우 일치/불일치에 대해 함수에 전달받는 파라미터로 결정한다. 'd'의 경우 함수로 치환 행렬이 담긴 사전이 전달된다.

두 번째 문자는 간격 페널티에 대한 정보다. 'x'의 경우 페널티가 없는 경우로 $g = 0$ 이다. 's'는 간격을 열거나 확장에 대해 다른 값을 줄 수 있는 아핀 간격 페널티 모델을 정의하는 데 사용한다. 물론 열거나 확장에 대한 페널티 값을 같게 줄 수도 있다.

다음은 두 DNA 서열에 대해 일치 점수는 1점, 불일치와 간격 페널티는 0점을 줘서 정렬하는 예시다. 정렬된 결과와 점수를 함께 출력할 수 있다.

```
from Bio import pairwise2
from Bio.pairwise2 import format_alignment

alignments = pairwise2.align.globalxx("ATAGAGAATAG", "ATGGCAGATAGA")
print(len(alignments))
for a in alignments:
    print(format_alignment(*a))
```

다음은 간격 페널티로 −4점, 열림 페널티로 −1점을 주고 BLOSUM62 치환 행렬을 사용해 두 단백질 서열을 정렬하는 예시다.

---

1 globalxx, localms와 같이 global, local 뒤에 두 개 문자로 일치와 페널티를 나타낸다. – 옮긴이

```
from Bio import pairwise2
from Bio.pairwise2 import format_alignment
from Bio.SubsMat import MatrixInfo

matrix = MatrixInfo.blosum62
for a in pairwise2.align.globalds("KEVLA", "EVSAW", matrix , -4, -1):
    print(format_alignment(*a))
```

마지막 예제는 지역 정렬을 수행하는 방법을 보여준다. 첫 번째 예시는 DNA 정렬로, 일치 3점, 불일치 페널티 −2점, 간격 페널티 −3점을 줬다. 두 번째 예시는 단백질 서열의 지역 정렬을 보여주며 파라미터 값들은 동일하다.

```
from Bio import pairwise2
from Bio.pairwise2 import format_alignment
from Bio.SubsMat import MatrixInfo

matrix = MatrixInfo.blosum62

local_dna = pairwise2.align.localms("ATAGAGAATAG", "GGGAGAATC",3,-2,-3,-3)
for a in local_dna:
    print(format_alignment(*a))

local_prot = pairwise2.align.localds("KEVLA", "EVSAW", matrix , -4, -1)
for a in local_prot:
    print(format_alignment(*a))
```

참고 문헌과 추가 자료

BLOSUM 행렬은 헤니코프Henikoff[74]가 제안했으며 PAM 행렬[43]은 마가렛 데이호프 Margaret Dayhoff가 제안했다. 니들만−브니쉬 알고리즘과 스미스−워터만 알고리즘은 저자의 이름을 따서 만들었다[118][141]. 편집 거리는 레벤슈타인Levenshtein[97]이 소개했다.

연습 문제와 프로그래밍 프로젝트

연습 문제

1. **a.** 스미스–워터만 알고리즘을 다음 단백질 서열에 적용해보자.

   S1: ANDDR ; S2: AARRD

   정렬 시 BLOSUM62 대체 행렬과 간격 페널티는 $g = -8$을 사용한다. 이어서 (i) 최고 점수를 가진 S 행렬 (ii) 역추적 행렬 (iii) 최적의 정렬 및 점수 등을 수작업으로 계산한다. 대체할 최적의 정렬이 있는지 확인해보자.

   b. 파이썬으로 프로그램을 작성해 결과가 맞는지 확인해본다.

2. **a.** 니들만–브니쉬 알고리즘을 다음 DNA 서열에 적용해보자.

   S1: TACT ; S2: ACTA

   정렬 시 간격 페널티 $g = -3$, 일치: 3, 불일치: -1로 한다. 이어서 (i) 최고 점수를 가진 S 행렬 (ii) 역추적 행렬 (iii) 최적의 정렬 및 점수 등을 수작업으로 계산한다. 대체할 최적의 정렬이 있는지 확인해보자.

   b. 파이썬으로 프로그램을 작성해 결과가 맞는지 확인해본다.

3. 점 도표 행렬 생성 함수에서 나오는 이진 행렬은 0과 1의 요소로 구성된다. 주어진 이진 행렬에서 가장 큰 대각선을 식별하는 함수를 작성하고 테스트해보자. 결과는 대각선의 크기, 시작하는 행, 시작하는 열로 구성된 튜플이다.

4. 이번 장에서 쌍 서열 전역 정렬을 계산하는 함수는 동일한 최적 점수를 가진 서로 다른 정렬이 있는 경우 하나만 반환하도록 작성했다. 이를 개선해보자.

   a. 함수 `needleman_Wunsch_with_ties`를 정의한다. 이 함수는 각 셀이 최적의 대안들을 담고 있는 리스트이며 하나의 요소가 아닌 역추적 행렬인 T 행렬을 반환한다.

   b. 함수 `recover_align_with_ties`를 정의한다. 이 함수는 역추적 행렬을 사용해 여러 개의 최상 정렬을 리스트로 반환한다.

5. 쌍 서열 지역 정렬을 계산하는 함수를 사용하고 여러 최적의 정렬을 고려해 결과를 생성하는 함수를 작성해보자. 그림 6.7과 6.8의 경우와 같이 S 행렬에서 여러 개의 동점 서열이 발생할 수 있다.

6. 두 개의 서열 목록 *l1*, *l2*가 있다. *l1*의 각 서열에서 *l2*의 서열 중 가장 유사한 서열을 찾아내는 함수를 작성해보자. 결과는 *l1* 리스트의 각 위치 *i*에 *l2*의 위치를 담은 리스트로 작성한다.

7. 두 DNA 서열 *s1*과 *s2*를 번역해 생성된 추정 단백질 사이에 지역 정렬을 수행하는 함수를 작성한다. 결과는 최상 정렬과 점수를 담은 튜플로 생성한다. 정렬에 필요한 매개변수는 함수에 인수로 전달한다.

프로그래밍 프로젝트

1. 파이썬의 객체지향 기능을 사용해 정렬을 수행하는 클래스를 개발한다. 클래스 내부는 이번 장에서 설명한 알고리즘을 구현하며, 이전 장들에서 구현한 내용을 합칠 수 있다. 클래스는 다음 내용을 포함한다.

   - 클래스 내부에 대체 행렬을 담고 있으며 여러 방식으로 생성할 수 있게 만든다. 예를 들어 일치/불일치 점수를 받거나 파일로부터 행렬을 읽을 수 있게 한다.
   - 클래스 내부에 정렬을 담고 있으며 주어진 매개변수에 맞게 정렬해 점수를 계산한다.
   - 동적 프로그래밍을 기반으로 정렬하는 알고리즘을 담고 있으며 정렬 매개변수를 속성으로 둔다.

2. 점 도표를 나타내는 클래스를 구현한다. 클래스의 메서드로 행렬을 생성, 출력, 분석하는 기능을 구현한다.

   a. 이진 행렬과 알고리즘을 고려해 생성한다.

   b. [0, 1] 범위의 숫자로 행렬을 구현해 더 복잡한 접근 방법을 고려한다. 필터를 사용하거나 치환 행렬 또는 창window을 사용해 계산할 수 있다.

7 데이터베이스에서 유사한 서열 찾기

이번 장에서는 더 큰 차원의 데이터베이스에서 해당 서열과 유사한 서열을 찾는 문제를 알아본다. 여러 번의 반복적인 쌍 서열 비교를 효율적으로 처리하는 방법을 살펴볼 것이며, 이 작업을 위한 휴리스틱(발견법) 알고리즘과 인기 있는 BLAST를 구현할 것이다. 마지막으로는 바이오파이썬을 살펴보고, 파이썬 스크립트상에서 BLAST를 실행하고 결과를 분석하는 방법을 알아본다.

7.1 소개

이전 장에서는 서열 쌍 비교와 정렬에 사용하는 알고리즘을 설계하고 구현하는 방법을 알아봤다. 이러한 서열 간 유사성을 측정하는 데 사용하는 점수를 만드는 함수와 여러 매개변수도 알아봤다.

생물학 연구를 하다 보면 정보를 알 수 없는 DNA 또는 단백질 서열을 발견할 수 있다. 예를 들어 DNA 염기 해독^{DNA seqeuncing} 프로젝트에서는 알 수 없는 여러 DNA 서열을 보게 된다. 생명정보학자는 서열의 정보를 밝히게 된다. 즉, 서열이 어떠한 기능을 갖고 있는지 가설을 세우는 것을 말한다.

유사 서열에서 기능을 유추하기 위해 목표로 하는 쿼리 서열과 이미 기능이 부여된 서열 간의 유사도를 비교해야 한다. 이 작업에서 기능들을 갖고 있는 서열을 포함한 데이터베이스를 검색하고 쿼리 서열을 데이터베이스의 모든 서열과 비교해 유사성이 높은 서열을 찾아야 한다.

6장에서 살펴본 정렬 알고리즘을 사용하는 것은 좋은 선택이다. 실제로 쌍 서열 정렬 알고리즘을 실행해 쿼리를 데이터베이스의 각 서열과 비교한 후 가장 높은 점수를 갖는 서열을 고르면 된다.

이 과정에서 지역 또는 전역과 같은 정렬 유형, 간격 페널티 모델, 일치와 불일치의 점수를 나타낸 치환 행렬과 같은 여러 매개변수를 선택해야 한다. 매개변수의 선택은 서열의 유사성을 나타내는 최종 결과에 큰 영향을 미친다.

이전 장에서 살펴본 함수를 활용해볼 수 있다. 다음 함수는 쿼리 서열, 데이터베이스의 서열과 같은 서열 목록, 치환 행렬, 간격 페널티를 입력값으로 받아 쿼리 서열의 가장 좋은 데이터베이스의 서열을 반환한다.

```python
def align_query(query, ls, sm, g):
    bestScore = -1
    bestSeq = None
    bestAl = None
    for seq in ls:
        al = smith_Waterman(query, seq, sm, g)
        if al[2] > bestScore:
            bestScore = al[2]
            bestSeq = seq
            bestAl = al
    bestAlin = recover_align_local(bestAl[0], bestAl[1], query, bestSeq)
    return bestAlin, bestScore
```

이 함수대로라면 이 장의 문제를 해결한 것처럼 보이지만 이러한 접근 방식에는 중요한 장애물이 있다. 실제로 서열 정렬을 위한 동적 프로그래밍 알고리즘은 몇 번 안 되는 제한된 횟수로 실행할 때는 분명 효율적이지만, 수백만 번씩 다수의 실행을 할 경우에는 적합하지 않다.

동적 프로그래밍 알고리즘의 복잡성은 n^2이다. 즉, 서열의 길이만큼의 행과 열을 가진 점수 행렬과 역추적 행렬을 채워야 한다. 각 서열을 데이터베이스의 서열과 비교한다면 데이터베이스 크기의 곱만큼 경우의 수가 늘어나므로[1] 대부분의 실제 상황에서는 문제가 된다.

이 문제를 해결하는 가장 보편적인 방법은 동적 프로그래밍 알고리즘보다 최대 100배 더 빠른 휴리스틱한 알고리즘을 개발하는 것이다. 물론 휴리스틱한 방법은 알고리

---

1 곱의 법칙 – 옮긴이

즘의 본질을 잃어버려 가장 적합한 정렬을 찾아주지 못할 수도 있다. 특히 데이터베이스에 쿼리와 유사한 서열이 없는 경우 문제가 발생한다.

생명정보학계에서는 지난 몇 년간 휴리스틱 알고리즘으로 이 문제를 해결했다. 가장 인기 있는 방법은 생명정보학 초기에 등장한 FASTA와 NCBI, EBI 등에서 사용할 수 있는 BLAST^{Basic Local Alignment Search Tool}다.

다음 절에서 BLAST 알고리즘을 사용하는 프로그램의 기능과 예시를 소개하고, 이 기능 중 일부를 구현하는 간단한 파이썬 스크립트를 살펴본다. 마지막으로는 바이오파이썬 기능을 사용하는 BLAST 서버 및 프로그램을 이야기하면서 이 장을 마무리한다.

7.2 BLAST 알고리즘과 프로그램

7.2.1 BLAST 알고리즘 개요

BLAST 알고리즘은 현재 DNA 및 단백질 서열 데이터베이스 검색에서 가장 많이 사용하고 있다. BLAST의 목표는 쿼리 서열과 데이터베이스의 서열 간에 가장 적합한 정렬을 찾는 것이다. 이 알고리즘의 기본 아이디어는 쿼리 서열과 데이터베이스의 서열 간에 짧은 단어를 사용해 간격 없이 일치하는 항목을 검색하는 것이다. 이러한 일치 항목들을 기반으로 양방향 일치를 고려해 더 높은 차원의 정렬을 얻을 수 있다.

BLAST 알고리즘의 주요 단계는 다음과 같이 요약할 수 있다.

1. 서열 반복과 같이 정렬 품질이 저하될 수 있는 영역을 제거한다.
2. w 크기의 가능한 모든 '단어'를 얻는다. '단어'는 쿼리 서열에서 나올 수 있는 w 크기의 하위 서열이다.
3. 이전 단계의 각 단어에 대해 w 크기의 유효한 문자로 정의할 수 있는 모든 단어의 목록을 만든다. 목록의 단어들은 간격이 없으며, 정렬 점수는 알고리즘 매개변수로 받은 임곗값 T보다 높다.
4. 데이터베이스에서 모든 서열을 양방향으로 검색한다. 이전 단계에서 수집된 모든 단어는 쿼리와 데이터베이스 서열 간에 w 크기로 일치했음을 나타낸다.

5. 모든 일치를 양방향으로 확장한다. 점수는 주어진 기준을 따르며 기준은 확장 크기에 따라 다르다.

6. 이전 단계에서 가장 높은 점수로 크기에 대해 정규화된 정렬을 선택한다. 이 정렬을 HSP$^{\text{High-Scoring Pair}}$라고 한다.

1997년에 만들어진 이래로 가장 최신의 BLAST 버전에서는 정렬을 확장하는 기준이 더 까다로워졌다. 두 개의 근접한 일치 서열이 주어진 매개변수보다 작은 거리로 분리된 경우 T보다 높은 점수를 얻어야 한다. 이 변경 사항으로 확장이 줄었고 알고리즘이 더 효율적이게 됐으며 결과도 비슷한 수준으로 얻을 수 있다. 이 전략으로 두 일치 서열 간에 간격을 포함할 수 있어 결과적으로는 BLAST에서 간격이 있는 정렬을 얻을 수 있다.

매개변수 w와 T는 반환된 결과와 알고리즘 효율성 측면에서 매우 중요하다. 더 작은 w 또는 T를 선택하면 더 민감도가 높은 결과를 얻을 수 있지만 처리 시간도 증가하게 된다.

7.2.2 BLAST 프로그램

BLAST 알고리즘으로부터 서열 종류에 따른 다양한 프로그램이 파생됐다. 프로그램은 각 서버에 설치할 수 있으며 로컬 또는 웹에서 실행할 수 있다. 또한 NCBI에서는 BLAST 프로그램을 운영하는 가장 중요한 서버(https://www.ncbi.nlm.nih.gov/BLAST)에 접근할 수 있다.

주요 프로그램은 뉴클레오티드와 단백질 검색을 위한 BLASTN과 BLASTP다. BLASTN은 유사 염기서열을 찾기 위해 사용한다. 기본값으로 사용하는 nr/nt는 중복되지 않는 염기서열$^{\text{non-redundant nucleotide sequence}}$이다. 이외에도 많은 다른 대안이 있다. 예를 들어 주어진 특정 종으로 거르는 방법, RefSeq 데이터베이스만을 사용하는 방법, 또는 리보솜 RNA 서열(16S)만을 사용하는 방법이 있다.

BLASTN은 megablast 프로그램을 사용해 유사성이 높은 서열에 대한 검색을 최적화할 수 있으며 더 긴 서열에 대해 빠른 검색이 가능하다. BLASTN은 기본값으로 단어 크기 w를 11, 일치와 불일치 점수를 각각 2와 −3, 간격 열기와 간격 확장 페널티를

−5와 −2로 설정했다.

BLASTP는 단백질 서열 데이터베이스를 사용해 검색한다. 단백질 서열 데이터베이스는 중복되지 않는 단백질 서열 세트인 nr^non-redundant, RefSeq, UniProt(SwissProt 데이터베이스에서 선별된 서열) 또는 PDB 데이터베이스가 있다. 조정 가능한 매개변수는 BLASTN과 유사하다. w는 6, 점수는 치환 행렬을 사용하며, 기본값으로는 BLOSUM 62를 사용하고 간격 열기와 간격 확장 페널티는 −11, −1로 가진다. 단백질 정렬의 경우 PSI−BLAST, PHI−BLAST, DELTA−BLAST와 같이 이 책에서 다루지 않는 대체 프로그램도 있다.

또한 BLAST 프로그램에는 다른 유형의 서열을 검색하는 데 사용할 수 있는 세 가지 다른 프로그램이 있다.

- BLASTX: DNA 서열을 쿼리로 사용하고 단백질 서열을 검색한다. 뉴클레오티드 서열에 맞게 번역된 잠재적 단백질 서열을 검색하는 데 사용할 수 있으며, DNA 서열은 여섯 개의 리딩 프레임을 고려해 번역된다. 리딩 프레임에 대한 내용은 4장을 참고하자.
- TBLASTN: 단백질 서열을 쿼리로 사용하고 DNA 서열을 검색한다. 쿼리와 유사한 단백질을 암호화하는 DNA 서열을 결과로 얻는다. 여섯 개 리딩 프레임을 고려한 결과를 얻을 수 있다.
- TBLASTX: DNA 서열을 입력받아 DNA 서열 데이터베이스를 검색한다. 두 DNA 서열에서 여섯 개의 리딩 프레임을 고려해 서열이 번역되고, 번역된 단백질 서열에 대한 일치도를 결과에 반영한다. 총 36번의 비교를 진행한다. 이 방법은 서열이 암호화하는 정보에 기초해 쿼리와 유사한 뉴클레오티드 서열을 확인하는 데 사용할 수 있다.

7.2.3 정렬의 중요성

논의해야 할 한 가지 중요한 측면은 정렬 결과의 통계적 유의성이다. 이 주제에 대한 자세한 설명은 이 책의 범위를 벗어나지만, 기본적인 문제를 간단히 설명하고 이 문제를 해결하기 위해 프로그램에서 반환하는 결과를 살펴본다.

BLAST와 동적 프로그래밍에 사용하는 점수 함수는 치환 행렬과 간격 페널티에 기반하며 서열의 크기와 관련이 있다. 따라서 동일한 크기의 서열 쌍에 대해 비교하는 것은 유용하나 서로 다른 크기의 서열 쌍에서는 비교할 수 없다. 따라서 다른 길이의 서열들을 비교할 때 사용하는 정규화된 점수를 이용해야 한다. BLAST는 정보 이론 information theory의 측정값을 기반으로 정규화 점수를 계산하며 정규화 점수는 비트 단위로 제공된다.

그러나 서열 크기에 대해 정규화된 이러한 점수들도 모든 유형의 정렬을 비교하기에 충분하지 않으므로 주어진 정렬은 쿼리와 서열 간의 유사도가 통계적으로 유의한지 묻는 질문에는 답할 수 없다. 다시 말해 이 유사도가 우연에 의해 발생할 가능성이 있는지에 대한 질문이다. 이는 서열 유사성으로부터 가능한 상동성을 유추할 수 있는 중요한 질문이다.

BLAST의 각 HSP의 정렬 중요도를 평가하기 위해 가장 많이 사용하는 값은 E 값이다. 이 값은 현재 HSP보다 더 높은 점수로 예상되는 정렬의 수를 나타낸다. E 값은 정렬 점수, 데이터베이스 크기, 서열의 길이, 정렬 매개변수를 고려해 계산된다.

E 값이 낮을수록, 즉 0에 가까울수록 더욱 의미 있는 정렬이라 할 수 있다. 임곗값을 정하기는 어렵지만 10^{-5}에서 0.05로 사용한다.

정렬이 상동성인지를 확인하려면 E 값뿐만 아니라 다른 결과도 확인하는 것이 중요하다. BLAST는 지역 정렬을 반환하므로 쿼리와 찾은 서열 간의 범위coverage를 확인하는 것이 중요한데, 이는 전체 서열의 어느 부분이 반환된 서열에서 일치했는지 확인하는 것이다. 이는 전체적으로 상동성을 이뤘는지 또는 일부 서열만 유사한지 알아보는데 도움을 줄 수 있다.

7.3 구현한 BLAST 이식

이번 절에서는 BLAST를 자체적으로 매우 단순화한 버전인 MyBlast를 만들어본다. BLAST보다 훨씬 간단하지만 이렇게 툴을 만들어보면 BLAST에서 사용하는 알고리즘적 아이디어를 얻을 수 있다.

MyBlast 프로그램의 첫 번째 단계는 데이터베이스를 만드는 것이다. 여기서 가장 간단한 가설을 설정해본다. 데이터베이스는 문자열로 된 서열의 목록이며, 텍스트 파일에서 데이터베이스를 불러내는 함수를 아래에 작성할 것이다. 각 서열은 각 줄로 분리돼 있다.

```python
def read_database(filename):
    f = open(filename)
    db = []
    for line in f:
        db.append(line.rstrip())
        f.close()
    return db
```

다음 단계는 쿼리를 전처리한다. 쿼리 서열로부터 w 크기의 모든 단어와 그 단어가 나타나는 위치를 갖는 맵을 작성한다. 이 방법은 일반적으로 해싱hashing이라고 한다. 처음 이 방법을 보게 되면 시간 낭비라고 생각할 수 있지만, 쿼리에서 단어를 반복적으로 찾아야 하는 경우에 매우 유용하다. 파이썬에서는 이러한 결과를 키, 값 쌍을 포함하는 사전에 담을 수 있다.

따라서 다음 함수는 쿼리 서열로부터 사전(맵)을 만든다. 반환된 사전에는 키로는 단어가 있고, 값으로는 단어의 위치가 리스트로 있다.

```python
def build_map(query, w):
    res = {}
    for i in range(len(query)-w+1):
        subseq = query[i:i+w]
        if subseq in res:
            res[subseq].append(i)
        else:
            res[subseq] = [i]
    return res
```

단순화된 **MyBlast** 버전에서는 대체 행렬을 사용하지 않으며 간격도 고려하지 않는다. 대신에 일치 점수는 1로, 불일치 점수는 0으로 한다. 그러므로 간격이 없는 완전 일치 서열만을 고려한다. 임곗값은 w와 같다.

다음 코드는 서열이 주어지면 서열에서 쿼리와 일치하는 모든 단어를 찾는 함수를 보여준다. 결과는 일치된 서열의 쿼리 색인과 서열 색인을 튜플로 담은 리스트다. 함수에서 m은 쿼리에서 생성된 맵으로 검색 효율성을 높였다.

```python
def get_hits(seq, m, w):
    res = [] # 튜플의 리스트
    for i in range(len(seq)-w+1):
        subseq = seq[i:i+w]
        if subseq in m:
            l = m[subseq]
            for ind in l:
                res.append((ind,i))
    return res
```

다음 단계는 이전 함수에서 찾은 일치를 확장하는 것이다. 일치가 양방향으로 확장되는 것을 고려해 전체 프로세스를 단순화할 수 있다. 결과는 쿼리에서 정렬 시작 인덱스, 서열에서 정렬 시작 인덱스, 정렬의 크기, 일치하는 문자 수를 나타내는 점수가 튜플로 묶여 반환된다.

```python
def extends_hit(seq, hit, query, w):
    stq, sts = hit[0], hit[1]
    ## 앞으로 가기
    matfw = 0
    k=0
    bestk = 0
    while 2*matfw >= k and stq+w+k < len(query) and sts+w+k < len(seq):
        if query[stq+w+k] == seq[sts+w+k]:
            matfw+=1
            bestk = k+1
        k += 1
    size = w + bestk
    ## 뒤로 가기
    k = 0
    matbw = 0
    bestk = 0
    while 2*matbw >= k and stq > k and sts > k:
        if query[stq-k-1] == seq[sts-k-1]:
            matbw+=1
            bestk = k+1
```

```
        k+=1
    size += bestk
    return (stq-bestk, sts-bestk, size, w+matfw+matbw)
```

다음 함수는 이전 함수를 사용해 쿼리와 주어진 서열 간의 최상 정렬을 확인한다. w 크기의 모든 일치를 확인하고 모든 일치한 결과를 확장한다. 가장 높은 점수를 가진 일치가 선택되며, 결과는 extends_hit가 반환하는 튜플로 반환한다.

```python
def hit_best_score(seq, query, m, w):
    hits = get_hits(seq, m, w)
    bestScore = -1.0
    best = ()
    for h in hits:
        ext = extends_hit(seq, h, query, w)
        score = ext[3]
        if score > bestScore or (score== bestScore and ext[2] < best[2]):
            bestScore = score
            best = ext
    return best
```

마지막 단계는 이전 함수를 활용해 쿼리를 데이터베이스의 모든 서열과 비교하는 것이다. 각 쿼리에서 데이터베이스의 서열과 가장 잘 맞는 정렬을 찾고 정렬들 중에서 가장 좋은 정렬을 찾는다. 결과는 가장 잘 정렬된 서열의 마지막 인덱스를 담은 튜플을 반환한다.

```python
def best_alignment(db, query, w):
    m = build_map(query, w)
    bestScore = -1.0
    res = (0,0,0,0,0)
    for k in range(0, len(db)):
        bestSeq = hit_best_score(db[k], query, m, w)
        if bestSeq != ():
            score = bestSeq[3]
            if score > bestScore or (score== bestScore and bestSeq[2]< res[2]):
                bestScore = score
                res = bestSeq[0], bestSeq[1], bestSeq[2], bestSeq[3], k
```

```
    if bestScore < 0: return ()
    else : return res
```

7.4 바이오파이썬을 통한 BLAST 사용

바이오파이썬 패키지는 BLAST 프로그램이 로컬로 설치된 경우와 서버에 설치된 경우를 모두 고려한 실행 방법을 제공한다. 바이오파이썬이 제공하는 함수는 BLAST에 넣을 쿼리 및 매개변수를 정의하고 BLAST를 실행해 결과를 처리할 수 있다. 이러한 함수는 절차를 자동화해 작업을 대규모로 수행하는 데 매우 유용하다.

다음은 NCBI 서버를 통해 허용되는 BLAST 쿼리의 호출에 대한 내용이다. 로컬 BLAST는 NCBI 서버 BLAST와 많은 부분이 비슷하며 이 책에서는 다루지 않는다.

바이오파이썬의 BLAST 원격 호출 모듈은 Bio.Blast.NCBIWWW이며 핵심 함수는 qblast다. 이 함수는 매개변수로 사용할 BLAST 프로그램, 데이터베이스, 쿼리 서열이다. BLAST 프로그램으로는 'blastn', 'blastp', 'blastx', 'tblastn' 또는 'tblastx'가 있다. 데이터베이스로는 'nr', 'nt' 또는 'swissprot'이 있다. 쿼리 서열로는 문자열, FASTA 형식의 서열 또는 GI와 같은 NCBI id가 있다. 출력 유형은 기본적으로 XML이며 E 값의 임곗값, 치환 행렬, 간격 페널티 등을 매개변수로 정의할 수 있다.

다음 예제는 뉴클레오티드 데이터베이스(nt)로 BLASTN을 실행하는 방법을 보여준다. 예시 파일은 FASTA 형식의 'example_blast.fasta'다.

```
>>> from Bio.Blast import NCBIWWW
>>> from Bio import SeqIO
>>> record = SeqIO.read(open("example_blast.fasta"), format="fasta")
>>> result_handle = NCBIWWW.qblast("blastn", "nt", record.format("fasta"))
```

예제의 세 번째 줄은 FASTA 파일에서 서열을 읽는 것이며 SeqIO 모듈에 대한 자세한 내용은 4.8절을 참조하자. 결과 변수인 result_handle은 다음 예제에서처럼 결과를 파일에 저장하는 데 사용되거나 분석 함수에 대한 입력 인자로 사용된다. 다음 예제는 BLAST 결과를 XML 파일로 저장한다.

```
>>> save_file = open("my_blast.xml", "w")
>>> save_file.write(result_handle.read())
>>> save_file.close()
>>> result_handle.close()
```

바이오파이썬은 BLAST의 결과인 XML 파일에 대한 파서를 제공하며, 이전 예제에서처럼 저장된 XML 파일이나 서버에서 직접 BLAST를 실행해 가져온 다른 파일들을 파싱하는 데 사용할 수 있다.

다음 예시의 result_handle은 'my_blast.xml'에 저장된 파일을 읽어 추후 분석할 파일 핸들을 담고 있다.

```
>>> result_handle = open("my_blast.xml")
```

파일 핸들에 하나의 BLAST 검색 결과가 있는 경우 NCBIXML.read() 함수를 사용하고, 여러 개의 결과가 있는 경우 NCBIXML.parse() 함수를 사용한다. NCBIXML.read() 함수는 BlastRecord 객체를 반환하고 NCBIXML.parse() 함수는 BlastRecord 객체들을 담고 있는 반복자를 반환한다.

```
>>> from Bio.Blast import NCBIXML
>>> blast_record = NCBIXML.read(result_handle)
>>> blast_records = NCBIXML.parse(result_handle)
>>> for blast_record in blast_records:
```

BlastRecord 객체는 BLAST 프로세스에 사용한 매개변수를 포함해 BLAST 결과를 담고 있다. 결과는 다음과 같이 세 가지 계층으로 나뉜다.

- BlastRecord 레벨에는 정렬과 검색에 사용된 파라미터의 리스트가 있다. 검색에 사용한 파라미터는 치환 행렬, 간격 페널티, 데이터베이스다.
- 각 정렬 레벨에는 HSP들과 전체 정렬에 대한 정보들이 있다. HSP가 여러 개인 이유는 각 정렬된 위치에 따라 다른 HSP 값을 갖기 때문이다. 정보들은 title, accession, hit_id, hit_def다. title은 설명, accession은 접근 번호[accession number], hit_id는 식별자이고 hit_def는 서열의 정의다. alignment.length는 정

렬된 서열의 전체 길이를 의미한다.

- HSP 레벨에서는 E 값(expect), 정규화된 점수(score), 정렬이 시작되는 쿼리의 인덱스(query_start), 정렬이 시작되는 서열의 인덱스(sbjct_start), 정렬 길이 (align_length), 정렬에서 쿼리 서열 부분(sbjct)을 담고 있다.

각 레벨에 대한 자세한 내용은 바이오파이썬 튜토리얼의 7.4절에서 찾을 수 있다[8]. 다음 예시는 각 레벨의 정보들을 출력하는 방법을 보여준다.

```
>>> E_threshold = 0.001
>>> for blast_record in blast_records:
        for alignment in blast_record.alignments:
...         for hsp in alignment.hsps:
...             if hsp.expect < E_threshold :
...                 print("****Alignment****")
...                 print("sequence:", alignment.title)
...                 print("length:", alignment.length)
...                 print("e value:", hsp.expect)
...                 print(hsp.query[0:75] + "..." )
...                 print(hsp.match[0:75] + "...")
...                 print(hsp.sbjct[0:75] + "...")
```

인터루킨-10 전구체interleukin-10 precursor 단백질 서열을 담고 있는 'interl10.fasta' FASTA 파일을 사용해 BLAST 결과를 활용하는 예시를 살펴본다.

다음 스크립트의 첫 번째 부분은 FASTA 파일을 읽어 서열의 아미노산 수를 확인하고, 중복되지 않는 단백질 서열 데이터베이스(nr)와 기본 매개변수를 사용해 BLASTP 쿼리를 실행한다. BLASTP의 결과는 XML 파일에 저장함으로써 이후에 파일을 읽어 결과를 분석할 수 있다.

원격으로 BLAST를 실행하면 시간이 오래 걸린다. 다음 스크립트는 한 번만 실행하면 되고, 결과는 result_handle에 저장된다. 이후에는 result_handle에 저장된 결과만으로 분석할 수 있으므로 추가적인 시간 지연이 없다.

```
from Bio.Blast import NCBIXML
from Bio.Blast import NCBIWWW
from Bio import SeqIO
```

```
record = SeqIO.read(open("interl10.fasta"), format="fasta")
print(len(record.seq))
result_handle = NCBIWWW.qblast("blastp", "nr", record.format("fasta"))
save_file = open("interl-blast.xml", "w")
save_file.write(result_handle.read())
save_file.close()
result_handle.close()
```

다음은 XML 파일을 열고 BLAST 결과를 읽어서 검색에 사용한 매개변수를 출력하는 방법이다.

```
result_handle = open("interl-blast.xml")
blast_record = NCBIXML.read(result_handle)
print("PARAMETERS:")
print("Database: " + blast_record.database)
print("Matrix: " + blast_record.matrix)
print("Gap penalties: ", blast_record.gap_penalties)
```

다음은 E 값이 가장 낮은 첫 번째 정렬에 접근해 접근 번호, id, 정의와 정렬 길이, HSP의 개수를 출력하는 방법이다.

```
first_alignment = blast_record.alignments[0]
print("FIRST ALIGNMENT:")
print("Accession: " + first_alignment.accession)
print("Hit id: " + first_alignment.hit_id)
print("Definition: " + first_alignment.hit_def)
print("Alignment length: ", first_alignment.length)
print("Number of HSPs: ", len(first_alignment.hsps))
```

단일 HSP에 대해 다음과 같이 결과를 자세히 확인할 수 있다.

```
hsp = first_alignment.hsps[0]
print("E-value: ", hsp.expect)
print("Score: ", hsp.score)
print("Length: ", hsp.align_length)
print("Identities: ", hsp.identities)
```

```
print("Alignment of the HSP:")
print(hsp.query)
print(hsp.match)
print(hsp.sbjct)
```

또한 상위 열 개 서열에 대해 정렬된 정보와 E 값을 얻을 수 있다.

```
print("Top 10 alignments:")
for i in range(10):
    alignment = blast_record.alignments[i]
    print("Accession: " + alignment.accession)
    print("Definition: " + alignment.hit_def)
    for hsp in alignment.hsps:
        print("E-value: ", hsp.expect)
    print()
```

다음은 좀 더 구체적인 작업으로, 상위 20개 정렬에서 어떤 생물체가 결과로 나왔는지 확인하는 방법이다. 정규식(5.5절 참조)을 사용해 hit_def에서 관련 정보를 얻는다.

```
import re
specs = []
for i in range(20):
    alignment = blast_record.alignments[i]
    definition = alignment.hit_def
    x = re.search("\[(.*?)\]", definition).group(1)
    specs.append(x)

print("Organisms:")
for s in specs: print(s)
```

참고 문헌과 추가 자료

BLAST는 1990년에 알트슐 등[Altshul et al.]의 논문에서 제안됐다[11]. 간격 정렬이 있는 개선된 내용은 1997년에 제안됐다[12].

FASTA는 BLAST의 대체 프로그램이며[123] http://www.ebi.ac.uk/Tools/sss/fasta
를 포함한 여러 서버에서 찾아볼 수 있다.

연습 문제와 프로그래밍 프로젝트

연습 문제

1. 위의 get_hits 함수에서 서열과 쿼리 단어 간에 최대 한 개의 문자 차이를 허용
   하는 변형된 함수를 작성해보자.
2. **a.** 길이가 같은 두 서열이 주어졌을 때 최대 d개의 불일치 여부를 판별하는 함
   수를 작성해보자. 불일치의 수가 d보다 작거나 같으면 True, 그렇지 않으면
   False를 반환한다.
   b. 이전 함수를 활용해 서열에서 일치하는 패턴 p를 찾아보자. 패턴의 대략적
   일치는 일치하지 않는 최대 d개의 문자를 가질 수 있음을 의미한다.
3. UniProt 데이터베이스에서 인간 단백질 APAF에 대한 레코드(O14727)를 검색
   하고, 이를 FASTA 포맷으로 저장해보자. 바이오파이썬을 사용해 다음 작업을
   수행해보자.
   a. 파일을 읽어 단백질에 1,248개의 아미노산 서열이 포함돼 있는지 확인해
   보자.
   b. BLASTP를 사용해 'swissprot' 데이터베이스에서 이 서열과 유사성이 높은
   서열을 검색해보자.
   c. 검색에 사용된 전역 매개변수인 데이터베이스, 치환 행렬, 간격 페널티를
   확인해보자.
   d. 반환된 최상 정렬의 리스트에서 서열의 접근 번호, E 값, 정렬 길이를 출력
   해보자.
   e. 유기체를 출아 효모로 제한해 검색해보자. qblast 함수에서 entrez_query
   인수를 사용한다.
   f. 작업 결과에서 최상 정렬을 나열하고 쿼리 정렬에서 시작점을 살펴보자.

g. 인간 단백질 APAF에서 효모의 상동 유전자의 존재에 대해 어떠한 결론을 내릴 수 있는지 고찰해보자.

프로그래밍 프로젝트

1. 기능 추가를 위해 MyBlast를 클래스로 변경해보자.

- FASTA 파일에서 데이터베이스를 제공할 수 있도록 하고 사전에 서열과 설명을 담을 수 있도록 해보자.

- n 위치 미만에서 일치가 있는 경우 확장하도록 고려한다. 확장에서 동적 프로그래밍을 사용해 최상 정렬을 얻도록 한다.

- 일치 계산에서 대체 행렬을 사용하는 옵션을 추가한다. 이 경우 w 크기의 모든 가능한 단어에 대해 미리 점수를 계산해야 한다. 점수와 확장 길이에 따라 확장을 멈추기 위한 기준을 작성한다.

- 점수가 가장 높은 정렬뿐만 아니라 최상 정렬의 순위도 함께 반환할 수 있도록 함수를 작성한다.

8 다중 서열 정렬

이번 장에서는 여러 서열을 고려해 정렬 문제를 일반화하고 문제의 복잡성과 사용 가능한 알고리즘을 알아본다. 문제에 대한 최적화 알고리즘의 주요 클래스를 알아보고 장점과 한계를 논의할 것이며, 이어서 점진적 정렬$^{progressive\ alignment}$을 파이썬으로 간단히 구현해본다. 마지막으로는 바이오파이썬으로 정렬을 처리하는 방법을 알아본다.

8.1 소개: 문제 정의와 복잡도

6장에서는 쌍 서열 정렬을 정의하고 두 생물학적 서열 사이의 유사성을 확인했다. 또한 문제의 복잡성과 효율적인 알고리즘을 살펴봤다.

그러나 많은 상황에서 두 개 이상의 서열을 정렬할 필요성과 마주치게 된다. 예를 들어 단백질 기능을 결정할 때 관련이 있다. 목표로 하는 서열의 다른 생물에서 상동성을 찾고자 할 때 단백질의 보존된 영역을 찾는 것은 가설 설정에 안정적인 방향이다. 또한 단백질 정렬은 2차, 3차 구조를 결정하는 데 큰 도움을 줄 수 있다.

또한 역학에서 생물체의 DNA 서열을 정렬시키는 것은 병원성 인자에 대한 진화 및 유전 영역을 이해하는 데 도움이 된다. 다음 장에서 다룰 다중 서열 정렬$^{Multiple\ Sequence}$ ^{Alignment}(MSA)과 계통수 분석 사이에 밀접한 관계가 있다는 사실은 중요하다.

MSA 문제는 정렬할 서열 $N(N>2)$을 고려해 쌍 서열 정렬을 일반화한다. 정렬의 목적은 이전에 제시한 바와 같다. 같은 열에는 유사한 문자들을 정렬시키고 이를 위해 간격을 넣을 수도 있다.

MSA는 쌍 서열 정렬과 마찬가지로 전역^{global} 또는 지역^{local}으로 진행할 수 있다. 지역 MSA는 10장과 11장에서 다룰 것이므로 이번 장에서는 글로컬^{glocal} MSA를 다룬다.

서열의 개수가 많아져도 문제에 대한 정의는 유사하나 복잡도가 증가한다. 실제로 문제의 복잡성은 NP−난해^{NP-hard}로 간주된다. 따라서 N이 커지면 문제를 해결할 수 있는 효율적인 알고리즘이 없다.

MSA를 다룰 때 변경되는 것 중 하나는 최적화 문제의 공식화에서 목적 함수의 정의다. 쌍 서열 정렬에 사용한 목적 함수는 여러 열의 점수를 합산해 최종 점수를 계산했다. MSA 점수 계산도 같은 방법을 사용한다.

또한 쌍 서열 정렬에서 열의 점수는 치환 행렬과 간격 페널티에 따라 값이 달라진다. MSA에서도 이 두 가지 구성 요소를 고려해야 한다. 또한 MSA의 경우 각 열에는 문자가 두 개 이상인 점을 기억해야 한다. 따라서 열의 여러 문자에 대해 점수를 계산하는 방법을 정의해야 한다.

이를 해결하기 위한 한 가지 일반적인 방법은 쌍의 합^{Sum of Pairs}(SP)이다. 이 경우 각 열에 대해 가능한 모든 문자 쌍을 고려하고 각 점수를 더한다. 과도하게 간격을 벌리는 일을 막기 위해 간격 페널티를 줄 수 있다.

예를 들어 다음 정렬을 살펴보자.

```
-RADNS
ARCD-A
AR-D-A
```

BLOSUM62 행렬(그림 6.3)과 각 간격에 대해 $g = -8$의 페널티를 적용하면 이 정렬의 점수 SP는 다음과 같다.

$$
\begin{aligned}
Score &= (sm(A,A)+g)+3 \times sm(R,R)+(sm(A,C)-g)+3 \times sm(D,D) \\
&\quad +(2 \times g)+(2 \times sm(S,A)+sm(A,A)) \\
&= (4-8)+3 \times 5+(0-8)+3 \times 6+(-8 \times 2)+(1+1+4) \\
&= 11
\end{aligned}
$$

8.2 다중 서열 정렬의 알고리즘 최적화 클래스

8.2.1 동적 프로그래밍

쌍 서열 정렬에서 동적 프로그래밍(DP)을 기반으로 정의한 목적 함수를 작성해 최적의 해결 방법을 찾는 효율적인 알고리즘을 알아봤다. 여기서 질문할 내용은 다음과 같다. N개의 서열들에 대해 이러한 알고리즘을 일반화할 수 있는가?

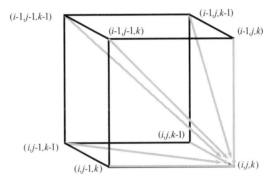

그림 8.1 다중 서열 정렬을 위한 동적 프로그래밍 알고리즘에 대한 반복 규칙 예

대답은 "할 수 있지만…"이다. 실제로 MSA에 대한 DP 메서드를 일반화할 수 있지만, 정렬할 서열의 수가 증가하면 효과적이지 않다. 복잡성의 관점에서 쌍 서열 정렬은 DP 알고리즘처럼 이차 복잡성의 알고리즘이다. MSA를 일반화할 때 복잡성은 N이 지수가 돼서 지수적 성장 곡선을 그린다. 그러므로 실제적인 생물학적 연구보다는 짧은 서열에 대해서만 이러한 방법을 사용할 수 있다.

실제로 쌍 서열의 경우 2차원 행렬(점수 및 역추적)을 채워야 하는 경우 MSA에서는 최적의 해결 방법을 보장하기 위해 N차원 구조(하이퍼큐브hypercube)를 채워야 한다. $N = 3$인 경우의 예를 살펴보자. 이 경우 DP 알고리즘을 채우는 데 필요한 S 및 T 행렬은 3차원이다(6장 참조). 작은 큐브로 큰 큐브를 채우는 것을 상상할 수 있지만, 역추적 화살표는 면과 가장자리를 따라 꼭짓점을 연결하거나 작은 큐브를 가로지르는 꼭짓점을 연결한다(그림 8.1).

이 경우 DP의 반복 관계는 다음과 같이 표현할 수 있다.

$$
\begin{aligned}
S_{i,j,k} = max(&S_{i-1,j-1,k-1} + sm(a_i, b_j) + sm(a_i, c_k) + sm(b_j, c_k), \\
&S_{i-1,j-1,k} + sm(a_i, b_j) + g, \\
&S_{i-1,j,k-1} + sm(a_i, c_k) + g, \\
&S_{i,j-1,k-1} + sm(b_j, c_k) + g, \\
&S_{i-1,j,k} + 2g, \\
&S_{i,j-1,k} + 2g, \\
&S_{i,j,k-1} + 2g), \forall 0 < i \leq n, 0 < j \leq m, 0 < k \leq p
\end{aligned}
$$

앞의 표현은 6장에서 살펴본 니들만-브니쉬 알고리즘 재귀 관계 정의에서 사용한 명명법을 따르고 목적 함수는 쌍의 합 메서드다. 정렬할 서열은 $A = a_1a_2 \dots a_n$, $B = b_1b_2 \dots b_m$, $C = c_1c_2 \dots c_p$이며 간격은 정해진 g 값으로 페널티를 받는다.

N차원 하이퍼큐브에서 가능한 모든 경로를 시도하지 않음으로써 MSA에 대한 DP 알고리즘 계산 비용을 감소시키려는 몇 가지 시도가 있었다. 이러한 접근법은 MSA가 각각 서열 쌍에 대해 최적의 쌍 서열 정렬 결과를 낸다는 사실에 기반하며, 쌍 서열 정렬 행렬을 2차원의 공간에 투영한 형태로 볼 수 있다.

최적의 MSA를 위해 주어진 서열 쌍에 대해 투영한 경로의 비용에 대한 상한을 계산할 수 있다. 이는 쌍 서열 정렬에서 고려할 수 있는 경로를 제한할 수 있고 MSA를 검색할 때 탐색할 가설들을 제한하는 데 사용할 수 있다. 이러한 방법은 상당한 개선을 가져왔지만, 정렬할 수 있는 서열의 수가 여전히 많았기 때문에 실제적으로 사용하기에는 적합하지 않았다.

8.2.2 휴리스틱 알고리즘

실제 경우에서 많은 수의 서열에 대해 MSA를 확장해야 할 때 사용할 수 있는 DP 알고리즘의 대안은 최적의 해결 방법을 보장할 수 없는 휴리스틱(근사라고도 함) 알고리즘을 사용하는 것이나. 이는 비록 근사시만 실행 시간에 허용할 수 있을 만한 복잡성을 갖는다.

MSA의 휴리스틱 알고리즘은 크게 다음과 같이 분류할 수 있다.

- **점진적**progressive: 두 서열을 정렬한 다음 나머지 서열을 반복적으로 정렬에 추가한다.
- **반복**iterative: 초기 정렬을 고려해 이동하거나 추가하거나 간격을 제거함으로써

정렬을 개선한다.

- **하이브리드**^{hybrid}: 다양한 전략을 결합하고 보완 정보를 사용한다(예: 단백질 구조 정보, 우수한 지역 정렬 라이브러리).

점진적 알고리즘의 일반적인 아이디어는 가장 연관성이 있는 두 서열을 핵심으로 해서 점점 거리가 먼 서열들을 반복적으로 더해가며 최종 정렬을 만드는 것이다.

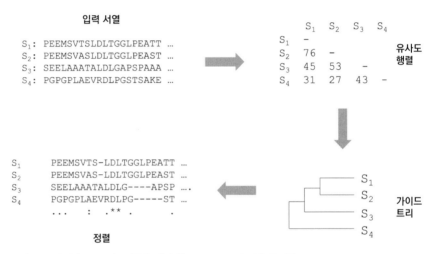

그림 8.2 점진적 MSA 알고리즘을 나타내는 CLUSTAL의 전체 워크플로

이러한 알고리즘에는 여러 변형이 있지만, 여기서는 MSA 방법인 CLUSTAL 알고리즘의 주요 단계를 설명해본다. 이후 CLUSTAL 알고리즘은 CLUSTALW, Clustal Omega와 같이 널리 사용하는 알고리즘들로 발전했다. CLUSTAL의 주요 단계는 그림 8.2에서 확인할 수 있다.

알고리즘의 첫 번째 단계는 서열 세트에 있는 모든 쌍의 서열 쌍 정렬을 계산하는 것이다. 이러한 정렬로부터 각 서열 쌍 사이의 유사성을 포함하는 행렬이 생성되며, 이 행렬은 가이드 트리^{guide tree}를 생성하는 알고리즘의 입력값으로 사용된다. 트리를 작성하는 방법은 다음 장에서 자세히 설명할 것이다.

첫 번째 정렬에서 두 서열의 선택은 정렬의 핵심을 정하기에 중요한 단계다. 가이드 트리에서는 일반적으로 공통 조상이 나무의 리프^{leaf}에 가까워질수록 유사성이 더 높은 서열이다. 알고리즘이 고려할 나머지 서열의 순서는 가이드 트리에 의해 정의된다. 그림에서 첫 두 개는 S1, S2이며 그다음은 S3, S4순이다.

이 알고리즘의 중요한 단계 중 하나는 추가 배열이 기존 정렬에 추가되는 방식이다. 이 단계를 해결하는 일반적인 방법은 기존 정렬에서 각 열의 내용 요약을 작성하는 것이다. 가장 간단한 버전에서는 각 열을 가장 공통적인 문자(합의^{consensus})로 나타내는 것이다. 그러나 이 방법은 너무 단순화하므로 문자들의 빈도^{frequency}를 나타내는 것이 일반적이다. 이는 프로파일^{profile}이라고 하며, 11장에서 자세히 설명할 것이다.

따라서 각 반복에서 프로파일로 표시된 이전 정렬과 서열을 정렬해야 한다. 이는 쌍 서열 정렬에 사용된 알고리즘과 유사한 알고리즘을 따르지만, 이 경우 서열을 프로파일에 정렬하도록 하며 각 열의 점수를 계산하는 방식에 변경이 있다.

```
S₁      PEEMSVTS-LDLTGGLPEATT ...
S₂      PEEMSVAS-LDLTGGLPEAST ...
S₃      SEELAAATALDLG----APSP ....

S₄ :    PGPGPLAEVRDLPGSTSAKE ...
```

$$Score = (SM(V,L)* 2 + SM(A,L)) / 3$$

그림 8.3 정렬과 서열을 결합할 때 열의 점수 계산 예시. 선택한 열을 네모로 표시했으며, SM은 사용한 대체 행렬을 나타낸다.

CLUSTAL에서 이 과정을 수행하는 예시가 그림 8.3에 나와 있다. 이 경우 일치 점수(DP 알고리즘의 S/T 행렬에서 대각선 이동)를 정의하기 위해 프로파일에 나타나는 가능한 모든 문자(빈도에 따라 가중치 부여)가 추가할 서열의 심볼과 결합된다. 따라서 점수는 가능한 쌍의 점수에 대한 가중 평균이 된다.

정렬에 새로운 서열을 추가하는 단계에서 '한 번 간격은 영원한 간격'이라는 말이 있다. 이는 정렬에 간격이 나타나면 다음 단계에서 간격이 계속 유지되기 때문이다.

좀 더 일반적으로는 가이드 트리의 다른 가지에 해당하는 두 프로파일 정렬을 결합해 새로운 정렬을 만들어야 하는 경우도 있다. 진행 과정은 위에서 설명한 방법처럼 일반화할 수 있다.

CLUSTAL 알고리즘 내에서 CLUSTALW 알고리즘은 수년 동안 매우 인기가 있었으며, 기존 버전과 비교해 치환 행렬, 간격 페널티에서 개선점이 추가됐다.

특정 개선점은 단백질 구조 정보를 고려해 좋고 나쁜 정렬을 만들 수 있었다. 예시로 친수성 잔기는 일반적으로 루프^{loop} 또는 무작위 코일$^{random\ coil}$ 구조 영역을 나타내며, 이 영역에서는 간격을 여는 페널티가 감소한다.

반면 치환 행렬에 대해 각 단계에서 추가되는 서열에 따라 정렬 프로세스가 다양해 진다. 또한 프로파일 정렬에서 점수를 계산할 때 서열의 집합이 다른 집합과 유사한 경 우에는 가중치가 증가하고, 그 반대의 경우에는 감소한다.

최근 CLUSTAL은 CLUSTAL Omega를 사용하도록 전환했다. 이 알고리즘은 정렬 에서 서열의 순서를 결정하는 가이드 트리를 만드는 데 사용하는 알고리즘의 효율성을 크게 향상시켰다. 따라서 이 알고리즘을 사용하면 더 많은 수의 서열에서 알고리즘을 사용할 수 있다. EBI에서는 4,000개를 허용하지만 100,000개를 넘는 테스트도 진행 됐다.

점진적 정렬은 인기가 많고 실제로도 사용되지만 휴리스틱과 관련한 몇 가지 문제가 있다. 실제로 정렬 초기 단계에서 잘못된 결정이 이뤄지면 나중에 수정되지 않는다. 정 렬할 서열들 간에 낮은 유사도를 보이는 경우 알고리즘의 성능이 가장 좋지 않다.

이러한 문제에 대응하기 위해 개발된 접근 방식은 일관성 기반$^{consistency\ based}$ 방법으 로 이어졌으며, 가장 잘 알려진 방법은 T-coffee다. 이 아이디어는 쌍 서열 정렬의 일 치를 최대화해 점진적 알고리즘의 오류를 피하는 것이다. T-coffee는 각 쌍 서열 정렬 에서 각 위치 쌍의 가중치를 계산하는 데 사용하는 전역 및 지역 쌍 서열 정렬의 라이 브러리를 만든다. 이 가중치는 정렬에 새 서열을 추가할 때 DP 알고리즘의 점수로 점 진적 정렬에 사용된다. 이 방법은 일반적으로 더 정확한 MSA 해결 방법을 제공하지만 Clustal Omega와 비교해 많은 수의 서열에 적합하지 않은 결과를 보여준다.

반복^{iterative} 알고리즘이 대안이 될 수 있으며, 점진적 정렬이나 다른 방법을 사용해 정 렬을 생성하는 것으로부터 시작한다. 그다음에는 선택한 변경을 적용해 목적 함수에 미치는 영향을 평가함으로써 정렬을 개선한다.

정렬을 개선하기 위한 대안 중 하나는 간격의 위치를 변경하거나 간격을 추가 또는 제거함으로써 서열을 반복적으로 재정렬하는 것이다. 유전자 알고리즘처럼 좀 더 진화 한 최적화 메타 휴리스틱$^{meta-heuristic}$도 일부 성공을 거뒀다.

하이브리드 알고리즘에는 프로파일을 기반으로 점진적 정렬과 반복적 정렬의 기술을 결합한 MUSCLE 같은 알고리즘이 있다. 이 경우는 결과 트리를 개선하기 위해 가이드 트리를 수정한다. 이는 현재 사용 가능한 가장 효율적인 방법 중 하나다.

반면 MAFFT 알고리즘은 FTT^{Fast Fourier Transform}를 MSA 알고리즘에 적용해 아미노산 서열이 볼륨^{volume} 및 극성^{polarity}으로 변환된다. FFT는 상동 영역을 빠르게 식별해 점진적이고 반복적인 방법을 결합한 MSA에 빠른 알고리즘을 보여준다. 최신 버전은 품질과 속도의 관계를 조절해 구성에 유연성을 제공한다.

8.3 점진적 정렬을 파이썬에서 구현

이번 절에서는 점진적 알고리즘을 구현해본다. 이 알고리즘은 객체지향적이며 추가적으로 알고리즘을 구현하는 데 필요한 기초를 정의한다. 따라서 알고리즘 자체의 구현을 다루기 전에 먼저 설명할 몇 가지 핵심 클래스를 정의할 것이다.

이 구현의 출발점은 정렬할 생물학적 서열인 DNA, RNA 또는 단백질 서열을 구현하는 MySeq 클래스다(4.6절).

8.3.1 정렬의 표현: 클래스 MyAlign

정렬을 나타내는 클래스를 개발하는 것부터 시작해보자. 이 클래스는 간단하지만 모듈화할 수 있으며 쌍 또는 다중 서열 정렬 알고리즘에 대해 결과를 정의할 것이다.

MyAlign 클래스는 두 가지 변수를 사용해 정렬을 정의하고, 정렬 유형(DNA, RNA, 단백질)과 정렬에 포함된 서열 목록(간격은 '-'로 표기)이 있다. 생성자와 정렬 정보를 담고 있는 핵심 메서드는 다음과 같다.

```
class MyAlign:
    def __init__(self, lseqs, al_type = "protein"):
        self.listseqs = lseqs
        self.al_type = al_type

    def __len__(self): # 열의 개수
        return len(self.listseqs[0])
```

```python
    def __getitem__(self, n):
        if type(n) is tuple and len(n) == 2:
            i, j = n
            return self.listseqs[i][j]
        elif type(n) is int : return self.listseqs[n]
        return None

    def __str__(self):
        res = ""
        for seq in self.listseqs:
            res += "\n" + seq
        return res

    def num_seqs(self):
        return len(self.listseqs)

    def column(self, indice):
        res = []
        for k in range(len(self.listseqs)):
            res.append(self.listseqs[k][indice])
        return res

if __name__ == "__main__":
    alig = MyAlign(["ATGA-A", "AA-AT-"], "dna")
    print(alig)
    print(len(alig))
    print(alig.column(2))
    print(alig[1,1])
    print(alig[0])
```

클래스의 세 가지 특수 메서드는 각각 열의 개수로 정의한 정렬의 길이를 설정하고 (__len__), 정렬된 요소에 두 인덱스를 사용해 접근하고(__getitem__), 출력하는(__str__) 기능을 정의했다. 마지막 부분은 이 메서드를 사용하는 간단한 예시를 보여준다.

이 클래스의 또 다른 중요한 메서드는 MSA 알고리즘을 구현하는 데 사용할 정렬의 일치를 계산하는 것이다. 일치는 간격을 무시하고 정렬의 각 열에서 가장 빈번한 문자로 구성된 서열로 정의한다. 이 정의는 MyAlign 클래스에 포함된 다음 메서드로 구현된다.

```python
class MyAlign:
    (...)
    def consensus(self):
        cons = ""
        for i in range(len(self)):
            cont = {}
            for k in range(len(self.listseqs)):
                c = self.listseqs[k][i]
                if c in cont:
                    cont[c] = cont[c] + 1
                else:
                    cont[c] = 1
            maximum = 0
            cmax = None
            for ke in cont.keys():
                if ke != "-" and cont[ke] > maximum:
                    maximum = cont[ke]
                    cmax = ke
            cons = cons + cmax
        return cons


if __name__ == "__main__":
    alig = MyAlign(["ATGA-A", "AA-AT-"], "dna")
    print(alig.consensus())
```

이 메서드는 사전을 사용해 각 열의 문자 빈도를 갖고 있으며 가장 일반적인 문자를 선택한다. 사전 키는 고유한 순서가 없으므로 관계가 분리된다는 점에 주의하자.

8.3.2 쌍 정렬: 클래스 AlignSeq

동적 프로그래밍에 기반한 쌍 서열 정렬 알고리즘은 파이썬 함수를 사용해 6장에서 구현했다. 이 경우에는 객체지향 구현을 사용했다.

이 목적으로 정의된 첫 번째 클래스인 SubstMatrix는 이전에 구현한 것과 매우 유사한 방식으로 대체 행렬을 구현해 동일한 사전 기반 표현을 사용한다. 자세한 내용은 6.3.3절을 참조한다. 이 클래스에는 문자를 유지하는 속성이 있으며, 사전에 문자 쌍의 점수를 갖고 있는 속성이 있다.

이전에 제시된 코드와 유사한 점을 감안해, 이 클래스의 전체 내용은 책이 아닌 웹사이트에서 제공할 것이다. 아래에서는 생성자와 메서드의 이름만 제공한다. 대부분의 경우 이름은 6장에서 사용한 것과 비슷하다.

```python
class SubstMatrix:
    def __init__(self):
        self.alphabet = ""
        self.sm = {}

    def __getitem__(self, ij):
        i, j = ij
        return self.score_pair(i, j)

    def score_pair(self, c1, c2):
        if c1 not in self.alphabet or c2 not in self.alphabet:
            return None
        return self.sm[c1+c2]

    def read_submat_file(self, filename , sep):
        (...)

    def create_submat(self, match, mismatch , alphabet):
        (...)
```

파일에서 대체 행렬을 읽어오는 메서드(read_submat_file), 일치와 불일치에 대해 점수를 정의하는 메서드(create_submat)를 정의했다.

정렬을 실행하는 클래스는 PairwiseAlignment다. 이 클래스에는 정렬 매개변수(대체 행렬 및 간격 페널티), 정렬할 서열, DP 알고리즘의 S 및 T 행렬에 대한 변수 세트가 있다. 이전과 마찬가지로 여기서 전체 코드는 제시하지 않으므로 전체 코드를 보고 싶다면 웹사이트를 참조하자.

```python
from MyAlign import MyAlign
from MySeq import MySeq
from SubstMatrix import SubstMatrix

class PairwiseAlignment:
```

```
def __init__(self, sm, g):
    self.g = g
    self.sm = sm
    self.S = None
    self.T = None
    self.seq1 = None
    self.seq2 = None

def score_pos(self, c1, c2):
    (...)

def score_alin(self, alin):
    (...)

def needleman_Wunsch(self, seq1, seq2):
    if (seq1.seq_type != seq2.seq_type): return None
    (...)
return self.S[len(seq1)][len(seq2)]

def recover_align(self):
    (...)
    return MyAlign(res, self.seq1.seq_type)

def smith_Waterman(self, seq1, seq2):
    if (seq1.seq_type != seq2.seq_type): return None
    (...)
    return maxscore

def recover_align_local(self):
    (...)
    return MyAlign(res, self.seq1.seq_type)
```

이 구현에서 알고리즘을 실행하는 메서드는 최적의 점수를 반환하고 클래스 변수로 정의된 행렬 S와 T를 변경한다. 정렬을 복구하는 방법은 해당 행렬의 내용을 사용해 이전 절에서 설명한 MyAlign 클래스의 개체로 최적의 정렬을 반환하는 것이다.

8.3.3 다중 서열 정렬 구현: 클래스 MultipleAlign

이 절에서는 단순화한 점진적 MSA 알고리즘의 구현을 알아본다. 이 알고리즘은 주어진 순서대로 제공된 일련의 서열과 정렬의 목적 함수(대체 행렬 및 간격 페널티)를 입력받아 서열의 가능한 정렬 중에서 최상의 것을 반환한다.

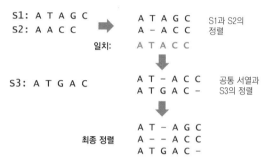

그림 8.4 이 장에서 구현될 MSA 알고리즘의 적용 예시

구현에서는 6장에서 설명한 니들만–브니쉬 알고리즘을 쌍 서열 정렬을 제공하는 데 사용할 것이다. MSA는 정의된 매개변수에 따라 이 알고리즘을 사용해 처음 두 서열을 정렬하는 것부터 시작한다. 그 후, 각 반복에서 다음 서열이 정렬에 추가된다. 이 과정은 먼저 현재 정렬로부터 일치를 계산한다. 그다음 일치는 니들만–브니쉬 알고리즘을 사용해 새로운 서열과 함께 정렬된다. 결과 정렬은 일치 열을 기반으로 재구성되며 정렬이 간격을 채울 수 있다면 채우도록 한다.

그림 8.4에는 세 개의 서열을 갖는 정렬의 예시가 있으며, 사용한 정렬 파라미터는 '일치 점수: 1, 불일치 점수: −1, 간격 페널티: −1'과 같다. 일치 점수에 동점이 있는 열의 경우 일치는 사전식 문자 순서로 했다. 이 경우에서는 C다.

이전 절에서 제안한 클래스 세트로 생성된 기초 위에 구축한 `MultipleAlignment` 클래스에 따라 알고리즘을 구현해보자. 이 클래스에는 두 개의 변수가 있다. 첫 번째 변수는 `MySeq` 클래스 객체에서 가져온 것으로 정렬할 서열을 포함하는 클래스 변수이고, 두 번째 변수는 `PairwiseAlignment` 클래스 객체에서 가져온 것으로 정렬 매개변수다. 이는 니들만–브니쉬 알고리즘을 사용하는 데 필요하다. 이 클래스의 구현은 다음과 같다.

222

```python
from PairwiseAlignment import PairwiseAlignment
from MyAlign import MyAlign
from MySeq import MySeq
from SubstMatrix import SubstMatrix


class MultipleAlignment():
    def __init__(self, seqs, alignseq):
        self.seqs = seqs
        self.alignpars = alignseq


    def add_seq_alignment(self, alignment , seq):
        res = []
        for i in range(len(alignment.listseqs)+1):
            res.append("")
        cons = MySeq(alignment.consensus(),alignment.al_type)
        self.alignpars.needleman_Wunsch(cons, seq)
        align2 = self.alignpars.recover_align()
        orig = 0
        for i in range(len(align2)):
            if align2[0, i]== "-":
                for k in range(len(alignment.listseqs)):
                    res[k] += "-"
            else:
                for k in range(len(alignment.listseqs)):
                    res[k] += alignment[k,orig]
                orig+=1
        res[len(alignment.listseqs)] = align2.listseqs[1]
        return MyAlign(res, alignment.al_type)


    def align_consensus(self):
        self.alignpars.needleman_Wunsch(self.seqs[0], self.seqs[1])
        res = self.alignpars.recover_align()
        for i in range(2, len(self.seqs)):
            res = self.add_seq_alignment(res, self.seqs[i])
        return res


def test():
    s1 = MySeq("ATAGC")
    s2 = MySeq("AACC")
    s3 = MySeq("ATGAC")
    sm = SubstMatrix()
```

```
    sm.create_submat(1, -1, "ACGT")
    aseq = PairwiseAlignment(sm, -1)
    ma = MultipleAlignment([s1, s2, s3], aseq)
    al = ma.align_consensus()
    print(al)

if __name__ == "__main__":
    test()
```

코드에서 align_consensus 함수는 MyAlign 클래스의 객체를 반환해 MSA 알고리즘을 구현한다. add_seq_alignment 함수는 보조 함수로 사용되며, 기존 정렬에 새 서열을 추가하고 기본 알고리즘의 각 반복에서 호출돼 이전 정렬의 일치를 새 서열과 정렬해 결과를 반환한다. 함수 test는 그림 8.4에서 보여준 예시를 수행한다(그림 8.4 참조).

8.4 바이오파이썬으로 정렬 다루기

바이오파이썬에서는 정렬을 다루고 다른 형식으로 정렬을 읽고 쓸 수 있는 기능을 제공한다. 바이오파이썬은 MSA에 대한 알고리즘 구현을 제공하지는 않지만 책에서 다루지 않은 일부 툴인 CLUSTALW와 같은 프로그램의 래퍼wrapper를 제공한다.

정렬 처리를 위한 핵심 클래스는 MultipleSeqAlignment다. 이 클래스의 인스턴스는 쌍 또는 여러 서열 정렬을 갖고 있다. 이 클래스의 객체는 프로그래머가 Seq 및 SeqRecord 객체 집합을 정의해 직접 만들 수 있다(4.7절, 4.8절 참조). 다음 코드를 살펴보자.

```
from Bio import Alphabet
from Bio.SeqRecord import SeqRecord
from Bio.Align import MultipleSeqAlignment
from Bio.Alphabet import IUPAC
from Bio.Seq import Seq


seq1 = "MHQAIFIYQIGYPLKSGYIQSIRSPEYDNW"
seq2 = "MH--IFIYQIGYALKSGYIQSIRSPEY-NW"
seq3 = "MHQAIFI-QIGYALKSGY-QSIRSPEYDNW"
```

```
seqr1 = SeqRecord(Seq(seq1,Alphabet.Gapped(IUPAC.protein)), id ="seq1")
seqr2 = SeqRecord(Seq(seq2,Alphabet.Gapped(IUPAC.protein)), id ="seq2")
seqr3 = SeqRecord(Seq(seq3,Alphabet.Gapped(IUPAC.protein)), id ="seq3")

alin = MultipleSeqAlignment([seqr1, seqr2, seqr3])
print(alin)
```

MultipleSeqAlignment 클래스의 객체로 표시되는 정렬은 다양한 방법으로 인덱싱을 통해 접근할 수 있다. 대괄호 안에 단일 인덱스를 사용하면 행(서열)을 인덱싱할 수 있으며, 콜론으로 구분한 두 개의 인덱스는 각각 행과 열을 인덱싱한다. 두 인덱스 모두 슬라이싱을 사용해 서열에 접근할 수 있다. 다음 예시를 살펴보자.

```
print(alin[1]) # 두 번째 서열
print(alin[:,2]) # 세 번째 열
print(alin[:,3:7]) # 4-7번째 열(모든 서열)
print(alin[0].seq[:3]) # seq1의 1-3번째 열
print(alin[1:3,5:12]) # seq2, seq3의 4-10번째 열
```

또한 바이오파이썬은 서열에서 발생하는 것과 유사하게 AlignIO 클래스의 다른 형식으로 정렬의 입출력 작업을 허용하는 클래스도 제공한다. 여기에는 각각 단일 또는 다중 정렬을 읽는 read 및 parse 메서드와 정렬을 파일에 쓸 수 있는 메서드가 있다. 또한 convert 메서드를 사용하면 정렬 형식 간의 변환도 가능하다.

다음 코드는 'clustal' 형식으로 정렬된 파일을 읽고 정렬에서 열의 개수를 가져와 해당 행과 식별자를 인쇄한다.

```
from Bio import AlignIO
alin2 = AlignIO.read("PF05371_seed.aln", "clustal")

print("Size:", alin2.get_alignment_length())
for record in alin2:
    print(record.seq, record.id)
```

마지막으로 다음 코드 블록에서는 write 및 convert 함수를 각각 사용해 파일에 정렬을 쓰는 두 가지 방법을 보여준다.

```
AlignIO.write(alin2, "example_alin.fasta", "fasta")

AlignIO.convert("PF05371_seed.aln", "clustal", "example_alin.fasta", "fasta")
```

참고 문헌과 추가 자료

다중 서열 정렬을 위한 동적 프로그래밍은 리프만 등[Lipman et al.]이 MSA[103]라는 프로그램에서 제안했다. 이는 카릴로 등[Carrillo et al.][34]이 처음으로 제안한 내용의 개선 사항이다.

MSA에 대한 진보적 정렬은 1987년 펭[Feng]과 둘리틀[Doolitle]이 처음 제안했다[63]. CLUSTAL 알고리즘은 1988년에 처음 제안됐으며[77], 1994년에 CLUSTALW[147]로 개선됐다. 가장 최신의 내용은 Clustal Omega로 2014년에 제안됐다[139].

T-coffee는 2000년에 처음 제안됐다[119]. 한편 MUSCLE 알고리즘은 [58]에서 제안됐고, MAFFT는 [87]에서 처음 제안됐다.

연습 문제와 프로그래밍 프로젝트

연습 문제

1. 다음 네 가지 DNA 서열을 고려해 문제를 해결해보자.

   S1 : ACATATCAT
   S2 : AACAGATCT
   S3 : AGATATTAG
   S4 : GCATCGATT

   이 장에서 개발한 코드를 사용해 MultipleAlignment 클래스에 구현한 점진적 알고리즘을 사용함으로써 이러한 서열의 다중 정렬을 생성하는 파이썬 스크립트를 작성해보자(일치 점수 = 1, 불일치 점수 = −1, 간격 페널티 = −1).

2. 주어진 정렬의 SP 점수를 계산하는 메서드를 구현해보자. 이 메서드는 MyAlign

객체를 입력으로 MultipleAlignment 클래스에 포함돼야 한다. 점수 매개변수는 클래스 alignpars의 내부 변수에 제공된다.

3. **a.** 단백질 서열에 니들만-브니쉬 알고리즘을 적용해보자. S1: APSC, S2: TAPT, BLOSUM62 행렬, $g = -4$를 사용한 최적의 정렬을 계산해보자.

   b. 이번 장에서 구현한 점진적 알고리즘으로 다음과 같은 정렬을 만들 수 있는지 확인해보자.

   ```
   -AP-SC
   TAPT--
   TAT-S
   ```

   c. 이전 정렬의 SP 점수를 계산해보자.

   d. 이 장에서 개발한 코드를 사용해 결과를 확인하는 파이썬 스크립트를 작성해보자.

4. MyAlign 클래스에 메서드를 추가해 alignment(self)가 극성 아미노산(R, H, K)이 많은 열(인덱스)의 리스트를 반환하도록 작성해보자. 여기서 '많다'는 표현은 절반 이상을 의미한다.

5. MyAlign 클래스에 alignment(self)가 주어지면 다음 규칙에 따라 정렬의 각 열에 대한 심볼이 포함한 문자열을 반환하는 메서드를 추가해보자('*': 열의 문자가 완전히 보존된다. ':': 열의 문자가 최소 절반이 보존된다. '.': 열의 문자가 보존되지 않으나 간격은 아니다. ' ': 기타).

6. MyAlign 객체인 정렬이 주어지면 정렬의 품질이 높은 열을 식별하는 메서드를 MultipleAlign 클래스에 추가해보자. 이 경우 SP 방법으로 계산된 정렬 점수가 0보다 큰 경우 열의 정렬이 높은 품질로 간주된다. 이 메서드는 선택한 열의 인덱스 리스트를 반환해야 한다.

7. 다음 아미노산 서열을 고려해 문제를 해결해보자.

```
MEEPQSDPSVEPPLSQETFSDLWKLLPENNVLSPLPSQAMDDLMLSPDDIEQWFTE DPGPDEAPRMPEAAPPVAP
APAAPTPAAPAPAPSWPLSSSVPSQKTYQGSYGFRLG FLHSGTAKSVTCTYSPALNKMFCQLAKTCPVQLWVDST
PPPGTRVRAMAIYKQSQH MTEVVRRCPHHERCSDSDGLAPPQHLIRVEGNLRVEYLDDRNTFRHSVVVPYEPPE
VGSDCTTIHYNYMCNSSCMGGMNRRPILTIITLEDSSGNLLGRNSFEVRVCACPGR DRRTEEENLRKKGEPHHEL
PPGSTKRALPNNTSSSPQPKKKPLDGEYFTLQIRGRE RFEMFRELNEALELKDAQAGKEPGGSRAHSSHLKSKKG
```

QSTSRHKKLMFKTEGPDSD

a. NCBI 사이트를 통해 BLASTP 프로그램을 사용해서 유사한 서열을 검색해보자. 바이오파이썬을 사용해도 된다. 자세한 내용은 7장을 참조하자.

b. 결과에서 10~12개의 일치하는 서열을 선택해보자. 다른 종을 선택하고 'PREDICTED'로 표시된 서열은 제외한다. 파일은 FASTA 형식의 파일로 저장한다. 공백 없이 종 이름을 서열 식별자('>'로 시작하는 첫 줄)로 작성한다.

c. EBI 사이트에서 Clustal Omega 프로그램을 사용해 이전 서열 세트로 다중 서열 정렬을 가져온다. 'clustal' 형식의 정렬과 가이드 트리 형식으로 정렬을 저장한다.

d. 이전 정렬을 바이오파이썬을 사용해 불러오자.

e. 정렬의 일치를 계산한다. 바이오파이썬의 문서를 참조해 AlignInfo를 사용하거나 직접 함수를 구현한다.

f. 정렬이 보존되는 위치 목록을 계산한다. 보존이라고 하는 것은 모든 아미노산이 같고 간격이 없는 것을 의미한다. 전체 정렬에서 이 위치들의 백분율을 계산해보자.

g. 이전 정보에서 보존된 정렬 영역 중 가장 연속적으로 긴 서열을 가져온다.

프로그래밍 프로젝트

1. 이 장에서 제공하는 클래스(MySeq, MyAlign, Subst-Matrix, PairwiseAlignment, MultipleAlignment)의 정의를 완성한다. 객체지향 프로그래밍으로 작성한 이전 장의 개념을 고려한다.

2. MultipleAlignment 클래스에 메서드를 추가해 프로파일과 서열의 정렬을 고려한다. MSA 알고리즘을 재정의해서 사용자가 정렬의 가이드 트리를 입력하고 이를 사용해 MSA를 만들 수 있게 한다.

3. 위에서 개발한 MultipleAlign 클래스를 고려해 반복 알고리즘을 구현해보자. 먼저 각 서열의 간격을 무작위로 추가해 정렬을 만들어야 한다. 서열당 간격 수는 파라미터로 정의할 수 있다. 정렬에서 간격을 추가하거나 제거할 수 있는 메서

드를 구현해보자. 이러한 메서드를 사용해 정렬을 변경하면서 정렬을 개선하는 반복 알고리즘을 구현해보자. 정렬에 대해 좀 더 개선된 방법을 적용해보자.

4. 세 개의 서열을 고려한 MSA에 대해 동적 프로그래밍 알고리즘을 구현한다. 간격 페널티에 따라 다양한 점수 모델에 적용한다.

9 계통학 분석

이번 장에서는 계통학 분석$^{phylogenetic\ analysis}$ 문제와 관련 알고리즘인 서열에서 계통수 $^{phylogenetic\ tree}$를 만드는 방법을 알아본다. 거리 기반 접근법에 초점을 맞추고 가장 간단한 알고리즘 중 하나를 파이썬으로 구현할 것이다. 또한 계통수를 다루기 위해 바이오파이썬에서 제공하는 메서드를 살펴본다.

9.1 소개: 문제 정의 및 연관성

계통학은 개인 또는 종 간의 진화 역사와 그 관계를 연구하는 생물학의 한 분야다. 계통수는 개체 또는 종 사이의 진화 관계를 표현한 것이다. 계통수 추론은 유전학적 또는 형태학적 특성을 활용한다. 돌연변이라고 하는 것은 DNA에 직접 발생하므로 DNA 서열의 활용은 이 분야를 재구성할 수 있게 해줬다.

따라서 생명정보학의 맥락에서 계통학적 분석은 주어진 서열이 어떻게 자연 진화 과정을 통해 공통 조상으로부터 진화했는지 결정하는 것과 관련돼 있다. 이 진화 과정은 진화 트리의 형태로 묘사되는데, 각 분기는 공통 조상으로부터 돌연변이가 일어났음을 알려주며 두 개 이상의 가지로 나뉘게 된다.

계통수에서 리프는 서열(DNA, RNA, 단백질)을 나타내며 내부 트리 노드는 서열의 공통 조상을 나타낸다(그림 9.1 참조). 여기서는 대부분 뿌리가 있는 나무$^{rooted\ tree}$를 다룰 것이다.

뿌리가 있는 트리는 서열 세트인 클러스터로 표현할 수 있다. 예를 들어 그림 9.1의 트리는 {1, 2}, {3, 4}, {1, 2, 3, 4}, {1, 2, 3, 4, 5}의 세트로 표현할 수 있다. 트리에서 노드의 높이는 시간의 측정값을 나타내고, 뿌리에서 리프로 이동하는 것은 시간의 경과를 나타낸다.

뿌리가 없는 트리도 있는데, 이는 주로 공통 조상을 명시적으로 나타내지 않는 경우로 리프 간의 관계를 설명하는 데 사용한다. 이는 이 책에서 다루지 않겠지만 뿌리가 있는 트리에서 뿌리를 '제거'하고 결과 그래프를 생성해 쉽게 얻을 수 있다. 그림 9.1의 경우 다섯 개의 서열 노드와 세 개의 내부 노드가 있는 그래프를 보여준다.

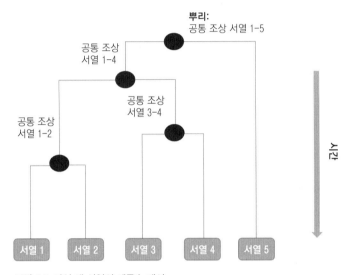

그림 9.1 다섯 개 서열의 계통수 예시

리프에 표시된 개체마다 계통학적 시간이 다르다. 이종 간 계통학interspecific phylogenetic은 일반적으로 리프에서 종 또는 다른 분류학적 범주를 나타낸다. 트리는 조상 종을 나타내고, 가지는 돌연변이 사건이 발생해 새로운 종이 출현한 것을 나타낸다. 이러한 계통 발생은 일반적으로 높게 보존된 서열인 리보솜 RNA 유전자를 코딩하는 16S rRNA의 DNA 서열로부터 추론한다. 생명의 나무(http://tolweb.org/tree) 프로젝트는 지구의 모든 생명체에 대한 전체 계통 발생을 만들고 있다.

다른 유형의 계통학은 동종 간 계통학intraspecific phylogenetic이며 균주 또는 개체 간의 변이를 살펴볼 때 사용할 수 있다.

계통학 분석에는 여러 프로그램이 있다. 이러한 프로그램 중 하나는 새로운 종을 분류하고 정의를 내릴 때 도움이 된다. 또한 법의학, 역학, 병원체 발병, 후천적 돌연변이, 멸종 위기 종 관련 보존 정책에 대한 애플리케이션들이 있다.

기능 주석에 대해 특정 서열의 기능을 좀 더 잘 이해하고 보존된 영역을 기능적 역할과 관련짓기 위해 서열 정렬과 함께 단백질 서열의 계통 발생이 중요하다.

계통 발생을 유추하는 계산 문제는 진화와 관련된 것으로 가정돼 공통 조상으로부터 나온 서열을 입력으로 받아 가장 가능성 높은 진화 트리를 출력하는 것으로 정의할 수 있다. 주어진 서열 세트에 대해 공통 조상으로부터의 진화를 설명할 수 있는 트리는 여러 개가 있으므로 이는 최적화 문제로 볼 수 있다.

입력된 서열이 적절한 수라고 하더라도 가능한 트리의 수가 매우 많아지므로 최적화 작업은 매우 복잡할 수 있다. 예를 들어 30개 서열로 트리를 만든다면 약 10^{40}개의 트리가 생성될 수 있다.

적절한 최적화 문제를 정의하기 위해 수학적 최적화를 할 수 있는 적절한 목적 함수를 정의해야 한다. 이는 어려운 작업이며, 지금껏 많은 툴이 다양한 알고리즘을 제안했다. 다음 절에서는 사용 가능한 알고리즘 클래스와 함께 관련 내용을 다룰 것이다.

9.2 계통학적 분석을 위한 알고리즘 클래스

계통학적 분석을 위한 알고리즘은 크게 세 가지로 분류할 수 있다. 이는 주로 목적 함수를 계산하는 데 사용하는 전략에 따라 다르며, 이 문제에 대한 넓은 해결 방법을 검색하기 위한 접근 방법을 제안한다. 주요 전략은 다음과 같다.

- **거리 기반 알고리즘**distance-based algorithm: 거리가 입력 행렬의 트리와 일치하는 트리를 찾기 위해 서열 쌍 간 거리를 기반으로 하는 방법
- **최대 절약**maximum parsimony: 서열의 가변성을 설명하기 위해 필요한 돌연변이가 있는 트리를 검색하는 방법
- **통계/베이지안 방법**statistical/Bayesian method: 다양한 유형의 돌연변이 발생에 대한 확률 모델을 정의하고 해당 모델을 사용해 확률을 기준으로 트리의 점수를 매기며 가정한 모델에 따라 서열을 설명하는 가능성이 높은 트리를 검색

이 책에서는 나머지 그룹에 대한 개요를 제공할 것이며, 첫 번째 그룹에 중점을 둔다.

9.2.1 거리 기반 방법

계통학적 유추에 대한 거리 기반 방법은 트리에서 서열을 나타내는 리프 사이의 거리와 서열 정렬의 결과인 서열 유사성으로부터 얻은 것 사이의 거리 일관성을 측정하는 목적 함수에 의존한다. 따라서 이 방법은 서열 간의 거리인 트리의 구조 및 노드를 연결하는 에지의 길이를 조정한다.

거리 기반 방법의 첫 번째 단계는 서열 간의 거리 행렬을 정의하는 것이다. 이 경우 거리는 유사성의 반대가 되고 이러한 거리를 계산하는 데 사용하는 방법은 서열을 정렬하고 정렬을 기반으로 거리를 계산하는 것이다.

이 작업을 수행하는 간단한 방법 중 하나는 정렬의 열에서 불일치 또는 간격의 백분율을 계산하는 것이다. 더 정교하게 거리를 측정하는 함수는 6장에서 논의한 쌍 서열 정렬을 위한 파라미터를 사용하는 것이다.

거리 행렬이 주어지면 오차 함수로 정의한 목적 함수는 트리의 거리와 행렬의 거리를 최소화한다. 일반적인 접근법 중 하나는 제곱 오차의 합을 고려하는 것이다.

$$score(T) = \sum_{i,j \in S} (d_{ij}(T) - D_{ij})^2 \tag{9.1}$$

여기서 S는 입력 서열 세트이고, T는 트리를 나타낸다. 또한 $d_{ij}(T)$는 트리 T의 서열 i와 j를 의미하는 리프의 거리를 나타내고 D_{ij}는 서열 i와 j 사이의 거리를 나타낸다.

뿌리가 있는 계통수 T에서 두 노드(u와 v) 사이의 거리는 출발지 u에서 목적지 v까지 이동한 수직 거리와 관련이 있다. w가 u와 v의 가장 가까운 조상인 경우, u 사이의 거리 v는 $d_{uw} + d_{wv}$의 합으로 주어진다. 예를 들어, 그림 9.1의 트리에서 서열 1과 4를 나타내는 리프 사이를 이동한다는 것은 서열 1에서 서열 1과 서열 4 사이의 공통 조상으로 이동하고 서열 4로 다시 이동하는 것을 의미한다. 이 두 거리는 $d_{uw} = h(w) - h(u)$와 $d_{wv} = h(w) - h(v)$이며 노드의 높이 차로 계산된다. 여기서 $h(x)$는 x의 높이를 나타낸다. w는 u와 v의 공통 조상이므로 $d(w)$는 $d(u)$나 $d(v)$보다 크다.

만약 트리의 모든 가지에 있는 돌연변이 비율이 균일한 분자시계 가설을 가정한다면, 이는 모든 리프와 뿌리 사이의 거리가 동일하다는 것을 의미한다. 이 경우 나무는 초경량이고 각 리프의 높이는 0으로 정의할 수 있다. 따라서 앞의 표현에서 $d_{uv} = 2 \times h(w)$라 할 수 있다.

이러한 일반적인 원칙에 기초한 목적 함수가 주어지고 여러 방법이 제안됐다. 불행히도 서열의 수가 증가할 때 해결 공간은 매우 급격히 증가하고 문제는 NP-난해로 입증됐다. 이와 같이 합리적인 차원의 해결 방법을 제공하는 알고리즘은 존재하지 않는다.

따라서 실제로 사용되는 대부분의 알고리즘은 휴리스틱이며 대부분의 문제에 대해 합리적인 해결 방법을 제공한다. UPGMA^{Unweighted Pair Group Method}는 가장 단순하고 가장 널리 사용되는 방법 중 하나다.

이 알고리즘은 먼저 각 서열(트리의 리프)이 자체 클러스터에 있어 높이가 0이라고 가정한다. 알고리즘은 가장 가까운 서열/클러스터 쌍(즉, 행렬 D의 최솟값)을 고려하고, 이러한 서열을 결합해 내부 노드를 생성한다. 트리의 높이는 서열 간 거리의 절반과 같다.

이 서열은 다음 반복에서 두 클러스터가 병합된 단일 클러스터가 돼서 거리의 평균으로 계산된 나머지 서열/클러스터까지의 거리이며, 열이 있는 D의 업데이트로 이어진다. 연결된 서열의 행이 사라지고 새 클러스터에 대해 새 행과 새 열이 나타난다.

이후 반복에서 알고리즘은 최소 거리의 클러스터 쌍을 찾고 동일한 단계를 반복해 진행한다. 알고리즘은 뿌리 노드에 해당하는 모든 서열이 단일 클러스터 내부가 되면 멈추게 된다.

UPGMA 알고리즘의 적용 예는 그림 9.2에 다섯 개의 서열 세트로 표시돼 있다. 거리 행렬은 왼쪽 위에 있다. 첫 번째 단계에서 서열 1과 2를 나타내는 클러스터가 병합돼 트리의 각 내부 노드가 높이 $h = 1$로 배치된다. 행렬 D가 업데이트돼 서열 1과 2의 행과 열이 제거되고 새로운 클러스터가 생성된다. 이 클러스터와 나머지 간의 거리는 클러스터 내 서열의 거리 평균으로 계산된다.

다음 단계에서 서열 4와 5를 나타내는 클러스터가 병합되고 알고리즘은 이전과 유사한 방식으로 진행된다. 세 번째 단계에서는 서열 1과 2의 클러스터를 서열 3의 클러스터와 병합하고, 마지막 단계에서는 나머지 두 클러스터를 병합한다.

234234

234234234

234

234

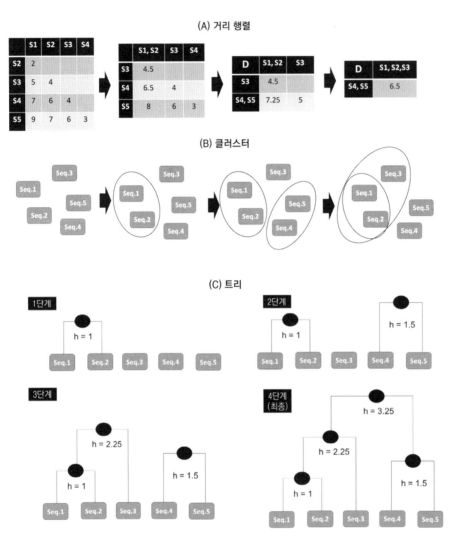

그림 9.2 UPGMA를 다섯 개 서열 세트에 적용한 예시: (A) 거리 행렬 D, (B) 클러스터 생성, (C) 진화 트리

일반적으로 UPGMA에서 두 클러스터 A와 B 사이의 거리는 두 세트의 요소로 만든 모든 쌍의 거리의 평균으로 계산한다.

$$\frac{1}{|A|.|B|} \sum_{i \in A} \sum_{j \in B} D_{ij} \tag{9.2}$$

알고리즘을 실행하면 클러스터가 병합된다. 주어진 반복에서 클러스터 A와 B가 결합된 새 클러스터($A \cup B$)를 얻을 수 있다. 병합된 새 클러스터와 각 클러스터 X까지의 거리는 행렬에서 이미 계산된 거리의 가중 평균으로 계산할 수 있다.

$$D(A \cup B, X) = \frac{|A|.D(A, X) + |B|.D(B, X)}{|A| + |B|} \tag{9.3}$$

여기서 $D(X, Y)$는 D에서 클러스터 X와 Y의 거리를 나타낸다.

다른 대안 알고리즘은 WPGMA^{Weighted Pair Group Method with Arithmetic Mean}를 사용하는 것이다. 여기서 새 클러스터의 거리와 기존 클러스터의 거리는 결합된 클러스터의 산술 평균으로 계산한다.

$$D(A \cup B, X) = \frac{D(A, X) + D(B, X)}{2} \tag{9.4}$$

UPGMA 알고리즘은 간단하며 인기도 많지만 한계점이 있다. 알고리즘의 가정 중 하나는 돌연변이 속도가 일정해 트리가 초계량^{ultrametric}이라는 것이다. 입력 거리 행렬이 초계량인 경우 알고리즘이 적절한 답을 준다. 그러나 실제로 이는 사실이 아니며, 많은 상황에서 잘못된 결과를 초래하는 가정이다.

다른 방법은 뿌리 없는 트리를 추론하기 위해 생성된 NJ^{Neighbor Joining}이며 다른 계보^{linage}에 걸쳐 일정한 돌연변이율을 가정하지 않는다. 뿌리가 없는 트리를 생성했지만 NJ 알고리즘의 결과는 뿌리를 추가해 뿌리가 있는 트리로 나오는 경우도 있다. 이렇게 하는 방법은 여러 가지가 있으며, 트리에서 두 리프를 연결하는 가장 먼 거리의 중간 지점에 뿌리를 놓는 방법이 가장 많이 사용된다.

UPGMA와 비교할 때 NJ의 주요 차이점은 각 단계에서 병합할 클러스터를 선택하는 기준이 클러스터 간의 거리뿐만 아니라 노드가 다른 클러스터 쌍과 떨어져 있는 클러스터 쌍을 선택한다는 것이다. 이러한 목적을 달성하기 위해 원래 거리 행렬 D는 새로운 행렬 Q를 생성하기 위해 전처리되며, 여기서 각 셀은 다음과 같이 계산된다.

$$Q_{ij} = (n - 2)D_{ij} - \sum_{k=1}^{n} D_{ik} - \sum_{k=1}^{n} D_{jk} \tag{9.5}$$

UPGMA에서와 같이 각 단계에서 가장 가까운 클러스터를 선택하는 데 사용하는 것이 행렬 Q다. 이는 병합될 클러스터가 절충^{trade-off} 기반으로 선택돼 서로 간에 가장 짧은 거리를 갖는 노드 쌍을 찾는다.

알고리즘의 각 단계에서 행렬 D가 다시 계산된다. u를 결합 노드 a와 b를 만든 새로운 클러스터(트리 안의 새 노드)로 간주해서 다른 클러스터/노드와의 거리를 다음과 같이 계산한다.

$$D_{ui} = \frac{1}{2}(D_{ai} + D_{bi} - D_{ab}) \tag{9.6}$$

이 새로운 행렬 D로부터 새로운 행렬 Q는 앞서 주어진 식을 적용해 다시 계산되고, 알고리즘은 병합할 클러스터를 선택하기 위해 최솟값을 선택함으로써 진행된다.

9.2.2 최대 절약

최대 절약 방법은 입력 서열을 설명하기 위해 트리에 암시된 돌연변이 수를 추정함으로써 계통 발생 유추 문제의 목적 함수를 정의한다. 따라서 원칙적으로 더 단순한 모델에 대한 선호도를 나타내는 오컴의 면도날$^{Occam's\ razor}$ 원칙에 따라 데이터를 설명하는 짧은 트리가 선호된다.

이 방법은 전형적으로 입력 서열의 미리 정의된 다중 서열 정렬에 기초해 간격 또는 불일치가 있는 돌연변이가 존재하는 열을 식별할 수 있게 한다. 이 정보로부터 서열의 변화를 설명하기 위해 최소 돌연변이를 필요로 하는 트리를 식별하고자 한다.

최대 절약 트리를 식별하는 가장 간단한 방법은 모든 해결 방법과 비용을 나열하는 것이다. 그러나 이는 다시 NP-난해 문제로 귀결돼 실제로는 실행 불가능한 전략임을 보여준다. 일반적으로 열 개 미만인 소수의 서열에 대해서만 실행할 수 있다.

이 문제에 대해 제안된 대안은 가지와 경계$^{branch\ and\ bound}$ 방법을 사용하는 것이다. 이는 10장에서 자세히 다룬다. 이 경우 모든 가능한 트리를 검사하지 않아도 정확한 해결 방법이 여전히 발견된다. 실제로 이는 입력 서열이 증가해도 최적의 해결책을 보장하며, 약 20개의 서열까지 증가시킬 수 있다.

다른 경우에는 더 많은 수의 서열을 고려할 수 있는 휴리스틱 방법을 떠올릴 수 있다. 이러한 휴리스틱 중에서도 NNI$^{Nearest-Neighbor\ Interchange}$, 하위 트리 가지치기 및 재배열, 트리 양분 및 재연결 방법에 기반한 것이 있으며, 여기에는 유전 알고리즘 또는 시뮬레이션 어닐링과 같은 메타 휴리스틱도 포함된다.

전반적으로 이들 방법은 가지와 서열 변이 사이의 관계를 쉽게 식별할 수 있는 이점이 있다. 그러나 서열이 멀리 떨어져 있는 경우에는 한계점을 드러낸다.

9.2.3 통계적 방법

최대 가능성$^{maximum\ likelihood}$ 방법은 DNA에서 돌연변이 발생의 통계적 모델에 기반한다. 이 모델은 트리에 암시된 각 돌연변이 사건의 추정 확률을 곱함으로써 가능한 트리의 가능성을 추정하는 데 사용한다. DNA 진화 모델에는 기무라^{Kimura}의 두 매개변수 모델$^{Kimura's\ two\ parameter\ model}$, Jukes-Cantor 또는 Tamura-Nei 모델이 포함된다.

이 클래스의 메서드는 연산 과정이 많을 뿐만 아니라 NP-난해의 복잡성을 보인다. 동적 프로그래밍의 변형인 가지치기 알고리즘$^{pruning\ algorithm}$을 사용해 하위 트리의 가능성을 계산함으로써 복잡성을 줄이고 작은 문제에서 전체 문제를 분해할 수 있다.

최대 가능성 방법은 고려할 수 있는 수많은 가능한 돌연변이 모델을 고려할 때 큰 유연성을 제공한다. 한 가지 장점은 위치와 계보 간에 다양한 속도의 진화를 허용함으로써 통계적 유연성을 허락한다는 것이다.

베이지안 추론 방법은 이전 방법과 유사한 방법이다. 베이지안 방법은 가능한 계통발생 수에 적용된 사전 확률 분포를 기반으로 작동한다. 검색 방법은 마르코프 체인 몬테카를로 알고리즘$^{Markov\ chain\ Monte\ Carlo\ algorithms}$의 변형된 방법이며, 일반적으로 트리에 변경 사항을 적용하는 여러 지역 이동 연산자$^{local\ move\ operator}$를 사용한다.

9.3 파이썬으로 거리 기반 알고리즘 구현

이번 절에서는 9.2.1절에서 자세히 설명한 UPGMA 알고리즘의 구현을 알아본다. 이는 이전 장에서 개발한 핵심 클래스 세트(8.3절 참조)인 서열 정렬 매개변수와 알고리즘을 구현하는 클래스를 기반으로 한다.

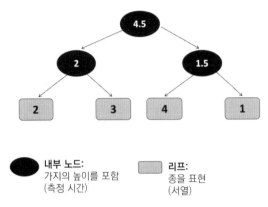

그림 9.3 이진 트리로 나타낸 계통수 예시

다음 하위 절에서는 진화 트리(이진 트리)를 나타내는 클래스를 제시한 후 계층적 클러스터링 알고리즘을 구현하는 클래스와 생물학적 서열을 입력해 UPGMA 알고리즘을 실행하는 클래스를 살펴본다.

9.3.1 이진 트리 구현

진화 트리를 표현하기 위해 전산학에서 잘 알려진 데이터 구조인 이진 트리를 사용할 것이다. 이런 식으로 모든 내부 노드는 두 개의 가지를 갖고 있다고 가정하므로 모든 돌연변이는 두 개의 자손을 갖게 된다.

이진 트리는 재귀 데이터 구조다. 모든 트리는 노드 왼쪽 하위 트리와 오른쪽 하위 트리로 구성된다. 하위 트리는 값이 없거나[null] 같은 구조를 가질 수 있다.

일반적으로 나무는 두 가지 유형이 있다. 첫 번째 유형은 리프에 노드의 정보가 들어 있지만 하위 트리가 없는 경우이고, 두 번째 유형은 내부 노드(뿌리 포함)를 갖고 있으며 오른쪽, 왼쪽 하위 트리가 있는 경우다.

계통수에서 리프는 입력된 서열을 나타내고 내부 노드는 돌연변이 사건을 나타내는 분기점이 된다. 따라서 구현에 고려되는 트리는 그림 9.3에 표시된 형식이다. 각 내부 노드에는 높이(숫자 값)가 있고, 리프에는 서열 색인(정수)이 있다.

BinaryTree라는 클래스를 사용해 이진 트리를 재귀적으로 표현해본다. 각 인스턴스에는 다음과 같은 속성이 있다.

- **값**^{value}: 리프에 표시할 서열 색인을 담고 있음. 내부 노드의 경우 −1이다.
- **거리**^{distance}: 노드 높이 숫자 값. 리프에서 0이 된다.
- **왼쪽 및 오른쪽**^{left and right}: 왼쪽 및 오른쪽 하위 트리. 리프의 경우에는 없다.

다음 코드는 클래스의 생성자와 트리를 출력하는 메서드와 함께 각 줄을 탭으로 채워 노드의 깊이를 나타내는 재귀 구조 기반 트리를 보여준다. test 함수는 그림 9.3의 트리를 생성하고 출력한다.

```
class BinaryTree:
    def __init__(self, val, dist=0, left = None, right = None):
        self.value = val
        self.distance = dist
        self.left = left
        self.right = right

    def print_tree(self):
        self.print_tree_rec(0, "Root")

    def print_tree_rec(self, level, side):
        tabs = ""
        for i in range(level): tabs += "\t"
        if self.value >= 0:
            print(tabs, side, " - value:", self.value)
        else:
            print(tabs, side, "- Dist.: ", self.distance)
            if (self.left != None):
                self.left.print_tree_rec(level+1, "Left")
            if (self.right != None):
                self.right.print_tree_rec(level+1, "Right")
def test():
    a = BinaryTree(1)
    b = BinaryTree(2)
    c = BinaryTree(3)
    d = BinaryTree(4)
    e = BinaryTree(-1, 2.0, b, c)
    f = BinaryTree(-1, 1.5, d, a)
    g = BinaryTree(-1, 4.5, e, f)
    g.print_tree()
```

```
if __name__ == "__main__":
    test()
```

이 클래스에서 구현하는 한 가지 중요한 메서드는 어떤 리프(서열)가 주어진 노드 아래에 있는지, 다시 말해 주어진 트리에 해당하는 클러스터인지 판별하는 것이다. get_cluster 메서드는 이진 트리에 대한 알고리즘의 일반적 구조를 따라 다음 코드에 구현됐다. 내부 노드인 경우 먼저 왼쪽 하위 트리부터 재귀적으로 메서드를 호출한 후 오른쪽 트리에 대해 메서드를 호출해서 결과를 통합한다. 이후에 두 결과 세트를 병합한다. 리프에 도달하게 되면 재귀가 멈추고 결과를 반환한다.

```
class BinaryTree:
    def get_cluster(self):
        res = []
        if self.value >= 0:
            res.append(self.value)
        else:
            if (self.left != None):
                res.extend(self.left.get_cluster())
            if (self.right != None):
                res.extend(self.right.get_cluster())
        return res

def test():
    a = BinaryTree(1)
    (...)
    print(f.get_cluster())
    print(g.get_cluster())

if __name__ == "__main__":
    test()
```

9.3.2 UPGMA 알고리즘 구현

UPGMA 알고리즘은 그림 9.2의 예시로 9.2.1절에서 자세히 설명했다. 이 알고리즘의 입력은 거리 행렬이며, 먼저 행렬을 유지하고 조작할 수 있는 NumMatrix 클래스를 구현한다.

클래스에는 정보에 접근하는 메서드(get_value), 행렬을 출력하는 메서드(print_mat), 행과 열을 추가하거나 제거하는 메서드(add_row, add_col, remove_row, remove_col), 행렬의 복사본을 반환하는 메서드(copy)가 있다.

행렬의 행과 열을 최솟값으로 반환하는 중요한 메서드인 min_dist_indexes도 있다. 여기서 0은 무시한다. 이 클래스에 정의된 행렬은 삼각형 모양이며 행의 인덱스가 열의 인덱스보다 큰 셀만 제공된다. 나머지는 모두 0으로 채워진다.

```python
class NumMatrix:
    def __init__(self, rows, cols):
        self.mat = []
        for i in range(rows):
            self.mat.append([])
            for j in range(cols):
                self.mat[i].append(0.0)

    def __getitem__(self, n):
        return self.mat[n]

    def num_rows(self):
        return len(self.mat)

    def num_cols(self):
        return len(self.mat[0])

    def get_value(self, i, j):
        if i>j: return self.mat[i][j]
        else: return self.mat[j][i]

    def set_value(self, i, j, value):
        if i>j: self.mat[i][j] = value
        else: self.mat[j][i] = value

    def print_mat(self):
        for r in self.mat: print(r)
        print()

    def min_dist_indexes(self):
```

```
        m = self.mat[1][0]
        res = (1,0)
        for i in range(1, self.num_rows()):
            for j in range(i):
                if self.mat[i][j] < m:
                    m = self.mat[i][j]
                    res = (i, j)
        return res

    def add_row(self, newrow):
        self.mat.append(newrow)

    def add_col(self, newcol):
        for r in range(self.num_rows()):
            self.mat[r].append(newcol[r])

    def remove_row(self, ind):
        del self.mat[ind]

    def remove_col(self, ind):
        for r in range(self.num_rows()):
            del self.mat[r][ind]

    def copy(self):
        newm = NumMatrix(self.num_rows(), self.num_cols())
        for i in range(self.num_rows()):
            for j in range(self.num_cols()):
                newm.mat[i][j] = self.mat[i][j]
        return newm
```

다음으로 범용 응집 계층 클러스터링 알고리즘을 구현한다. 이 알고리즘은 Hierarchi calClustering이라는 새 클래스 내에서 구현할 것이다. 이 클래스의 유일한 속성은 메 서드의 입력인 거리 행렬이다.

클래스 코드는 아래와 같이 제공되며, execute_clustering이 메인 메서드로서 알고 리즘을 실행하면 이진 트리가 결과로 반환된다.

이 메서드는 원래 입력된 행렬을 복사해 트리 세트를 초기화하고 리프 노드 및 거리 행렬을 만드는 것부터 시작한다. 먼저 결합할 클러스터를 식별하기 위해 행렬에서 최소 거리의 인덱스를 식별한다. 두 클러스터의 가지를 합쳐 새로운 트리를 만든다. 마지막 반복인 경우 트리는 최종 결과로 반환된다.

반면에 그렇지 않은 경우라면 알고리즘은 다음 프로세스를 진행한다. (i) 처리할 트리 목록에서 결합된 가지가 제거된다. (ii) 결합된 클러스터의 행과 열을 제거하고 새로운 클러스터를 추가해 거리 행렬을 업데이트한다. (iii) 새 트리는 활성 트리 세트에 추가돼 이후 반복을 처리한다.

```python
from BinaryTree import BinaryTree
from NumMatrix import NumMatrix

class HierarchicalClustering:
    def __init__(self, matdists):
        self.matdists = matdists

    def execute_clustering(self):
        ## 트리 리프와 행렬 초기화
        trees = []
        for i in range(self.matdists.num_rows()):
            t = BinaryTree(i)
            trees.append(t)
        tableDist = self.matdists.copy()
        ## 반복
        for k in range(self.matdists.num_rows(), 1, -1):
            mins = tableDist.min_dist_indexes() ## D의 최소 거리
            i,j = mins[0], mins[1]
            ## 새롭게 클러스터에 추가되는 트리를 생성
            n = BinaryTree(-1, tableDist.get_value(i, j)/2.0, trees[i],
trees[j])
            if k>2:
                ## 리스트에서 트리 제거
                ti = trees.pop(i)
                tj = trees.pop(j)
                ## 새로운 클러스터에서 거리 계산
                dists = []
                for x in range(tableDist.num_rows()):
                    if x != i and x != j:
                        si = len(ti.get_cluster())
                        sj = len(tj.get_cluster())
```

```
                    d = (si * tableDist.get_value(i,x) + sj*
                    tableDist.get_value(j,x)) / (si+sj)
                    dists.append(d)
                ## 행렬 업데이트
                tableDist.remove_row(i)
                tableDist.remove_row(j)
                tableDist.remove_col(i)
                tableDist.remove_col(j)
                tableDist.add_row(dists)
                tableDist.add_col([0] * (len(dists)+1))
                ## 새로운 트리를 핸들로 설정
                trees.append(n)
        else: return n

    def test():
        m = NumMatrix(5,5)
        m.set_value(0, 1, 2)
        m.set_value(0, 2, 5)
        m.set_value(0, 3, 7)
        m.set_value(0, 4, 9)
        m.set_value(1, 2, 4)
        m.set_value(1, 3, 6)
        m.set_value(1, 4, 7)
        m.set_value(2, 3, 4)
        m.set_value(2, 4, 6)
        m.set_value(3, 4, 3)
        hc = HierarchicalClustering(m)
        arv = hc.execute_clustering()
        arv.print_tree()

if __name__ == "__main__":
    test()
```

마지막으로 위에서 정의한 일반적인 계층적 군집 알고리즘을 생물학적 서열에 적용할 UPGMA 클래스를 정의할 것이다. 이 클래스에는 트리의 리프(MySeq 클래스의 객체), 정렬 매개변수(PairwiseAlignment 클래스의 객체), 거리 행렬(NumMatrix 클래스의 객체)이 될 일련의 서열을 갖는 속성이 있다.

다음 코드에는 전역 정렬(니들만-브니쉬 메서드) 후 두 서열 사이의 고유 문자 수로 구성된 거리를 고려한 클래스 구현을 보여준다. 이것은 클래스 변수 matdist를 채우는 create_mat_dist 메서드에서 계산된다. 이 함수를 변경해 다른 거리 측정 항목을 쉽게 만들 수 있다.

    run 메서드는 HierarchicalClustering 클래스 객체를 작성하고 클러스터링 알고리즘을 실행해 결과 트리를 반환하는 데 사용한다.

```python
from NumMatrix import NumMatrix
from HierarchicalClustering import HierarchicalClustering
from MySeq import MySeq
from PairwiseAlignment import PairwiseAlignment
from SubstMatrix import SubstMatrix

class UPGMA:
    def __init__(self, seqs, alseq):
        self.seqs = seqs
        self.alseq = alseq
        self.create_mat_dist()

    def create_mat_dist(self):
        self.matdist = NumMatrix(len(self.seqs), len(self.seqs))
        for i in range(len(self.seqs)):
            for j in range(i, len(self.seqs)):
                s1 = self.seqs[i]
                s2 = self.seqs[j]
                self.alseq.needleman_Wunsch(s1, s2)
                alin = self.alseq.recover_align()
                ncd = 0
                for k in range(len(alin)):
                    col = alin.column(k)
                    if (col[0] != col[1]): ncd += 1
                self.matdist.set_value(i, j, ncd)

    def run(self):
        ch = HierarchicalClustering(self.matdist)
        t = ch.execute_clustering()
        return t

def test():
    seq1 = MySeq("ATAGCGAT")
```

```
    seq2 = MySeq("ATAGGCCT")
    seq3 = MySeq("CTAGGCCC")
    seq4 = MySeq("CTAGGCCT")
    sm = SubstMatrix()
    sm.create_submat(1, -1, "ACGT")
    alseq = PairwiseAlignment(sm, -2)
    up = UPGMA([seq1, seq2, seq3, seq4], alseq)
    arv = up.run()
    arv.print_tree()

if __name__ == "__main__":
    test()
```

9.4 계통학 분석을 위한 바이오파이썬

이번 장을 마무리하며 바이오파이썬의 기능 중에서 계통학 분석을 위한 Bio.Phylo 모듈을 살펴본다. 이 모듈은 계통수 데이터 구조인 트리를 부르고 저장하고 탐색하는 메서드가 들어있다. 트리 추론은 외부 툴로 실행하지만, 모듈에서는 사용을 용이하게 해주는 래퍼가 있으며 이와 관련된 내용은 이 책에서 다루지 않는다.

이 모듈의 주요 데이터 구조를 이해하고자 간단히 예를 들어본다. 이름이 'simple.dnd'이고 다음 내용이 포함된 텍스트 파일을 저장해보자.

```
(((A,B),(C,D)),(E,F,G));
```

이는 뉴윅^{Newick} 포맷이라 하며 간단한 선으로 트리를 표현할 수 있다. 다음 코드는 read 함수를 사용해 파일을 읽고 두 가지 방식으로 트리를 출력한다. 첫 번째 방식의 경우에는 트리의 내용이 출력되고, 두 번째 방식의 경우에는 트리의 간단한 그래픽 표현이 출력된다.

```
tree = Phylo.read("simple.dnd", "newick")
print(tree)
Phylo.draw_ascii(tree)
```

이 모듈은 계통수의 입출력 기능을 다양한 형식으로 지원한다. read 및 parse 함수는 파일에서 각각 하나 또는 여러 개의 트리를 읽는 데 사용할 수 있는 반면, write 함수는 파일에서 각각 하나 또는 여러 개의 트리를 읽는 데 사용할 수 있다. write 함수는 트리를 파일에 쓰는 데 사용할 수 있으며 convert 함수는 파일 형식을 변환할 수 있다.

다음 예제는 파일을 읽고 새로운 형식으로 변환하는 간단한 사용법을 보여준다. 다음 코드는 파일에 담긴 트리를 읽고 출력한다. 예제 파일은 책의 웹사이트와 바이오파이썬 튜토리얼에서 받을 수 있다.

```
tree2 = Phylo.read("int_node_labels.nwk", "newick")
Phylo.draw_ascii(tree2)
Phylo.convert("int_node_labels.nwk", "newick", "tree.xml", "phyloxml")
trees = Phylo.parse("tree.xml", "phyloxml")
for t in trees: print(t)
```

print 메서드의 결과를 보면 트리 표현 구조를 이해할 수 있다. 각 계통수마다 Tree 객체가 생성되며 트리 정보가 담겨 있다. 트리의 재귀적 표현은 Clade 객체가 제공한다. Tree 객체는 하나의 루트 Clade를 갖고 있으며, 그 아래에는 리프까지 중첩된 분기 ^{clade} 리스트가 있다. 자체 구현된 것과 달리 모듈의 트리는 N항$^{n-ary}$으로 두 개 이상의 하위 트리가 있을 수 있다.

모듈에는 트리에서 정보를 검색할 수 있는 많은 메서드가 있다(트리를 순회하는 요소 검색, 트리의 모든 리프와 내부 노드 나열, 공통 조상 찾기, 두 리프 사이의 거리 계산하기 등). 또한 트리를 잘라내거나 노드를 제거하거나 노드를 새 분기로 분할해 트리와 해당 분기를 수정할 수 있다. 이 방법들에 대한 자세한 내용은 바이오파이썬 튜토리얼의 13.4절에서 제공된다.

이 모듈은 또한 다음 예시처럼 가지를 다른 색으로 칠할 수 있다. 다음 코드는 리프 E, F와 이들의 공통 조상을 연어^{salmon} 색으로 칠하고, 리프 C, D와 가지를 파란색으로 칠한다.

```
from Bio.Phylo.PhyloXML import Phylogeny
treep = Phylogeny.from_tree(tree)
Phylo.draw(treep)
```

```
treep.root.color = "gray"
mrca = treep.common_ancestor({"name": "E"}, {"name": "F"})
mrca.color = "salmon"
treep.clade[0, 1].color = "blue"
Phylo.draw(treep)
```

참고 문헌과 추가 자료

UPGMA에서 사용하는 집합적 계층 클러스터링 알고리즘은 소칼[Sokal]과 미처너[Micherner]가 기여했다[142]. Neighbor-Joining 알고리즘은 사이토[Saitou]와 네이[Nei]가 제안했다 [135]. 펠젠스테인[Felsenstein]의 책[62]에는 이번 장에서 제시한 세 가지 클래스를 다루는 계통학 추론 알고리즘에 대한 내용이 담겨 있다.

바이오파이썬에 포함된 Bio.Phylo 모듈은 탈레비치 등[Talevich et al.][146]의 연구를 참조한다.

MEGA 자유 소프트웨어 애플리케이션(http://www.megasoftware.net)을 사용해 이 장에서 설명한 방법을 실행함으로써 사용자가 정의한 서열 세트가 있는 진화 트리를 생성할 수 있다. 여기에는 9.2절에서 설명한 모든 클래스의 대표적인 메서드가 포함된다.

대체 소프트웨어 도구로는 PAML[Phylogenetic Analysis by Maximum Likelihood](http://abacus.gene.ucl.ac.uk/software/paml.html)과 PhyML(http://www.atgc-montpellier.fr/phyml)이 있다[69]. 이 두 도구는 바이오파이썬에서 사용 가능한 래퍼가 있다.

연습 문제와 프로그래밍 프로젝트

연습 문제

1. 이전 장에서 살펴본 첫 번째 예제의 서열을 고려하자. 결과로 얻은 다중 서열 정렬이 다음과 같다고 하자.

    S1: A-CATATC-AT-
    S2: A-GATATT-AG-

S3: AACAGATC-T--
S4: G-CAT--CGATT

a. 쌍 정렬에서 구분되는 문자들의 수를 거리로 가정하고 위의 다중 정렬에 대해 거리 행렬을 계산해보자.

b. UPGMA 알고리즘을 적용해 서열에 대한 트리를 만들어보자.

c. 결과를 확인할 수 있는 파이썬 스크립트를 작성해보자.

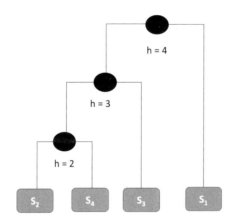

그림 9.4 이진 트리로 나타낸 계통수 예시

2. a. 그림 9.4의 계통수를 고려한다. 네 개의 서열(S_1, S_2, S_3, S_4)에 파이썬 코드로 구현한 UPGMA 알고리즘을 적용했다고 가정하자. 서열 S_i와 S_j 사이의 거리를 나타내기 위해 D_{ij} 표기법을 사용했을 때 다음 중 옳은 표현은 무엇일까?

• $D_{24} = 2$

• $D_{12} > 4$

• $D_{23} + D34 = 12$

• $D_{32} > 8$

b. 그림을 트리로 작성하고 출력하는 스크립트를 파이썬으로 작성해보자.

3. 이 장에서 구현한 BinaryTree 클래스를 고려해 다음 메서드를 추가해보자.

a. 트리의 내부 노드 수, 리프의 개수를 튜플로 반환한다.

    b. 메서드의 매개변수로 전달된 주어진 값을 포함하는 리프가 있는지 검색한다. 값이 존재하면 True, 존재하지 않으면 False를 반환한다.

    c. 두 서열의 공통 조상을 포함한 가장 간단한 트리를 반환한다.

    d. 함수를 일반화해 서열을 입력받는다.

    e. 정숫값으로 식별된 두 리프 사이의 거리를 반환한다.

    f. 트리에서 가장 가까운 두 리프 사이의 거리를 반환한다. 즉, 가장 작은 높이에 공통 조상이 있는 경우를 찾는다.

4. UPGMA 알고리즘의 변형인 WPGMA를 구현해 클러스터 간 거리 계산 방식을 변경한다. 두 알고리즘의 결과를 비교한다.

5. 이전 장의 마지막 연습 문제를 고려한다. Clustal Omega에서 얻은 트리를 읽는다. Bio.Phylo 모듈로 트리를 그린다. 사용 가능한 함수를 써서 트리를 탐색한다.

프로그래밍 프로젝트

1. 9.2.1절에서 설명한 대로 뿌리가 있는 트리에 적용할 수 있는 Neighbor-Joining 메서드를 구현해보자.

2. 서열에 대한 다른 거리 측정 항목(예: 편집 거리)을 고려해 UPGMA 클래스를 확장해보자. 서열 유형(뉴클레오티드, 단백질)에 대해 의미 있는 측정 항목을 정의해보자.

3. 간단한 최대 절약 메서드를 구현한다. 돌연변이가 있는 경우 의미 있는 열을 식별하는 함수를 추가해보자. 해당 열을 고려해서 트리에 대한 비용 함수를 구현해보자.

10 모티프 발견 알고리즘

앞선 장에서 이야기했던 결정론적 모티프에 대해 좀 더 구체적으로 배워보자. 10장에서는 모티프 발견 알고리즘을 설명하기 위해 탐색 및 솔루션 공간에 대한 개념을 배우고 생물학적 데이터에서 결정론적 모티프에 대한 수학적 표현을 알아본다. 먼저 무차별적 탐색 기법을 살펴보고, 이어서 좀 더 효율적인 탐색 기법도 배울 것이다.

10.1 소개: 문제 정의와 관련성

생물학적 서열 데이터에서 모티프라는 용어는 다수의 서열에서 발견되는 의미 있는 패턴을 지칭한다. 따라서 모티프의 가장 주요한 특징은 반복성이다. 다시 말해 분석된 여러 서열 데이터에서 공통적으로 발견된다는 것이다.

모티프의 반복성은 해당하는 서열이 특정 생물학적 특성을 공유하는 유전자와 관련해 나타난다. 그러므로 특정 모티프는 생물학적 현상과 관련이 있을 것이라고 가정할 수 있다.

예를 들어 DNA 서열의 모티프는 유전자의 프로모터 영역이나 전사를 조절하는 부위 등을 나타낸다. 그리고 단백질 서열의 모티프는 다른 분자가 결합하는 부위나 특정 생물학적 기능을 하는 도메인의 존재를 나타낼 수 있다.

모티프는 결정론적 모티프와 확률론적 모티프로 구별할 수 있다. 결정론적 모티프는 이미 5장에서 살펴봤던 것처럼 정규표현식을 통해 검색할 수 있고, 이름에서 알 수 있듯이 특정한 서열의 유무에 의해 판별된다.

반면 확률론적 모티프는 좀 더 느슨한 모델로 모티프에 있을 수 있는 변동성을 포함하고 있다. 확률론적 모티프는 위치 가중치 행렬(PWM)을 사용해 특정 서열이 모티프

일 확률값을 얻는다. 좀 더 자세한 내용은 11장에서 배울 것이다. 10장에서는 결정론적 모티프를 정의하고 좀 더 효율적인 검색 알고리즘을 학습할 것이다.

먼저 일련의 생물학적 서열 사이에서 보존된 모티프를 효율적으로 검색하는 문제의 개념을 소개하는 것부터 시작한다. 여기서 모티프는 서열 패턴과 동일한 의미로 사용된다.

생물학적 서열 데이터는 DNA의 경우 Σ_{DNA} = {A, C, G, T}의 네 가지 문자로, 단백질의 경우 20가지 문자 $\Sigma_{Protein}$ = {$A, C, D, E, F, G, H, I, K, L, M, N, P, Q, R, S, T, V, W, Y$}로 나타낸다. 따라서 서열의 길이와 구성하고 있는 문자의 분포에 최적화된 검색 알고리즘이 필요하다.

앞서 이야기했던 것처럼 결정론적 모티프는 정규표현식을 사용해 검색할 수 있다. 몇몇 경우는 모티프가 연속된 문자들로 구성돼 있지만 좀 더 복잡한 경우에는 가변적인 길이를 갖는 연속된 부분 문자열과 연속적이지 않은 부분 문자열을 갖는다. 각각을 하위 문자열sub-string과 하위 서열sub-sequence이라 부른다.[1]

참고 문헌[70]에 정의된 것처럼 하위 문자열은 문자열의 연속된 부분에 해당하는 반면, 하위 서열은 원래 문자열에서 일부 문자를 제거하고 얻은 새로운 문자열이다. 예를 들어 서열 S가 $abcdef$인 경우 $acdf$는 S의 하위 서열이고, bcd는 S의 하위 문자열이다. 그리고 일반적으로 하위 서열이 하위 문자열보다 더 많이 사용된다.

$|S|$는 S = xyz인 서열 S의 길이를 나타내며, $|x| \geq 0$ 및 $|z| \geq 0$인 경우 x는 S의 접두사prefix라 하고 y는 S의 접미사suffix라 한다. 그리고 S는 x의 상위 문자열super-string 또는 상위 서열super-seqeunce이 된다.

일반적으로 결정론적 모티프(M)는 최소한 하나 이상의 IPUC 알파벳(E)으로 구성된 문자열의 합(Σ)으로 정의한다. 즉 Σ' = $\Sigma \cap E$로 표현할 수 있으며, 여기서 알파벳(E)은 하나 이상의 서열이 가질 수 있는 위치를 반영하는 간격 또는 서열의 존재를 나타낸다. 그러므로 $L(M)$으로 발생된 y 서열에 특정 서열(S)에 해당하는 모티프(M)를 정규표현식으로 표현할 수 있는 것이다.

5장에서 제한효소 EcoRI가 DNA 서열 GAATTC를 잘라준다는 것을 배웠다. 이 경

---

1 하위 문자열은 연속된 부분 문자열이고, 하위 서열은 연속적이지 않은 부분 문자열이다. – 옮긴이

우 인식 부위가 매우 명확하지만, 다른 제한효소에는 결합 서열이 명확하지 않은 경우가 있다. 예를 들어 HindII[140]의 경우 여섯 개의 DNA 염기서열 GTYRAC를 인식해 절단하는 II형 제한효소다.[2] 따라서 제한효소가 인식할 수 있는 서열은 여러 가지가 된다.

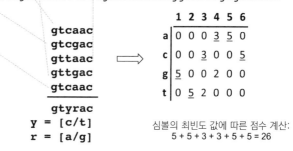

```
gccatcgtttatcgtcaacattaaaaccgctcaagttaataacggccgatcacgttaaat
atggtcgacacaagaaaaggtctttatgggctattactatatctctcgacaaaatgaaaa
ctagtgtacgtcagttgtggggcgcagaagttaacaattgaacagttaaaaagagcgtgt
aatgttcatgaaaagatcttttgttgacttttctatcaatacactactgttgtgacaag
gggagtcaacaataactttattgccatttttcctgaaattattcggtactcgagaacaaa
```

```
              gtcaac
              gtcgac
              gttaac
              gttgac
              gtcaac
```

	1	2	3	4	5	6
a	0	0	0	3	5	0
c	0	0	3	0	0	5
g	5	0	0	2	0	0
t	0	5	2	0	0	0

```
              gtyrac
          y = [c/t]
          r = [a/g]
```

심볼의 최빈도 값에 따른 점수 계산:
5 + 5 + 3 + 3 + 5 + 5 = 26

그림 10.1 다섯 가지 DNA 서열에서 일치하는 모티프의 다양한 표현

예를 들어 전사 인자(TF) 단백질은 상당히 풀어진 DNA 서열에 결합하기 때문에 결합 모티프를 분석하는 것이 더욱 복잡하다. 이러한 퇴행성degeneracy은 새로운de novo 모티프 발견의 복잡성을 증가시킨다.

EcoRI의 인식 부위는 Σ_{DNA} 알파벳만 사용해도 설명할 수 있지만 HindII는 모호함을 표현하기 위해 Σ'_{DNA}의 확장 버전을 사용해야 한다. 그림 10.1에서 입력 순서에 따른 문자열의 발생과 정렬을 볼 수 있다. 모티프의 두 번째 위치와 세 번째 위치는 각각 Y(C 또는 T)와 R(A 또는 G)로 표현할 수 있다. IUPAC DNA 코드는 이런 상이한 서열에 대한 추가적인 심볼을 제공한다.

이런 모티프를 표현하려면 가능한 모든 서열을 입력 서열로 저장해야 한다. 또한 모티프의 시작 위치 정보를 저장해 모티프의 다양성을 보존할 수 있다. 다만 이런 표현의 경우 모티프 발생 횟수만큼의 문자열을 저장해야 한다는 단점이 있다.

---

2 Y는 C 혹은 T, R은 A 혹은 G를 의미한다. - 옮긴이

또 다른 방법은 확장 IUPAC 알파벳과 정규표현식을 사용해 검색하는 것이다. 합의 모티프consensus motif3라고 부르는 이 방법은 좀 더 간결하고 직관적인 표현을 제공하지만, 각 모티프의 빈도에 관한 정보는 얻지 못한다.

각 모티프의 빈도 정보를 얻고자 한다면, 각 모티프에 존재하는 알파벳의 빈도를 행렬의 열로 표현하는 방법을 사용할 수 있다. 이 방법은 알파벳의 크기와 모티프의 길이에 의존하며 모티프의 수와는 무관하다. 그렇기 때문에 알파벳의 순서 정보를 잃게 되는 단점이 있다. 11장에서는 모티프 위치 빈도 행렬을 기반으로 한 표현을 자세히 배운다.

빈도frequency 또는 지원support으로 표현하는 반복성은 모티프의 또 다른 중요한 특징이다. 예를 들면, 입력 서열(D)이 다른 서열과 일치하는 수(M) 또는 입력 서열(D)에서 일치하는 서열(M)의 전체 수로 측정할 수 있다. 반복성 개념을 이용하면 사용자가 정의한 특정 값을 기준으로 빈도가 높은 모티프와 낮은 모티프로 구분할 수 있다.

좀 더 일반적인 접근법으로 모티프(D)의 점수(M)를 빈도에 기반해 정의해본다. 모티프의 프로파일 측면에서 생각해보면, 각각의 위치에서 가장 많이 나타나는 알파벳의 빈도를 고려해 점수를 측정해야 한다. 각 알파벳의 빈도는 합산하거나 곱해서 측정하며, 다음과 같은 방정식으로 모티프(D)의 길이(L)에 해당하는 점수(M)를 행렬로 표현할 수 있다.

$$Score(M) = \sum_{i=1}^{L} max_{k \in \Sigma} count(k, i) \tag{10.1}$$

이제 모티프 검색 문제를 공식에 대입할 수 있다. 일련의 서열의 목록(D)은 {$S_1, S_2, ..., S_t$}, 모티프 길이 L과 최저 점수 σ를 설정해 σ보다 크거나 같은 점수를 갖는 서열 목록(D)의 모든 모티프를 찾는다.

이제 결정론적 모티프 검색 알고리즘을 구현하는 DeterministicMotifFinding 클래스를 만들자. 이 클래스에는 모티프의 길이에 해당하는 motif_size와 모티프를 찾을 입력 서열이 포함된 벡터 seqs라는 두 가지 속성이 포함돼 있다. 그리고 read_file 함수를 통해 주어진 파일에서 입력 순서를 읽을 것이다.

---

3 합의 모티프는 서열에서 각 위치에서 발견되는 가장 빈번한 뉴클레오티드의 패턴이다. – 옮긴이

　그림 10.1에서는 정렬된 모티프가 서열 길이를 행^{column}으로 알파벳을 열^{row}로 나타
낸 행렬로 표현돼 있다. 행렬의 각 셀에는 지정된 위치의 DNA 알파벳 빈도가 적혀 있
다. 이 행렬을 만들기 위해 create_motif_from_indexes() 함수를 정의한다. 입력값으로
서열 데이터와 모티프 정보를 받고 모티프의 길이에 가변적인 2차원 행렬을 구성한다.
그런 다음 각각의 서열 데이터에서 모티프를 검색한다. 파이썬 내장 함수 enumerate()
를 사용해 순차적으로 인덱스와 벡터값을 반환하고 for 루프문으로 행렬의 각 셀에 빈
도에 대한 정보를 기록한다.

```python
class DeterministicMotifFinding:
    """ 결정론적 모티프 찾기를 위한 클래스 """

    def __init__(self, size = 8, seqs = None):
        self.motif_size = size
        if (seqs is not None):
            self.seqs = seqs
            self.alphabet = seqs[0].alphabet()
        else:
            self.seqs = []
            self.alphabet = "ACGT"

    def __len__(self):
        return len(self.seqs)

    def __getitem__(self, n):
        return self.seqs[n]

    def seq_size(self, i):
        return len(self.seqs[i])

    def read_file(self, fic, t):
        for s in open(fic, "r"):
            self.seqs.append(MySeq(s.strip().upper(), t))
        self.alphabet = self.seqs[0].alphabet()
        print(self.alphabet)

    def create_motif_from_indexes(self, indexes):
        res = [[0]*self.motif_size for i in range(len(self.alphabet))]
        for i,ind in enumerate(indexes):
```

```
            subseq = self.seqs[i][ind:(ind+self.motif_size)]
            for i in range(self.motif_size):
                for k in range(len(self.alphabet)):
                    if subseq[i] == self.alphabet[k]:
                        res[k][i] = res[k][i] + 1
        return res
```

공식 (10.1)을 구현한 함수 score()를 정의한다. 이 함수는 모티프의 모든 위치에서 가장 높은 값을 골라 합산함으로써 최댓값의 점수를 반환한다. score_multiplicative() 함수는 score() 함수와 거의 동일하지만 값을 합산하는 대신 곱해서 점수를 반환한다.

```
def score(self, s):
    score = 0
    mat = self.create_motif_from_indexes(s)
    for j in range(len(mat[0])):
        maxcol = mat[0][j]
        for i in range(1, len(mat)):
            if mat[i][j] > maxcol:
                maxcol = mat[i][j]
        score += maxcol
    return score


def score_multiplicative(self, s):
    score = 1.0
    mat = self.create_motif_from_indexes(s)
    for j in range(len(mat[0])):
        maxcol = mat[0][j]
        for  i in range(1, len(mat)):
            if mat[i][j] > maxcol:
                maxcol = mat[i][j]
        score *= maxcol
    return score
```

10.2 브루트 포스 알고리즘: 완전 탐색

이전 절에서 설명한 모티프 검색 문제를 해결하려면, 각 서열 데이터에서 모티프의 초기 시작 위치가 가장 좋은 벡터 s를 찾는 알고리즘을 구현한다.

- **입력값**: t – 서열(길이 n), L – 모티프의 길이, σ – (선택적인) 최소 점수
- **출력값**: 모티프(M)의 초기 위치 $s = (s_1, s_2, ..., s_t)$에 따른 $Score(s, D)$ 값을 최대화하는 서열(D)의 벡터값

브루트 포스 알고리즘brute-force algorithm의 목표는 $Score(s, D)$ 값을 최대화하는 것이므로 모든 가능한 초기 위치에서 각각의 점수를 계산한다. 최상의 초기 위치는 최고의 점수 위치 벡터에 해당하므로 모티프 프로파일과 점수 합의 순서를 도출한다. drainive_search() 함수가 이런 접근법을 구현한 것이다. 즉, 초기 위치 벡터에 대해 점수가 가장 높은 해법을 추적한다. 그리고 next_solution() 함수를 통해 입력 서열(D)에서 가능한 모든 $n - L + 1$ 위치에서의 점수 계산을 반복한다.

```python
def next_solution(self, s):
    next_sol= [0]*len(s)
    pos = len(s) - 1
    while pos >=0 and s[pos] == self.seq_size(pos) - self.motif_size:
        pos -= 1
    if (pos < 0):
        next_sol = None
    else:
        for i in range(pos):
            next_sol[i] = s[i]
        next_sol[pos] = s[pos]+1
        for i in range(pos+1, len(s)):
            next_sol[i] = 0
    return next_sol

def exhaustive_search(self):
    best_score = -1
    res = []
    s = [0]* len(self.seqs)
    while (s!= None):
```

```
        sc = self.score(s)
        if (sc > best_score):
            best_score = sc
            res = s
        s = self.next_solution(s)
    return res
```

10.3 분기 및 경계 알고리즘

철저한 접근 방식에서 해법의 영역은 $(n - L + 1)^r$개의 가능한 해법들로 구성된다. 그러므로 입력 서열의 길이와 수가 증가함에 따라 필요한 계산량이 폭발적으로 증가해 문제 해결이 어렵다. 실제 데이터에서 이 방법은 실현할 수 없다고 본다. 따라서 좀 더 효율적인 검색법으로 해법의 영역을 찾고 후보 모티프의 수를 줄이는 영리한 방법이 필요해졌다.

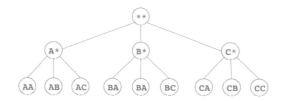

그림 10.2 길이가 2이고 알파벳이 세 개로 이뤄진 후보 모티프의 트리 구조 시각화

분기 및 경계 알고리즘branch-and-bound algorithm은 조합 최적화 알고리즘의 하나로, 모든 후보 모티프를 나열하는 것을 피하고자 지능형 예측 메커니즘을 사용한다.

분기 및 경계 알고리즘은 서열에서 모티프 검색 공간을 트리 구조로 만든다. 그러면 모티프 검색 공간을 분할해 리프는 후보 모티프로, 줄기는 부분의 집합으로 구성할 수 있다. 그래서 분기 및 경계 알고리즘은 트리의 줄기를 탐색해 좀 더 효율적으로 후보 모티프를 검색할 수 있다. 해법의 일부분은 트리 노드에 있는 솔루션과 관련이 있다. 따라서 각 브랜치는 또한 아래 리프의 목적 함수 값과 관련된 정보를 전달한다. 즉, 각각의 내부 노드 또는 브랜치에서 각 하위 공간sub-space에 대한 목적 함수 점수의 상한 또는 하한을 계산할 수 있다. 분기 및 경계 알고리즘은 현재 트리보다 더 나은 솔루션을 생성할 가능성이 있는 경우에만 해당 분기 내에서 검색을 수행한다. 그렇지 않은 경우는 건너뛰게 된다. 이런 작업을 일반적으로 검색 공간 정리prune라고 부른다. 분기 및 경계 알고리즘은 이렇게 하위 트리를 탐색하고 해당 노드를 기반으로 후보 모티프에 대한 경계를 추정하는 분기 작업에서 이름을 따온 것이다.

길이가 L이고 서열 Σ를 갖는 모티프는 $|\Sigma|^L$개의 가능한 후보가 생긴다. 예를 들어 다음과 같이 $\Sigma = \{A, B, C\}$라는 세 가지 서열 유형으로 구성된 길이가 2인 모티프를 생각해보자. 그렇다면 가능한 후보에는 총 아홉 가지(AA, AB, AC, BA, BB, ...)가 있다. 그림 10.2는 이 예시에 대한 트리로 구성된 검색 공간을 나타낸다.

모티프 검색 문제에 대해 분기 및 경계 알고리즘을 적용하려면 먼저 트리 구조를 순환하며 후보 모티프의 가치를 계산하는 목적 함수 기능을 구현해야 한다. 이 경우 목적 함수는 앞에서 설명한 점수 함수에 해당한다.

(A) 정점식 열거법

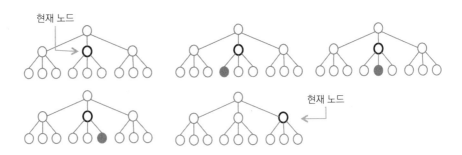

(B) 바이패스법

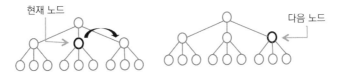

그림 10.3 트리 구조에 대한 모티프 탐색 작업의 모식도

검색 공간을 탐색하려면 트리 구조에 있는 모든 리프를 순차적으로 순회하는 기능이

필요하다. 그렇기 때문에 다음 리프를 가리키는 기능이 탐색에 필요하다. 현재 지점이 트리 구조의 내부 노드인 경우 함수는 하위 공간의 첫 번째 리프를 가리켜야 한다. 그리고 현재 지점이 리프이면 함수는 다음 하위 공간의 후속 리프를 반환해야 한다. 현재 리프가 하위 공간 내에서 마지막 리프면 방문할 다음 하위 공간의 루트에 있는 다음 내부 노드를 가리키는 식으로 진행돼야 한다. 그림 10.3A는 이런 방법을 표현한 것이다.

바이패스 작업은 다음에서 볼 수 있듯이 주어진 노드에서 하위 트리에 해당하는 곳을 무시하고 현재 수준과 동일한 다음 노드로 넘어가는 것이다. 그림 10.3B는 이러한 바이패스의 예를 보여준다.

하위 트리를 무시하고 바이패스를 하려면 계산된 규칙이 있어야 한다. 이 규칙은 부분 공간 내의 후보 모티프들이 현재의 것보다 개선될 수 있는지를 추정하는 것이다.

모티프 탐색 문제의 경우에는 모티프 $s = (s_1, s_2, ..., s_t)$의 최상의 초기 위치를 선택해 계산된 점수의 최댓값을 찾음으로써 해결할 수 있다. 따라서 길이가 N인 입력 서열 t와 길이가 L인 모티프의 경우, 입력 서열의 처음부터 $M(N-L)$번까지 검색해서 계산한다.

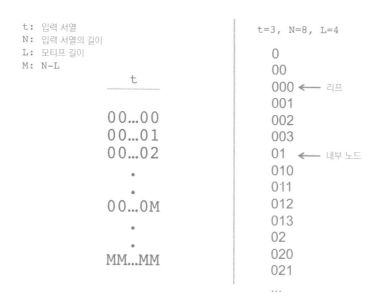

그림 10.4 모티프의 시작 위치 벡터를 기반으로 하는 열거 공간

그림 10.4는 트리와 리프로 표현된 모든 후보 모티프를 보여준다. 각 리프는 길이(t)의 벡터로 표시했다. 수준(i)에 해당하는 내부 노드는 그림에 표시된 바와 같이 길이(i)의 벡터로 나타난다.

아래에 제공된 next_vertex() 함수는 이런 표현에 따라 다음 리프의 검색을 구현한다. 먼저 현재 위치 벡터의 길이가 입력 서열의 길이(t)보다 짧은지를 확인해 내부 노드를 나타낸다. 이 경우 현재 후보 모티프를 복사해 다음 수준의 노드로 내려간다. 그리고 현재 위치 벡터의 길이가 서열 수와 같으면 리프 수준에서 후보 모티프를 검색한다. 여기서는 현재 서열의 위치가 이미 최대인지, 즉 $M(N - L)$과 같은지 확인한다. 그렇지 않은 경우 현재 위치의 후보 모티프를 복사하고 현재 서열의 위치에서 한 칸 더 이동한다.

```python
def next_vertex(self, s):
    res = []
    if len(s) < len(self.seqs):
        for i in range(len(s)):
            res.append(s[i])
        res.append(0)
    else:
        pos = len(s)-1
        while pos >=0 and s[pos] == self.seq_size(pos) - self.motif_size:
            pos -= 1
        if pos < 0: res = None
        else:
            for i in range(pos): res.append(s[i])
            res.append(s[pos]+1)
    return res
```

bypass() 함수는 바이패스 기능을 구현한 것이며, 코드는 next_vertex() 함수와 유사하지만 내부 노드에 대해 확인하는 과정이 없다.

```python
def bypass(self, s):
    res = []
    pos = len(s)-1
    while pos >=0 and s[pos] == self.seq_size(pos) - self.motif_size:
        pos -= 1
```

```
    if pos < 0: res = None
    else:
        for i in range(pos): res.append(s[i])
        res.append(s[pos]+1)
    return res
```

이제 하위 공간에 대한 경계를 추정하는 방법을 구현해 해당 분기 내에서 후보 모티프를 탐색할 가치가 있는지 확인한다. 우리가 트리를 위에서 아래로 가로지르고 있으며 현재 레벨이 i라고 가정하자. 그렇다면 입력 서열(t)의 경우 위치 벡터를 $(s_1, s_2, ..., s_i)$와 $(s_{i+1}, ..., s_t)$로 나눌 수 있다. 각 서열은 점수(L)로 최댓값을 계산할 수 있다. 따라서 현재 레벨 i에서의 모든 초기 위치가 고정됐다고 간주하면, 최상의 시나리오인 경우 후속 $t-i$번째 서열은 $(t-i)*L$로 계산할 수 있다. 따라서 수준 i의 경계는 $Score((s_1, s_2, ..., s_i), D) + (t-i)*L$로 계산된다. 그리고 점수가 지금까지 본 최고 점수보다 작다면, 하위 탐색 공간에서도 최고 점수에는 미치지 못하므로 하위 공간을 바이패스할 수 있다.

branch_and_bound() 함수는 처음 시작 위치에 따른 최고의 후보 모티프를 찾는 기능을 한다. next_vertex() 함수는 각 단계에서 다음 후보 모티프를 제공해 현재 위치가 내부 노드인 경우 경계값을 추정해 바이패스 여부를 판단한다. 그리고 리프에 위치한다면 점수를 계산해 비교한다. 만약 최고 점수를 갱신한다면 이 후보 모티프가 최고 후보 모티프로 대체된다.

```
def branch_and_bound(self):
    best_score = -1
    best_motif = None
    size = len(self.seqs)
    s = [0]*size
    while s != None:
        if len(s) < size:
            optimum_score = self.score(s) + (size-len(s)) * self.motif_size
            if optimum_score < best_score: s = self.bypass(s)
            else: s = self.next_vertex(s)
        else:
            sc = self.score(s)
            if sc > best_score:
                best_score = sc
```

```
            best_motif = s
        s = self.next_vertex(s)
return best_motif
```

10.4 휴리스틱 알고리즘

지금까지는 전체 서열에서 무차별적으로 모티프를 검색하는 알고리즘과 좀 더 효율적인 분기 및 경계 알고리즘이라는 두 가지 방법을 배웠다. 그러나 이들 알고리즘의 알고리즘 복잡도는 입력 서열의 수(t)와 길이(N), 모티프의 길이(L)에 비례한다. 브루트 포스 알고리즘은 $L * (N - L + 1)^t$의 연산이 필요하다. 분기 및 경계 알고리즘에서는 바이패스의 수(i)에 따라 $L * (N - L + 1)^{(t-1)}$의 연산이 필요하다. 두 경우 모두 서열의 수가 10~12개 이상이며, 길이가 수백 혹은 수천 개에 달하면 사실상 계산이 불가능하다.

이런 한계를 극복하기 위해 휴리스틱 알고리즘은 최적 값을 희생해 계산 효율성을 얻는 방법을 사용한다. 가장 초기에 사용된 휴리스틱 알고리즘은 스토모Stormo, 헤르츠Hertz, 하르첼Hartzell이 제안한 CONSENSUS 알고리즘[75, 145]이다.

휴리스틱 알고리즘은 처음 두 개의 입력 서열에서 초기 위치 s_1 및 s_2의 최고 점수를 찾는다. 이것들이 전체 점수에서 가장 큰 부분에 기여한다. 이후 입력 서열 $i = 3, ..., t$의 경우에는 이전 서열($s_1, s_2, ..., s_{i-1}$)의 위치를 고정하고 점수를 최대화하는 초기 위치를 찾는다. 이 방법은 다음 heuristic_consensus() 함수로 구현한다.

```python
def heuristic_consensus(self):
    res = [0]* len(self.seqs)
    max_score = -1
    partial = [0,0]
    for i in range(self.seq_size(0)-self.motif_size):
        for j in range(self.seq_size(1)-self.motif_size):
            partial[0] = i
            partial[1] = j
            sc = self.score(partial)
            if (sc > max_score):
                max_score = sc
                res[0] = i
```

```
            res[1] = j
    for k in range(2, len(self.seqs)):
        partial = [0]*(k+1)
        for j in range(k):
            partial[j] = res[j]
        max_score = -1
        for i in range(self.seq_size(k)-self.motif_size):
            partial[k] = i
            sc = self.score(partial)
            if (sc > max_score):
                max_score = sc
                res[k] = i
    return res
```

이 알고리즘은 계산 효율성을 크게 향상시키는 반면에 결과가 입력 서열의 순서에 따라, 즉 처음 두 개의 초기 위치에 따라 크게 달라진다. 이런 단점을 극복하려면 입력 서열을 다른 순서로 알고리즘에 넣는 것이 중요하다. CONSENSUS 알고리즘은 각 반복에 대한 많은 부분 솔루션을 추적하고 마지막 최고 점수를 가진 결과를 반환한다.

마지막으로 간단한 테스트용 함수를 만들어 다양한 기능과 알고리즘을 확인한다.

```
def test():
    seq1 = MySeq("ATAGAGCTGA", "DNA")
    seq2 = MySeq("ACGTAGATGA", "DNA")
    seq3 = MySeq("AAGATAGGGG", "DNA")
    mf = DeterministicMotifFinding(3, [seq1,seq2,seq3])

    print("Exhaustive:")
    sol = mf.exhaustive_search()
    print("Solution: ", sol)
    print("Score: ", mf.score(sol))

    print("\nBranch and Bound:")
    sol2 = mf.branch_and_bound()
    print("Solution: ", sol2)
    print("Score:", mf.score(sol2))

    print("\nHeuristic consensus: ")
    sol3 = mf.heuristic_consensus()
```

```
    print("Solution: ", sol3)
    print("Score:", mf.score(sol3))
```

현실적인 예시로 추가적으로 제공되는 exampleMotifs.txt 파일의 서열 데이터를 활용해 알고리즘 간의 실행 차이를 살펴보자.

```
def test2():
    mf = DeterministicMotifFinding()
    mf.read_file("exampleMotifs.txt","DNA")
    print("Branch and Bound:")
    sol = mf.branch_and_bound()
    print("Solution: ", sol)
    print("Score:", mf.score(sol))

    print("\nHeuristic consensus: ")
    sol2 = mf.heuristic_consensus()
    print("Solution: ", sol2)
    print("Score:", mf.score(sol2))
```

참고 문헌과 추가 자료

결정론적 모티프 찾기의 문제는 수년 동안 많은 컴퓨터 생물학자와 컴퓨터과학자가 큰 관심을 쏟던 계산 문제이며, 이 책에서 다루지 않은 내용은 다음의 참고 문헌들을 참고하자(예: [136], [96], [41], [17]).

댄 구스필드Dan Gusfield의 책[70]은 모티프 발견 알고리즘의 핵심적인 내용과 일반적으로 사용되는 전략 및 데이터 구조를 다룬다. 존스Jones와 페브스너Pevzner의 책[84]은 의심할 여지없이 여기에 제시된 작업에 영향을 미쳤다. 각 주제는 실제 사례에 의해 동기 부여가 되지만 분석 및 알고리즘 관점에서 접근한다.

사곳Sagot[134], 페브스너Pevzner, 세이Sze[126]는 결정론적 모티프 검색 문제를 길이가 L인 모티프가 d(뉴클레오티드 수) 미만의 거리를 갖는 수학적 공식으로 표현했다. 따라서 이전에는 '일반적인 모티프 검색 문제common motif problem'라고 불렸지만, 이후에는 '(L, d)-모티프 문제(L, D)-Motif probem'라고 불렸다. 두 연구 모두 모티프 검색 문제를 위한 효율적인 알고리즘을 제안했다. (L, d)-모티프 문제는 특히 L이 14보다 크고 d가 4보다 클 때 매우 어려워진다. 만약 열거 전략을 기반으로 하는 방법을 사용한다면 모티프 길이에 의해 지수적으로 복잡성이 늘어나기 때문에 이런 문제에서는 잘 작동하지 않는다. 그래서 그래프 기반 방법(예: Winnover 및 SP-Star)[126], 프로젝션 전략[30] 또는 통계 분포 및 마르코프^{Markov} 모델[109] 등 다른 전략을 기반으로 여러 가지 방법이 제안됐다. 복합적인 모티프 검색 문제와 같은 더 복잡한 것은 모티프 공식화[59]를 포함한 다른 연구로 이어졌다.

연습 문제와 프로그래밍 프로젝트

연습 문제

1. 가장 보존된 모티프를 시각화하는 기능을 구현해보자. 이 함수는 모티프 빈도 행렬을 탐색해서 각 열 출력에 대해 가장 빈번한 심볼을 찾는 것이다.

2. 1번 문제에서 만든 함수가 IUPAC 뉴클레오티드를 포함하도록 수정해보자. 여러 심볼이 있는 열의 경우에는 IUPAC의 해당 심볼을 사용한다.

3. 휴리스틱 알고리즘은 처음 두 입력 서열에 따라 크게 달라진다. 무작위로 섞인 순서로 반복해 각 결과에서 보존된 모티프를 추적하는 함수를 작성해보자.

프로그래밍 프로젝트

1. 10장에서 제시된 모티프 찾기 알고리즘은 서열당 하나 이상의 모티프 발생을 가정한다. 따라서 입력 서열 데이터는 모티프의 표적이 아닌 서열도 포함한다. 모티프가 없는 서열을 처리하기 위한 기능을 구현해보자. 예를 들어, 모티프 발생이 없는 서열의 초기 위치 벡터는 −1로 설정해 길이가 L인 모든 문자열의 점수가 거의 동일하게 만든다. 그러므로 서열의 최고 점수와 최저 점수 간의 차이가 주어진 임곗값보다 낮은 경우에는 모티프가 존재하지 않는다고 할 수 있다.

2. 각 단계에서 가능한 몇 가지 대안과 추가 반복에서 탐색하는 방법을 고려해 CONSENSUS 알고리즘 함수를 수정해보자. 사용자의 정의에 따라 최대 K개의 대안을 반복마다 유지해야 한다.

11 확률적 모티프와 알고리즘

이번 장에서는 생물학적 모티프에서 특정 위치의 각 문자에 대해 확률을 넣을 수 있는 가중치 행렬의 확률적 표현 방법을 알아본다. 먼저 이러한 표현법으로 DNA 및 단백질 서열에서 모티프를 검색하는 방법을 다룰 것이다. 그다음에는 기댓값 최대화^{Expectation-} ^{Maximization}(EM) 전략과 깁스 샘플링^{Gibbs sampling} 기반 확률 알고리즘으로 모티프를 찾는 방법을 살펴본다.

11.1 확률 모티프 표현 및 검색

확률 모티프는 일반적으로 템플릿 또는 프로파일이라 불리는 확률론적 가중치 행렬 ^{Probabilistic Weight Matrix}(PWM)[47,68,144]을 통해 표현할 수 있다. PWM에는 뉴클레오티드 또는 아미노산 서열이 들어있는데, 행은 각 생물학적 심볼에 대한 가중치를 나타내고 열은 모티프의 각 위치를 나타낸다. 그림 11.1은 크기 N의 DNA 모티프를 나타내는 PWM 구조다. 이 구조에서 셀 P_{ij}의 값은 모티프 P에서 j 위치의 뉴클레오티드 i가 발견될 확률을 나타낸다. 이 모델은 문자와 모티프 사이에 서로 독립성이 있다고 가정한다. 길이가 N인 서열 $S = S_1S_2 \cdots S_N$이 PMW인 P와 일치할 확률은 다음 식 (11.1)에서 정의했다.

서열 비교라는 목적을 위해 로그는 확률 값보다 쉽게 다룰 수 있으므로, 일반적으로 P_{ij} 셀의 로그 오즈^{log-odds}를 사용하며 특정 위치에 대한 점수 행렬^{Position Specific Scoring} ^{Matrix}이 생성된다. S가 P와 매칭될 가능성은 공식 (11.2)에 주어진 점수로 기록할 수 있다.

	1	2	...	N
A	P_{A1}	P_{A2}	...	P_{An}
T	P_{T1}	P_{T2}	...	P_{Tn}
C	P_{C1}	P_{C2}	...	P_{Cn}
G	P_{G1}	P_{G2}	...	P_{Gn}

그림 11.1 위치 가중치 행렬. 각 행은 문자열을 나타내고 각 열은 모티프에 해당하는 각 포지션이다. 각 셀에는 특정 위치에서 각 문자를 찾을 확률이 들어있다.

GATCAT
GATGAT
GAAGAA
CAAGAC
AAACTT
GGACCT
GCAAAG
CTGCAT

	1	**2**	**3**	**4**	**5**	**6**
A	1/8	5/8	5/8	1/8	6/8	1/8
T	0	1/8	3/8	0	1/8	5/8
C	1/8	1/8	0	4/8	1/8	1/8
G	5/8	1/8	1/8	3/8	0	1/8

S = GCGGATCATCAA

스캔한 서열	확률 계산	p(a|P)
GCGGATCATCAA	5/8 x 1/8 x 1/8 x 3/8 x 6/8 x 1/8	3.4×10^{-4}
G**CGGATC**ATCAA	1/8 x 1/8 x 1/8 x 5/8 x 1/8 x 1/8	3.8×10^{-6}
GC**GGATCA**TCAA	5/8 x 1/8 x 5/8 x 0 x 1/8 x 1/8	0
GCG**GATCAT**CAA	5/8 x 5/8 x 3/8 x 4/8 x 6/8 x 5/8	**0.03433**
GCGG**ATCATC**AA	1/8 x 1/8 x 0 x 1/8 x 1/8 x 1/8	0
GCGGA**TCATCA**A	0 x 1/8 x 5/8 x 0 x 1/8 x 1/8	0
GCGGAT**CATCAA**	1/8 x 5/8 x 3/8 x 4/8 x 6/8 x 1/8	1.4×10^{-3}

그림 11.2 여덟 개의 서열 세트와 가중치 행렬. 입력 서열 중에서 가장 가능성 있는 모티프를 찾는 계산 과정이다.

$$p(S, P) = \prod_{i=1}^{N} P(S_i, i) \tag{11.1}$$

$$score(S, P) = \sum_{i=1}^{N} log P(S_i, i) \tag{11.2}$$

그림 11.2는 여덟 개 서열로 만든 PWM을 나타낸다. 서열 $a = GATCAT$와 일치하는 모티프 P는 $p(GATCAT|P) = \frac{5}{8} \times \frac{7}{8} \times \frac{3}{8} \times \frac{4}{8} \times \frac{6}{8} \times \frac{5}{8} = 0.03433$과 같이 모든 위치에서 확률을 곱한 값으로 얻을 수 있다.

서열 S와 PWM P가 주어지면 P와 일치할 확률이 가장 높은 길이가 N인 S의 하위 서열을 계산할 수 있다. 윈도우 길이 N으로 서열 S를 탐색해 공식 (11.1)을 계산한다.

가중치 행렬을 처리하고 위에서 설명한 계산을 구현하는 MyMotifs 클래스를 정의할 것이다. 그에 앞서 두 가지 함수를 구현해본다. 첫 번째는 주어진 차원의 행렬을 만드는 함수이고, 두 번째는 행렬의 시각화 함수다.

```python
def create_matrix_zeros(nrows, ncols):
    res = []
    for i in range(0, nrows):
        res.append([0]*ncols)
    return res


def print_matrix(mat):
    for i in range(0, len(mat)):
        print(mat[i])
```

MyMotifs 클래스에 PWM을 만들고 모티프의 다른 결정론적 표현을 끌어내며 모티프의 발생 확률을 서열에 따라 결정하는 데이터 구조와 메서드를 구현했다.

이 클래스에는 (i) PWM 모델을 구축하는 데 필요한 서열, (ii) 총 서열의 개수, (iii) 알파벳, (iv) 절대 카운트를 포함한 행렬, (v) 모티프의 각 위치에서 심볼의 빈도를 갖는 행렬이라는 다섯 가지 속성이 있다. 이 행렬은 do_counts와 create_pwm 함수를 호출해 생성한다.

```python
class MyMotifs:
    """ 확률 가중치 행렬을 다루는 클래스 """
    def __init__(self, seqs = [], pwm = [], alphabet = None):
        if seqs:
            self.size = len(seqs[0])
            self.seqs = seqs # MySeq 클래스 객체
            self.alphabet = seqs[0].alphabet()
            self.do_counts()
```

```
            self.create_pwm()
        else:
            self.pwm = pwm
            self.size = len(pwm[0])
            self.alphabet = alphabet

    def __len__(self):
        return self.size

    def do_counts(self):
        self.counts = create_matrix_zeros(len(self.alphabet), self.size)
        for s in self.seqs:
            for i in range(self.size):
                lin = self.alphabet.index(s[i])
                self.counts[lin][i] += 1

    def create_pwm(self):
        if self.counts == None: self.do_counts()
        self.pwm = create_matrix_zeros(len(self.alphabet), self.size)
        for i in range(len(self.alphabet)):
            for j in range(self.size):
                self.pwm[i][j] = float(self.counts[i][j]) / len(self.seqs)
```

PWM을 통해 모티프의 각 위치에서 가장 잘 보존된 심볼을 갖는 공통 서열^{consensus} ^{sequence}을 생성할 수 있다. consensus 함수는 모티프의 각 위치를 탐색해 각 위치에서 가장 많이 출현한 심볼을 선택한다. masked_consensus 함수도 비슷한 방식으로 작동하지만, 각 위치에서 빈도가 50% 이상인 경우만 출력하고 그렇지 않으면 '–' 심볼을 출력한다.

```
    def consensus(self):
        """ 모티프의 각 위치에서 가장 빈도가 높은 심볼 서열을 반환 """
        res = ""
        for j in range(self.size):
            maxcol = self.counts[0][j]
            maxcoli = 0
            for i in range(1, len(self.alphabet)):
                if self.counts[i][j] > maxcol:
                    maxcol = self.counts[i][j]
```

```
                maxcoli = i
        res += self.alphabet[maxcoli]
    return res

def masked_consensus(self):
    """ 입력 서열의 최소 50% 이상에서 출현하는 심볼 모티프 서열을 반환 """
    res = ""
    for j in range(self.size):
        maxcol = self.counts[0][j]
        maxcoli = 0
        for i in range(1, len(self.alphabet)):
            if self.counts[i][j] > maxcol:
                maxcol = self.counts[i][j]
                maxcoli = i
        if maxcol > len(self.seqs) / 2:
            res += self.alphabet[maxcoli]
        else:
            res += "-"
    return res
```

주어진 모티프와 일치하는 서열의 확률을 계산하는 함수를 probability_sequence 함수에서 구현해보자. 입력 서열에서 모든 심볼에 대해 각 위치의 발생 확률 곱을 계산한다.

이 절차를 더 긴 서열에서 일반화하고 모티프 길이 N의 모든 하위 서열에 발생 확률을 적용(함수 probability_all_positions)할 수 있다. 스캔은 첫 번째 인덱스에서 $|S| - N+1$까지, 즉 입력한 서열의 길이에서 모티프의 길이 + 1까지의 인덱스로 수행한다는 것에 유의한다. 모든 하위 서열의 확률은 리스트에 저장된다. 이 함수로 모티프와 일치할 가능성이 가장 높은 하위 서열을 쉽게 찾을 수 있다. most_probable_sequence 함수에서 하위 서열의 인덱스가 반환된다.

모티프 발생 가능성이 가장 높은 하위 서열을 알게 되면 모티프를 업데이트하고 세분화할 수 있다. create_motif에서 MyMotif 클래스의 객체가 반환되는 새 모티프를 만들기 위해 입력한 서열을 스캔하고 가장 가능성이 높은 하위 서열을 고른다.

```python
    def probability_sequence(self, seq):
        res = 1.0
        for i in range(self.size):
            lin = self.alphabet.index(seq[i])
            res *= self.pwm[lin][i]
        return res

    def probability_all_positions(self, seq):
        res = []
        for k in range(len(seq)-self.size+1):
            res.append(self.probability_sequence(seq))
        return res

    def most_probable_sequence(self, seq):
        """ 입력 서열에서 가장 가능성이 높은 하위 서열의 인덱스를 반환 """
        maximum = -1.0
        maxind = -1
        for k in range(len(seq)-self.size):
            p = self.probability_sequence(seq[k:k+self.size])
            if (p > maximum):
                maximum = p
                maxind = k
        return maxind

    def create_motif(self, seqs):
        from MySeq import MySeq
        l = []
        for s in seqs:
            ind = self.most_probable_sequence(s.seq)
            subseq = MySeq(s[ind:(ind+self.size)], s.get_seq_biotype())
            l.append(subseq)
        return MyMotifs(l)
```

마지막으로 클래스를 테스트하는 다음 코드가 제공된다. 이 코드는 여덟 개의 서열에서 모티프를 만들고 행렬의 절대 카운트와 빈도를 시각화하는 것으로 시작한다. 공통 모티프와 마스크된 공통 모티프^{masked consensus motif}가 발견되고, 확률 계산은 여러 입력 서열에 대해 수행된다.

```python
def test():
    from MySeq import MySeq
    seq1 = MySeq("AAAGTT")
    seq2 = MySeq("CACGTG")
    seq3 = MySeq("TTGGGT")
    seq4 = MySeq("GACCGT")
    seq5 = MySeq("AACCAT")
    seq6 = MySeq("AACCCT")
    seq7 = MySeq("AAACCT")
    seq8 = MySeq("GAACCT")
    lseqs = [seq1, seq2, seq3, seq4, seq5, seq6, seq7, seq8]
    motifs = MyMotifs(lseqs)
    print("Counts matrix")
    print_matrix(motifs.counts)
    print("PWM")
    print_matrix(motifs.pwm)
    print("Sequence alphabet")
    print(motifs.alphabet)

    [print(s) for s in lseqs]
    print("Consensus sequence")
    print(motifs.consensus())
    print("Masked Consensus sequence")
    print(motifs.masked_consensus())

    print(motifs.probability_sequence("AAACCT"))
    print(motifs.probability_sequence("ATACAG"))
    print(motifs.most_probable_sequence("CTATAAACCTTACATC"))
```

이 장의 첫 부분에서는 PWM이 서열의 위치에 따라 각 심볼의 빈도를 계산해 모티프를 확률적으로 표현하는 방법을 논의했다. 이제 PWM을 사용해 입력 서열 내에서 새로운 모티프를 검색할 수 있으며, 높은 점수를 얻은 모티프로 표현하는 방법을 배운다.

PWM 모델로 표현하는 하위 서열의 수가 상대적으로 적은 경우, 몇몇 심볼은 일부 위치에서 나타나지 않을 수 있다. 즉, 빈도가 0이라는 의미다. 그 결과 모티프 확률이 0이 되는 상황으로 이어진다. 이러한 상황을 피하고 수치의 안정성을 높이기 위해 의사 수pseudo-count가 PWM 값에 추가된다.

시각화는 모티프를 표현하는 또 다른 중요한 측면이다. PWM을 시각화하는 일반적인 방법은 슈나이더^{Schneider}와 스티븐스^{Stephens}가 1990년에 도입한 서열 로고^{sequence} ^{logo}를 이용하는 것이다[47, 137]. 이 유형의 그래픽은 모티프 위치의 공통된 문자 수에 비례하는 높이의 문자 묶음을 표시한다. Weblogo[40]와 같은 도구를 사용하면 쉽게 PWM을 표현할 수 있다. 서열 로고에서 모든 심볼 b에 대한 위치 i의 정보는 공식 (11.3)에 의해 표현된다.

$$I_i = 2 + \sum_b P_{b,i} \times log_2 P_{b,i} \tag{11.3}$$

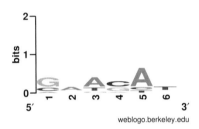

그림 11.3 여덟 개 하위 서열의 Weblogo

DNA 모티프의 경우 완전히 보존된 위치에는 2비트의 정보가 포함되며, 네 개의 염기 중 두 개가 50% 미만으로 발생하는 위치에는 1비트의 정보가 포함된다. 그림 11.3은 그림 11.2의 여덟 가지 하위 서열에 대해 Weblogo가 생성한 서열을 보여준다.

11.2 확률 알고리즘: 기댓값 최대화

지금까지 입력 서열에 따른 최상의 모티프 위치에 대한 최소한의 추측으로 만들 수 있는 하위 하열을 얻었나. 이러한 하위 시열로부디 모티프의 특성을 나타내는 PWM을 도출할 수 있었다. 그러나 이전 장에서 논의했듯이 정보는 일반적으로 미리 알려지지 않는다. 따라서 모티프를 발견할 수 있는 메서드를 적용해야 한다.

10장의 모티프 찾기 문제에서는 입력값으로 길이 L의 서열 t개가 담긴 세트 D와 모티프의 길이 N이 있었다. 메서드는 점수 함수인 $score(s, D)$를 최대화하는 하위 서열의 초기 위치를 포함한 길이 t의 벡터 s를 출력한다.

결정론 및 확률론 모티프에 대해 문제 설정은 동일하지만 검색 공간을 스캔하는 방법이 다르므로 알고리즘 접근 방식은 다르다. 이전 장에서 열거형 메서드^{enumeration} ^{method}로 완전 탐색(철저한 탐색)을 사용하는 방법과 휴리스틱한 방법이 검색의 효율성을 어떻게 높이는지 알아봤다. 이러한 접근법은 최상의 모티프를 찾는 해결책을 제시할 수 있지만 문제 해결을 위해 모델 추상화가 필요한 모티프들은 간과할 가능성이 있다.

기댓값 최대화(EM) 기반 알고리즘은 검색 공간을 탐색하고 모티프를 최적화하는 방법을 제공해 이 문제를 해결할 수 있다. 이 전략은 반복적 접근 방식으로 가장 대표적인 하위 서열, 즉 입력 서열을 따라 최상 히트^{best hit}를 얻을 수 있는 모티프를 찾는다.

길이가 L인 모티프에 대해 EM 알고리즘은 입력 서열에서 길이 L의 모든 하위 서열을 스캔하고 빈도를 추가해 PWM을 초기화한다. 다음으로 입력 서열에서 길이 L의 각 하위 서열에 대해 입력 서열의 무작위 모델이 아닌 모티프에 의해 생성될 확률을 계산한다. 그다음에는 선택된 모든 하위 서열의 빈도를 평균화해 모티프를 개선하는 데 최상 히트를 사용한다. 점수 개선이 0 또는 최소인 경우 절차가 중지된다.

이 방법은 일반적으로 거의 최적의 해결 방법을 보여준다. 모티프에서 최상의 히트를 위해 서열의 심볼을 대체하는 마스킹 방법을 다시 실행해 추가적 모티프를 찾을 수 있다. MEME[18]은 모티프 검색을 위한 EM 알고리즘의 가장 대표적인 구현이다.

그림 11.4는 백그라운드 빈도의 일부로 모티프를 초기화하는 EM 프로세스를 나타낸다. 이 경우 뉴클레오티드의 균일한 분포를 20%로 가정한다. 모티프 모델은 입력한 서열을 스캔하고 가장 좋은 히트를 수정해 반복적으로 업데이트한다.

입력 서열에서 길이 L의 모든 하위 서열을 스캔함으로써 EM 알고리즘은 결정론적 최적화^{deterministic optimization}를 수행한다. 일반적으로 최적의 해결책으로 수렴이 일어나며, 이와 관련해서 모든 초기 해결책에 대한 철저한 열거^{exhaustive enumeration}가 필요하다. 종종 검색에 확률적 구성 요소를 도입해 검색 프로세스를 최적화할 수 있다. 예를 들어, 모티프를 도출하는 데 사용한 초기 하위 서열은 무작위로 선택할 수 있다.

이제 확률론적 휴리스틱 검색을 기반으로 알고리즘의 기초 형성 단계를 설명한다.

1. 입력 서열 D를 따라 초기 위치 $s = (s_1, ..., s_t)$를 무작위로 선택해 시작한다.
2. 1단계에서 생성된 서열로부터 PWM 프로파일 P가 생성된다.
3. 모티프 P는 D에서 가장 가능성 있는 하위 서열 n을 검색하는 데 사용한다. 그다음에는 n에 따라 새로운 초기 위치에 대해 벡터 s가 업데이트된다.

4. 3단계에서 계산된 위치를 사용해 새로운 PWM 프로파일 *P*가 생성된다. *score*(*s*, *D*) 점수가 더 이상 상승하지 않을 때까지 3단계와 4단계를 반복한다.

이전 장에서 만든 `MotifFinding`을 확장해보자. 이 클래스에는 결정론적 및 확률적 모티프 검색을 위한 메서드가 포함돼 있다. 점수의 더하기 및 곱하기 연산은 `score` 및 `score_multiplicative` 함수에서 구현됐다.

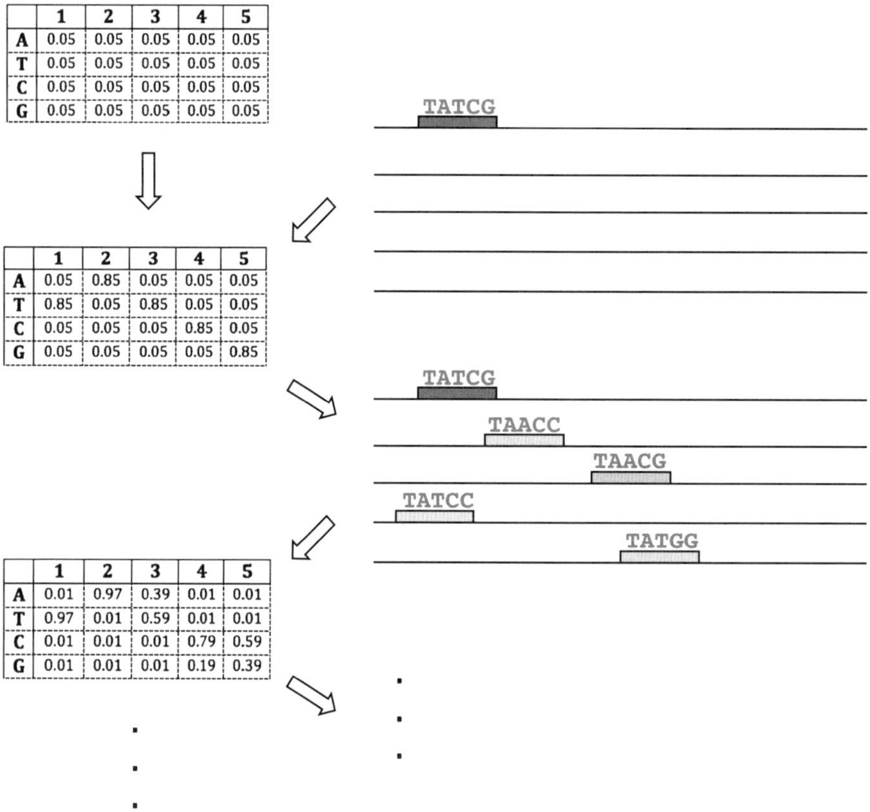

	1	2	3	4	5
A	0.05	0.05	0.05	0.05	0.05
T	0.05	0.05	0.05	0.05	0.05
C	0.05	0.05	0.05	0.05	0.05
G	0.05	0.05	0.05	0.05	0.05

	1	2	3	4	5
A	0.05	0.85	0.05	0.05	0.05
T	0.85	0.05	0.85	0.05	0.05
C	0.05	0.05	0.05	0.85	0.05
G	0.05	0.05	0.05	0.05	0.85

	1	2	3	4	5
A	0.01	0.97	0.39	0.01	0.01
T	0.97	0.01	0.59	0.01	0.01
C	0.01	0.01	0.01	0.79	0.59
G	0.01	0.01	0.01	0.19	0.39

그림 11.4 모티프 찾기의 기댓값 최대화 전략. 초기 하위 서열에서 모티프 모델이 생성된 후 입력 서열을 스캔해 반복적으로 업데이트하는 방식을 보여준다. PWM은 균일한 배경 빈도인 20%로 초기화된다. 하위 서열은 PWM을 업데이트하는 데 사용된다. 그런 다음 입력 서열에서 모티프 일치를 스캔한 후 PWM을 업데이트하는 데 사용한다. 모티프 점수에서 개선이 이뤄지지 않을 때까지 프로세스가 반복된다.

다음 코드에서는 모티프 모델을 구축하는 데 사용한 하위 서열의 초기 위치를 포함하는 인덱스 리스트를 바탕으로 MyMotifs 유형의 확률적 모티프를 만드는 create_motif_from_indexes 함수를 보여준다. MySeq 클래스의 여러 객체가 하위 서열과 생물학적 유형을 기반으로 생성돼 MyMotifs 클래스로 전달된다.

앞에서 설명한 알고리즘은 heuristic_stochastic 함수로 구현됐다. 입력 서열에서 무작위로 선택한 초기 위치와 PWM, 곱셈 점수로 모티프 객체를 만든다. 이는 각 입력 서열에서 가장 개연성이 높은 하위 서열 모티프를 반복적으로 정제해 모티프 점수를 더 이상 향상시킬 수 없을 때까지 진행한다.

```python
def create_motif_from_indexes(self, indexes):
    pseqs = []
    for i, ind in enumerate(indexes):
        pseqs.append(MySeq(self.seqs[i][ind:(ind+self.motif_size)], self.seqs[i].get_seq_biotype()))
    return MyMotifs(pseqs)


def heuristic_stochastic(self):
    from random import randint
    s = [0] * len(self.seqs)
    for k in range(len(s)):
        s[k] = randint(0, self.seq_size(k)-self.motif_size)
    motif = self.create_motif_from_indexes(s)
    motif.create_pwm()
    sc = self.score_multiplicative(s)
    bestsol = s
    improve = True
    while (improve):
        for k in range(len(s)):
            s[k] = motif.most_probable_sequence(self.seqs[k])
        if self.score_multiplicative(s) > sc:
            sc = self.score_multiplicative(s)
            bestsol = s
            motif = self.create_motif_from_indexes(s)
            motif.create_pwm()
        else: improve = False
    return bestsol
```

이 접근법에서 초기 위치의 무작위적 선택은 마지막 답에 영향을 미친다. 이러한 초기 위치가 최상의 위치에 가까운 경우에는 최적의 답으로 더 빨리 수렴되는 반면, 멀리 떨어져 있는 경우에는 알고리즘의 수행 시간이 더 오래 걸리고 원하는 답으로 항상 수렴하지 않는다. 따라서 최상의 답을 찾을 가능성을 높이려면 메서드를 여러 번 실행해야 한다.

11.3 모티프 발견을 위한 깁스 샘플링

이전 알고리즘은 '깁스 샘플링'이라는 방법을 통해 개선할 수 있다. 이 아이디어는 로렌스 등Lawrence et al.[94]이 제안했으며, 여러 모티프 검색 알고리즘에 사용되고 휴리스틱한 방식으로 최상의 답을 보장하지는 않지만 실제로 여러 번 실행해 답을 찾아낸다.

이전 방법과 마찬가지로 모티프 모델은 임의로 선택된 하위 서열로 초기화한 후 점수를 매긴다. 반복 작업에서 알고리즘은 점수를 업데이트해야 하는지를 결정하며, 주어진 입력 서열에 대해 모티프를 모델링하는 데 사용된 해당 하위 서열을 제거한다. 그다음에는 다른 하위 서열에서 모티프 점수를 계산하고 점수를 업데이트할지 여부를 결정한다. 공식적인 깁스 샘플링 방식의 단계는 다음과 같다.

1. 입력 서열 D를 따라 초기 위치 $s = (s_1, ..., s_t)$를 무작위로 선택해 시작한다.
2. D에서 서열 i를 무작위로 선택한다.
3. 2단계에서 선택한 서열에서 하위 서열을 제외하고 PWM P를 생성한다.
4. 서열 i의 각 위치 p에 대해, 길이 L이 P에 의해 생성된 p에서 시작한 하위 서열의 확률을 계산한다.
5. 4단계에서 계산한 확률에 따라 p를 선택한다.
6. 모티프 P에서 점수 s가 계속 향상될 때까지 2~5단계를 반복한다.

그림 11.5는 깁스 샘플링 방식을 보여준다. 선택한 서열(2단계)에 대해 모든 하위 서열의 점수가 계산된다. 점수가 가장 높은 하위 서열은 새로운 선택된 모티프가 된다.

다음 gibbs 함수는 위에서 설명한 알고리즘을 구현한다. 선택적인 입력 인자로 반복 횟수를 넣을 수 있다.

```python
def gibbs(self, iterations = 100):
    from random import randint
    s = []
    for i in range(len(self.seqs)):
        s.append(randint(0, len(self.seqs[0]) - self.motif_size - 1))
    best_s = list(s)
    best_score = self.score_multiplicative(s)
    for it in range(iterations):
        # 무작위로 서열을 고름
        seq_idx = randint(0, len(self.seqs)-1)
        seq_sel = self.seqs[seq_idx]
        s.pop(seq_idx)
        removed = self.seqs.pop(seq_idx)
        motif = self.create_motif_from_indexes(s)
        motif.create_pwm()
        self.seqs.insert(seq_idx, removed)
        r = motif.probability_all_positions(seq_sel)
        pos = self.roulette(r)
        s.insert(seq_idx, pos)
        score = self.score_multiplicative(s)
        if score > best_score:
            best_score = score
            best_s = list(s)
    return best_s

def roulette(self, f):
    from random import random
    tot = 0.0
    for x in f: tot += (0.01 + x)
    val = random() * tot
    acum = 0.0
    idx = 0
    while acum < val:
        acum += (f[idx] + 0.01)
        idx += 1
    return idx-1
```

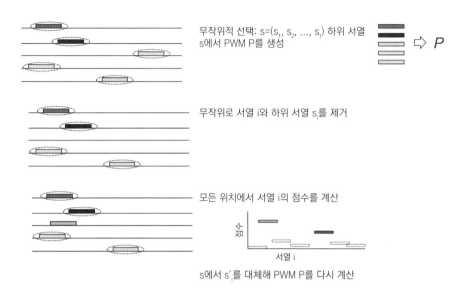

무작위적 선택: s=(s₁, s₂, ..., sₜ) 하위 서열 s에서 PWM P를 생성

무작위로 서열 i와 하위 서열 sᵢ를 제거

모든 위치에서 서열 i의 점수를 계산

s에서 s′를 대체해 PWM P를 다시 계산

모든 반복 j를 반복: score(P_{j+1})−score(P_j)≈0

그림 11.5 깁스 샘플링 방식의 그림. 모티프 모델은 각 입력 서열에서 하나의 하위 서열을 무작위로 샘플링해 생성된다. 모티프는 입력 서열 중 하나를 무작위로 선택하고 가장 높은 점수를 얻는 서열로 반복적인 업데이트가 이뤄진다.

제거된 서열을 따라 모든 하위 서열의 확률을 결정한 후 모티프와 관련해 가장 높은 점수를 받은 위치로 새로운 최적의 위치를 결정할 수 있었고 다른 전략을 사용했다. 룰렛 함수로 룰렛 바퀴가 만들어지면 회전 실험을 위한 샘플 공간이 생성된다. 모든 포지션은 선택될 가능성이 있지만 기회는 점수에 비례한다.

이제 일반적인 확률론적 알고리즘으로 얻은 결과와 깁스 샘플링 결과를 비교할 수 있다.

```python
def test_heuristic_algorithms():
    mf = MotifFinding()
    mf.read_file("exampleMotifs.txt","dna")

    print("Heuristic stochastic")
    sol = mf.heuristic_stochastic()
    print("Solution: ", sol)
```

```
    print("Score:", mf.score(sol))
    print("Score mult:", mf.score_multiplicative(sol))
    print("Consensus:", mf.create_motif_from_indexes(sol).consensus())

    sol2 = mf.gibbs(1000)
    print("Score:", mf.score(sol2))
    print("Score mult:", mf.score_multiplicative(sol2))
    print("Consensus:", mf.create_motif_from_indexes(sol2).consensus())
```

11.4 바이오파이썬의 확률 모티프

바이오파이썬의 Bio.Motifs 패키지는 확률 모티프와 표현법, 대상 서열을 검색하는 데 사용할 수 있는 일련의 기능을 제공한다. 이번 절에서 몇 가지 예시를 살펴본다. 자세한 내용을 알고 싶다면 14장의 마지막 문제를 참조하자. 다음 코드 예제는 바이오파이썬의 모티프인 Motif 클래스 객체를 생성하는 방법을 보여준다. 그다음에는 모티프의 공통된 서열과 각 위치의 문자 개수, PWM, PSSM을 포함한 모티프 객체 m을 출력한다. 마지막 줄은 현재 작업 경로에 모티프 로고를 그림으로 저장한다.

```
from Bio.Seq import Seq
from Bio import motifs
from Bio.Alphabet import IUPAC

instances = []
instances.append(Seq("TATAA", IUPAC.unambiguous_dna))
instances.append(Seq("TATTA", IUPAC.unambiguous_dna))
instances.append(Seq("TTTAT", IUPAC.unambiguous_dna))
instances.append(Seq("TATAC", IUPAC.unambiguous_dna))

m = motifs.create(instances, IUPAC.unambiguous_dna)

print(m)
print(len(m))
print(m.consensus)
print(m.counts)
print(m.pwm)
```

```
print(m.pssm)

m.weblogo("mymotif.png")
```

스크립트를 수행하면 PSSM의 몇 개 위치에 '-inf'가 채워지는데, 이는 음의 무한대를 나타낸다. 이는 PWM에 0이 있어서 발생하며, 이 상황을 방지하는 한 가지 방법은 위에서 설명한 것처럼 의사 수를 사용하는 것이다. 다음 코드는 의사 수를 추가해 각각의 PWM과 PSSM을 생성한다.

```
pwm = m.counts.normalize(pseudocounts=0.5)
pssm = pwm.log_odds()
print(pwm)
print(pssm)
```

motifs.read 또는 motifs.parse 함수를 사용해 여러 포맷으로 모티프를 읽을 수 있다. motifs.parse 함수는 동일 파일에 여러 데이터가 있는 경우에 사용한다. 이를 통해 데이터베이스나 JASPAR, MEME 또는 TRANSFAC과 같은 툴에 읽은 모티프를 전달할 수 있다. 이 모듈의 또 다른 중요한 기능은 대상 서열에서 모티프를 검색하는 것이다. 가능한 검색 유형 중 하나는 서열에서 정확히 일치하는 모티프를 찾는 것이다. 다음 예시를 살펴보자.

```
test_seq=Seq("TTTTATACACTGCATATAACAACCCAAGCATTATAA", IUPAC.unambiguous_dna)

for pos, seq in m.instances.search(test_seq):
    print(pos, " ", seq)
```

더 유용한 기능은 PSSM을 사용하고 적절한 임곗값을 정해 모티프 일치를 찾는 것이다. 다음 예시는 최소 임곗값 4점으로 모티프 일치를 찾는 것을 보여준다.

```
for position, score in pssm.search(test_seq, threshold=4.0):
    print("Position %d: score = %5.3f" % (position, score))
```

결과에서 일부 위치는 음수로 반환된다. 이는 스캔된 원본 서열의 역상보 위치를 의미한다.

마지막으로 calculate 함수를 사용해 리스트에 들어있는 서열들에 대해 모든 가능한 위치의 모티프 점수를 계산하는 방법을 살펴본다.

```
print(pssm.calculate(test_seq))
```

모티프 검색을 위한 바이오파이썬의 지원은 상당히 제한적이며, 앞에서 언급한 입출력 기능을 사용해 MEME의 결과를 분석하는 기능이 있다.

참고 문헌과 추가 자료

지난 수십 년 동안 제안된 많은 알고리즘으로 인해 모티프 검색에 대한 광범위한 연구가 이뤄졌다. 이를 통해 어떠한 메서드와 알고리즘이 적합한지에 대해서도 대답할 수 있게 됐다. 성능은 데이터의 특성과 검색 프로세스에 대한 제한 조건에 따라 다르다. 톰파 등[Tompa et al.]은 일반적인 관점에서 비교의 크기가 크거나 작음에 따른 다양한 비교 메서드의 성능을 제공했다[148]. 여기서 전사 인자 결합 부위를 확인하기 위한 13가지 비교 방법을 살펴볼 수 있다.

서열 보존을 넘어 모티프가 진정한 생물학적 신호를 나타내는 다른 특징들이 있다. 이는 모티프들이 지역적으로 편향돼 있다는 점이다. 그 예로 전사 시작 위치 근처의 프로모터 영역에서 발생하는 모티프들이 있다. 모티프들의 동시 발생은 다른 모티프와 결합해 모듈에서 다른 모티프가 발생할 수 있게 한다. 여러 알고리즘은 이러한 특징을 이용해 모티프의 관련성을 결정하고 거짓을 제거한다[153].

여기서는 확률 점수로 모티프를 정량화했다. 모티프 정량을 위한 다른 방법들도 개발돼 있으므로 이를 보완 방법으로 사용할 수 있다. 예를 들어 정보 획득, 깜짝 발견, 상호 정보와 같은 측정값은 입력 서열로부터 예상하지 못한 다양한 정보를 얻을 수 있다는 것을 알 수 있다. 리[Li]와 톰파[Tompa][101], 페헤이라[Ferreira]와 아제베도[Azevedo][65]는 관심 있는 모티프에 대한 다양한 측정 방법을 평가했다.

연습 문제와 프로그래밍 프로젝트

연습 문제

1. MyMotifs 클래스 내에서 상수를 입력받아 이 값을 PWM의 의사 수로 추가하는 함수를 만든다.

2. 입력 서열과 점수 임곗값이 지정된 MyMotifs 클래스에 대한 함수를 작성하고, 모든 모티프 일치가 지정한 임곗값보다 높은 점수인 경우 출력하도록 한다.

3. 기댓값 최대화 알고리즘에서 PWM은 배경 빈도^{background frequency}로 초기화한다. 0 초과 1 이하의 값과 입력 서열 세트를 적용해 이에 따른 PWM을 초기화하는 함수를 작성해보자.

프로그래밍 프로젝트

1. PSSM을 계산하고 이 점수를 사용해 서열에서 모티프가 적중할 확률을 계산하는 기능을 MyMotifs 클래스에 추가하자. 로그 수가 0인 경우를 피하기 위해 의사 수를 사용해보자. 결과의 순위를 매기고 최소 점수 임곗값으로 필터링해보자. 서열에서 역상보서열을 검색하는 경우도 고려해보자.

2. 모티프 찾기 문제에 대한 무작위 해결 방법을 생성하는 기능을 구현해보자. 이 함수를 기반으로 이전 검색 함수를 사용해 N개의 해결을 생성하고 점수가 가장 높은 것을 선택하는 무작위 검색 알고리즘을 구현해보자(N은 매개변수). 이 알고리즘의 결과를 이번 장에서 개발된 것과 비교해 각각의 최대 수 해결 방법을 살펴보자.

12 은닉 마르코프 모델

12장에서는 입력 서열에서 통계적 규칙성을 찾고 모티프 검색과 데이터베이스 검색에 필요한 알고리즘을 위한 은닉 마르코프 모델^{Hidden Markov Model}(HMM)을 알아본다. 은닉 마르코프 모델을 구성하는 요소와 입력 서열들의 유사성을 평가하는 방법을 배우고 추가적으로 예제를 통해 더 나은 은닉 마르코프 모델의 매개변수를 찾는 방법을 설명한다. 또한 파이썬을 사용해 단순한 은닉 마르코프 모델을 구현해보고 생물학적 서열 분석에 은닉 마르코프 모델을 적용해본다.

12.1 소개: 은닉 마르코프 모델이란 무엇인가?

5장에서 일치하는 문자열 검색 문제는 알파벳 Σ로 구성된 서열(S)에서 패턴(P)를 찾는 것이라고 배웠다. 그리고 5.4절에서는 주어진 패턴과 일치하는 문자열 집합을 나타내는 데 사용되는 추상적 수학 개념인 DFA^{Deterministic Finite Automaton}를 소개했다. 이것의 기본 아이디어는 패턴을 통해 오토마톤^{automaton}[1]을 구축하는 것이다. DFA가 구축되면 패턴과 일치하는 문자열을 탐색할 수 있다. 또한 DFA는 유한한 상태를 가진 그래프로 표시된다. 따라서 각각의 패턴은 상태에 해당하며 일치하는 모든 심볼은 오토마톤을 새로운 상태로 만든다. DFA에는 시작 및 종료 상태가 있고, 종료 상태에 도달하면 문자열에 해당 패턴이 있다는 것을 의미한다. DFA를 사용하면 입력 문자열을 한 번만 통과하면 되므로 효율적으로 탐색할 수 있다. 그리고 추가적으로 정규표현식을 사용하면 패턴과 일치하는 서열 여부도 판단할 수 있다.

그러나 생물학적 서열에 관한 사건들은 확률적으로 일어난다. 예를 들면 해당 단백

---

1 외부 입력이나 사건이 발생할 때 유한한 패턴 내에서 상태를 변화시키는 모델 – 옮긴이

질이 세포 내의 어느 소기관(세포핵이나 세포질)에 위치하고 있는지와 전사 인자가 결합하는 서열의 위치는 확률로서 표현된다.

은닉 마르코프 모델은 선형의 데이터에서 통계적인 규칙을 찾아내는 확률 모델이다. 조금씩 살펴보겠지만, 은닉 마르코프 모델은 앞서 언급한 생물학적 서열 분석 작업에 적합하다. 실제로 유전자 발견, 프로파일 검색, 다중 서열 정렬, 조절 부위의 확인, 또는 단백질에서의 이차 구조 예측을 포함해 분자생물학의 많은 문제에 은닉 마르코프 모델이 사용된다.

구체적인 예시를 통해 은닉 마르코프 모델의 구조를 살펴보자. 성숙한 mRNA는 번역translation되지 않는 5'UTR부터 시작돼 단백질 서열(CDS)을 중간에 포함하고 다시 번역되지 않는 3'UTR로 끝나는 세 가지 영역으로 구성된다[112]. 또한 CDS 영역은 시작 코돈(ATG)으로 시작하고 종결코돈으로 끝나야 한다.

이런 성숙한 mRNA의 특징은 번역되지 않은 UTR 영역과 CDS 영역을 단어로 취급하는 일종의 문법으로 생각해볼 수 있다. 그러면 5'UTR은 항상 CDS보다 먼저 나오고 3'UTR은 항상 CDS 뒤에 와야 한다는 것과 같은 규칙을 만들어낼 수 있다. 즉, 성숙한 mRNA에는 세 가지 요소가 항상 존재한다고 가정할 수 있다. 이제 우리의 목표는 서열을 살펴보고 스캔하고 각각의 뉴클레오티드에 상응하는 영역을 표시하는 것이다.

서열의 각 부분은 은닉 마르코프 모델의 상태state로 표현할 수 있다. 서열의 뉴클레오티드를 하나씩 살펴보면서 다음 뉴클레오티드가 현재 상태에 속하거나 속하지 않은 확률을 생각할 수 있다. 모델의 상태 변화에 대한 확률을 전이 확률이라 하며, 이는 해당 서열 부분의 전형적인 서열 길이를 포함한 여러 가지 요인에 의존한다. 예를 들어 5'UTR에서 뉴클레오티드를 살펴볼 때 다음 뉴클레오티드가 5'UTR의 일부가 될 확률은 0.8이고, CDS 영역으로 변경될 확률은 0.2라고 할 수 있다. 비슷한 방식으로 다른 부분에 대한 확률을 확인할 수 있다. 은닉 마르코프 모델링을 하려면 세 가지 상태와 추가적으로 시작과 끝을 정의하는 두 가지 상태가 필요하다. 시작 상태는 정의된 모든 상태에서 시작될 확률을 의미한다.

mRNA의 구역별 GC 함량[2]은 생물 종에 따라 다르다고 알려져 있다[159]. 예를 들어

---

2 DNA 서열은 상보적이므로 GC 함량을 통해 나머지 AT의 비율도 유추할 수 있다. - 옮긴이

어떤 종의 5'UTR GC 함량이 60%, CDS는 50%, 3'UTR은 30%라면 각각의 구역에 따라 은닉 마르코프 모델의 상태 출력^{emission} 확률은 변화될 것이다.

서열의 확률을 결정하기 위해 각 상태의 뉴클레오티드 확률과 전환 확률을 곱한다. 예를 들어 CDS 내에 세 개의 뉴클레오티드가 있고 3'UTR에 세 개의 뉴클레오티드가 있는 서열 TAGTTA를 생각해보자. 이 서열의 확률은 다음과 같이 나타낼 수 있다.

$$P_{CDS}(T) \times P(CDS|CDS) \times P_{CDS}(A) \times P(CDS|CDS) \times P_{CDS}(G)$$
$$\times P(CDS|3U) \times P_{3U}(T) \times P(3U|3U) \times P_{3U}(T) \times P(3U|3U) \times P_{3U}(A)$$
$$= 0.25 \times 0.9 \times 0.25 \times 0.9 \times 0.25 \times 0.1 \times 0.35 \times 0.8 \times 0.35 \times 0.8 \times 0.35$$
$$= 3.47287 \times 10^{-5}$$

여기서 $P_S(N)$은 상태 S에서 뉴클레오티드 N이 나타날 출력 확률이고, $P(S_A|S_B)$는 상태 S_A에서 S_B로의 전이 확률이며 P_{S_A, S_B}로도 표현한다.

확률을 곱하면 아주 작은 숫자로 표현되기 때문에 로그를 사용하는 것이 편리하다. 그리고 로그를 취하면 출력 및 전이 확률을 합으로 계산할 수 있다. 예를 들면 위의 예시에서는 값 10.26을 얻을 수 있다.

확률 또는 점수를 계산하기 위해 입력 서열을 탐색하는 것은 은닉 마르코프 모델에 의한 서열 생성 절차로 볼 수 있다. 주어진 상태에서 서열의 현재 뉴클레오티드에 기반해 다음 전이 확률이 계산된다. 그리고 다음 상태로의 전이는 현재 상태의 전이 확률 분포에 따라 달라진다. 따라서 은닉 마르코프 모델이 두 가지 은닉된 상태와 보여지는 상태에 대한 정보를 생성한다고 생각할 수 있다. 뉴클레오티드는 각 상태에서 출력된 것으로, 은닉된 상태의 서열은 레이블^{label}에 해당한다. 위의 확률에 대한 계산은 일련의 의존성을 갖는 유한한 상태 집합을 기반으로 마르코프 체인$^{Markov\ chain}$으로 알려진 단계에 의존한다. 즉, 다음 상태는 현재의 상태에만 의존한다.

결정론적 유한 오토마톤과 마찬가지로 은닉 마르코프 모델도 다음 다섯 가지 요소로 구성된다.

- 심볼들의 집합 A(Alphabet을 의미함), $A = \{a_1, a_2, ..., a_k\}$
- 상태^{state}의 집합 S, $S = \{S_1, S_2, ..., S_n\}$
- 초기 상태에 대한 확률. 즉, t가 0일 때 상태 S_i의 확률을 $I(S_i)$로 표현한다.
- 출력 확률, 상태 i에서 출력 확률 $e_{i,a}$, 전체 출력 확률의 합은 1이다($\sum_{a \in A} e_i(a) = 1$).

- 전이 확률, 상태 i에서 상태 j로의 전이 확률 $T_{i,j}$, 전체 전이 확률의 합은 1이다 $(\sum_{i \in S, j \in S} T_i(j) = 1)$.

처음 세 가지 매개변수는 1차원 벡터로 표현되지만 출력 및 전이 확률은 2차원 행렬로 표현한다. 은닉 마르코프 모델의 매개변수는 종종 θ로 표시된다. 특정 상황에서는 매개변수의 하위 집합으로 참조된다. 예를 들어 출력 및 전이 확률 내용만 관련돼 있는 경우 $\theta = (e_{i,a}; T_{i,j})$로 표현하고, 길이 T의 관측된 순서는 $O = o_1, o_2, ..., o_T$로 표현한다. 각 o_t는 t 위치에서 관찰된 심볼을 나타낸다. 상태 또는 상태 경로는 π로 표시되며, π_t는 위치 t에 해당하는 상태. 조건부 확률을 나타내기 위해 큰 P 표기법을 대괄호와 함께 사용한다. 예를 들어 $P[O, \pi | M]$은 모델 M에 대해 서열 O와 상태 경로 π를 관찰할 확률을 나타낸다.

그림 12.1은 간단한 성숙한 mRNA 영역 표지에 대한 은닉 마르코프 모델의 구조를 나타낸 것이다. 초기 상태 확률 $I(5) = 1$, $I(C) = 0$, $I(3) = 0$임을 고려하자. 전이 가능 상태 서열 55CCCC33과 출력 서열 ATCGCGAA의 경우 다음과 같이 확률을 계산할 수 있다.

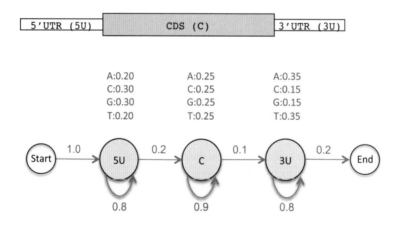

```
서열:   ...GTGCCTAGTCTAGTTATCAAATA...
상태:   ...CCCCCCCCCCCCC3333333333...
```

그림 12.1 세 가지 유전자 구역을 검출하는 은닉 마르코프 모델. (위) 5'UTR, CDS, 3'UTR로 구별되는 유전자. (중간) 세 가지 유전자 영역을 검출하기 위해 다섯 개의 상태를 갖는 은닉 마르코프 모델의 개략도. 전이 및 출력 확률을 포함한다. (아래) DNA 서열의 부분 및 각 심볼 해당 상태의 예

$$P_T[55CCCC33] = I(5) \times T_{5,5} \times T_{5,C} \times T_{C,C} \times T_{C,C} \times T_{C,C} \times T_{C,C} \times T_{C,3} \times T_{3,3}$$
$$= 1 \times 0.8 \times 0.2 \times 0.9 \times 0.9 \times 0.9 \times 0.1 \times 0.8 \approx 0.0093312$$

그리고

$$P_e[ATCGCGAA] = 0.2 \times 0.2 \times 0.25 \times 0.25 \times 0.25 \times 0.35 \times 0.35 \approx 1.9141e - 05$$

그러므로

$$P[e(ATCGCGC) \wedge T(55CCCC33)] = 0.0093312 \times 1.9141e - 05 \approx 1.78e - 07$$

은닉 마르코프 모델로 해결할 수 있는 작업은 점수 또는 확률 계산, 디코딩, 학습이라는 세 가지 주요 그룹으로 나눌 수 있다. 이런 기능은 특정 상태 경로 또는 모든 가능한 상태 경로에 적용할 수 있다.

점수를 계산하는 함수는 관측된 서열의 확률을 제공한다. 관찰된 서열 O 및 상태 경로 π의 경우 은닉 마르코프 모델에서 S와 π의 공동 확률은 $P[O,\pi|M]$이다. 이는 출력 및 전이 확률의 공동 곱을 얻는 위의 예와 같이 계산할 수 있다. 상태 경로가 제공되지 않으면 우리의 목표는 서열의 총확률 $P(O|M)$을 계산하는 것이다. 이 확률은 모든 가능한 경로의 확률을 합산해 기하급수적으로 늘어나지만 순방향 알고리즘[Forward algorithm]을 사용해 효율적으로 계산할 수 있다. 이 알고리즘은 은닉 마르코프 모델이 서열 $o_1...o_t$를 출력하고 위치 t에서 S_i 상태에 도달할 확률을 계산한다. 순방향 확률은 $\alpha_t(S_i)$로 표시되며 $P[O = o_1...o_t, \pi_t = S_i|M]$으로도 표현한다.

또 다른 중요한 계산은 후진 확률을 결정하는 것이다. 이것은 상태 S_i와 위치 t에서 시작해 관측된 서열 $o_t...o_T$의 나머지를 생성할 확률을 제공한다. 이후 확률은 $\beta_t(S_i)$ 또는 $P[O = o_t...o_T|\pi_t = S_i|M]$으로 표현된다.

디코딩[decoding]은 관측된 서열이 주어질 가능성이 가장 큰 기본 서열을 결정하는 작업을 말한다. 이전 예에서 이것은 관찰된 각 서열 심볼에 대해 상태 5U, CDS 또는 3U의 서열을 결정하는 작업이다. 은닉 마르코프 모델에서 관찰된 서열 O가 주어지면 디코더의 임무는 가장 가능성 높은 상태 경로 π를 찾는 것이다. 여기서 비터비[Viterbi] 알고리즘[3]이라는 동적 프로그래밍 알고리즘을 적용해 모든 경로에서 최대 점수를 가진 경로를

---

3 은닉 마르코프 모형 등에서 관측된 사건들의 순서를 발생시킨 비터비 경로(가장 가능성 높은 은닉 상태들의 순서)를 찾기 위한 알고리즘이다. – 옮긴이

찾는다. 그리고 역추적 기능을 사용해 방문한 모든 경로를 추적함으로써 가장 가능성이 높은 경로를 결정할 수 있다.

또 다른 질문은 모든 상태 경로를 고려할 때 상태 k에 의해 방출되는 심볼의 총확률을 결정하는 것이다. 이것을 사후^{posterior} 확률이라 부르며 $P[\pi_t = k \mid O, M]$으로 표시한다. 이 확률은 순방향 확률 $\alpha_t(k)$와 역방향 확률 $\beta_t(k)$를 O, $P(O)$의 확률로 나눈 값이다.

성숙한 mRNA 예제는 이전 정보 또는 관찰된 데이터로부터 추정하는 은닉 마르코프 모델의 매개변수를 선형적으로 정의했다. 분석 과정에서 더 많은 데이터를 수집한다면 이 매개변수들을 조절해 더 최적화된 모델을 얻을 수 있다. 주어진 데이터셋을 분석함으로써 이러한 파라미터를 배울 수도 있다. 우리의 목표는 모델 M, $P(O \mid M)$에서 관측된 서열의 확률을 최대화하는 매개변수 $\theta = (e_{i,a}; T_{i,j})$를 찾는 것이다. 관찰된 서열이 레이블링된 경우, 다시 말해 상태 경로가 알려진 경우에는 지도 학습을 수행한다. 이 경우 출력 및 전이 확률은 훈련 데이터에서 바로 추론된다. 그러나 교육 순서에 대한 레이블이 없다면 비지도 학습을 수행해야 한다.

여기서는 바움 웰치$^{Baum-Welch}$라고 하는 기댓값 최대화 알고리즘을 학습하는 데 사용한다. 간단히 말해 기댓값 극대화 알고리즘은 모델 M의 파라미터 θ에 대한 최상의 추측으로부터 시작한다. 그리고 데이터에서 출력 및 전이 확률을 추정한다. 추정한 값에 따라 다시 모델을 갱신하고 모델 M의 파라미터 θ가 수렴될 때까지 절차를 반복한다.

초기 확률

5	0.8
M	0.15
3	0.05

전이 확률

	5	M	3
5	0.8	0.2	0.0
M	0.0	0.9	0.1
3	0.0	0.0	1.0

출력 확률

	A	C	G	T
5	0.20	0.30	0.30	0.20
M	0.25	0.25	0.25	0.25
3	0.35	0.15	0.15	0.35

그림 12.2 초기, 전이, 출력 확률 행렬을 포함한 세 가지 상태의 은닉 마르코프 모델에 대한 매개변수. 5'UTR은 5, CDS는 M, 3'UTR은 3으로 표시했다.

12.2 파이썬으로 알고리즘 구현

앞 절에서 배운 은닉 마르코프 모델의 사용법을 이번 절에서 자세히 살펴본다. 은닉 마르코프 모델에 관련된 자세한 수학적 이론은 이 책에서 다루지 않지만 12장의 끝부분에서 소개하는 참고 자료를 통해 배울 수 있다. 여기서는 독자들의 이해를 돕고 파이썬으로 은닉 마르코프 모델을 구현할 수 있을 정도의 수학 공식만 다룬다.

　이전 절에서 언급했던 성숙한 mRNA 예시를 구현한다. 그림 12.2와 같이 세 가지 상태를 하나의 단일 문자로 표시해 매개변수를 표현한다.

　먼저 HiddenMarkovModel 클래스로 다섯 개의 속성을 포함하는 객체를 정의한다. 초기, 방출, 전이 확률 행렬은 사전의 사전으로 표시된다. 속성 상태 및 심볼은 목록으로 표시되며 출력 행렬에서 유추할 수 있다. 또한 초기 행렬에서 값을 설정하고 가져오는 세 가지 방법을 정의한다. 마지막으로 이 클래스 코드의 출처[82, 157] 정보는 12장의 끝부분에서 찾을 수 있다.

```
class HiddenMarkovModel:
    def __init__(self, init_probs, emission_probs, trans_probs):
        """ 초기 확률, 출력 확률, 전이 확률 행렬의 다섯 가지 속성에 기반한 생성자 및 상태, 심볼
목록 """
        self.initstate_probs = init_probs
        self.emission_probs = emission_probs
        self.transition_probs = trans_probs
        self.states = self.emission_probs.keys()
        self.symbols = list(self.emission_probs[list(self.emission_probs.
keys())[0]].keys())

    def get_init_prob(self, state):
        """주어진 상태의 초기 확률을 얻는다"""
        if state in self.states:
            return (self.initstate_probs[state])
        else:
            return 0

    def get_emission_prob(self, state, symbol):
        """주어진 상태에서 해당 심볼이 방출될 확률"""
        if state in self.states and symbol in self.symbols:
            return (self.emission_probs[state][symbol])
```

```
        else:
            return 0

    def get_transition_prob(self, state_orig, state_dest):
        """상태가 전환될 확률"""
        if state_orig in self.states and state_dest in self.states:
            return (self.transition_probs[state_orig][state_dest])
        else:
            return 0
```

그림 12.2의 예는 다음과 같이 코드로 표현할 수 있다.

```
initial_probs = {"5": 0.8,"M": 0.15,"3": 0.05}
emission_probs = {
    "5" : {"A": 0.20, "C": 0.30, "G":0.30, "T":0.20},
    "M" : {"A":0.25, "C":0.25, "G":0.25, "T":0.25},
    "3" : {"A":0.35, "C":0.15, "G":0.15, "T":0.35}}
transition_probs = {
    "5":{"5": 0.8,"M": 0.2,"3": 0.0},
    "M":{"5": 0.0,"M": 0.9,"3": 0.1},
    "3":{"5": 0.0,"M": 0.0,"3": 1.0}}
```

12.2.1 관찰된 서열과 상태 경로의 공동 확률

상태 경로 π와 은닉 마르코프 모델로 표시된 관측된 서열 O가 주어지면, M에서 O와 π의 결합 확률을 $P[O, \pi|M]$으로 계산할 수 있다. 이전 절에서 설명했듯이 결합 확률은 전이 확률과 출력 확률의 곱셈의 연속이다. 따라서 가장 초기 상태의 확률이 곱셈의 첫 번째 요소가 된다.

joint_probability() 함수는 관찰된 서열의 상태 경로를 계산해 전이 및 출력 확률의 연쇄 곱셈 값을 얻는다.

```
    def joint_probability(self, sequence, path):
        """관측된 서열과 해당 상태 경로가 주어지면 모델의 경로에 따라 서열의 확률을 계산한다."""
        seq_len = len(sequence)
        if seq_len == 0:
```

```
        return None
path_len = len(path)
if seq_len != path_len:
    print("Observed sequence and state path of different lenghts!")
    return None
prob = self.get_init_prob(path[0]) * self.get_emission_prob(
    path[0], sequence[0])
for i in range(1, len(sequence)):
    prob = prob * self.get_transition_prob(
        path[i-1],
        path[i]) * self.get_emission_prob(path[i],
        sequence[i])
return prob
```

12.2.2 모든 상태 경로에서 관찰된 서열의 확률

이번 절에서는 은닉 마르코프 모델에서 $P[O|M]$에서 관측된 서열 $O = o_1...o_T$의 확률을 결정하는 작업에 접근한다. 이 경우에는 상태 경로를 알 수 없다. 이 확률을 얻으려면 $P[O|M] = (P[O|\pi, M] \times P[\pi|M])$을 계산해야 한다. 가능한 모든 상태 경로에서 관측된 서열의 총확률을 나타낸다. 가능한 수의 상태 경로는 기하급수적이므로 순방향 알고리즘과 동적 프로그래밍 방식으로 계산한다. 순방향 확률은 서열 $o_1...o_t$를 관찰해 상태 S_i에서 은닉 마르코프 모델 M의 위치 t에 도달할 확률을 제공한다.

$$\alpha_t(k) = P[O = o_1...o_t, \pi_t = S_i|M] \tag{12.1}$$

알고리즘은 세 부분으로 구성된다.

- **초기화 단계:**

$$\alpha_1(i) = I(i) \times e_i(o_1), \forall i \in S \tag{12.2}$$

- **되풀이 단계:**

$$\alpha_{t+1}(i) = \sum_{j=1}^{n} \alpha_t(i) \times T_{i,j} \times e_i(o_{t+1}), \forall i \in S \tag{12.3}$$

S의 상태 수로 n을 사용한다.

- 마무리 단계:

$$P[O|M] = \sum_{i=1}^{n} \alpha_T(i), \forall i \in S \tag{12.4}$$

forward() 메서드는 서열의 각 위치에서 상태 확률이 포함된 행렬을 반환한다. 총확률은 모든 확률을 행렬의 마지막 위치에서 합산해 얻을 수 있다.

```python
def forward(self, sequence):
    """관측된 서열이 주어지면 체인 규칙을 사용해 서열의 순방향 확률 목록을 계산한다."""
    seq_len = len(sequence)
    if seq_len == 0:
        return []
    # 각 상태의 초기 확률과 서열의 첫 번째 심볼의 곱을 계산한다
    prob_list = [{}]
    for state in self.states:
        prob_list[0][state] = self.get_init_prob(state) * self.get_
emission_prob(state, sequence[0])
    # 반복된 서열과 각 상태에 대해 다른 가능한 상태와 전이 확률을 곱한다
    # 새로운 상태에서 해당 서열의 심볼의 출력 확률을 계산한다
    for i in range(1, seq_len):
        prob_list.append({})
        for state_dest in self.states:
            prob = 0
            for state_orig in self.states:
                prob += prob_list[i-1][state_orig] * self.get_transition_
prob(state_orig, state_dest)
            prob_list[i][state_dest] = prob * self.get_emission_prob(state_
dest, sequence[i])
    return prob_list
```

12.2.3 관찰된 서열 이외의 나머지 가능성

후진backward 확률 $\beta_t(i) = P[o_{t+1}...o_T | \pi_t = S_i]$는 상태 S_i에서 시작해 위치 $o_{t+1}...o_T$를 생성할 확률이다. 이것은 역방향으로 실행되는 순방향 알고리즘의 변형으로 파생될 수도 있다. 이 알고리즘은 마지막으로 관찰된 뉴클레오티드에서 시작해 $t + 1$ 위치에 도달할 때까지 네트워크에서 뒤로 이동한다. 정의에 따르면 위치 T에서 각 상태 i의 확률은 1

이다. 이 알고리즘은 다음 단계를 따른다.

- **초기화 단계:**

$$\beta_T(i) = 1, \forall i \in S \tag{12.5}$$

- **되풀이 단계:**

$$\beta_t(i) = \sum_{j=1}^{n} T_{i,j} \times e_i(o_{t+1}) \times \beta_{t+1}(j), \forall j \in S \tag{12.6}$$

후진 함수는 관측된 서열이 서열의 위치 t에 있는 상태 S_i에서 시작될 확률을 계산하고 나머지 서열을 t에서 종료까지 생성한다. 즉, 서열의 끝에서 계산을 시작하고 위의 순방향 알고리즘의 변형 공식에 따라 계산한다.

```python
def backward(self, sequence):
    """관측된 서열이 주어지면 역확률 목록을 계산한다."""
    seq_len = len(sequence)
    if seq_len == 0:
        return []
    beta = [{}]
    for state in self.states:
        beta[0][state] = 1
    for i in range(seq_len - 1, 0, -1):
        beta.insert(0, {})
        for state_orig in self.states:
            prob = 0
            for state_dest in self.states:
                prob += beta[1][state_dest] * self.get_transition_
prob(state_orig, state_dest) * self.get_emission_prob(state_dest, sequence[i])
            beta[0][state_orig] = prob
    return beta
```

12.2.4 최적 상태 경로 찾기

이제 관측된 서열 순서의 각 위치에서 가장 가능성이 높은 상태를 찾는 문제를 해결한다. 가능한 상태 경로의 수는 서열의 길이와 종류에 따라 지수적으로 늘어난다. 그렇기

때문에 실무적으로 서열 경로 $P[\pi|O, M]$을 최대화하는 상태 경로 $s_1...s_n$에 관심이 있다. 실제 가능한 모든 상태 경로를 나열하는 것은 불가능하므로 6장에서 제시된 것과 유사한 동적 프로그래밍 기반 알고리즘을 사용한다. 비터비 알고리즘은 은닉 마르코프 모델과 입력 서열에서 가장 가능성이 높거나 최적인 상태 경로를 찾는 동적 프로그래밍 알고리즘이다.

비터비 알고리즘은 관찰된 서열의 각 위치 t에서 상태 S_i로 끝나는 모든 단일 상태 경로를 따라 가장 높은 확률을 찾는다.

$$\delta_t(i) = max_{\pi_1...\pi_{t-1}} P[\pi_1...(\pi_{t-1} = S_i), o_1...o_t|M] \tag{12.7}$$

역추적 벡터 $\phi_t(i)$를 사용해 각 위치에서 가장 가능성이 높은 상태를 추적한다. 다음 단계를 따라 알고리즘이 작동한다.

- **초기화 단계:**

$$\delta_1(i) = I(i) \times e_i(o_1), \forall i \in S \tag{12.8}$$

$$\phi_1(i) = 0 \tag{12.9}$$

- **되풀이 단계:**

$$\delta_t(i) = max_{i=1}^n \delta_{t-1}(i) \times T_{i,j} \times e_j(o_t), \forall j \in S, 1 < t \leq T \tag{12.10}$$

$$\phi_t(i) = argmax_{t=1}^n [\delta_{t-1}(i) \times T_{i,j}] \tag{12.11}$$

- **마무리 단계:** 최적의 상태 경로 $\pi_1^*, ..., \pi_T^*$ 찾기

$$\pi_T^* = argmax_{i=1}^n \delta_T(i) \tag{12.12}$$

$$\pi_t^* = \phi_{t+1}(\pi_{t+1}^*) \tag{12.13}$$

종료 단계에서 비터비 알고리즘은 관측된 서열의 마지막 위치에서 가장 높은 확률을 갖는 상태를 선택함으로써 시작된다. 그런 다음 각 위치 t에서 숨겨진 상태의 최적 경로를 따라 역추적한 뒤 viterbi() 함수는 관측된 서열에 대한 최적 확률과 최상의 상태 경로를 반환한다.

```python
    def viterbi(self, sequence):
        """비터비 알고리즘은 관측된 서열에 대해 가장 가능성이 높은 상태 경로를 계산한다."""
        seq_len = len(sequence)
        if seq_len == 0:
            return []
        viterbi = {}
        state_path = {}
        # 첫 번째 심볼의 확률을 초기화
        for state in self.states:
            viterbi[state] = self.get_init_prob(state) * self.get_emission_
prob(state, sequence[0])
            state_path[state] = [state]
        # 마지막 요소까지 재귀적으로 계산
        for t in range(1, seq_len):
            new_state_path = {}
            new_path = {}
            viterbi_tmp = {}
            for state_dest in self.states:
                intermediate_probs = []
                for state_orig in self.states:
                    prob = viterbi[state_orig] * self.get_transition_
prob(state_orig, state_dest)
                    intermediate_probs.append((prob, state_orig))
                (max_prob, max_state) = max(intermediate_probs)
                prob = self.get_emission_prob(state_dest, sequence[t]) * max_
prob
                viterbi_tmp[state_dest] = prob
                new_state_path[state_dest] = max_state
                new_path[state_dest] = state_path[max_state] + [state_dest]
            viterbi = viterbi_tmp
            state_path = new_path # 최적의 경로를 유지
        max_state = None
        max_prob = 0
        # 마지막 상태 중에서 가장 좋은 확률과 최고의 경로를 찾는다
        for state in self.states:
            if viterbi[state] > max_prob:
                max_prob = viterbi[state]
                max_state = state
        return (max_prob, state_path[max_state])
```

12.2.5 은닉 마르코프 모델의 매개변수 학습하기

지금까지는 매개변수를 이미 알고 있는 은닉 마르코프 모델을 살펴봤다. 그러나 관측된 데이터에서 이런 매개변수를 추론하거나 학습할 수도 있다. 은닉 마르코프 모델의 형태^{topology}가 주어지면 목표는 관찰된 서열의 집합 W로부터 매개변수 θ를 학습하는 것이다. 그렇게 하면 $maxP[W|\theta]$를 도출할 수 있다. 지도학습의 경우 학습 서열에 해당 상태 경로의 레이블이 지정돼 있고 발생하는 전이 및 출력 확률에 의해 최상의 매개변수 값을 추정할 수 있다. 매개변수 θ를 추정하는 계산 방법을 자세히 설명하는 것은 이 책의 범위를 벗어나므로 여기서는 직관적인 설명을 제공한다. 전이 확률 $T_{i,j}$의 최대 가능성을 추정하기 위해 상태 i와 상태 j 사이의 전환이 발생한 횟수를 계산한 다음 상태 i의 총 전환 횟수로 정규화한다.

$$\hat{T}_{i,j} = \frac{i \text{ 상태에서 } j \text{ 상태로 전환된 횟수의 기댓값}}{i \text{ 상태에서 발생한 전환의 전체 횟수 기댓값}} \tag{12.14}$$

전이 확률과 유사하게 출력 확률은 다음과 같다.

$$\hat{e}_i(o_t) = \frac{i \text{ 상태에서 심볼 } o_t \text{가 관측되는 횟수의 기댓값}}{i \text{ 상태가 발생하는 횟수 기댓값}} \tag{12.15}$$

관측된 데이터가 거의 없는 작은 학습 데이터셋의 경우 일부 확률은 0일 수 있다. 그런 경우 확률 0을 피하기 위해 의사 수를 추가해야 한다. 전이 확률에 대한 사전 데이터가 있는 경우 의사 수에 대한 정보를 얻을 수 있다. 그렇지 않다면 일반적으로 1 미만의 숫자를 사용해 추가할 수 있다. 이것을 확률 평활$^{smoothing\ of\ probabilities}$이라 한다.

학습 데이터에 대한 상태 경로가 알려져 있지 않은 경우에는 비지도 학습 전략을 사용해 매개변수 θ를 추정해야 한다. 비지도 학습 전략으로 사용되는 바움 웰치 알고리즘은 출력 및 선이 확률에 내한 추정에 기댓값 최대화 집근법을 사용한다. 바움 웰치 알고리즘은 예측 단계에서 계산되는 각각 γ 및 ξ로 표시되는 예상 출력 및 전이 확률을 순방향 및 역방향 확률로 정의한다.

$$\gamma_i(w) = \frac{\sum_{t=1, o_t=w}^{T} \alpha_t(i) \times \beta_t(i)}{\sum_t \alpha_t(i) \times \beta_t(i)}, \forall i \in S \tag{12.16}$$

$$\xi_{i,j} = \frac{\sum_t \alpha_t(i) \times T_{i,j} \times e_j(o_{t+1}) \times \beta_{t+1}(j)}{\sum_t \alpha_t(i) \times \beta_t(i)}, 1 < t \leq T, \forall i, j \in S \tag{12.17}$$

최대화 단계에서 γ 및 ξ는 $\hat{e}_i(w)$ 및 $\hat{T}_{i,j}$를 다시 계산해 값을 갱신하는 데 사용된다. 새로운 값은 다음과 같이 계산된다.

$$\hat{e}_i(w) = \frac{\sum_{t=1, o_t=w}^{T} \gamma_t(i)}{\sum_{t=1}^{T} \gamma_t(i)}, \forall i \in S \tag{12.18}$$

$$\hat{T}_{i,j} = \frac{\sum_{t=1}^{T-1} \xi_t(i, j)}{\sum_{k=1}^{N} \sum_{t=1}^{T-1} \gamma_t(i)}, \forall i, j \in S \tag{12.19}$$

길이가 T인 관측 서열 O로 학습 모델은 매개변수를 최적화하고 전이 및 출력 행렬 값을 갱신한다. 이런 계산에서는 순방향 및 후진 확률을 구하고 다음으로 출력 및 전이 확률을 갱신하는 과정을 거친다. 여기에는 다음과 같은 단계가 있다.

- **초기화**:
  - 모델 M 또는 기존 모델의 매개변수 $\theta = (e_{i,a} ; T_{i,j})$의 무작위 변수 초기화
- **값이 수렴될 때까지 반복**:
  - 예상^{expectation} 단계: $\gamma_t(w)$와 $\xi_{i,j}$를 계산
  - 최대화^{maximization} 단계: $\hat{e}_i(w)$와 $\hat{T}_{i,j}$를 계산

예상한 것처럼 추정 확률의 개선은 이용 가능한 훈련 데이터의 양과 초기 조건에 크게 좌우된다. 따라서 무작위 초기화가 최적의 방법이 아닐 수 있고 추가적인 데이터를 제공하는 것이 더 바람직할 수 있다. 예를 들어 전이 확률은 샘플의 크기가 작더라도 독립적으로 레이블된 학습 서열에 영향을 많이 받는다.

baum_welch() 함수는 관찰된 레이블이 없는 서열 데이터를 기반으로 방출 및 전이 확률을 학습하고 갱신한다. 여기서 예상 출력 및 전이 확률은 γ 및 ξ 공식을 기반으로 계산되고, 그다음에는 $\hat{e}$ 및 $\hat{T}$를 기반으로 출력 및 전이 확률이 갱신되는 최대화 단계가 이어진다.

```python
def baum_welch(self, sequence):
    """관찰된 순서에 따라 방출 및 전이 확률의 업데이트를 계산한다."""
    print(sequence)
    seq_len = len(sequence)
    if seq_len == 0:
        return []
```

```python
        alpha = self.forward(sequence)
        beta = self.backward(sequence)
        # 기대 단계
        # gamma: 상태 i의 위치 t에서 심볼을 찾을 확률. 모든 t와 모든 i에 대한 정방향과 역방향
확률의 곱
        gamma = [{} for t in range(seq_len)]
        # xi: 위치 i에서 상태 i와 위치 t + 1에서 상태 j로의 전이 확률
        xi = [{} for t in range(seq_len - 1)]
        for t in range(seq_len):
            # gamma 계산
            sum_alpha_beta = 0
            for i in self.states:
                gamma[t][i] = alpha[t][i] * beta[t][i]
                sum_alpha_beta += gamma[t][i]
            for i in self.states:
                gamma[t][i] = gamma[t][i] / sum_alpha_beta
            # 초기 확률
            if t == 0:
                self.set_init_prob(i, gamma[t][i])
            # T-1까지의 xi 값 계산
            if t == seq_len - 1:
                continue
            sum_probs = 0
            for state_orig in self.states:
                xi[t][state_orig] = {}
                for state_dest in self.states:
                    p = alpha[t][state_orig] * self.get_transition_prob(
                        state_orig, state_dest) * self.get_emission_prob(
                            state_dest, sequence[t + 1]) * beta[t + 1][state_
dest]
                    xi[t][state_orig][state_dest] = p
                    sum_probs += p
            for state_orig in self.states:
                for state_dest in self.states:
                    xi[t][state_orig][state_dest] /= sum_probs
        # 최대화 단계: 방출 및 전이 확률
        # 출력 확률 재추정
        for i in self.states:
            denominator = 0
            for t in range(seq_len):
                denominator += gamma[t][i]
```

```
        for w in self.symbols:
            numerator = 0.0
            for t in range(seq_len):
                if sequence[t] == w:
                    numerator += gamma[t][i]
            if denominator > 0:
                self.set_emission_prob(i, w, numerator / denominator)
            else:
                self.set_emission_prob(i, w, 0.0)
        # 전이 확률 재추정
        # gamma, xi 값을 재추정한다
        for i in self.states:
            for j in self.states:
                denominator = 0.0
                for t in range(seq_len -1):
                    denominator += gamma[t][i]
                numerator = 0.0
                for t in range(seq_len -1):
                    numerator += xi[t][i][j]
                self.set_transition_prob(i, j, numerator / denominator)
                if denominator > 0:
                    self.set_transition_prob(i, j, numerator / denominator)
                else:
                    self.set_transition_prob(i, j, 0.0)
```

12.3 데이터베이스 검색을 위한 은닉 마르코프 모델

단백질들은 유사한 서열과 구조를 갖는 단백질 패밀리family로 구분할 수 있다. 같은 단백질 패밀리 내의 단백질은 종종 비슷한 기능과 공통의 진화 과정을 공유한다. 11장에서는 동일한 계열의 단백질들의 보존 서열을 정렬해 위치를 따라 보존 패턴을 포착하는 위치 가중치 행렬(PWM)을 도출할 수 있다는 것을 확인했다.

은닉 마르코프 모델을 생물학적 서열 분석에서 가장 널리 사용하는 분야는 바로 은닉 마르코프 모델 프로파일HMM-profile이다. 은닉 마르코프 모델 프로파일은 단백질 패밀리를 확률적으로 나타내고 위치 가중치 행렬보다 유연하게 유전자 삽입과 결실을 다루는 방법을 제공한다. 은닉 마르코프 모델 프로파일의 형태에는 시작 및 종료 상태 외에도 세 가지 다른 상태 그룹인 기본, 삽입, 삭제 상태가 포함된다. 기본 상태에서는 데이터의 열을 모델링해 정렬에서 위치의 수만큼 모델링한다. 인서트[insert] 상태는 정렬의 가변 영역을 모델링한다.

사일런트[silent] 상태라고도 하는 유전자 결실 상태는 남아있는 서열과 일치하지 않으며, 가변 영역으로 하나 이상의 열 사이를 건너뛰는 것을 가능하게 한다.

은닉 마르코프 모델 프로파일을 생명정보학에 전형적으로 응용하는 것은 단백질 패밀리를 구축하고 보이지 않는 다른 패밀리 구성원에 대한 서열 데이터베이스를 검색하는 것이다. 단백질 패밀리를 나타내는 은닉 마르코프 모델 프로파일 M의 경우, 데이터베이스 D의 모든 서열 W를 검색하고 확률 또는 임곗값보다 높은 점수를 가진 서열은 단백질 패밀리의 잠재적 구성원이 된다. 순방향 알고리즘으로 확률 $P[W|M]$을 계산할 수 있다. 은닉 마르코프 모델 프로파일의 이론 및 응용에 대한 자세한 내용은 [50]과 [6]을 참조하자. Pfam 데이터베이스[143]에는 관리자가 직접 검증한 단백질 패밀리 정보와 다수의 서열 정렬법 및 은닉 마르코프 프로파일이 들어있다.

참고 문헌과 추가 자료

은닉 마르코프 모델의 개략적인 내용은 [130]에서 확인할 수 있으며 알고리즘에 대한 상세한 설명은 9장의 [85]에서 찾을 수 있다. 은닉 마르코프 모델을 이용한 생물학적 서열 분석을 위한 자료는 [50], [6], [84], [19]에 있으며 간단한 소개 자료는 [54]에서 찾을 수 있다.

많은 생물학적 서열 분석 문제에서 은닉 마르코프 모델은 적절한 방법이다. 여기에는 유전자 찾기, 프로파일 검색, 다중 서열 정렬, 조절 부위 식별, 2차 구조 예측 또는 유전자 복사 수[copy-number] 검출 작업이 포함된다. 이런 주제에 대한 몇 가지 응용 사례는 참고 문헌에서 언급한다. 유전자 발견에 대해서는 HMMgene[90]과 GENSCAN[31] 방법을 참조하고, 은닉 마르코프 모델 프로파일에 대해서는 데이빗 하우슬러[David Haussler]와 앤더스 코흐[Anders Krogh]의 업적[73, 91]과 씬 에디[Sean Eddy]의 정리 자료[53]를 참조하자. 은닉 마르코프 모델 프로파일에 대한 이론은 [19, 50]과 [6]의 4장에서 확인할 수 있다. 다중 서열 정렬 작업은 씬 에디의 연구[52]를, 2차 구조 예측은 [14, 86]을 참조한다. 유전체 서열 분석 데이터에서 복사 수를 검출하는 것을 알고 싶다면 [152]를 참조하자.

씬 에디가 개발한 소프트웨어 hmmer는 은닉 마르코프 모델을 사용해 데이터베이스에서 동종 서열 검색과 다중 서열 정렬을 비롯한 다중 생물학적 서열 분석 작업을 구현하는 가장 완벽한 도구다. 분석 방법을 세부적으로 설명한 내용은 [50]과 [55-57]에서 찾을 수 있다.

연습 문제와 프로그래밍 프로젝트

1. 각 확률의 로그를 곱하고 합산해서 점수로 변환하는 코드를 작성해보자.

   서열의 확률은 길이에 의존성을 갖기 때문에 일반적으로 서열의 점수를 나타낼 때는 로그 오즈$^{log-odds}$ 측정값을 사용한다. 길이 T의 관측된 $P[O]$ 서열 O의 경우 로그 오즈 측정값은 $logodds(O) = log\frac{P[O]}{0.25^T} = logP[O] - T \times log0.25$로 정의한다(확률 0.25는 모든 뉴클레오티드가 동일한 빈도로 발생할 것으로 예상하기 때문이다).

2. 비터비 알고리즘의 코드를 수정해 가능한 모든 경로를 추적함으로써 최적 경로를 반환하게 해보자.

13 그래프: 개념과 알고리즘

이번 장에서는 그래프의 수학적 개념과 계산 표현을 설명한다. 이를 위해 그래프에 대한 주요 알고리즘을 다루고 다양한 유형의 그래프와 기본 알고리즘 구현을 위한 파이썬 클래스를 개발할 것이다. 그래프는 생물학적 네트워크와 게놈 어셈블리genome assembly를 다루기 위한 알고리즘으로, 다음 장에서는 이 작업을 다룬다.

13.1 그래프: 정의와 표현

수학에서 그래프는 객체들의 세트이며, 객체들의 쌍 일부에는 연관성이 존재한다. 그래프는 쉽게 정의할 수 있고 간단한 구조를 가지며 컴퓨터과학을 비롯한 과학과 공학의 여러 분야에서 활용하는 데이터 구조다.

형식상 그래프 G는 (V, E)의 두 세트로 정의할 수 있다. 여기서 V는 그래프의 꼭짓점vertex 또는 노드node로 불리는 객체이고, E는 에지edge 또는 호arc라고 한다.

에지 E는 방향을 가질 수 있는데, 만약 쌍이 정렬된 경우라면 그래프는 방향성이 있는 그래프digraph로 분류할 수 있다. 쌍이 정렬되지 않은 경우라면 그래프는 방향성이 없는 그래프undirected로 분류할 수 있다. 또 다른 그래프는 가중치를 그래프 에지에 주는 것이다. 에지가 없는 경우 가중치는 0이다.

그래프를 그림으로 표현하는 일반적인 방법은 노드를 원으로 그리고, 에지는 노드 쌍을 선으로 연결하는 것이다. 방향성이 있는 그래프의 경우는 방향을 화살표로 나타낸다. 가중치가 있다면 각 선 위에 표시한다. 그림 13.1A에는 앞서 말한 세 가지 주요 유형의 그래프를 나타냈다.

그래프를 컴퓨터적으로 표현할 때는 여러 방식으로 나타낼 수 있다. 그래프는 여러 요소로부터 결정될 수 있으며, 여기에는 그래프를 활용하는 방식, 개발에 필요한 알고리즘 또는 가능한 꼭짓점 쌍들과 에지들의 밀도가 있다. 일반적인 표현법은 행렬과 인접 리스트이며, 많은 실제적 사례에서 두 표현법의 조합이 가장 좋은 방법임을 보여줬다.

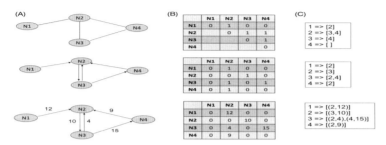

그림 13.1 다른 유형의 그래프(A)와 이를 표현한 행렬(B), 그리고 인접 리스트(C). 가장 윗줄은 방향이 없는 그래프, 가운뎃줄은 방향이 있는 그래프, 마지막 줄은 가중치가 있는 그래프다.

행렬의 경우 가능한 모든 꼭짓점 조합을 표시하며 행과 열은 모두 그래프의 꼭짓점을 나타낸다. 행 i와 열 j에 있는 행렬의 각 셀은 꼭짓점 i와 꼭짓점 j를 연결하는 에지를 나타낸다. 방향성이 있는 그래프의 경우 행렬은 완전히 채워진다. 행은 시작 꼭짓점을 나타내고, 열은 도착 꼭짓점을 나타낸다. 그래프가 방향성이 없다면 행렬은 완전히 채워지지 않고 삼각형 형태를 나타낸다. 가중치가 있는 그래프에서 행렬의 셀은 가중치를 갖고 있다. 에지가 존재하지 않는다면 가중치는 0이다.

그림 13.1B는 행렬로 표현한 세 가지 유형의 그래프 예시다. 이 유형의 표현은 꼭짓점들이 많이 연결된 경우 표현하기 좋으나, 대부분 0으로 채워져 에지가 거의 없는 경우 메모리가 낭비될 수 있다.

반면 인접 리스트는 존재하는 에지들만을 나타낸다. 이 경우 각 꼭짓점은 연결된 노드들의 리스트를 갖는다. 방향성이 있는 그래프의 경우, 꼭짓점 v의 리스트는 v에서 시작하는 모든 노드를 포함한다. 방향성이 없는 그래프에서 에지는 방향 중 하나에 대해서만 표시한다. 노드들을 정렬할 수 있다면 에지는 낮은 순위부터 표시한다. 가중치 그래프에서 에지는 도착점과 가중치를 함께 쌍으로 표시한다. 그림 13.1C에서 앞서 말한 세 가지 경우를 나타냈다.

13.2 파이썬 클래스 그래프

이번 절에서는 파이썬 객체지향을 활용해 일반적인 그래프 기능을 구현할 것이다. 구현한 그래프 클래스는 다음 장에서 추가 작업들을 위해 기능이 추가될 것이다. 가중치 없이 직접 그래프를 구현하며, 이 그래프는 다음 장에서 확인할 수 있듯이 생명정보학에서 유용하게 사용할 수 있다. 구현은 인접한 리스트를 기반으로 할 것이다.

MyGraph에서 그래프는 파이썬 사전으로 표현되며 클래스 객체의 유일한 속성 값이다. 사전의 키는 시작 노드를 가리키고, 값은 인접한 도착 노드의 리스트다.

다음 코드는 그래프를 생성하고 그래프에서 정보를 가져와 인접한 노드의 리스트를 출력하는 메서드를 담고 있다. 생성자가 사전을 입력값으로 받는 것을 확인해보자. 사전이 입력되지 않으면 기본적으로 빈 그래프가 생성된다.

```python
class MyGraph:
    def __init__(self, g = {}):
        """ 생성자 - 사전을 입력받아 그래프를 채운다. 기본값은 빈 사전이다. """
        self.graph = g

    ## 그래프에 대한 기본 정보 얻기

    def get_nodes(self):
        return list(self.graph.keys())

    def get_edges(self):
        edges = []
        for v in self.graph.keys():
            for d in self.graph[v]:
                edges.append((v,d))
        return edges

    def size(self):
        """ 노드와 에지의 개수를 반환 """
        return len(self.get_nodes()), len(self.get_edges())

    def print_graph(self):
        for v in self.graph.keys():
            print(v, " -> ", self.graph[v])
```

그래프가 비어있으면 꼭짓점과 에지를 채워야 한다. 다음 코드는 채우는 작업을 수행하는 메서드로, 그림 13.1에서 봤던 방향성 있는 그래프를 만들 수 있다.

```python
    def add_vertex(self, v):
        """ 그래프의 꼭짓점을 추가한다. 꼭짓점이 있는지 확인하고 없다면 추가한다. """
        if v not in self.graph.keys():
            self.graph[v] = []


    def add_edge(self, o, d):
        """ 그래프에 에지를 추가한다. 만약 꼭짓점이 없다면 그래프에 추가한다. """
        if o not in self.graph.keys():
            self.add_vertex(o)
        if d not in self.graph.keys():
            self.add_vertex(d)
        if d not in self.graph[o]:
            self.graph[o].append(d)

if __name__ == "__main__":
    gr = MyGraph()
    gr.add_vertex(1)
    gr.add_vertex(2)
    gr.add_vertex(3)
    gr.add_vertex(4)
    gr.add_edge(1,2)
    gr.add_edge(2,3)
    gr.add_edge(3,2)
    gr.add_edge(3,4)
    gr.add_edge(4,2)
    gr.print_graph()
    print(gr.size())
```

13.3 인접 노드와 차수

그래프는 꼭짓점(또는 노드)들 간의 연결성을 나타내는 자료구조이므로 어떤 꼭짓점이 어떤 방식으로 연결됐는지 분석하는 여러 방식이 존재한다. 이번 절에서는 그래프 연결성에 대해 파이썬으로 구현해본다.

방향성이 있는 그래프 $G = (V, E)$에서 그래프의 에지를 담고 있는 E에 정렬된 쌍 (s, v)가 존재할 때 꼭짓점 s는 꼭짓점 v의 후속자^{successor}다. 또한 꼭짓점 v는 꼭짓점 s의 선행자^{predecessor}다. 두 꼭짓점에서 하나의 꼭짓점이 다른 꼭짓점의 후속자라고 하면 두 꼭짓점은 인접하다고 할 수 있다.

방향성이 없는 그래프에서는 정렬되지 않은 쌍 (s, v)가 있는 경우 두 꼭짓점이 인접하다고 할 수 있다.

이 정의를 MyGraph 클래스에서 구현할 것이다. 클래스 객체의 그래프가 주어지면 노드 v의 후속자, 선행자, 인접한 꼭짓점들을 반환하는 메서드를 추가해본다.

```python
    def get_successors(self, v):
        return list(self.graph[v]) # 리스트가 덮어 써지는 것을 방지

    def get_predecessors(self, v):
        res = []
        for k in self.graph.keys():
            if v in self.graph[k]:
                res.append(k)
        return res

    def get_adjacents(self, v):
        suc = self.get_successors(v)
        pred = self.get_predecessors(v)
        res = pred
        for p in suc:
            if p not in res: res.append(p)
        return res

if __name__ == "__main__":
    gr = MyGraph()
    gr.add_vertex(1)
    (...)
    print(gr.get_successors(2))
    print(gr.get_predecessors(2))
    print(gr.get_adjacents(2))
```

관련 개념은 꼭짓점 또는 노드의 차수^{degree}이며, 차수는 주어진 꼭짓점에 인접한 꼭

짓점들의 개수로 정의한다. 방향성이 있는 그래프에서는 선행하는 노드들의 개수를 나타내는 들어오는 차수$^{\text{in-degree}}$가 있고 후속하는 노드들의 개수를 나타내는 나가는 차수 $^{\text{out-degree}}$가 있다. 양방향의 에지가 존재하는 경우에는 양 노드가 서로 후속, 선행 노드가 될 수 있으므로 차수는 언제나 들어오는 차수와 나가는 차수의 합이 아닐 수도 있다.

```python
    def out_degree(self, v):
        return len(self.graph[v])

    def in_degree(self, v):
        return len(self.get_predecessors(v))

    def degree(self, v):
        return len(self.get_adjacents(v))

if __name__ == "__main__":
    gr = MyGraph()
    gr.add_vertex(1)
    (...)

    print(gr.in_degree(2))
    print(gr.out_degree(2))
    print(gr.degree(2))
```

그래프의 전체 노드에 대해 차수를 계산해야 하는 경우 다음 함수를 사용할 수 있다. 다음 함수는 이전에 구현한 차수를 계산하는 함수보다 시간을 절약할 수 있다. 메서드는 차수의 유형을 inout으로 받아 모든 꼭짓점에 대해 차수를 계산하며, 키는 꼭짓점이고 값은 꼭짓점의 차수인 사전을 반환한다.

```python
    def all_degrees(self, deg_type = "inout"):
        """ 모든 노드의 차수를 계산한다. deg_type은 "in", "out" 또는 "inout"이 되며 노드
-> 차수인 사전을 반환한다. """
        degs = {}
        for v in self.graph.keys():
            if deg_type == "out" or deg_type == "inout":
                degs[v] = len(self.graph[v])
            else: degs[v] = 0
        if deg_type == "in" or deg_type == "inout":
```

```
            for v in self.graph.keys():
                for d in self.graph[v]:
                    if deg_type == "in" or v not in self.graph[d]:
                        degs[d] = degs[d] + 1
        return degs

if __name__ == "__main__":
    gr = MyGraph()
    (...)

    print(gr.all_degrees("inout"))
    print(gr.all_degrees("in"))
    print(gr.all_degrees("out"))
```

13.4 경로, 탐색, 거리

방향성이 있는 그래프에서 경로^{path}는 정렬된 노드의 리스트로 정의할 수 있다. 리스트의 연속되는 노드들은 에지로 연결된다. 수학적으로 방향성이 있는 그래프 $G = (V, E)$에서 노드 x와 y 간의 경로 P는 $P = p_1, p_2, \cdots, p_n$이며 P에서 연속되는 노드의 모든 쌍은 E에 속한다. P, (p_i, p_{i+1}), $\forall_i \in 1, \cdots, n-1$ 그래프가 방향성이 없다면 $(p_i, p_{i+1}) \in E$거나 $(p_{i+1}, p_i) \in E$다.

그래프에서 두 노드 간에 유효한 경로가 있다면 두 노드 s와 v는 연결된 것으로 간주한다. 이 경우 노드 v는 s에서 도달할 수 있다고 한다. 많은 상황에서 소스 노드 s에서 도달할 수 있는 모드 노드를 계산하는 것은 유용하다.

그래프에서 노드 s와 v가 주어지면, 두 노드를 연결하는 서로 다른 유효한 경로가 있을 수 있다. 이 경로들 중에서 가장 거리가 짧은 경로가 있다는 사실이 중요하다. 두 노드 s와 v 사이의 거리는 두 노드 간에 포함된 에지의 개수다.

이를 위해 주어진 소스 노드에서 시작해 방문한 노드를 수집하고 그래프를 통과하는 알고리즘을 개발해야 한다. 다음과 같은 두 가지 알고리즘이 있다.

- **너비 우선 탐색**$^{Breadth\text{-}First\ Search}$(BFS): 소스 노드에서 시작해 가능한 모든 노드를 방문할 때까지 모든 후속 노드를 방문한 후 다음 후속 노드를 방문한다.

- **깊이 우선 탐색**^{Depth-First Search}(DFS): 소스 노드에서 시작해 첫 번째 후속 노드에서 더 이상 후속 노드가 없을 때까지 탐색한 후 다음 후속 노드를 탐색한다.

다음 코드는 주어진 각 꼭짓점에서 도달 가능한 모든 노드를 반환하는 두 가지 방법을 보여준다. 두 가지 방법은 매우 유사하며, 처리할 노드 목록 *l*을 사용하고 방문했던 노드 목록으로 결과 *res*를 만든다. 작업 목록이 처리되는 방식으로 두 알고리즘이 나뉜다. BFS에서는 큐^{queue}를 사용하고, DFS에서는 스택^{stack}을 사용한다.

두 가지 함수는 간단한 예시를 통해 테스트할 수 있으며 그림 13.2를 통해 알고리즘을 확인할 수 있다.

```python
def reachable_bfs(self, v):
    l = [v]
    res = []
    while len(l) > 0:
        node = l.pop(0)
        if node != v: res.append(node)
        for elem in self.graph[node]:
            if elem not in res and elem not in l:
                l.append(elem)
    return res

def reachable_dfs(self, v):
    l = [v]
    res = []
    while len(l) > 0:
        node = l.pop(0)
        if node != v: res.append(node)
        s = 0
        for elem in self.graph[node]:
            if elem not in res and elem not in l:
                l.insert(s, elem)
                s += 1
    return res

if __name__ == "__main__":
    gr2 = MyGraph({1:[2,3,4],2:[5,6],3:[6,8],4:[8],5:[7],6:[],7:[],8:[]})
    print(gr2.reachable_bfs(1))
    print(gr2.reachable_dfs(1))
```

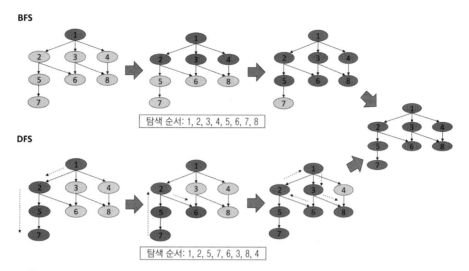

그림 13.2 그래프를 방문하는 두 가지 방법. 그림의 윗부분은 너비 우선 탐색이고, 아랫부분은 깊이 우선 탐색이다.

이 방법을 기반으로 두 노드 사이의 거리를 계산하거나 최단 경로를 계산할 수 있다. 너비 우선 탐색의 경우 n 거리의 노드들이 $n + 1$ 거리의 노드들보다 먼저 계산되므로 너비 우선 탐색이 거리 계산에 적당하다.

다음 코드의 두 함수는 거리와 최단 경로를 구현하는 알고리즘이다. 두 경우 모두 reachable_bfs 함수와 유사하다. 거리의 경우 작업 리스트에 소스로부터 이미 방문한 노드와 그 거리를 저장한다. 최단 거리의 경우 작업 리스트에 방문 노드와 소스 노드에서부터의 경로를 저장한다. 도착 노드에 도달할 수 없는 경우에는 두 함수 모두 None을 반환한다.

```python
def distance(self, s, d):
    if s == d: return 0
    l = [(s,0)]
    visited = [s]
    while len(l) > 0:
        node, dist = l.pop(0)
        for elem in self.graph[node]:
            if elem == d: return dist + 1
            elif elem not in visited:
```

```
                    l.append((elem,dist+1))
                    visited.append(elem)
        return None

    def shortest_path(self, s, d):
        if s == d: return 0
        l = [(s,[])]
        visited = [s]
        while len(l) > 0:
            node, preds = l.pop(0)
            for elem in self.graph[node]:
                if elem == d: return preds+[node,elem]
                elif elem not in visited:
                    l.append((elem,preds+[node]))
                    visited.append(elem)
        return None

if __name__ == "__main__":
    gr2 = MyGraph({1:[2,3,4],2:[5,6],3:[6,8],4:[8],5:[7],6:[],7:[],8:[]})
    print(gr2.distance(1,7))
    print(gr2.shortest_path(1,7))
    print(gr2.distance(1,8))
    print(gr2.shortest_path(1,8))
    print(gr2.distance(6,1))
    print(gr2.shortest_path(6,1))
```

또한 전체 BFS를 사용해 모든 노드와 소스로부터의 거리를 계산하는 함수를 정의할 수 있다.

```
    def reachable_with_dist(self, s):
        res = []
        l = [(s,0)]
        while len(l) > 0:
            node, dist = l.pop(0)
            if node != s: res.append((node,dist))
            for elem in self.graph[node]:
                if not is_in_tuple_list(l,elem) and not is_in_tuple_
list(res,elem):
                    l.append((elem,dist+1))
```

```
        return res

def is_in_tuple_list(tl, val):
    """ 클래스 외부에 있는 함수라는 점을 유의한다. """
    res = False
    for (x,y) in tl:
        if val == x: return True
    return res

if __name__ == "__main__":
    gr2 = MyGraph({1:[2,3,4],2:[5,6],3:[6,8],4:[8],5:[7],6:[],7:[],8:[]})
    print(gr2.reachable_with_dist(1))
```

경우에 따라 거리가 무한한 것으로 간주되는 노드 사이에는 경로가 없을 수도 있다. 모든 노드 쌍이 유한한 거리를 갖는 경우 그래프는 강하게 연결돼 있다고 할 수 있다. 이 정의는 다음과 같이 구현된다.

```
def is_connected(self):
    total = len(self.graph.keys()) - 1
    for v in self.graph.keys():
        reachable_v = self.reachable_bfs(v)
    if (len(reachable_v) < total): return False
    return True
```

13.5 사이클

그래프에서는 동일한 꼭짓점에서 시작하고 끝나는 경우를 '닫혔다'라고 말한다. 닫힌 경로에서 반복되는 노드나 에지가 없다면 이 경로를 사이클^{cycle}이라고 한다. 그래프에서 사이클이 존재하면 순환^{cyclic}이라 하고, 존재하지 않으면 비순환^{acyclic}이라 한다. 이는 그래프의 중요한 특성이다. 방향성이 있는 비순환 그래프는 트리 구조나 생명정보학을 포함한 많은 분야에서 중요하다.

이 절을 마무리하면서 그래프가 순환하는지 확인하는 함수를 정의해본다.

```python
    def node_has_cycle(self, v):
        l = [v]
        res = False
        visited = [v]
        while len(l) > 0:
            node = l.pop(0)
            for elem in self.graph[node]:
                if elem == v: return True
                elif elem not in visited:
                    l.append(elem)
                    visited.append(elem)
        return res

    def has_cycle(self):
        res = False
        for v in self.graph.keys():
            if self.node_has_cycle(v): return True
        return res

if __name__ == "__main__":
    gr = MyGraph()
    gr.add_vertex(1)
    (...)
    gr2 = MyGraph({1:[2,3,4],2:[5,6],3:[6,8],4:[8],5:[7],6:[],7:[],8:[]})
    print(gr.has_cycle())
    print(gr2.has_cycle())
```

node_has_cycle 함수는 주어진 노드에 사이클이 있는지 확인하는 함수다. has_cycle 함수는 노드에서 사이클이 시작하는지 확인하는 함수다.

참고 문헌과 추가 자료

그래프 이론에 대한 소개는 많은 교과서에서 찾을 수 있다. 여기서는 하라리[Harary][71]와 디에스텔[Diestel][48], 이븐[Even][61]의 연구를 인용해본다. 이 장에서 설명하는 대부분의 알고리즘은 코멘 등[Cormen et al.][38]의 책을 포함한 알고리즘 기초 관련 책에서 다루는 내용이다. 여기에 설명된 너비 우선 탐색은 콘라트 추제[Konrad Zuse][161]와 에드워드 무어[Edward

F. Moore[116]를 비롯한 여러 저자가 독자적으로 발명한 반면, 깊이 우선 탐색은 19세기 이후로 미로 해결 전략으로 사용됐다[61].

연습 문제와 프로그래밍 프로젝트

연습 문제

1. 그래프에서 분리된 노드는 후속 노드나 선행 노드가 존재하지 않는다.

   a. MyGraph 클래스에 is_isolated(self, node) 함수를 추가해 지정된 노드가 분리됐는지를 확인하고 True 또는 False를 반환한다.

   b. a에서 작성한 함수를 기반으로 그래프에서 모든 분리된 노드를 반환하는 isoloated_nodes(self)를 작성해보자.

2. 그래프의 일부clique는 하위 그래프sub-graph라고 말한다. MyGraph 클래스에 is_clique(self, list_nodes) 함수를 추가해 노드 리스트를 입력하면 하위 그래프인지를 확인하고 True, False를 반환해보자.

3. MyGraph 클래스에 그래프의 구성 요소를 식별하는 메서드를 작성해보자. 결과는 각 요소의 노드를 담은 리스트에 리스트로 반환한다. 방향성이 있는 그래프에서 구성 요소는 강하게 결합된 하위 그래프이며 그래프에 있는 다른 노드들과는 결합되지 않을 수도 있다. 결과에서 노드들의 합집합은 그래프의 노드 집합이 아닐 수도 있다.

프로그래밍 프로젝트

1. 방향성이 없는 그래프를 나타내는 클래스를 작성해보자. MyGraph 클래스의 어떤 메서드가 방향성이 없는 그래프에서 작동하는지 확인하고, 작동하지 않는 메서드를 다시 구현해보자.

2. MyGraph 클래스의 하위 클래스로 가중치 그래프 클래스를 생성해보자. 에지의 가중치를 고려해 노드 간 거리 및 최단 경로를 계산하는 방법을 구현해보자. 다익스트라Dijkstra 알고리즘을 참고한다.

14 그래프와 생물학적 네트워크

이번 장에서는 생물학적 발견에서 네트워크의 중요성을 간략히 검토하고, 지난 장에서 제시한 그래프를 사용해 생물학적 관련 네트워크를 표현할 수 있는 방법을 논의해본다. 차수 분포$^{degree\ distribution}$, 평균 거리$^{mean\ distance}$, 클러스터링 계수$^{clustering\ coefficient}$, 허브 분석을 포함한 네트워크 위상 분석에 다양한 기술을 제시하고 구현하며 생물학적 연구에서 이들의 관련성을 논의할 것이다.

14.1 소개

지난 몇 년간 이전 장에서 제시한 그래프의 개념이 다양한 유형의 생물학 시스템을 표현하는 데 사용됐다. 생물학적 네트워크를 표시하는 이러한 그래프는 일반적으로 노드에 유전자, 단백질 또는 화학 화합물과 같은 생물학적 개체를 나타내고, 에지는 이 개체들의 상호작용 또는 관계를 나타낸다. 생물학적 개체 간 상호작용이란 단백질을 암호화하는 유전자, 반응에 참여하는 대사물질, 유전자의 발현을 조절하는 단백질을 말한다.

시스템 생물학에서 이러한 네트워크는 세포 조직 및 표현형의 전반적인 분석과 대사 작용, 유전자 발현 조절, 신호 전달을 표현하는 데 강력한 도구가 된다.

대사 네트워크는 일반적으로 효소 반응, 대사체, 효소-촉매 화학 반응을 포함한다. 네트워크에서는 반응물/촉매, 대사물 중 하나가 있거나 또는 둘 다 있을 수 있다. 그림 14.1은 간단한 대사 시스템과 네트워크를 보여준다.

조절 네트워크는 유전자와 단백질을 포함하며 세포가 유전자 발현량을 조절하는 과정을 나타내는 반면, 신호 전달 네트워크는 세포 외부에서 내부 조절 및 대사 시스템으로의 신호 전달을 의미한다.

세포 행동을 직접적으로 시뮬레이션할 수는 없지만 이렇게 네트워크가 주어진다면 생물학적 특성에 대한 통찰력을 가질 수 있게 된다. 이 장의 나머지 부분에서는 생물학적 시스템에 의미를 전달할 수 있는 그래프와 알고리즘을 설명할 것이다.

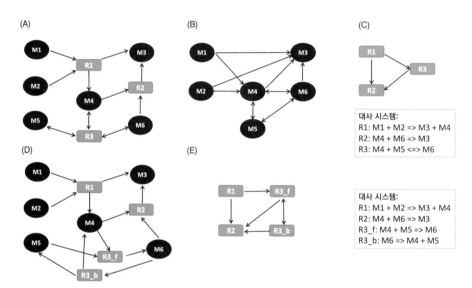

그림 14.1 간단한 대사 시스템의 세 가지 네트워크: (A) 대사산물-반응(metabolite-reaction) 네트워크, (B) 대사산물-대사산물(metabolite-metabolite) 네트워크, (C) 반응-반응(reaction-reaction) 네트워크. (D)와 (E)는 가역 반응을 고려해 (A), (C)의 네트워크를 나타낸다. 대사 시스템에서 =>는 비가역적 반응을 의미하고 <=>는 가역적 반응을 의미한다.

두 개 이상의 하위 시스템을 한 번에 나타내려는 시도가 있었지만, 분석에 어려움이 있으므로 이 책에서는 대표적인 네트워크로 대사 네트워크를 표현할 것이다.

14.2 네트워크를 그래프로 표현

14.2.1 대사 네트워크를 표현하는 파이썬 클래스

앞에서 언급했듯이 이전 장에서 제시한 그래프를 사용해 네트워크를 표현할 것이다. 파이썬 클래스의 형태로 언급된 개념들을 구현할 것이며, 이전에 구현한 방향성 있는 그래프를 활용할 것이다.

그림 14.1A와 같이 반응 및 대사물을 나타내는 두 가지 노드를 포함하는 대사 네트워크는 두 가지 다른 유형의 노드가 있다. 이 경우에는 이분 그래프[biparite graph]를 사용한다.

이분 그래프인 그래프 $G = (V, E)$는 V가 두 개의 분리된 세트인 V_1과 $V_2(V_1 \cup V_2 = V$와 $V_1 \cap V_2 = \emptyset)$로 나뉠 수 있는데, E는 첫 번째 요소가 V_1에 있고 두 번째 요소가 V_2에 있는 경우만 존재한다. 즉, 동일한 노드에서 서로를 연결하는 에지가 없다. 대사체와 산물을 나타내는 대사 네트워크가 이분 그래프의 특별한 경우인지 쉽게 확인할 수 있다. V_1은 대사체 세트를 나타내고, V_2는 반응 세트를 나타낸다.

대사 네트워크를 표현하기 위해 그림 14.1에 있는 모든 유형의 네트워크를 고려해 MyGraph 클래스의 하위 클래스인 MetabolicNetwork 클래스를 정의할 것이다. 다음 코드에서와 같이 기본 클래스에 네트워크 유형(network_type)을 지정하는 변수를 추가한다. 네트워크 유형에는 'metabolite-reaction', 'metabolite-metabolite', 'reaction-reaction'이 들어갈 수 있으며, 이는 그림 14.1의 (A), (B), (C)에 각각 묘사돼 있다. 네트워크 유형이 'metabolite-reaction'인 경우 이분 그래프가 되며, 사전형 변수인 'node_types'에 'metabolite'와 'reaction'으로 각 항목을 넣을 수 있다. 그림 14.1의 (D)와 (E)가 보여주는 네트워크처럼 가역성의 여부에 따른 부울 변수가 split_rev에 있다.

```python
from MyGraph import MyGraph

class MetabolicNetwork(MyGraph):
    def __init__(self, network_type = "metabolite-reaction", split_rev = False
):
        MyGraph.__init__(self, {})
        self.net_type = network_type
        self.node_types = {}
        if network_type == "metabolite-reaction":
            self.node_types["metabolite"] = []
            self.node_types["reaction"] = []
        self.split_rev = split_rev
```

네트워크에 내용을 추가하기 위해 노드와 에지에 '수작업으로' 직접 내용을 넣을 수 있다. 다음 코드는 그림 14.1A에 있는 네트워크를 구현한 것이다.

```python
class MetabolicNetwork(MyGraph):

    (...)

    def add_vertex_type(self, v, nodetype):
        self.add_vertex(v)
        self.node_types[nodetype].append(v)

    def get_nodes_type(self, node_type):
        if node_type in self.node_types:
            return self.node_types[node_type]
        else: return None

def test1():
    m = MetabolicNetwork("metabolite-reaction")
    m.add_vertex_type("R1","reaction")
    m.add_vertex_type("R2","reaction")
    m.add_vertex_type("R3","reaction")
    m.add_vertex_type("M1","metabolite")
    m.add_vertex_type("M2","metabolite")
    m.add_vertex_type("M3","metabolite")
    m.add_vertex_type("M4","metabolite")
    m.add_vertex_type("M5","metabolite")
    m.add_vertex_type("M6","metabolite")
    m.add_edge("M1","R1")
    m.add_edge("M2","R1")
    m.add_edge("R1","M3")
    m.add_edge("R1","M4")
    m.add_edge("M4","R2")
    m.add_edge("M6","R2")
    m.add_edge("R2","M3")
    m.add_edge("M4","R3")
    m.add_edge("M5","R3")
    m.add_edge("R3","M6")
    m.add_edge("R3","M4")
    m.add_edge("R3","M5")
    m.add_edge("M6","R3")
    m.print_graph()
    print("Reactions: ", m.get_nodes_type("reaction"))
```

```
    print("Metabolites: ", m.get_nodes_type("metabolite"))
test1()
```

대규모 네트워크의 경우, 파일에서 정보를 불러와 네트워크를 생성하는 것이 유용하다. 그림 14.1의 오른쪽 박스에 표시된 형식의 내용으로 파일이 주어졌다고 가정해보자.

다음 코드에서 보듯이 load_from_file 함수를 사용하면 MetabolicNetwork 클래스가 파일을 읽어서 네트워크를 생성한다. 이 함수는 파일에서 정보를 불러와 클래스의 속성이 제공하는 네트워크 유형에 따라 네트워크를 작성하고 가역성을 처리한다.

문자열 메서드 split은 입력받는 구분자 문자열을 기준으로 문자열을 분리해 리스트를 만든다.

```
def load_from_file(self, filename):
    rf = open(filename)
    gmr = MetabolicNetwork("metabolite-reaction")
    for line in rf:
        if ":" in line:
            tokens = line.split(":")
            reac_id = tokens[0].strip()
            gmr.add_vertex_type(reac_id, "reaction")
            rline = tokens[1]
        else: raise Exception("Invalid line:")
        if "<=>" in rline:
            left, right = rline.split("<=>")
            mets_left = left.split("+")
            for met in mets_left:
                met_id = met.strip()
                if met_id not in gmr.graph:
                    gmr.add_vertex_type(met_id, "metabolite")
                if self.split_rev:
                    gmr.add_vertex_type(reac_id+"_b", "reaction")
                    gmr.add_edge(met_id, reac_id)
                    gmr.add_edge(reac_id+"_b", met_id)
                else:
                    gmr.add_edge(met_id, reac_id)
                    gmr.add_edge(reac_id, met_id)
            mets_right = right.split("+")
            for met in mets_right:
```

```python
                met_id = met.strip()
                if met_id not in gmr.graph:
                    gmr.add_vertex_type(met_id, "metabolite")
                if self.split_rev:
                    gmr.add_edge(met_id, reac_id+"_b")
                    gmr.add_edge(reac_id, met_id)
                else:
                    gmr.add_edge(met_id, reac_id)
                    gmr.add_edge(reac_id, met_id)
        elif "=>" in line:
            left, right = rline.split("=>")
            mets_left = left.split("+")
            for met in mets_left:
                met_id = met.strip()
                if met_id not in gmr.graph:
                    gmr.add_vertex_type(met_id, "metabolite")
                gmr.add_edge(met_id, reac_id)
            mets_right = right.split("+")
            for met in mets_right:
                met_id = met.strip()
                if met_id not in gmr.graph:
                    gmr.add_vertex_type(met_id, "metabolite")
                gmr.add_edge(reac_id, met_id)
        else: raise Exception("Invalid line:")

    if self.net_type == "metabolite-reaction":
        self.graph = gmr.graph
        self.node_types = gmr.node_types
    elif self.net_type == "metabolite-metabolite":
        self.convert_metabolite_net(gmr)
    elif self.net_type == "reaction-reaction":
        self.convert_reaction_graph(gmr)
    else: self.graph = {}

def convert_metabolite_net(self, gmr):
    for m in gmr.node_types["metabolite"]:
        self.add_vertex(m)
        sucs = gmr.get_successors(m)
        for s in sucs:
            sucs_r = gmr.get_successors(s)
            for s2 in sucs_r:
```

```
            if m != s2:
                self.add_edge(m, s2)

    def convert_reaction_graph(self, gmr):
        for r in gmr.node_types["reaction"]:
            self.add_vertex(r)
            sucs = gmr.get_successors(r)
            for s in sucs:
                sucs_r = gmr.get_successors(s)
                for s2 in sucs_r:
                    if r != s2: self.add_edge(r, s2)
```

파일에서 정보를 불러오고 'metabolite-reaction' 네트워크가 생성된다. 만약 다른 종류의 네트워크가 필요하다면 'metabolite-reaction' 네트워크에서 변환할 수 있는 다른 메서드를 사용하면 된다. 'metabolite-metabolite'나 'reaction-reaction' 네트워크를 만들려면 우선 이러한 이분 그래프를 생성해야 하기 때문에 먼저 'metabolite-reaction'의 이분 그래프를 생성하는 방식은 합리적이다. 실제로 'metabolite-metabolite' 네트워크에서 M_1과 M_2가 반응 R_1을 해서 M_3가 만들어진다고 하면 M_1과 M_2에서 M_3로 화살표가 이어진다. 'reaction-reaction' 네트워크에서도 R_1에서 M_4를 거쳐 R_2로 이어지기에 R_1에서 R_2로 화살표가 이어진다.

함수가 잘 작동하는지 확인하고자 준비한 간단한 예제인 'example-net.txt'를 살펴보자. 파일의 내용은 다음과 같다.

```
R1: M1 + M2 => M3 + M4
R2: M4 + M6 => M3
R3: M4 + M5 <=> M6
```

파일에서 보여준 대사 시스템은 그림 14.1의 대사 시스템과 동일하다. 다음 파이썬 스크립트는 이 파일을 사용해 그림에 표시된 모든 유형의 네트워크를 생성한다.

```
def test2():
    print("metabolite-reaction network:")
    mrn = MetabolicNetwork("metabolite-reaction")
    mrn.load_from_file("example-net.txt")
    mrn.print_graph()
```

```
    print("Reactions: ", mrn.get_nodes_type("reaction"))
    print("Metabolites: ", mrn.get_nodes_type("metabolite"))
    print()

    print("metabolite-metabolite network:")
    mmn = MetabolicNetwork("metabolite-metabolite")
    mmn.load_from_file("example-net.txt")
    mmn.print_graph()
    print()

    print("reaction-reaction network:")
    rrn = MetabolicNetwork("reaction-reaction")
    rrn.load_from_file("example-net.txt")
    rrn.print_graph()
    print()

    print("metabolite-reaction network (splitting reversible):")
    mrsn = MetabolicNetwork("metabolite-reaction", True)
    mrsn.load_from_file("example-net.txt")
    mrsn.print_graph()
    print()

    print("reaction-reaction network (splitting reversible):")
    rrsn = MetabolicNetwork("reaction-reaction", True)
    rrsn.load_from_file("example-net.txt")
    rrsn.print_graph()
    print()

test2()
```

14.2.2 실제 생물체의 대사 네트워크

이 장에서 설명한 개념 중 일부를 실제 세계에서 설명하기 위해 모델 생물체인 대장균 Escherichia coli을 예시로 대사 네트워크를 만들어본다.

네트워크의 기초로서 대사 네트워크 중 가장 인기 있는 iJR904 대사 모델을 사용할 것이다[133].

이 모델의 반응은 이전 절에서 논의한 것과 같은 형식으로 'ecoli.txt' 파일이며, 이 책의 웹사이트에서 받을 수 있다. 다음 코드는 이 파일을 읽어서 작업에 사용한 세 가지 유형의 네트워크를 생성하고, 931개의 반응과 761개의 대사산물을 확인해 5,000개 이상의 'metabolite-reaction' 네트워크 에지와 130,000개의 'reaction-reaction' 네트워크 에지를 생성한다. 다음 절에서는 더 큰 현실적인 네트워크로 위상 분석 함수의 결과를 보여준다.

```python
def test3():
    print("metabolite-reaction network:")
    ec_mrn = MetabolicNetwork("metabolite-reaction")
    ec_mrn.load_from_file("ecoli.txt")
    print(ec_mrn.size())

    print("metabolite-metabolite network:")
    ec_mmn = MetabolicNetwork("metabolite-metabolite")
    ec_mmn.load_from_file("ecoli.txt")
    print(ec_mmn.size())

    print("reaction-reaction network:")
    ec_rrn = MetabolicNetwork("reaction-reaction")
    ec_rrn.load_from_file("ecoli.txt")
    print(ec_rrn.size())

test3()
```

14.3 네트워크 위상 분석

이번 절에서는 다양한 형태의 네트워크 위상 분석을 소개한다. 즉, 그래프 구조를 고려해 계산한 메트릭을 보여준다. 이러한 네트워크를 보는 것은 생물학적 통찰력을 얻는 데 도움이 된다. 이전 절에서처럼 대사 네트워크에 초점을 맞춰 진행할 것이며, 다른 두 유형의 네트워크는 비슷한 방식으로 분석할 수 있다.

14.3.1 분포 차수

13.3절에서 노드 차수와 관련 개념을 정의하고 계산을 위한 함수를 살펴봤다. 그래프의 모든 노드에 대한 차수 세트가 주어지면 관심 있는 메트릭을 계산할 수 있다.

$<k>$로 표기하는 평균도$^{mean\ degree}$는 그래프에서 모든 노드의 평균 차수로 정의한다. 방향성이 있는 그래프에서 들어오는 차수, 나가는 차수로 나눠 계산하거나 한 번에 계산할 수 있다. 평균도는 네트워크의 전체 연결된 정도를 파악하는 데 사용할 수 있다.

또 다른 중요한 메트릭은 노드의 차수 분포이며 $P(k)$로 나타낸다. 이는 그래프에서 k 차수에 대한 분포를 파악할 수 있다. 노드의 차수 분포는 무작위로 생성돼 정규 분포를 따르는 $P(k)$와 비교할 수 있는 중요한 매개변수가 될 수 있다.

지난 몇 년간 인기 있는 네트워크 유형은 스케일이 없는 네트워크$^{scale-free\ network}$였다. $P(k)$는 멱법칙$^{power\ law}$과 비슷한데, 이는 $P(k) \simeq k - \gamma,\ (2 < \gamma < 3)$이다. 이 네트워크에서 대부분의 노드는 낮은 차수를 갖고 있지만, 몇몇 소수의 노드는 큰 차원을 갖고 있다. $P(k)$를 로그 스케일로 표현하면 직선으로 나타난다.

이 개념은 모든 그래프에서 계산할 수 있는 일반적인 개념이며, 이전 장에서 만든 MyGraph에 구현해본다. 이 개념을 부모 클래스에 정의할 것이고, 이를 MetabolicNetwork 클래스에서 사용할 수 있도록 할 것이다.

```python
class MyGraph:

    (...)

    def mean_degree(self, deg_type = "inout"):
        degs = self.all_degrees(deg_type)
        return sum(degs.values()) / float(len(degs))

    def prob_degree(self, deg_type = "inout"):
        degs = self.all_degrees(deg_type)
        res = {}
        for k in degs.keys():
            if degs[k] in res.keys():
                res[degs[k]] += 1
            else:
                res[degs[k]] = 1
```

```
        for k in res.keys():
            res[k] /= float(len(degs))
        return res

(...)
```

이전 코드에서 살펴본 간단한 네트워크 예시는 다음 코드로 실행할 수 있다. 함수 test2의 두 행은 이전 예시의 test2 함수에 추가한다.

```
def test2():
    (...)

    print(mmn.mean_degree("out"))
    print(mmn.prob_degree("out"))

test2()
```

이 함수들은 대장균 네트워크에 적용할 수 있고, 다음 test3 함수에서 확인할 수 있다. 여기서의 예시는 네트워크 유형 중 하나만을 보여주고 있으며 비슷한 코드로 다른 네트워크 유형에 적용할 수 있다. prob_degree 함수가 k 값을 정렬해 반환하는 예시는 다음 코드에서 볼 수 있다. 기본적으로 사전의 키는 순서가 없다는 점에 유의하자.

```
def test3():
    ec_mrn = MetabolicNetwork("metabolite-reaction")
    ec_mrn.load_from_file("ecoli.txt")

    print("Mean degree: ", ec_mrn.mean_degree("inout"))
    pd = ec_mrn.prob_degree("inout")
    pdo = sorted(list(pd.items()), key=lambda x : x[0])
    print("Histogram of degree probabilities")
    for (x,y) in pdo: print(x, "->", y)

test3()
```

결과 분석에 따르면 대부분의 노드는 차수의 값이 작지만, 차수가 높은 몇 개의 노드가 있다. 이는 스케일이 없는 네트워크의 가설과 일치한다.

14.3.2 최단 경로 분석

13.4절에서는 그래프 경로와 거리의 개념을 다루며 그래프를 탐색하는 방법을 제시했다. 두 노드 사이 거리의 정의에 기초해 두 노드 간 최단 경로로 이동한 에지 수로 네트워크 전체 메트릭을 계산할 수 있다. 가장 간단한 것은 평균 거리이며 $< L >$로 표기할수 있다. 평균 거리는 그래프의 모든 노드 쌍 간 최단 경로 길이의 평균 값이다. 13.4절에서 정의한 대로 그래프가 강하게 연결돼 있지 않으면 노드가 연결돼 있지 않으므로 몇몇 거리는 무한대로 나온다. 이러한 경우 $< L >$을 계산할 때 무시한다. 그러나 몇 개의 경우가 무한대로 발생하는지 아는 것은 중요하다.

이 메트릭은 네트워크의 일부 속성을 평가하는 데 도움을 줄 수 있다. 중요한 클래스 중 하나는 small-world 네트워크이며, 예상보다 훨씬 작은 $< L >$을 갖는다. 이는 같은 크기에 무작위로 생성된 네트워크와 비교했을 때 $< L >$이 작다는 의미다.

이 개념은 mean_distances 함수에 구현됐으며 MyGraph 클래스 내부에 정의했다. 이 함수는 경로가 있는 모든 노드 쌍에 대해 $< L >$을 계산하고 네트워크의 모든 쌍에 대해 연결된 쌍의 백분율을 튜플로 반환한다.

```python
class MyGraph:

    (...)

    def mean_distances(self):
        tot = 0
        num_reachable = 0
        for k in self.graph.keys():
            distsk = self.reachable_with_dist(k)
            for _, dist in distsk:
                tot += dist
            num_reachable += len(distsk)
        meandist = float(tot) / num_reachable
        n = len(self.get_nodes())
        return meandist, float(num_reachable)/((n-1)*n)
```

위의 예제는 test2 함수에 몇 줄을 추가해 테스트할 수 있다.

```
def test2():
    (...)

    print(mmn.mean_distances())
    print(mrn.mean_distances())

test2()
```

구현한 함수를 대장균 네트워크에 적용하는 것 또한 흥미롭다. 이는 다음 코드에서 만날 수 있다. 네트워크의 크기에 따라 실행 시간이 결정된다.

```
def test3():
    (...)

    print("Mean distance (M-R): ", ec_mrn.mean_distances())
    print("Mean distance (M-M): ", ec_mmn.mean_distances())

test3()
```

결과를 보면 $< L >$의 값이 3과 5 사이로 매우 낮으므로, 대사 네트워크가 실제로 소규모 네트워크의 클래스에 속한다는 가설을 뒷받침한다.

14.3.3 클러스터링 계수

많은 애플리케이션에서 로컬 그룹에 많이 연결된 노드, 즉 클러스터를 생성하기 위해 그래프 노드의 경향성을 측정하는 것은 중요하다. 이를 측정하기 위해 노드의 클러스터링 계수는 인접한 노드 사이의 에지 수와 동일 노드 사이에 존재할 수 있는 모든 에지 수의 비율로 정의할 수 있다. 실제로 높은 클러스터링 계수를 가진 노드는 노드들 간에 밀접하게 연결된 이웃 노드를 갖고 있다.

클러스터링 계수를 계산하는 함수는 MyGraph 클래스에 추가했다. 에지의 방향성과 상관없이 노드가 이웃 노드를 가진 경우 다른 노드에 연결됐다고 가정한다.

```
class MyGraph:

    (...)

    def clustering_coef(self, v):
        adjs = self.get_adjacents(v)
        if len(adjs) <=1: return 0.0
        ligs = 0
        for i in adjs:
            for j in adjs:
                if i != j:
                    if j in self.graph[i] or i in self.graph[j]:
                        ligs = ligs + 1
        return float(ligs)/(len(adjs)*(len(adjs)-1))
```

이 개념에 기초해 네트워크의 글로벌 메트릭을 정의할 수 있다. 평균 클러스터링 계수는 $< C >$로 표기하며, 네트워크의 모든 노드에 대한 클러스터링 계수의 평균으로 계산한다. 또 다른 관심 있는 메트릭은 클러스터링 계수와 노드 차수를 연관시킨다. 그러므로 $C(k)$는 차수가 k인 모든 노드의 클러스터링 계수의 평균으로 정의한다.

이러한 개념을 MyGraph 클래스에서 세 가지 함수로 구현했다. 함수 all_clustering_coefs는 모든 노드의 클러스터링 계수를 계산한다. 함수 mean_clustering_coef는 $C(k)$를 계산한다. 함수 mean_clustering_perdegree는 k의 모든 값에 대해 $C(k)$를 계산한다.

```
class MyGraph:

    (...)

    def all_clustering_coefs(self):
        ccs = {}
        for k in self.graph.keys():
            ccs[k] = self.clustering_coef(k)
        return ccs

    def mean_clustering_coef(self):
        ccs = self.all_clustering_coefs()
        return sum(ccs.values()) / float(len(ccs))
```

```
def mean_clustering_perdegree(self, deg_type = "inout"):
    degs = self.all_degrees(deg_type)
    ccs = self.all_clustering_coefs()
    degs_k = {}
    for k in degs.keys():
        if degs[k] in degs_k.keys(): degs_k[degs[k]].append(k)
        else: degs_k[degs[k]] = [k]
    ck = {}
    for k in degs_k.keys():
        tot = 0
        for v in degs_k[k]: tot += ccs[v]
        ck[k] = float(tot) / len(degs_k[k])
    return ck
```

이전처럼 테스트 함수에 코드를 추가해 함수를 테스트해보자. 이 함수들은 '대사산물-반응' 네트워크와 같이 이분 그래프에 적용하면 안 된다. 동일한 유형의 꼭짓점을 연결할 수 없으므로 이 경우 모든 계수는 0으로 계산된다. 이는 독자들이 쉽게 확인할 수 있다.

```
def test2():
    (...)
    print(mmn.all_clustering_coefs())
    print(mmn.mean_clustering_coef())
    print(mmn.mean_clustering_perdegree())

test2()
```

다음 코드는 함수들을 대장균 대사산물 네트워크에 적용한 것이다. 출력물이 많기 때문에 all_clustering_coefs는 코드에 포함하지 않았다.

```
def test3():
    (...)
    print(ec_mmn.mean_clustering_coef())
    cc = ec_mmn.mean_clustering_perdegree()
    cco = sorted(list(cc.items()), key=lambda x : x[0])
    print("Clustering coefficients per degree")
```

```
    for (x,y) in cco: print(x, "->", y)

test3()
```

차수별로 클러스터링 계수 출력을 분석하면 재미있는 패턴을 볼 수 있다. 여기서 $C(k)$ 값은 k가 증가함에 따라 감소한다. 이는 계층적 모듈 네트워크hierarchical modular network의 전형적인 패턴이며, 소수의 노드만 높은 차수로 연결돼 있다. 이러한 특성은 대사 네트워크에서 쉽게 볼 수 있는 것이다.

14.3.4 허브와 중심성 측정

네트워크 분석에서 중요한 작업 중 하나는 중요하다고 생각하는 노드를 찾는 것이다. 생물학적 네트워크에서 이 노드들은 시스템 동작을 이해하기 위해 중요하다. 이 노드들은 예를 들어 네트워크의 견고성이나 네트워크 실패에 대한 저항성과 관련이 있을 수 있다.

노드의 중요성을 파악하는 여러 기준이 있는데, 이를 중심성 측정 또는 색인이라 부른다. 이 책에서는 가장 중요한 중심성 측정 중 일부를 다룬다. 중심성 인덱스의 적용은 네트워크상 중요한 노드를 식별하는 방법과 관련이 있다.

중요도순으로 노드의 순위를 매기는 가장 간단한 방법은 더 많은 이웃을 갖는 노드를 중요하게 보는 것이다. 즉, 노드의 차수를 중심성 측정으로 사용한다. 이를 차수 중심성이라 한다. 이 척도를 대사 네트워크에 적용하면 통화 대사물currency metabolite이라고 불리는 보조 인자를 식별할 수 있다. 일부 애플리케이션에서는 분석을 용이하게 하기 위해 이러한 대사체를 제거하기도 한다.

가장 높은 순위의 노드를 계산하는 함수는 14.3.1절에서 살펴본 노드의 차수 계산 방법에 기반한다. 다음 함수 highest_degrees는 중심도 측정에서 순위가 가장 높은 노드를 선택할 수 있게 해준다.

```
class MyGraph:

    (...)
```

```
    def highest_degrees(self, all_deg=None, deg_type="inout", top=10):
        if all_deg is None:
            all_deg = self.all_degrees(deg_type)
        ord_deg = sorted(list(all_deg.items()), key=lambda x : x[1], reverse =
True)
        return list(map(lambda x:x[0], ord_deg[:top]))
```

함수의 코드에서 몇 가지 사항을 주목해보자. 람다 표기법은 함수를 쉽게 정의할 수 있고 일반적으로 다른 함수 내부에서 사용하며, 명시적인 이름이 필요하지 않다. 이전 코드의 경우 이 함수는 튜플에서 두 번째 및 첫 번째 구성 요소를 추출하는 데 사용했다. 또 다른 특징은 map 함수인데, 리스트의 모든 요소에 같은 함수를 적용하는 기능을 한다. 결과로 새 리스트를 반환하며, 이는 입력한 리스트와 같은 크기다.

다음 코드는 대장균에 highest_degrees 함수를 적용한 것으로, 가장 많이 연결된 대사체를 반환한다. 결과로 나오는 대사체는 수소, 물과 같은 보조 인자뿐만 아니라 ADP, ATP, NAD+, NADH 또는 Acetyl-CoA와 같은 물질을 확인할 수 있다. 대사산물은 주어진 모델을 식별할 수 있게 해준다. 대사산물 또는 반응이 어떠한 식별자와 연관돼 있는지 확인하려면 http://bigg.ucsd.edu/의 BiGG 데이터베이스를 참조해보자.

```
def test3():

    (...)

    print(ec_mmn.highest_degrees(top = 20))

test3()
```

중심도 차수 측정의 대안이 될 한 가지 중요한 방법은 그래프에서 가장 중요한 노드를 다른 노드와 가장 가까운 노드로 식별하는 것이다. 방향성이 있는 그래프에서 정규화된 중심성 근접도는 다음과 같이 정의할 수 있다.

$$CC(v) = \frac{N-1}{\sum_{x \in V} d(v,x)} \tag{14.1}$$

336

여기서 $d(x, y)$는 노드 x와 y 사이의 거리를 나타내고, N은 그래프($|V|$)의 노드 수다.

따라서 이 정의에 따르면, 가장 높은 순위의 노드는 그래프에서 자신과 나머지 노드 사이의 평균 거리가 가장 작은 노드가 된다. 이 경우 대상 노드에서 밖으로 나가는 링크들의 거리를 고려하며, 방향성이 있는 그래프의 경우는 받는 링크들의 거리를 고려한다. 이전 정의를 따르면 $d(x, v)$로 계산한다.

이 메트릭은 연결된 그래프(또는 거의 연결된 그래프)에서 잘 적용된다. 연결되지 않은 노드 쌍이 있는 경우 일반적으로 계산에서 해당 쌍을 무시한다. 네트워크에서 연결되지 않은 쌍의 비율이 높은 경우에는 결과에 큰 영향을 미친다.

단일 노드와 전체 네트워크의 근접 중심성 구현은 다음 코드의 함수에서 확인할 수 있다.

```python
class MyGraph:

    (...)

    def closeness_centrality(self, node):
        dist = self.reachable_with_dist(node)
        if len(dist)==0: return 0.0
        s = 0.0
        for d in dist: s += d[1]
        return len(dist) / s

    def highest_closeness(self, top = 10):
        cc = {}
        for k in self.graph.keys():
            cc[k] = self.closeness_centrality(k)
        ord_cl = sorted(list(cc.items()), key=lambda x : x[1], reverse = True)
        return list(map(lambda x:x[0], ord_cl[:top]))
```

함수 highest_closeness는 이전 경우와 마찬가지로 대장균 네트워크에 적용할 수 있다. 그 결과는 중심성 차수의 결과와 상당히 겹칠 것이다. 이후 독자 스스로가 들어오는 에지의 근접 중심성을 구현하고 동일 네트워크에서 결과를 확인해보자.

중심성 측정의 마지막 예시는 네트워크 노드 쌍 사이의 최단 경로를 기반으로 하는 중간 중심성betweenness centrality이다. 이 메트릭은 대상 노드를 통과하는 네트워크에 있는 모든 노드 쌍 사이의 최단 경로 비율로 징의한다. 따라서 값은 0과 1 사이다.

다음 함수는 그래프에서 노드의 중간 중심성을 계산한다.

```python
class MyGraph:

    (...)

    def betweenness_centrality(self, node):
        total_sp = 0
        sps_with_node = 0
        for s in self.graph.keys():
            for t in self.graph.keys():
                if s != t and s != node and t != node:
                    sp = self.shortest_path(s, t)
                    if sp is not None:
                        total_sp += 1
                        if node in sp: sps_with_node += 1
        return sps_with_node / total_sp
```

네트워크의 모든 노드에 대한 중간 중심성 계산과 다른 예제들에 적용하기 위한 함수 일반화는 독자들에게 연습 문제로 남겨둔다.

14.4 대사작용 가능성 평가

이분 그래프로 대사 네트워크를 표현하는 것은 대사 시스템의 대사체 생산 잠재력을 연구할 수 있게 한다.

이 분석은 입력 대사물의 가용성에 따라 각 반응 노드가 활성이거나 비활성일 수 있다는 점을 고려해 다른 방식으로 네트워크를 살펴봐야 한다. 실제로 모든 필요한 물질이 존재하는 경우에만 세포 내에서 반응이 일어날 수 있다.

이러한 분석을 제공하려면 위에서 고려한 네트워크에서 '대사체-반응' 네트워크를 선택해야 한다. '대사체-반응' 네트워크는 그림 14.1D와 같이 가역적 반응이 두 개로 나뉜다. 각 반응의 입력인 기질과 출력인 생성물을 명확히 표시할 수 있어야 한다.

이러한 표현이 주어지면 활성화된 모든 반응을 식별하는 함수를 만들어 세포 내에서 이용 가능한 것으로 추정된 대사물질 목록을 입력으로 제공할 수 있다. 간략함을 위해 세포 구획의 존재는 무시한다. 또한 활성 반응이 주어지면 생성할 수 있는 모든 대사산물을 식별하는 함수를 구현할 수 있다.

이러한 함수들을 MetabolicNetwork 클래스에 추가했다.

```python
class MetabolicNetwork:

    (...)

    def active_reactions(self, active_metabolites):
        if self.net_type != "metabolite-reaction" or not self.split_rev:
            return None
        res = []
        for v in self.node_types["reaction"]:
            preds = set(self.get_predecessors(v))
            if len(preds)>0 and preds.issubset(set(active_metabolites)):
                res.append(v)
        return res

    def produced_metabolites(self, active_reactions):
        res = []
        for r in active_reactions:
            sucs = self.get_successors(r)
            for s in sucs:
                if s not in res: res.append(s)
        return res
```

이러한 함수를 구현하면 초기에 사용 가능한 대사물 리스트에 따라 생성할 수 있는 전체 대사물 집합을 결정하는 함수를 구현할 수 있다. 이는 생성 가능한 대사물이 다른 반응의 활성화로 이어져 새로운 대사물을 생성할 수 있는지를 확인하는 함수의 반복적인 호출을 의미한다. 활성 반응 리스트에 추가할 반응물이 없는 경우 프로세스가 종료된다. 이는 다음 all_produced_metabolites 함수에서 구현했다.

```python
    def all_produced_metabolites(self, initial_metabolites):
        mets = initial_metabolites
        cont = True
```

```
    while cont:
        cont = False
        reacs = self.active_reactions(mets)
        new_mets = self.produced_metabolites(reacs)
        for nm in new_mets:
            if nm not in mets:
                mets.append(nm)
                cont = True
    return mets
```

이 함수는 테스트를 위해 마지막 절에서 제시한 테스트 네트워크에 적용할 수 있다.

```
def test4():
    mrsn = MetabolicNetwork("metabolite-reaction", True)
    mrsn.load_from_file("example-net.txt")
    mrsn.print_graph()

    print(mrsn.produced_metabolites(["R1"]))
    print(mrsn.active_reactions(["M1","M2"]))
    print(mrsn.all_produced_metabolites(["M1","M2"]))
    print(mrsn.all_produced_metabolites(["M1","M2","M6"]))

test4()
```

대장균 네트워크를 이용한 함수 기능 탐구는 연습 문제에서 확인할 수 있다.

참고 문헌과 추가 자료

2000년 정하웅 등$^{Jeong\ et\ al.}$의 논문[83]은 다른 생물체 영역에서 43개 생물의 대사 네트워크를 분석했으며, 각 생물체마다 차이가 있음에도 스케일이 없는 자연과 관련해 위상적 특징을 공유한다고 결론지었다. 스케일이 없는 네트워크의 개념과 특성은 1999년 바라바시 등$^{Barabási\ et\ al.}$[21]이 소개했다. 대사와 관련한 계층적 네트워크는 2002년 라바스 등$^{Ravasz\ et\ al.}$[132]이 소개했다.

다른 종류의 네트워크를 분석하는 예시는 흥미롭다. 예를 들면 전사 네트워크의 연구[81]나 출아 효모 신호 네트워크 분석[16]이 있다. 다른 하위 시스템에 걸친 통합 네트워크를 최근 논의한 자료는 [67]에서 찾아볼 수 있다.

이 책에서 다루지 않은 네트워크 분석의 중요한 개념은 2002년 밀로 등Milo et al.[114]의 연구에서 확인할 수 있다. 이는 다른 유형의 생물학 네트워크에서 과발현된 패턴의 분석을 담고 있다.

2004년 바라바시Barabási와 올리비아Olivai는 생물학 네트워크의 포괄적 리뷰[23]를 작성했다. 대사 네트워크의 결과를 리뷰했을 뿐만 아니라 다른 유형의 생물학 네트워크도 고려해 진화의 기원을 논의했다. 같은 저자의 최근 리뷰[22]는 생물학 네트워크의 의료적 적용을 검토했다.

많은 그래프에 기반한 다른 표현 형식이 시스템 생물학의 더 넓은 분야에서 세포와 그 하위 시스템을 모델링하는 데 사용됐으며, 그중 다수는 표현형 예측으로 이어졌다. 이러한 패러다임에 대한 리뷰는 [106]에서 살펴볼 수 있다.

연습 문제와 프로그래밍 프로젝트

연습 문제

1. 이 장에서 제시된 대사산물–반응metabolite-reaction 유형의 네트워크를 고려해 적어도 하나의 반응에 의해 생성되지만 네트워크의 어떤 반응에도 소비되지 않는 '최종' 대사물 집합을 찾을 수 있는 메서드를 MetabolicNetwork 클래스에 추가해보자.

2. 초기 대사산물 세트와 목표 대사산물이 주어지면 반응 목록 생성을 위한 최단 경로를 반환하는 MetabolicNetwork 클래스에 메서드를 추가해보자. 목록의 반응은 주어진 순서대로 활성화할 수 있는 경우에만 유효하다. 초기 대사물 목록에서 목표 대사물을 생성할 수 없는 경우에는 None을 반환한다.

프로그래밍 프로젝트

1. 이전 장의 실습에서 제안한 방향성 없는 그래프를 구현하는 클래스를 고려해 이

빈 장에서 설명한 네트워크 위상 분석과 관련한 개념을 구현하는 메서드를 추가해보자.

2. KEGG^{Kyoto Encyclopedia of Genes and Genomes}(http://www.genome.jp/kegg/) 데이터베이스를 파이썬에서 사용할 수 있게 해주는 인터페이스를 찾아보자. 주어진 유기체에 대한 반응과 대사물로 대사 네트워크를 만드는 코드를 구현하자. 이후 다른 유기체를 찾아보자.

3. NetworkX(http://networkx.github.io) 또는 igraph(http://igraph.org/python)와 같은 그래프를 구현하는 파이썬 라이브러리를 찾아보자. 이 장에서 구현한 것과 유사한 기능으로 해당 라이브러리를 사용해 대사 네트워크를 구현해보자.

4. 조절 유전자에는 전사 인자를 암호화하는 유전자가 있다. 이러한 조절 유전자를 포함한 조절 네트워크를 구현해보자. 활성화 및 억제 이벤트를 나타낼 수 있도록 네트워크를 설계해보자.

15 게놈으로 리드 어셈블리: 그래프 기반 알고리즘

이번 장에서는 게놈 어셈블리의 도전적 문제인 DNA 염기 해독 장비에서 나온 중첩된 조각fragment 서열을 재구성하는 것을 다룬다. 이러한 까다로운 문제에는 그래프 알고리즘이 효과적이다. 여기서는 해밀턴 경로Hamiltonian path와 오일러 경로Eulerian path를 학습하고, 단순화한 버전의 게놈 어셈블리 문제와 알고리즘을 파이썬으로 구현한 후 그 효율성을 논의할 것이다. 또한 실제 게놈 어셈블리 작업과 관련한 몇 가지 문제와 최신 프로그램 솔루션도 논의할 것이다.

15.1 게놈 어셈블리의 소개와 관련한 도전들

게놈을 염기 해독하면, '인생'이라는 이름의 책을 읽는 것보다도 몇 배나 더 많은 양의 책을 읽어야 한다. 게놈 염기 해독은 기술적으로 읽는 것과는 매우 다른 과정이다. 실제로 전체 게놈 서열을 분석할 수 있는 기술은 현재 존재하지 않으며, 수백 개의 염기 쌍으로 이뤄진 DNA의 작은 조각 서열로 나눠서 읽어야 한다. 리드read라고 불리는 겹치는 조각들을 마치 퍼즐 조각을 조립하는 것과 거의 같은 방식으로 원래 서열 또는 게놈을 재구성하기 위해 합친다(그림 15.1).

이 문제의 복잡성은 어마어마하게 클 수 있다. 리드는 수백 개의 뉴클레오티드로 이뤄져 있는데, 이러한 수백만 개의 리드 단위로 읽은 전체 게놈은 수천만 개의 뉴클레오티드로 이뤄져 있다. 1990년대까지 게놈을 읽는다는 것은 불가능한 일로 여겨졌으며, 오늘날에도 현재의 툴이 가진 한계로 인해 일부 큰 유전체는 읽을 수 없다.

게놈의 크기와는 별개로, 다른 요소들이 이 문제를 매우 복잡하게 만든다.

- DNA 분자는 두 개의 상보적 가닥이 있으며, 주어진 조각이 어느 가닥에서 왔는지 알 수 있는 방법은 없다.
- 모든 유형의 게놈 염기 해독 장비는 상대적으로 높은 오류를 가지므로 많은 경우 조각이 원래의 순서와 다를 수 있고 다른 인접한 조각과 겹치는지 추론하기 어렵다.
- 게놈에는 염기 해독이 매우 어렵거나 불가능한 영역이 있다.

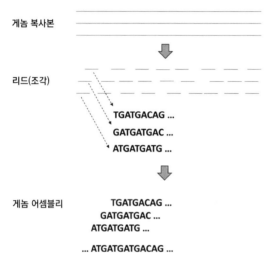

그림 15.1 게놈 조립의 전반적 과정. 게놈의 여러 복사본을 잘라 짧은 크기의 조각을 생성하며 원래 게놈 서열을 만들 수 있도록 염기 해독하고 어셈블한다.

이 책에서 게놈 염기 해독 기술의 복잡성을 다루지는 않으며, 이러한 문제에 대한 모든 가능한 해결책을 다루지 않는다. 대신 이 장의 끝에서는 그 문제들과 해결 방법을 논의할 것이다.

그에 앞서 게놈 어셈블리를 위한 가능한 알고리즘을 논의하고자 문제를 이상적인 버전으로 단순화할 것이다. 실제로 사용하는 툴들은 앞에서 언급한 문제를 고려한다. 단순화한 문제의 정의에서 전체 게놈이 단일 가닥을 갖는 서열이며, 게놈은 염기 해독으로 완전히 커버되고 이러한 리드들은 오류가 없이 게놈의 완전한 복사본이라 간주된다. 다음 절에서 이 작업을 처리하는 데 사용할 수 있는 알고리즘을 살펴본다.

15.2 오버랩 그래프와 해밀턴 사이클

15.2.1 문제 정의와 전역 탐색

알고리즘을 알아보기 전에 유용한 정의를 제시해본다. 문자열 서열 s의 구성은 반복적인 크기를 갖는 세그먼트^{segment} k의 모든 하위 서열의 집합이다. 조각들은 일반적으로 사전순으로 배열된다.

이 정의를 다음 코드에서 살펴보자. 파이썬 함수로 이를 구현하는 것은 쉽지 않다.

```
def composition(k, seq):
    res = []
    for i in range(len(seq)-k+1):
        res.append(seq[i:i+k])
        res.sort()
    return res

def test1():
    seq = "CAATCATGATG"
    k = 3
    print(composition(k, seq))

test1()
```

게놈 염기 해독을 수행할 때 상보적 문제가 있다. 즉, 원래의 서열을 알기보다는 조각의 구성을 알고 있다. 따라서 k로 주어진 값으로 원래 서열을 복구해야 한다.

이 문제에 대한 자연스러운 해결 방법은 조각 중 하나에서 시작해 조각과 $k - 1$의 위치가 겹치는 다른 조각을 찾는 것이다. 이는 하나의 뉴클레오티드를 서열의 마지막에 추가할 수 있게 한다. 이 방법을 반복하면 모든 조각을 알아낼 수 있다. k 크기의 조각은 마지막 글자를 하나 뺀 $k - 1$ 조각과 같고, 또는 첫 글자를 하나 뺀 $k - 1$ 조각과 같다.

다음 코드는 파이썬 함수로 이 개념을 구현한 것이다.

```
def suffix(seq):
    return seq[1:]

def prefix(seq):
    return seq[:-1]
```

k = 3인 ACC, ATA, CAT, CCA, TAA 조각들을 예시로 살펴보자. ACC부터 시작해 두 문자가 겹치는 CCA를 찾을 수 있고, 이를 통해 서열을 ACCA로 만들 수 있다. 같은 방식으로 CAT, ATA, TAA를 추가해 ACCATTA를 만들 수 있다(그림 15.2A).

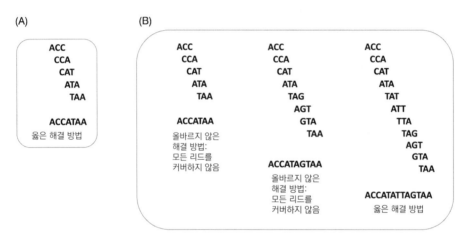

그림 15.2 크기 k = 3의 겹치는 조각에서 서열을 재구성한 예시. (A) 두 개의 뉴클레오티드가 겹치는 조각으로 서열을 재구성하는 방법. (B) 조각에서 크기 k − 1의 하위 서열이 반복돼 다음 조각의 선택을 어렵게 만드는 예시. 세 가지 해결 방법 중 마지막 방법이 모두를 포함하는 방법이다.

　문제를 해결했다! 그러나 이 방법으로 해결하지 못하는 경우도 존재한다. 이전 예시는 반복된 k − 1개로 구성된 조각이 없었으므로 다음에 어떤 서열을 골라야 하는지 고민할 필요가 없었다.

　ACC, AGT, ATA, ATT, CAT, CCA, GTA, TAA, TAG, TAT, TTA와 같은 몇 가지 조각을 재구성해보자. ACC로 시작해 CCA, CAT 조각을 추가했다. 다음 추가는 ATA와 ATT라는 두 가지 경우가 가능하며, 첫 번째 조각인 ATA를 골라본다. 그다음에는 TAA, TAG, TAT라는 세 가지 경우를 선택해야 한다. 첫 번째 조각인 TAA를 고르게 되면 다음에 선택할 수 있는 조각이 없기 때문에 종료된다(그림 15.2B). 모든 조각이 사용되지 않았으므로 정답이 아니다. 두 번째 조각인 TAG를 고르게 되면 AGT, GTA, TAA를 선택할 수 있지만, TAA와 ATT 조각이 남았으므로 정답이 아니다. 올바른 선택은 TAT인데, 이는 그림 15.2B의 마지막 그림처럼 ACCATATTAGTAA 서열을 완성한다.

정답 서열을 찾았지만, 이 알고리즘이 적합하지 않다는 것은 분명해 보인다. 실제로 이 전략은 둘 이상의 선택지가 존재하는 상황에서 모든 경우를 역추적해 정답을 찾아 낸다. 실제로는 $k-1-$mer가 많이 반복되므로 매우 비효율적일 수 있다. 퍼즐 맞추기를 떠올려보면 유사한 패턴을 가진 조각들을 맞추기 어렵듯이, 게놈을 조립할 때도 반복이 문제가 된다.

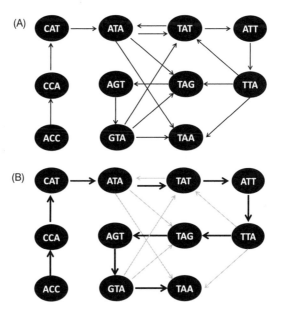

그림 15.3 이전 절의 예에 대한 오버랩 그래프 예시. (A) 오버랩 그래프. (B) 재구성 문제를 표시한 그래프. 모든 조각을 통과하는 경로는 굵은 선으로 표기한다. 그렇지 않은 경우에는 얇은 회색 선으로 표기한다.

15.2.2 오버랩 그래프

이러한 문제를 해결하는 한 가지 대책은 지난 두 장에서 다룬 그래프다. 실제로 이 문제에 대한 조각들은 오버랩 그래프^{overlap graph}라는 특수한 유형의 그래프로 표현할 수 있으며, 이에 따른 문제를 공식화하고 알고리즘을 생성할 수 있다.

오버랩 그래프는 다음과 같이 정의할 수 있다.

- 노드는 입력한 조각에 해당한다. 즉, 주어진 조각당 하나의 노드가 있다.
- 위 정의에 따라 두 노드 v, w에서 접미사$_{k-1}(v)$ = 접두사$_{k-1}(w)$인 경우, 두 노드 사이에서 에지가 생성된다. 즉, 노드 v와 w의 서열 $k - 1$은 겹친다.

그림 15.3A의 그래프는 이전 절에서 제시한 예시에 대한 오버랩 그래프다. 이 경우 11개의 노드가 있으며, 각 조각에 대해 하나의 노드와 에지가 존재한다. 첫 번째 문자의 마지막 두 문자가 두 번째 문자의 첫 두 문자와 겹치는 경우에 대해 모든 노드 쌍을 연결한다.

재구성된 문자열의 전체 서열은 그래프의 경로로 표시할 수 있다. 올바른 해결 방법이 되기 위해 경로가 그래프의 모든 노드를 한 번 통과해야 한다. 다음 절에서 살펴볼 것처럼, 이러한 경로에는 특별한 명칭과 속성이 있다.

그림 15.3B는 이전 예시에서 찾은 정답을 보여준다(그림 15.2B 참조). 경우에 따라 여러 개의 에지가 있는 노드가 있는데, 이 경우에는 다음 노드를 선택하기 어렵다.

이러한 그래프와 경로의 속성 및 알고리즘을 알아보기에 앞서 오버랩 그래프를 만들 수 있는 파이썬 코드를 작성해보자. 이를 위해 13장에서 정의한 MyGraph 클래스의 하위 클래스가 될 OverlapGraph를 정의할 것이다.

위의 정의에 따라 다음 코드는 조각 세트가 주어지면 create_overlap_graph 함수를 사용해 그래프를 작성한다. 코드는 앞에서 정의한 접미사 및 접두사 함수를 사용하며 클래스 외부에서 정의한다. 함수 test2는 그림 15.2A의 예시 조각 세트를 테스트한다.

```python
from MyGraph import MyGraph
class OverlapGraph(MyGraph):
    def __init__(self, frags):
        MyGraph.__init__(self, {})
        self.create_overlap_graph(frags)

    def create_overlap_graph(self, frags):
        for seq in frags:
            self.add_vertex(seq)
```

```
        for seq in frags:
            suf = suffix(seq)
            for seq2 in frags:
            if prefix(seq2) == suf:
                self.add_edge(seq, seq2)

def test2():
    frags = ["ACC", "ATA", "CAT", "CCA", "TAA"]
    ovgr = OverlapGraph(frags, False)
    ovgr.print_graph()

test2()
```

이 예시는 코드가 잘 작동하지만, 리스트에 반복되는 조각이 있으면 문제가 발생한다. 실제 상황에서는 각 조각에 서로 다른 노드를 할당해야 하는 경우가 발생하므로 반복되는 조각을 고려해야 한다.

이 문제에 대한 가능한 해결책은 사전의 키처럼 노드에 고유한 식별자를 넣어 서열의 정보를 계속 유지할 수 있게 한다.

이 해결 방법은 다음 코드에서 구현했으며, 여기서 생성자는 반복이 있는지 없는지 확인하는 옵션을 고려한다. 반복이 있는 경우 새롭게 정의된 함수 create_overlap_graph_with_reps를 사용한다. 보조 함수로 get_instances는 주어진 서열에서 모든 노드를 탐색하는 데 사용한다. 코드는 test3 함수로 테스트하며 반복 조각이 있는 예시로 진행한다.

```
class OverlapGraph(MyGraph):
    def __init__(self, frags, reps = True):
        MyGraph.__init__(self, {})
        if reps: self.create_overlap_graph_with_reps(frags)
        else: self.create_overlap_graph(frags)
        self.reps = reps

    def create_overlap_graph_with_reps(self, frags):
        idnum = 1
        for seq in frags:
            self.add_vertex(seq+ "-" + str(idnum))
```

```
            idnum = idnum + 1
        idnum = 1
        for seq in frags:
            suf = suffix(seq)
            for seq2 in frags:
                if prefix(seq2) == suf:
                    for x in self.get_instances(seq2):
                        self.add_edge(seq+ "-" + str(idnum), x)
            idnum = idnum + 1
    def get_instances(self, seq):
        res = []
        for k in self.graph.keys():
            if seq in k: res.append(k)
        return res

def test3():
    frags = ["ATA", "ACC", "ATG", "ATT", "CAT", "CAT", "CAT", "CCA", "GCA",
"GGC", "TAA", "TCA", "TGG", "TTC", "TTT"]
    ovgr = OverlapGraph(frags, True)
    ovgr.print_graph()

test3()
```

15.2.3 해밀턴 회로

방향성이 있는 그래프에서 해밀턴 회로^{Hamiltonian circuit}는 모든 노드를 정확히 한 번 통과하는 경로다. 위에서 언급한 바와 같이 오버랩 그래프에서 해밀턴 회로를 찾는 문제를 정의할 수 있다. 이러한 회로의 예시는 그림 15.3B에서 확인할 수 있다.

실제로 해밀턴 회로에서 설성한 경로도부터 '원래' 서열을 쉽세 얻을 수 있다. 경로의 첫 번째 노드에서 서열을 가져오는 것을 시작으로 나머지 경로의 노드들에서 서열을 얻을 수 있다.

다음 코드는 OverlapGraph 클래스에 새로운 두 함수를 정의했다. get_seq 함수는 노드의 서열을 가져오고 seq_from_path는 경로의 전체 서열을 가져온다. 테스트를 위해 test3 함수를 수정해 진행한다.

```
    def get_seq(self, node):
        if node not in self.graph.keys(): return None
        if self.reps: return node.split("-")[0]
        else: return node

    def seq_from_path(self, path):
        if not self.check_if_hamiltonian_path(path): return None
        seq = self.get_seq(path[0])
        for i in range(1, len(path)):
            nxt = self.get_seq(path[i])
            seq += nxt[-1]
        return seq

def test3():
    frags = ["ACC", "ATA", "ATG", "ATT", "CAT", "CAT", "CAT", "CCA", "GCA",
"GGC", "TAA", "TCA", "TGG", "TTC", "TTT"]
    ovgr = OverlapGraph(frags, True)
    ovgr.print_graph()
    path = ["ACC-2", "CCA-8", "CAT-5", "ATG-3", "TGG-13", "GGC-10", "GCA-9",
"CAT-6", "ATT-4", "TTT-15", "TTC-14", "TCA-12", "CAT-7", "ATA-1", "TAA-11"]
    print(ovgr.seq_from_path(path))

test3()
```

이전 예시의 경로에서는 해밀턴 경로가 주어졌지만, 이를 확인해보지는 않았다. 경로가 주어졌을 때 해밀턴 경로인지 아닌지, 경로가 올바른지, 모든 노드를 통과했는지 확인하는 것은 쉽다. 그래프 $G = (V, E)$에서 해밀턴 경로는 정확하게 $|V|$ 노드와 $|V| - 1$의 에지를 가진다.

다음 코드는 13장에서 정의한 MyGraph 클래스에 추가된 두 개의 함수를 보여준다. 클래스에 다음 코드를 추가하자. 이 함수는 모든 방향성 있는 그래프와 오버랩 그래프에서 작동한다. 또한 OverlapGraph는 MyGraph의 하위 클래스이므로 여기에 정의된 모든 메서드를 상속한다.

제시한 두 가지 메서드를 사용해 경로가 유효한지, 해밀턴 경로인지 확인할 수 있다. 두 메서드 모두 참 또는 거짓인 부울을 반환한다.

```
class MyGraph:

## 이전 장의 코드 참조
(...)
    def check_if_valid_path(self, p):
        if p[0] not in self.graph.keys(): return False
        for i in range(1, len(p)):
            if p[i] not in self.graph.keys() or p[i] not in self.graph[p[i-1]]:
                return False
        return True

    def check_if_hamiltonian_path(self, p):
        if not self.check_if_valid_path(p): return False
        to_visit = list(self.get_nodes())
        if len(p) != len(to_visit): return False
        for i in range(len(p)):
            if p[i] in to_visit: to_visit.remove(p[i])
            else: return False
        if not to_visit: return True
        else: return False
```

이 함수들은 OverlapGraph 클래스로 테스트해보자. 다음을 참고해 코드를 추가해보자.

```
def test3():
    frags = ["ACC", "ATA", "ATG", "ATT", "CAT", "CAT", "CAT", "CCA", "GCA",
"GGC", "TAA", "TCA", "TGG", "TTC", "TTT"]
    ovgr = OverlapGraph(frags, True)
    ovgr.print_graph()
    path = ["ACC-2", "CCA-8", "CAT-5", "ATG-3", "TGG-13", "GGC-10", "GCA-9",
"CAT-6", "ATT-4", "TTT-15", "TTC-14", "TCA-12", "CAT-7", "ATA-1", "TAA-11"]
    print(ovgr.seq_from_path(path))
    print(ovgr.check_if_valid_path(path))
    print(ovgr.check_if_hamiltonian_path(path))

test3()
```

따라서 경로가 해밀턴 경로인지 확인하는 것은 어렵지 않음을 확인했다. 그러나 그래프에서 해밀턴 회로인지 검색하는 것은 쉽지 않다. 그래프에서 해밀턴 회로인지를 알려면 완전 탐색을 수행하면 되는데, 이는 그래프의 깊이 기반 담색으로 이어진다. 깊이 기반 탐색은 13.4절에서 논의했다. 이 알고리즘으로 각 노드에서 이전에 방문하지 않은 후속 노드 중 하나로 이동하는 경로를 작성한다. 후속 노드가 없다면 방문하지 않았던 노드로 역추적한다.

　이 프로세스를 구현하는 함수는 다음 코드의 MyGraph 클래스에서 확인할 수 있다. 여기서 해밀턴 회로를 찾고 각각의 가능한 노드를 시작점으로 잡는다. search_hamiltonian _path_from_node 함수는 다른 모든 노드를 포함할 수 있는 경로를 작성한다. 이 함수는 처리 중인 현재 노드(currnet 변수), 만들고 있는 현재 경로(path 변수), 노드의 상태(visited 변수)를 유지하며 검색 트리를 구현한다. visited 변수는 키가 노드, 값이 해당 노드에 대해 탐색할 다음 후속 작업의 인덱스인 사전이다.

```python
class MyGraph:
    (...)
    def search_hamiltonian_path(self):
        for ke in self.graph.keys():
            p = self.search_hamiltonian_path_from_node(ke)
            if p != None:
                return p
        return None

    def search_hamiltonian_path_from_node(self, start):
        current = start
        visited = {start:0}
        path = [start]
        while len(path) < len(self.get_nodes()):
            nxt_index = visited[current]
            if len(self.graph[current]) > nxt_index:
                nxtnode = self.graph[current][nxt_index]
                visited[current] += 1
                if nxtnode not in path: ## 경로에 노드 추가
                    path.append(nxtnode)
                    visited[nxtnode] = 0
                    current = nxtnode
            else: ## 역추적
                if len(path) > 1:
                    rmvnode = path.pop()
                    del visited[rmvnode]
```

```
                current = path[-1]
            else: return None
        return path
```

OverlapGraph 클래스는 다음 test4 함수에서 테스트할 수 있다.

```
def test4():
    frags = ["ACC", "ATA", "ATG", "ATT", "CAT", "CAT", "CAT", "CCA", "GCA",
"GGC", "TAA", "TCA", "TGG", "TTC", "TTT"]
    ovgr = OverlapGraph(frags, True)
    ovgr.print_graph()
    path = ovgr.search_hamiltonian_path()
    print(path)
    print(ovgr.check_if_hamiltonian_path(path))
    print(ovgr.seq_from_path(path))

test4()
```

이제 해밀턴 회로를 찾아 서열 정의를 마칠 수 있다. 이는 다음 코드에서 확인할 수 있다.

```
def test5():
    orig_sequence = "CAATCATGATGATGATC"
    frags = composition(3, orig_sequence)
    print(frags)
    ovgr = OverlapGraph(frags, True)
    ovgr.print_graph()
    path = ovgr.search_hamiltonian_path()
    print(path)
    print(ovgr.seq_from_path(path))

test5()
```

그러나 독자가 이 예제를 통해 서열에서 복구된 서열이 동일하지 않음을 확인할 수 있다. 이는 동일한 구성을 가진 여러 다른 서열이 존재할 수 있기 때문에 발생하며, k 값이 커질수록 발생이 드물다.

또한 서열의 크기를 늘리고 알고리즘의 성능이 눈에 띄게 하락하는 것을 확인해보자. 실제로 이 알고리즘은 큰 서열과 각각의 오버랩 그래프에서 사용할 수 없다. 사실 해밀턴 그래프를 찾는 것은 꽤나 복잡한 일이며 NP-난해 최적화 문제에 속한다. 따라서 이는 그래프가 커질 때 효율적인 알고리즘이 존재하지 않음을 의미한다.

실제로 대규모 게놈 어셈블리에 이 방법을 적용하는 것은 어렵다. 그러나 몇 년 전까지만 해도 기존 프로그램에서 휴리스틱한 방법을 사용해 최선의 해결책을 찾았고 인간 게놈 프로젝트에 사용했다.

15.3 드브루인 그래프와 오일러 경로

15.3.1 게놈 어셈블리에 대한 드브루인 그래프

오버랩 그래프를 사용해 데이터를 표현하려는 시도가 효율적인 알고리즘을 찾는 데 성공하지 못했기 때문에 연구자들은 다른 해결 방법을 찾기 시작했다. 사실 비슷한 문제로 게놈 어셈블리와 관련 없던 수학자 드브루인^{DeBruijn}은 명확한 표현을 제안했고, 이는 방향성 있는 그래프를 사용한다.

그 아이디어는 조각을 노드가 아닌 에지로 표현한다는 것이다. 경로에 모든 에지를 정확히 한 번 포함하는 그래프가 문제를 해결하는 수단이다. 다음 절에서 이를 자세히 살펴본다.

드브루인 그래프의 경우 노드는 접두사$_{k-1}$ 또는 접미사$_{k-1}$ 중에서 하나의 서열을 포함한다. 따라서 각 에지는 접두사$_{k-1}$을 나타내는 노드와 접미사$_{k-1}$을 나타내는 노드를 연결한다. 이 경우 이전에 살펴본 오버랩 그래프와 달리 동일한 서열을 공유하는 길이 $k - 1$의 접두사와 접미사가 단일 노드로 표기된다. 그림 15.4는 위의 함수 test3과 test4에서 구현한 예제를 드브루인 그래프로 나타낸 것이다. 15개의 조각 세트는 ACC, ATA, ATG, ATT, CAT, CAT, CAT, CCA, GCA, GGC, TAA, TCA, TGG, TTC, TTT다. 따라서 그래프는 15개의 에지와 11개의 고유한 $k-1$-mer를 갖는다.

드브루인 그래프를 MyGraph 클래스의 하위 클래스로 구현한다. 이 경우 드브루인 그래프는 add_edge 함수를 다시 정의해 동일 노드 쌍에서 반복된 에지를 나타낼 수 있도록 해야 한다. create_deBruijn_graph 함수는 위에서 살펴본 내용에 따라 그래프 작성을 구현한다. 이 함수는 그림 15.4에 나타난 예시를 수행한다.

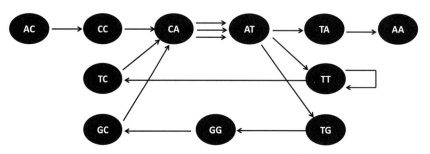

그림 15.4 이전 절의 예제에 대한 드브루인 그래프 예시

```python
from MyGraph import MyGraph
    class DeBruijnGraph (MyGraph):
        def __init__(self, frags):
            MyGraph.__init__(self, {})
            self.create_deBruijn_graph(frags)

        def add_edge(self, o, d):
            if o not in self.graph.keys():
                self.add_vertex(o)
            if d not in self.graph.keys():
                self.add_vertex(d)
            self.graph[o].append(d)

        def create_deBruijn_graph(self, frags):
            for seq in frags:
                suf = suffix(seq)
                self.add_vertex(suf)
                pref = prefix(seq)
                self.add_vertex(pref)
                self.add_edge(pref, suf)

def test6():
    frags = ["ACC", "ATA", "ATG", "ATT", "CAT", "CAT", "CAT", "CCA", "GCA",
"GGC", "TAA", "TCA", "TGG", "TTC", "TTT"]
    dbgr = DeBruijnGraph(frags)
```

```
    dbgr.print_graph()

test6()
```

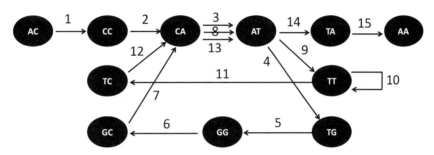

그림 15.5 이전 예제의 드브루인 그래프에 대한 오일러 사이클 예시. 에지에 순서에 따른 번호를 표기했다.

15.3.2 오일러 경로

방향성이 있는 그래프에서 오일러 회로$^{Eulerian\ circuit}$는 그래프의 모든 에지를 정확히 한 번 통과하는 경로다. 오일러 사이클$^{Eulerian\ cycle}$은 모든 에지를 통과하는 사이클이며 시작과 끝이 동일한 노드인 경우를 말한다.

　k-mer 구성에서 문자열을 재구성하는 문제는 드브루인 그래프에서 오일러 회로를 검색해 공식화할 수 있다. 그림 15.4에 해당하는 오일러 회로는 그림 15.5에서 확인할 수 있다. 이 예시에서 복구된 서열은 ACCATGGCATTTCATAA다.

　문제와 해결 방법을 얻었다. 그럼 알고리즘 효율성에는 어떠한 이점이 있을까? 이 질문에 답하려면 오일러 회로를 검색하는 방식을 이해해야 한다.

　이 문제는 그래프 이론에서 가장 오래된 문제 중 하나로, 18세기에 오일러가 연구했다. 그래프에 오일러 사이클이 있는지 없는지를 오일러가 어떻게 알았는지 살펴보자. 중요한 정의부터 시작하자. 방향성 있는 그래프에서 모든 노드에 도달하는$^{in\text{-}degree}$ 에지의 수가 나가는$^{out\text{-}degree}$ 에지의 수와 같다면 '균형^{balanced}'이라 할 수 있다.

　이를 오일러의 정리$^{Euler's\ theorem}$라 한다. 방향성이 있고 강하게 연결된 균형이 있는 그래프는 적어도 하나의 오일러 사이클이 존재한다. 13장에서 강하게 연결된 그래프의 정의를 떠올려보자. 이는 모든 노드 쌍이 적어도 하나의 경로로 연결됐음을 나타낸다. 오일러의 정리는 그래프가 오일러 사이클이 있는지 쉽게 확인할 수 있는 방법을 제공한다.

이전에 문제의 해결책을 오일러 회로로 표현하는 것을 봤지만, 오일러 정리는 오일러 사이클이 있어야 하는 조건을 명시하고 있다. 이 차이는 미묘하지만 중요하다. 실제로 이전 정리의 연장선으로 방향성이 강하게 연결된 그래프가 거의 균형이 잡힌 경우에 오일러 회로가 있다고 말한다. 이는 기껏해야 두 개의 반균형$^{semi-balanced}$ 노드가 있으며, 다른 모든 노드는 균형을 이루는 경우다.

이러한 정의는 MyGraph 클래스에서 그래프가 균형을 이루는지 또는 반균형을 이루는지 확인하는 함수를 작성해 파이썬으로 구현할 것이다. 그래프가 강력하게 연결됐는지 테스트하는 함수는 13장에서 정의됐다. check_balanced_node 함수는 노드가 균형을 이루는지 확인하고, check_balanced_graph 함수는 그래프가 균형을 이뤘는지, 즉 모든 노드가 균형을 잡았는지 확인하며, check_nearly_balanced_graph는 그래프가 거의 균형을 이뤘는지 확인한다.

```python
def check_balanced_node(self, node):
    return self.in_degree(node) == self.out_degree(node)

def check_balanced_graph(self):
    for n in self.graph.keys():
        if not self.check_balanced_node(n): return False
    return True

def check_nearly_balanced_graph(self):
    res = None, None
    for n in self.graph.keys():
        indeg = self.in_degree(n)
        outdeg = self.out_degree(n)
        if indeg - outdeg == 1 and res[1] i s None: res = res[0], n
        elif indeg - outdeg == -1 and res[0] i s None: res = n, res[1]
        elif indeg == outdeg: pass
        else: return None, None
    return res
```

이전 함수를 드브루인 그래프인 DeBruijnGraph의 파이썬 클래스에 직용하려면 들어오는 차수를 재정의해야 한다.

```
class DeBruijnGraph (MyGraph):
(...)
    def in_degree(self, v):
        res = 0
        for k in self.graph.keys():
            if v in self.graph[k]:
                res += self.graph[k].count(v)
        return res
```

다음 단계는 오일러 사이클을 검색하는 알고리즘을 설계하는 것이다. 이 알고리즘은 매우 간단하며 다음 단계로 요약할 수 있다.

1. 그래프에서 노드 v로 시작해 후속 노드 중 하나를 선택한다. 이 프로세스는 방문하지 않은 에지를 사용하는 각 후속 노드를 선택한다. 그래프가 균형을 이뤄 연결됐다면 결국에는 항상 v에 도달하게 된다.

2. 이전 단계의 사이클이 아직 오일러 사이클에 도달하지 않았다면, 즉 여전히 모든 에지를 포함하지 않았다면, 1단계의 꼭짓점 w에서부터 w에 도달할 때까지 반복한다.

3. 1단계와 2단계의 사이클은 하나로 합칠 수 있다. v에서 w로 가고 w에서 v로 가는 사이클을 합칠 수 있다.

4. 오일러 주기에 도달하지 않은 경우에는 2단계로 돌아가서 노드 w를 선택하고 2단계와 3단계를 수행한다.

그림 15.6은 주어진 그래프에 알고리즘을 적용한 예시다. 이 경우 첫 번째 선택한 노드는 a이며 1단계는 a, d, g, h, a를 통과한다. 이는 오일러 사이클이 아니므로 방문하지 않은 에지가 있는 노드 g를 선택한다. 2단계에서는 g, f, e, c, g 사이클을 만들었으며, 3단계에서 이 두 사이클을 합쳐서 $a, d, g, f, e, c, g, h, a$를 만들 수 있다. 아직 오일러 사이클이 완성되지 않았기에 2단계를 진행하고 c, a, b, c 사이클을 얻었다. 이렇게 전체 오일러 사이클 $a, d, g, f, e, c, a, b, c, g, h, a$를 완성한다(그림 15.6B).

이 알고리즘은 MyGraph 클래스에 구현돼 오일러 사이클을 찾을 수 있다.

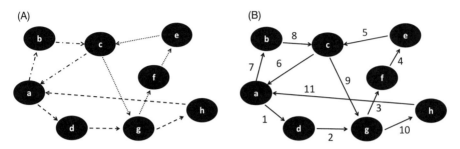

그림 15.6 오일러 사이클을 발견하는 알고리즘 예시. (A)는 서로 다른 세 개의 사이클이며 각 사이클을 다른 선 모양으로 표시했다. (B)는 완성된 오일러 사이클이며 사이클에서 진행하는 순서를 각 에지에 표시했다.

```python
def eulerian_cycle(self):
    if not self.is_connected() or not self.check_balanced_graph(): return None
    edges_visit = list(self.get_edges())
    res = []
    while edges_visit:
        pair = edges_visit[0]
        i = 1
        if res != []:
            while pair[0] not in res:
                pair = edges_visit[i]
                i = i + 1
        edges_visit.remove(pair)
        start, nxt = pair
        cycle = [start, nxt]
        while nxt != start:
            for suc in self.graph[nxt]:
                if (nxt, suc) in edges_visit:
                    pair = (nxt,suc)
                    nxt = suc
                    cycle.append(nxt)
                    edges_visit.remove(pair)
        if not res: res = cycle
        else:
            pos = res.index(cycle[0])
            for i in range(len(cycle)-1):
                res.insert(pos + i + 1, cycle[i+1])
```

```
    return res
```

이를 활용하려면 오일러 사이클이 아니라 오일러 회로를 계산해야 한다. 위에서 봤듯이 약간의 노력으로 차이를 해결할 수 있다. 실제로 두 개의 반평형 노드를 연결하는 에지를 추가해 거의 균형 잡힌 그래프를 균형 잡힌 그래프로 변환할 수 있었다. 원본 그래프에서 몇 개의 에지를 제거하면 오일러 회로를 만들 수 있다.

이 아이디어는 다음 함수에 추가했다.

```python
def eulerian_path(self):
    unb = self.check_nearly_balanced_graph()
    if unb[0] is None or unb[1] is None: return None
    self.graph[unb[1]].append(unb[0])
    cycle = self.eulerian_cycle()
    for i in range(len(cycle)-1):
        if cycle[i] == unb[1] and cycle[i+1] == unb[0]:
            break
    path = cycle[i+1:] + cycle[1:i+1]
    return path
```

이 함수들은 다음 코드와 같이 DeBruijnGraph 클래스에서 테스트할 수 있다. 함수 test6에서 계산한 오일러 경로는 그림 15.5의 경로다.

```python
class DeBruijnGraph (MyGraph):
(...) # code above for this class
    def seq_from_path(self, path):
        seq = path[0]
        for i in range(1, len(path)):
            nxt = path[i]
            seq += nxt[-1]
        return seq

def test6():
    frags = ["ATA", "ACC", "ATG", "ATT", "CAT", "CAT", "CAT", "CCA", "GCA",
"GGC", "TAA", "TCA", "TGG", "TTC", "TTT"]
    dbgr = DeBruijnGraph(frags)
    dbgr.print_graph()
```

```
    print(dbgr.is_connected())
    print(dbgr.check_nearly_balanced_graph())
    print(dbgr.eulerian_path())

def test7():
    orig_sequence = "ATGCAATGGTCTG"
    frags = composition(3, orig_sequence)
    dbgr = DeBruijnGraph(frags)
    dbgr.print_graph()
    print(dbgr.check_nearly_balanced_graph())
    p = dbgr.eulerian_path()
    print(p)
    print(dbgr.seq_from_path(p))

test6()
test7()
```

마지막 예시는 이전 절과 같이 서열로 시작해 이를 나누고 다시 서열을 만드는 과정
이다.

다행히도 위의 알고리즘 문제는 해밀턴 주기 검색과 비교해 복잡성이 훨씬 낮다. 실
제로 이 알고리즘은 상당히 효율적으로 구현할 수 있고 큰 그래프에 대해서도 문제없
이 실행된다. 따라서 다음 절에서 논의하겠지만, 최근 게놈 어셈블리 프로그램의 대부
분은 이 알고리즘을 핵심 요소로 활용해서 구현하고 있다.

15.4 실제 게놈 어셈블리

이 절에서는 실제 세계의 게놈 어셈블리와 관련해 여러 문제를 다루며, 이전 절에서 고
려한 문제의 이상적인 측면을 훨씬 넘어선 이야기를 해본다.

리드의 길이는 게놈 어셈블리의 주요 문제 중 하나다. 리드의 길이가 길수록 드브루
인 그래프가 단일 선형 경로로 되는 경향성이 있으므로 게놈 어셈블리가 수월하다. 그
러나 현재 기술로 리드의 길이를 길게 읽는 데는 많은 어려움이 따른다. 또 다른 문제
는 두 가닥 중 하나에 읽기를 할당하는 것이다.

최근 일반적으로 많이 사용하는 기술은 paired-end 리드이며 이러한 문제를 완화하

는 데 효과적이다. 이는 읽기 길이가 더 길고, 가닥을 명확하게 하는 데 도움이 된다. 게놈 간에 상대적 거리가 고정된 한 쌍의 리드가 생성되므로 각 리드는 길이 l의 한 쌍으로 구성된다. 드브루인 그래프를 기반으로 한 알고리즘은 paired-end 리드를 적용할 수 있으며, 이와 관련된 내용은 이 책에서 다루지 않을 것이다.

또 다른 실제적 문제는 리드(조각)로부터 게놈을 재구성할 때 커버하는 영역이 불완전한 경우다. 이는 염기 해독 기술의 한계와 게놈 서열의 특성 때문에 나타나는 문제로, 원본 서열이 염기 해독 리드로 만들어지지 않는 경우가 있다. 해결 방법은 원본 리드 길이 l보다 작은 k 값을 선택하고 원본 리드 크기를 k로 바꾸는 것이다. 이 새로운 리드는 알고리즘의 입력값으로 사용된다.

실제 어셈블리의 일반적인 문제점은 모든 기술이 리드에 오류를 갖고 있다는 것이다. 일부 기술은 전체 리드에서 1~5%의 오류를 갖고 있다. 드브루인 그래프에서 오류가 있는 읽기를 넣으면, 일반적으로 거품^{bubble}이라고 하는 구조가 생성된다. 최신 어셈블리 소프트웨어는 어셈블리를 수행하는 동안 그래프에서 이러한 거품을 찾아 제거하려고 한다. 이 경우에는 정확한 경로가 아닌 실제 거품을 식별할 수 있어야 한다.

종에 따라 게놈은 다수의 반복된 영역을 갖고 있을 수 있으며, 전체 게놈의 최대 50%일 수 있다. 이는 어셈블리 프로그램에서 매우 해결하기 어려운 문제점이다. 더욱이 게놈은 복제 수 변경$^{copy-number\ alteration}$과 같이 여러 번 반복되는 큰 서열의 단위를 갖고 있다. 어셈블리 프로그램은 이러한 영역의 커버리지가 예상 커버리지와 얼마나 차이가 나는지 추정해서 복제 수를 추정할 수 있다.

모든 자연적, 기술적 문제를 감안할 때, 사용 가능한 가장 정교한 프로그램조차 리드에서 단일 서열을 생성하는 데 어려움이 있으며 대부분의 경우 부분 경로를 생성한다. 드브루인 그래프를 사용하는 많은 경우에 단순한 박테리아 게놈 어셈블리에도 수백 또는 수천 개의 콘티그^{contig}들을 생성한다. 어셈블리의 품질을 평가하기 위해 가장 일반적으로 사용하는 측정 방법은 N50이다. 전체 게놈을 어셈블리했을 때 컨티그들이 나오게 되는데, 이 컨티그들을 길이순으로 나열할 수 있다. N50은 이 길이 순서에서 중간에 위치한 컨티그의 길이를 말한다.

콘티그의 순서는 이러한 알고리즘의 결과로부터 알 수 없다. 최종적인 단일 게놈에 도달하기 위해 콘티그를 모으고 격차를 메우는 과정은 많은 수정이 필요하므로 비용이 많이 들고 달성하기가 불가능할 수 있다. 한 가지 대안은 다른 기술을 사용해 동일 게 놈을 염기 해독하고 결과를 합쳐서 과정을 더 쉽게 만드는 것이다.

이 모든 어려움에도 불구하고 드브루인 그래프는 수백만 개의 대용량 리드 데이터를 처리할 수 있는 가장 효율적인 최신 어셈블리 소프트웨어의 기초다. 벨벳^{Velvet} 알고리즘[158]은 이 분야에서 가장 주요한 알고리즘이다. 이는 효율적인 알고리즘일 뿐만 아니라 IDBA[124], SPAdes[20], SOAPdenovo2[104], Megahit[99]를 포함한 여러 개발 작업의 출발점이었다. 비교 연구에 따르면, 드브루인 그래프 기반 어셈블러는 매우 큰 데이터셋을 처리할 때 실행 시간이 짧고 메모리를 적게 소비하는 짧은 리드(75bp)에서 경쟁력 있는 성능을 보여준다[160]. 최근 이쪽 분야의 발전은 이 절에서 살펴본 문제점들을 개선하는 것과 관련돼 있다.

참고 문헌과 추가 자료

그래프 이론과 오일러 사이클에 대한 오일러의 연구는 [60]에 기술돼 있다. 드브루인 그래프는 니콜라스 데 브루인$^{Nicolaas\ De\ Bruijn}$이 만들었다[44]. 오일러 사이클 검색 알고리즘은 1873년에 히어홀저^{Hierholzer}가 개발했다[76]. 게놈 어셈블리에 대한 오일러 접근법은 1995년에 이드리^{Idury}와 워터맨^{Waterman}[80]이 제안했고, 개선된 연구는 2001년에 페브스너^{Pevzner}가 진행했다[127]. paired-end 리드로 드브루인 그래프를 적용하는 것은 메드베데프^{Medvedev}가 제안했다[110][35].

연습 문제와 프로그래밍 프로젝트

연습 문제

1. 그래프의 오일러 사이클을 결정할 수 있는 알고리즘을 고려해 연결되지 않은 그 래프를 처리할 수 있게 구현해보자. 그래프는 균형 그래프다. 이 함수는 연결된 구성 요소들의 모든 오일러 사이클을 계산할 수 있어야 한다.

2. 리드(조각)에서 게놈을 어셈블리할 때 발생하는 문제 중 하나는 15.4절에서 볼

수 있듯이 완벽하지 않은 커버리지다. 원본 조각 세트를 입력받은 후 드브루인 그래프를 사용해 원본 서열을 반환하는 함수를 작성해보자. 리드 길이 값부터 하나씩 감소하는 k로 테스트해보자. $k = 2$에서 작동하지 않으면 함수는 None을 반환해야 한다.

3. 주어진 그래프가 그래프에 연결된 구성 요소를 식별하는 메서드를 DeBruijnGraph 클래스에 추가해보자. 방향성이 있는 그래프에서 연결된 구성 요소는 부분 그래프로 서로 강하게 연결돼 있다는 점에 유의한다. 가장 큰 요소를 고르고 그래프의 서열을 다시 작성해보자. 그래프에 연결된 구성 요소가 없다면 메서드는 None을 반환한다.

프로그래밍 프로젝트

1. paired-end 리드에 적용할 수 있는 드브루인 그래프를 구현해보자.

16 참조 유전자 서열에 리드 어셈블리

16장에서는 서열 데이터에서 원하는 패턴을 찾는 문제로 돌아온 후, 게놈과 같은 큰 서열 데이터에서 다양한 패턴을 검색하는 시나리오를 배운다. 이 시나리오는 서열 분석으로 얻은 서열의 리드/단편을 전체 참조 게놈에 정렬시켜보는 것이며, DNA 서열 분석 데이터 처리에 중요한 부분이다. 따라서 16장에서는 주로 참조 서열을 전처리할 수 있는 알고리즘과 데이터 구조에 중점을 둬서 좀 더 뚜렷한 패턴을 효율적으로 검색하고 메모리 사용량을 줄이는 방법을 배운다.

16.1 소개: 서열 일치 문제의 정의와 응용법

16장에서는 생명정보학의 일반적인 문제인 DNA/RNA 서열 분석 데이터를 분석하는 방법을 배운다. 예를 들어 게놈과 같은 거대한 서열 데이터에서 상대적으로 짧은 수백 개의 뉴클레오티드로 구성된 서열이 존재하는지 여부를 확인하는 것이다.

5장에서는 서열에서 고정된 패턴(하위 문자열)을 찾는 문제를 다뤘다. 좀 더 구체적으로 설명하면, 검색할 패턴에 적절한 전처리를 해서 각 알고리즘의 성능을 향상시키는 몇 가지 방법을 살펴봤다. 또한 이를 통해 일련의 서열에서 단일 패턴을 좀 더 효율적으로 검색할 수 있는 방법을 설명했다. 16장에서는 그와 유사하게 목적 서열에서 다양한 패턴의 집합을 검색하는 방법을 배운다.

다음 절에서는 패턴 집합을 전처리하는 트라이[trie][1]를 살펴보는 것부터 시작한다. 그런 다음 대상 서열을 전처리해서 좀 더 효율적으로 검색할 수 있는 데이터 구조인 접미

---

1 정보 검색에 사용되는 자료구조의 하나로, 문자열의 집합을 표현하는 트리 구조다. – 옮긴이

사 트리^{suffix tree}**2**를 배운다. 마지막으로는 메모리 사용량을 줄이는 방법으로 버로우즈 휠러 변환^{Burrows-Wheeler transform}을 사용하는 방법을 살펴본다. 버로우즈 휠러 변환은 게놈처럼 표적 서열이 매우 클 때 더욱 중요해진다.

16.2 패턴 전처리: 트라이

16.2.1 정의와 알고리즘

트라이는 일련의 문자열 패턴을 구성할 수 있는 트리 구조다. 이미 9장에서 트리에 대한 개념을 설명했지만, 그때는 대체로 이진 트리^{binary tree}를 논의했다. 그러나 16장에서는 내부 노드에 n개($n \geq 1$)의 분기가 있는 트리 구조인 트라이를 배울 것이다.

트라이에 주어진 알파벳의 심볼은 트리 구조의 에지와 관련이 있으며, 리드^{read}가 루트^{root}에서 리프까지 거쳐가는 것으로 전체 패턴을 나타낸다.

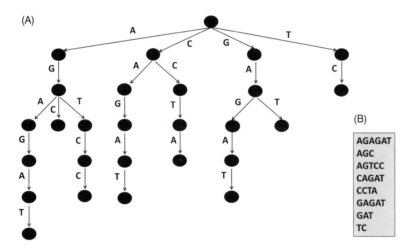

그림 16.1 뉴클레오티드 심볼이 있는 알파벳의 트라이 예시: (A) 트라이, (B) 사전순으로 정렬한 트리 구조가 나타내는 패턴

---

2 접미사 트리는 주어진 텍스트의 모든 접미사를 키로 포함하고 텍스트에서 값으로 위치를 포함하는 트리 형태다. 접미사 트리를 사용하면 많은 문자열 연산을 빠르게 구현할 수 있다. - 옮긴이

그림 16.1은 DNA 서열의 패턴에 대한 트라이의 예시를 보여준다. 16.1B에 표현된 패턴들은 루트에서 리프까지의 경로를 따라 해당 경로에 속하는 에지를 연결해서 얻을 수 있다.

그림 16.1을 통해 직관적으로 트라이로 일련의 패턴을 표현하는 법을 알 수 있을 것이다. 간단히 설명하자면, 트라이의 루트 노드로부터 시작하고 나서 각 패턴을 반복적으로 고려하며 트리가 루트에서 패턴을 나타내는 리프까지의 경로를 포함하도록 필요한 노드를 추가한다. 그런 다음 입력 목록의 각 패턴 p에 대해 병렬로 패턴을 읽고 패턴의 첫 번째 위치($p0$)부터 시작해 트리의 루트로 현재 노드를 배치한다. 그리고 반복되는 각각의 i의 패턴에서 심볼 p_i를 가져온 후 트리의 현재 노드에서 나오는 레이블이 p_i로 표시돼 있는지 확인한다. 만약 그렇게 돼 있는 경우라면, 해당 분기를 통해 내려가 현재 노드를 갱신한다. 또한 레이블이 없는 경우에는 새로운 노드를 만들어 현재 노드에서 연결하고 분기에 p_i 레이블을 붙인다. 이제 다음 작업을 위해 i를 1 증가시키고, 다음으로 이동해 반복한다. 이 작업은 패턴에서 최종 위치(p의 길이와 동일)에 도달할 때까지 반복된다.

세 개의 패턴에 이 알고리즘이 적용된 예시를 그림 16.2에서 볼 수 있다. 트라이에 추가된 패턴은 각각의 줄로 표시되고 중첩된 패턴은 세로 줄로 표시된다. 그리고 현재의 노드는 회색으로 강조 표시했고, 새로운 노드와 에지는 점선으로 표시했다.

이렇게 일련의 패턴으로 생성된 트라이를 사용하면 대상 서열에서 해당 패턴을 효율적으로 검색하는 데 사용할 수 있다. 패턴을 검색하는 알고리즘이 어떻게 설계되는지 확인하기 위해 먼저 목표 서열의 앞쪽에 존재하는 패턴부터 살펴보자.

이 경우 트라이의 루트에서 시작한 후 서열의 문자열을 통과해 다음과 같은 상황 중 하나가 발생할 때까지 에지를 따라 트리 위로 평행하게 지나간다. 첫 번째 트라이의 리프 중 하나에 도달했다는 것은 패턴이 식별됐다는 의미다. 두 번째 서열의 문자열은 현재 노드에서 나오는 에지의 레이블에 존재하지 않으므로 트라이의 패턴으로 식별되지 않았다.

서열 데이터의 모든 접미사에 이런 절차를 반복하고 위치 i에서 얻은 하위 문자열(i의 값)에 대해서도 반복 작업을 계속 수행하면 이 알고리즘을 전체 서열 데이터에도 적용할 수 있다.

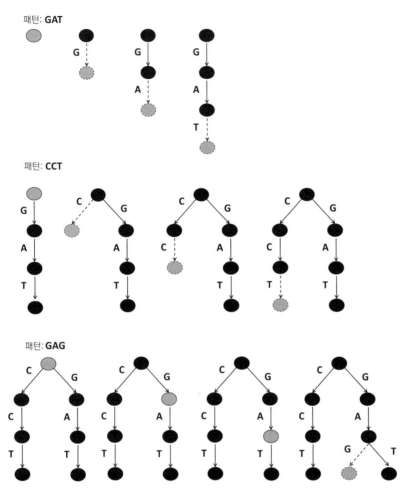

그림 16.2 일련의 패턴에서 트라이를 구축하기 위해 알고리즘을 적용한 예. 이 경우에 사용한 패턴은 GAT, CCT, GAG이다. 각 패턴에서 반복되는 노드는 회색 배경으로 표시했다. 추가된 노드와 모서리는 각각 경계와 화살표에 점선으로 표시돼 있다.

그림 16.3은 그림 16.1의 예시로 이 알고리즘에 대해 적용한 것을 보여준다. 이 경우 첫 번째 두 접미사(첫 번째와 두 번째 서열)에 대한 알고리즘을 보여준다. 그러나 이런 방법은 새로운 접미사에서 패턴을 검색할 때 이전 검색에서 얻은 정보를 사용하지 못한다는 한계를 갖고 있다.

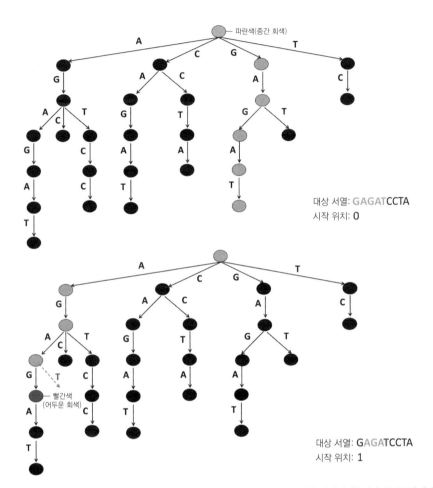

그림 16.3 대상 서열에서 패턴을 검색하기 위한 트라이의 예시. 이 경우 대상 서열의 첫 번째 및 두 번째 위치에 알고리즘을 적용한 결과를 보여준다. 첫 번째 경우(위)에서는 리프에 도달해(GAGAT 패턴의 경우) 검색에 성공한 것이며, 두 번째 경우에서는 T로 레이블이 지정된 모서리를 찾을 수 없으므로 마지막 심볼에서 검색이 실패한 것이다. 검색 경로에 포함된 노드는 파란색으로 표시되고(이 책에서는 중간 회색으로 표시), 실패한 노드와 각 가장자리는 빨간색으로 표시된다(이 책에서는 어두운 회색으로 표시).

그런 측면에서 5장에서 배웠던 오토마타의 사용법으로부터 더 나아간다. 다양한 패턴에 대한 오토마타를 만드는 것은 어렵지만 좀 더 효율적인 해결책이 된다. 그러므로 트라이는 오토마타가 그래프로 변환하고 검색을 처음부터 다시 시작하지 않도록 부분적으로 일치하는 노드를 실패 에지^{failure edge}로 연결해 추가한 것이다.

16.2.2 파이썬으로 트라이 구현

트라이로 데이터 구조를 표현할 때 가장 먼저 해야 할 일은 어떻게 표현할 것인지 결정하는 것이다. 15장에서 사용했던 것처럼 사전형dictionary 구조를 사용해 메모리 사용량과 연산량을 줄인 효율적인 트라이를 구현한다.

트리의 노드에 순차적인 정수로 레이블을 붙인 뒤 사전형 데이터의 키key로 사용한다. 그리고 각 노드에 연결된 에지에 대한 값은 다른 사전형 데이터로 저장한다. 또한 각각의 에지에 해당하는 항목들은 목적 노드를 지칭하는 레이블로 묶인다. 그리고 빈 사전형 데이터는 트리의 리프를 식별하는 데 사용한다.

그림 16.2에서 살펴본 트라이에 숫자로 레이블한 노드로 표현된 것을 그림 16.4에 표현했다.

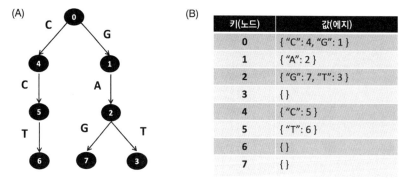

그림 16.4 사전형 데이터를 사용해 만든 트라이의 예시. (A) 번호가 매겨진 노드를 가진 트라이, (B) 사전형 데이터의 키와 각각의 값을 표시한 것(에지의 값 내부에 뉴클레오티드를 키(key)로 하고 목적지 노드를 값 (value)으로 하는 사전형 데이터로 표현되며 리프는 비어있다.)

이제 이런 이론적 내용을 기반으로 트라이를 정의하는 파이썬 코드를 구현해본다. 파이썬 클래스로 작성한 트라이 객체는 주요 속성(self.nodes)으로 이전 구조를 사전형 데이터로 유지하며, 트라이의 현재 노드 수(크기)를 유지하는 속성(self.num)을 통해 새로운 노드의 레이블을 지정한다.

그림 16.4에서 나타낸 트라이와 유사한 형태를 출력하는 파이썬 클래스를 정의한다. 트라이를 출력하는 메서드와 그림 16.2에서 나타낸 패턴의 목록으로 트라이를 만드는 메서드를 추가한다. 그리고 test() 함수는 그림 16.2와 그림 16.4에서 나타난 간단한

트라이를 만들어 출력한다.

```python
class Trie:

    def __init__(self):
        self.nodes = { 0:{} } # dictionary
        self.num = 0

    def print_trie(self):
        for k in self.nodes.keys():
            print(k, "->", self.nodes[k])

    def add_node(self, origin, symbol):
        self.num += 1
        self.nodes[origin][symbol] = self.num
        self.nodes[self.num] = {}

    def add_pattern(self, p):
        pos = 0
        node = 0
        while pos < len(p):
            if p[pos] not in self.nodes[node].keys():
                self.add_node(node, p[pos])
            node = self.nodes[node][p[pos]]
            pos += 1

    def trie_from_patterns(self, pats):
        for p in pats:
            self.add_pattern(p)

def test():
    patterns = ["GAT", "CCT", "GAG"]
    t = Trie()
    t.trie_from_patterns(patterns)
    t.print_trie()

test()
```

add_node 메서드는 새로운 노드를 기존 노드에 연결해 만들고 지정된 뉴클레오티드로 에지를 레이블하고 사용한 매개변수를 다시 원래의 메서드로 전달한다. 그림 16.2

의 알고리즘을 구현하기 위해 add_pattern 메서드를 숫자 0으로 표시한 루트에서 시작해 패턴의 심볼을 반복함으로써 현재 노드를 유지하도록 정의한다. 마지막으로 trie_from_patterns() 메서드는 이전 메서드를 사용해 입력 목록에 각 패턴을 추가한다.

다음으로 트라이를 사용해 대상 서열에서 패턴을 검색하는 알고리즘을 구현한다. 먼저 클래스에 표현된 패턴이 서열의 접미사인지를 preprex_trie_match() 메서드를 사용해 판단한다. 그리고 trie_matches() 메서드를 사용해 전체 서열에서 일치하는지를 탐색한다. 이전 절의 그림 16.3을 참조하면 이해하기 쉬울 것이다.

```python
class Trie:
    (...)

    def prefix_trie_match(self, text):
        pos = 0
        match = ""
        node = 0
        while pos < len(text):
            if text[pos] in self.nodes[node].keys():
                node = self.nodes[node][text[pos]]
                match += text[pos]
                if self.nodes[node] == {}:
                    return match
                else:
                    pos += 1
            else: return None
        return None

    def trie_matches(self, text):
        res = []
        for i in range(len(text)):
            m = self.prefix_trie_match(text[i:])
            if m != None: res.append((i,m))
        return res

def test2():
    patterns = ["AGAGAT", "AGC", "AGTCC", "CAGAT", "CCTA", "GAGAT", "GAT",
"TC"]
    t = Trie()
    t.trie_from_patterns(patterns)
```

```
    print(t.prefix_trie_match("GAGATCCTA"))
    print(t.trie_matches("GAGATCCTA"))

test2()
```

16.3 서열의 전처리: 접미사 트리

16.3.1 정의와 알고리즘

앞서 살펴봤듯이 트라이는 서열 데이터를 효율적으로 검색하기 위해 패턴들의 집합을 처리하는 방법이다. 그러나 실제 서열 분석의 대부분은 거대한 서열 데이터에서 다양한 패턴을 한 번에 찾는 작업이다. 예를 들면, 이미 알려진 참조 게놈의 서열 분석을 통해 얻은 리드들을 정렬시키는 것이 있다.

이런 경우 패턴을 전처리하기보다는 주어진 패턴을 효율적으로 검색할 수 있게 목적 서열 데이터를 전처리해야 한다. 목적 서열 데이터를 전처리하는 것은 이전 절에서 배운 트라이와 유사한 방법인 접미사 트리를 사용한다.

접미사 트리는 특이한 트라이 구조 중 하나이며, 목적 서열의 모든 접미사를 갖고 트리 구조를 만들어 목적 서열을 전처리한다.

접미사 트리의 공식적인 정의는 다음의 조건이 모두 충족되는 경우에 서열 s를 나타내는 접미사 트리 $T = (V, E)$로 표현한다.

- 트리 T의 리프 수는 서열 s의 길이와 같다(리프는 0에서 $s - 1$ 사이로 번호가 매겨진다).
- 트리의 각 에지(E)는 레이블로 서열 s의 심볼을 갖는다.
- 서열 s의 모든 접미사는 리프로 표시되고 루트에서 리프까지 경로에 있는 심볼을 연결하면 서열을 재구성할 수 있다.
- 노드에 연결된 모든 에지에는 고유한 심볼 V가 있다.

그림 16.5에서 DNA 서열(TACTG)에 대한 접미사 트리를 확인할 수 있다. 리프(회색 배경으로 표시)의 시작 위치에 따라 접미사에 대한 번호가 매겨진다.

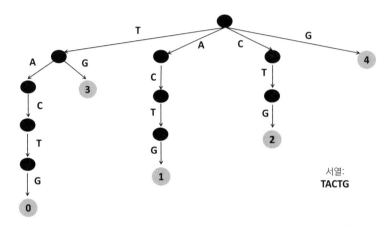

그림 16.5 서열 TACTG에 대한 접미사 트리. 리프는 회색 배경의 노드로 표시되며, 접미사의 초기 위치에 따라 번호가 매겨졌다.

이전 절에서 비슷한 개념의 트라이를 만드는 알고리즘을 배웠으므로 접미사 트리를 만드는 것 또한 간단히 할 수 있을 것이다. 실제로 트라이에 패턴을 추가하는 방법과 같은 방식으로 각 서열의 접미사를 계산해 반복적으로 추가한다. 여기서 고려해야 할 유일한 사항은 접미사의 레이블이 전체 서열의 시작 위치부터 시작돼야 한다는 것이다.

이미 몇몇 독자는 주어진 서열에 대해 접미사 트리를 만들 수 없는 상황이 있을 수 있다는 것을 눈치챘을 것이다. 그러나 학습을 위해 일단 TACCTA 서열의 접미사 트리를 만들어보자.

그림 16.6을 보면 트리의 리프 수가 접미사의 수보다 적다는 것을 알 수 있다. 두 개의 접미사를 갖는 경우는 리프에 도달하지 못하기 때문이다. 그런데 두 개의 접미사를 갖는 상황은 생각보다 자주 발생한다. 예를 들어 **TA**는 TACTA의 접미사이자 접두사이며, **A** 또한 ACTA의 접미사이자 접두사가 된다. 결과적으로 그림 16.6의 접미사 트리에 3 또는 4로 번호가 매겨진 리프가 없다는 것을 알 수 있다. 이는 그림의 접미사 트리가 위 정의에 설정된 모든 조건을 지키지 않는다는 것을 뜻한다.

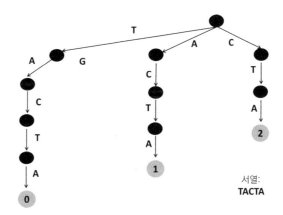

그림 16.6 서열 TACTA에 대한 접미사 트리. 중복되는 일부 접미사는 리프에서 생략했다.

이 문제를 해결하는 한 가지 방법은 서열의 끝에 심볼을 추가하는 것이다. 위의 예시에서는 $를 추가해 모든 접미사가 $로 끝나기 때문에 접미사가 서열의 접두사가 될 수 없게 한다. 이것을 대상 서열에 적용하면 추가적인 문제 없이 이미 정의된 알고리즘에 따라 접미사 트리를 작성할 수 있다. 그림 16.7에서는 $를 추가한 서열(TACTA$)로 접미사 트리를 그렸다.

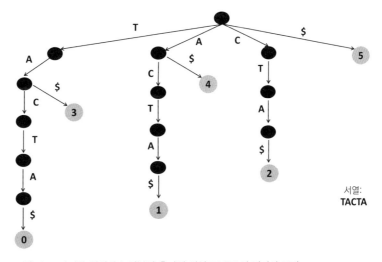

그림 16.7 마지막 위치에 $ 심볼이 추가된 서열 TACTA의 접미사 트리

또 다른 중요한 작업은 서열을 나타내는 접미사 트리를 사용해 서열에서 패턴 발생을 검색하는 것이다. 이 작업은 접미사 트리의 루트에서 시작해 패턴의 심볼에 따라 가장자리를 순회하는 방법으로 간단하게 처리할 수 있다.

만약 패턴에 대한 심볼을 가진 에지가 모두 존재한다면 패턴의 끝에 노드가 존재할 것이다. 따라서 접미사 트리의 정의에 의해 노드에 존재하는 모든 리프는 패턴의 시작점에 해당한다.

그림 16.8A에 서열 TACTA에서 패턴 TA를 검색하는 방법이 표현돼 있다. 패턴 검색 결과에 따르면, 원래 서열의 0번째와 세 번째 위치에서 해당 패턴을 찾을 수 있다.

주어진 노드에서 이전 프로세스가 실패하는 경우, 다시 말해 서열에서 심볼로 표시된 노드를 떠나는 분기가 없는 경우는 해당 패턴이 없다는 것을 의미한다. 그림 16.8B에 이런 경우를 나타냈다.

목적 서열이 길어질수록 해당 서열의 접미사 트리의 크기도 커져서 필요한 메모리도 늘어난다. 그런 경우에는 선형 세그먼트, 즉 단일 이탈 에지single leaving edge를 갖는 노드의 서열을 찾아 세그먼트의 첫 번째와 마지막 노드의 경로를 바로 연결함으로써 필요한 메모리를 아낄 수 있다.

이런 과정을 그림 16.7의 접미사 트리를 예시로 해서 그림 16.9에 나타냈다. 여기서는 접미사 트리가 두 가지 형태로 표시됐다는 점에 주의하자. 첫 번째는 심볼 문자열이 있는 가장자리를 나타내고, 두 번째는 위치 범위가 있는 트리를 나타낸다. 실제로 에지의 문자열은 항상 대상 서열의 하위 문자열이므로 중복을 피하기 위해 문자열의 시작 및 끝 위치만 유지하는 것으로 충분하다.

위 설명으로부터 접미사 트리가 서열 패턴의 반복을 검색하는 데 유용하며 전체 게놈에서 많은 유형의 패턴을 식별할 수 있다는 점이 명백해신다. 또한 접미사 트리는 문자열, 특히 생물학적 서열을 다룰 때 다양한 작업에 사용될 수 있다.

접미사 트리는 서열 데이터의 추가적인 정보도 만들 수 있다. 예를 들어, 주어진 패턴 서열을 공유하는 가장 긴 서열을 포함하는 트리를 만들거나 가장 많이 중첩된 부분 서열을 계산하는 것과 같은 정보를 얻을 수 있다.

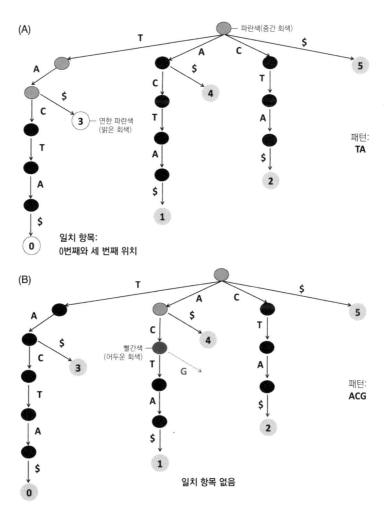

그림 16.8 서열 TACTA에 대한 접미사 트리의 패턴 TA(A), ACB(B) 검색의 예시. 파란색(이 책에서는 중간 회색으로 표시) 노드는 패턴의 심볼을 고려해 나무 위를 걷는 것을 나타내고, 빨간색(이 책에서는 어두운 회색으로 표시) 노드는 서열의 심볼이 일치하는 에지가 없는 노드를 나타낸다. 연한 파란색으로 표시된 리프(이 책에서는 밝은 회색으로 표시)는 패턴과 일치하는 모든 접미사를 나타낸다.

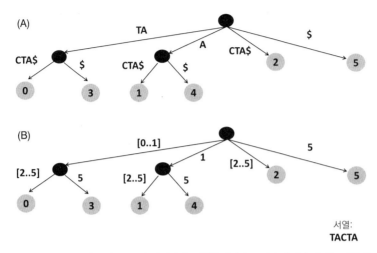

그림 16.9 그림 16.7의 접미사 트리를 좀 더 간단하게 표현한 접미사 트리의 예. (A) 에지는 하위 문자열을 나타낸다. (B) 에지는 서열의 간격을 의미한다.

그림 16.10은 두 서열 TAC와 ATA로 구성된 접미사 트리의 예시이며, 각각의 서열의 끝을 표시하기 위해 서로 다른 두 개의 심볼이 사용됐다. 리프는 서열의 색인을 접미사의 시작 위치와 결합해 레이블을 지정한다.

여러 서열로 구성된 접미사 트리에도 패턴 검색 알고리즘을 유사한 방식으로 적용할 수 있다. 예를 들어 그림 16.8에 있는 접미사 트리의 경우, 패턴 TA를 검색하면 각 서열에서 하나씩 두 개의 일치 항목이 반환된다.

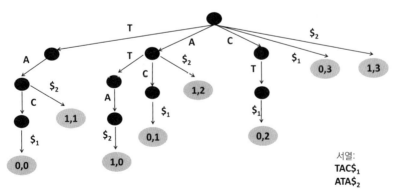

그림 16.10 두 서열 TAC, ATA로 구성된 접미사 트리의 예. $1 및 $2 심볼은 각 서열의 끝을 표시하고자 추가됐다. 리프는 서열과 튜플의 초기 위치를 나타낸다.

16.3.2 파이썬으로 접미사 트리 구현

파이썬으로 접미사 트리를 구현하기 위해 이전 절에서 트라이를 구현한 방법과 비슷한 방법을 사용한다. 그러나 트라이와 비슷한 구조로 접미사 트리를 만들려면 약간의 변형이 먼저 필요하다. 따라서 각 노드에 대해 첫 번째 요소가 접미사의 위치를 나타내는 데 사용되는 튜플(리프의 경우)을 내부 노드의 경우 −1로 유지한다. 튜플의 두 번째 요소는 트라이에 사용되는 것과 비슷한 사전형 데이터다. 다시 말해 서열의 심볼은 키가 되고 대상 노드는 값으로 나타낸다.

파이썬으로 접미사 트리와 필요한 알고리즘들을 구현하기 위해 SuffixTree 클래스를 정의할 것이다. 다음 코드는 접미사 트리를 정의하는 클래스와 생성자, 결과를 출력하는 메서드다.

```python
class SuffixTree:

    def __init__(self):
        self.nodes = { 0:(-1,{}) } # 루트 노드
        self.num = 0

    def print_tree(self):
        for k in self.nodes.keys():
            if self.nodes[k][0] < 0:
                print(k, "->", self.nodes[k][1])
            else:
                print(k, ":", self.nodes[k][0])
```

다음으로 주어진 서열에서 접미사 트리를 만드는 알고리즘을 구현하는 메서드를 정의한다. 여기에는 트리에 노드를 추가하고 에지와 리프에 번호를 추가하는 add_node 메서드, 트리에 접미사를 추가하는 add_suffix 메서드, 마지막으로 서열에 $ 심볼을 추가하는 suffix_tree_from_seq 메서드를 정의한다. Test 함수는 예시로 서열 TACTA를 사용해 접미사 트리를 만들고, 출력 결과는 그림 16.7과 동일한 결과를 보여준다.

```python
class SuffixTree:
    (...)
```

```
    def add_node(self, origin, symbol, leafnum = -1):
        self.num += 1
        self.nodes[origin][1][symbol] = self.num
        self.nodes[self.num] = (leafnum,{})


    def add_suffix(self, p, sufnum):
        pos = 0
        node = 0
        while pos < len(p):
            if p[pos] not in self.nodes[node][1].keys():
                if pos == len(p)-1:
                    self.add_node(node, p[pos], sufnum)
                else:
                    self.add_node(node, p[pos])
            node = self.nodes[node][1][p[pos]]
            pos += 1

    def suffix_tree_from_seq(self, text):
        t = text+"$"
        for i in range(len(t)):
            self.add_suffix(t[i:], i)

def test():
    seq = "TACTA"
    st = SuffixTree()
    st.suffix_tree_from_seq(seq)
    st.print_tree()
    print(st.find_pattern("TA"))
    print(st.find_pattern("ACG"))

test()
```

마지막으로 패턴 검색 알고리즘을 구현하는 함수를 만든다. find_pattern 메서드는 최종 노드에 도달하거나 검색에 실패할 때까지 트리를 순회한다. 첫 번째 경우로, 재귀 함수 get_leafes_below를 호출해 노드 아래의 리프를 반환한다. 두 번째 경우로, 일치 패턴이 없다면 None을 반환한다. Test 함수는 패턴 TA 및 ACG를 검색해 그림 16.8과 동일한 결과를 출력한다.

```python
class SuffixTree:
    (...)

    def find_pattern(self, pattern):
        pos = 0
        node = 0
        for pos in range(len(pattern)):
            if pattern[pos] in self.nodes[node][1].keys():
                node = self.nodes[node][1][pattern[pos]]
                pos += 1
            else: return None
        return self.get_leafes_below(node)

    def get_leafes_below(self, node):
        res = []
        if self.nodes[node][0] >=0:
            res.append(self.nodes[node][0])
        else:
            for k in self.nodes[node][1].keys():
                newnode = self.nodes[node][1][k]
                leafes = self.get_leafes_below(newnode)
                res.extend(leafes)
        return res

def test():
    seq = "TACTA"
    st = SuffixTree()
    st.suffix_tree_from_seq(seq)
    st.print_tree()
    print(st.find_pattern("TA"))
    print(st.find_pattern("ACG"))

test()
```

16.4 버로우즈 휠러 변환

16.4.1 정의와 알고리즘

서열 데이터를 표현하는 데 사용되는 데이터 구조에서 가장 중요한 것은 메모리 사용량이다. 실제로 서열 데이터를 접미사 트리로 표현하려면 많은 양의 메모리가 필요하다. 예를 들어 인간의 게놈을 접미사 트리로 표현하려면 적어도 50GB의 메모리가 필요하다.

그렇기 때문에 메모리 사용량을 줄이고자 좀 더 게놈 데이터를 압축하려는 많은 시도가 있었다. 이 절에서는 버로우즈 휠러 변환Burrows-Wheeler Transform(BWT)[3]으로 서열 데이터를 압축하는 방법을 배운다. 버로우즈 휠러 변환은 가역적으로 데이터를 변환하기 때문에 정보의 손실 없이 원래의 서열로 복구할 수 있다.

게놈 데이터에는 다양한 크기의 반복 서열이 있으므로 버로우즈 휠러 변환을 사용하면 큰 이득을 얻을 수 있다. 반복 서열을 간단한 심볼의 서열로 변환할 수 있기 때문이다.

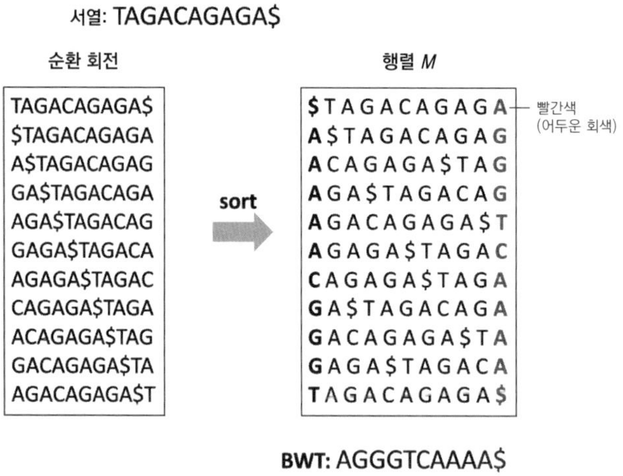

그림 16.11 예시 서열에 버로우즈 휠러 변환을 적용한 예시. 마지막 열은 빨간색으로 강조 표시됐다(이 책에서는 어두운 회색으로 표시).

---

3 데이터 압축에 관련된 알고리즘이며, 1994년에 마이클 버로우즈와 데이비드 휠러가 개발했다. - 옮긴이

버로우즈 휠러 변환은 먼저 원본 서열을 순환 회전시키고 사전순으로 정렬한 버로우즈 휠러 변환 행렬(그림 16.11에 M으로 표시)을 생성해야 한다.

그리고 전체 행렬 데이터 중에서 첫 번째와 마지막 열만 유지한다. 그리고 마지막 열의 서열을 버로우즈 휠러 변환 서열이라 부른다.

첫 번째 열은 이미 사전 순서로 정렬돼 있기 때문에 5AC3GT(연속된 다섯 개의 A, 이어서 C 하나와 세 개의 G, 마지막으로 T 하나)처럼 간단히 표현할 수 있다. 반면에 마지막 열은 반복되는 패턴에 대한 정보를 담고 있으므로 데이터를 압축하기가 매우 용이하다. 원본 서열에서 AGA 패턴이 세 번 반복되기 때문에 BWT 서열에서도 G가 세 번 연달아 나온다.

버로우즈 휠러 변환으로 서열 데이터를 압축하는 방법은 가변적이다. 다시 말해 항상 원본 서열로 복구할 수 있다. 그림 16.12는 버로우즈 휠러 변환을 통해 압축된 서열 ACG\$GTAAAAC를 원래 서열로 복구하는 방법을 보여준다.

버로우즈 휠러 변환 행렬 M의 마지막 열을 역변환하는 과정은 다음과 같다. 행렬 M의 마지막 열을 회전시키면 첫 번째 열의 데이터를 쉽게 복구할 수 있다. 그러면 원본 서열의 첫 번째 서열은 마지막 열에 \$가 있는 행의 첫 번째 열의 심볼이 된다. 즉, 서열 ACG\$GTAAAAC의 경우에는 A가 된다.

첫 번째 서열이 A라는 것을 알게 되면, 다시 마지막 열에 A로 끝나는 행의 첫 번째 심볼이 원본 서열의 두 번째 심볼이 된다는 것을 쉽게 알 수 있다. 그러나 그림 16.12에서 볼 수 있듯이 마지막 열에서 A가 서로 다른 행에 있기 때문에 두 가지 선택지가 나온다. 그중에서 첫 번째는 C이고, 두 번째는 G다. 이런 경우 어떤 서열이 옳은지 어떻게 알 수 있을까?

BWT: AGGGTCAAAA$

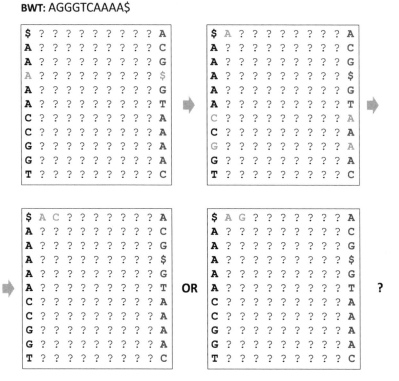

그림 16.12 버로우즈 휠러 변환된 서열을 역변환하는 방법. 첫 번째 서열은 A지만, 두 번째 서열은 C 혹은 G 로 두 가지 가능성이 있다.

해결책은 그림 16.13처럼 각각의 문자에 색인을 붙이는 것이다. 사소해 보이지만, 모든 문자에 각각의 색인을 붙임으로써 서열의 순서가 첫 번째 열에서 마지막 열까지 유지될 수 있다.

이전 서열의 색이과 동일한 색인을 가진 마지막 열의 데이터를 찾아 첫 번째 열의 문 자를 추가하는 방법으로 모든 서열이 채워질 때까지 이 과정을 반복한다. 이런 규칙에 따라 역변환을 구현할 수 있으며, 자세한 방법은 그림 16.13에서 확인할 수 있다.

BWT: AGGGTCAAAA\$

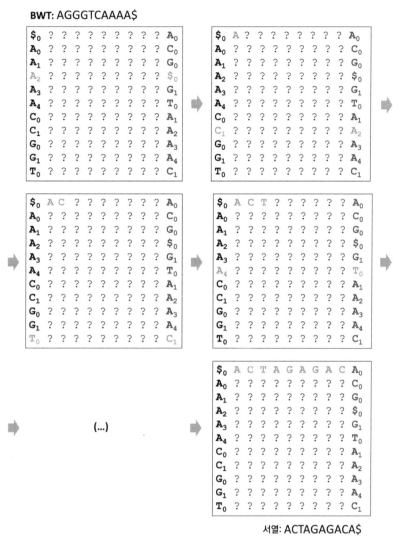

서열: ACTAGAGACA\$

그림 16.13 버로우즈 휠러 변환에서 원본 서열을 검색하고 문자에 색인을 추가하는 방법. 첫 번째 네 단계와 최종 결과가 표시돼 있다.

서열 데이터를 효율적으로 압축하는 방법으로 버로우즈 휠러 변환을 살펴봤다. 그렇다면 원본 서열에 버로우즈 휠러 변환을 적용해 서열의 패턴을 검색할 수 있을까? 대답은 '그렇다'이다.

버로우즈 휠러 변환으로 표시되는 서열에서 패턴을 효율적으로 검색하는 방법을 이해하려면, 첫 번째 M의 각 행이 서열의 접미사로 시작하기 때문에 주어진 패턴이 여러 개의 행에서 발견될 수 있다는 사실을 알아야 한다. 예를 들어, 그림 16.11에 나타난 버로우즈 휠러 변환 행렬 M에서 패턴 AGA는 네 번째, 다섯 번째, 여섯 번째 행에서 발견된다.

그러나 버로우즈 휠러 변환 행렬은 첫 번째 열과 마지막 열의 데이터만 남아있기 때문에 패턴 검색을 위한 다른 알고리즘이 필요하다. 이 알고리즘은 버로우즈 휠러 변환의 원본 서열을 복구하는 데 사용되는 아이디어를 기반으로 첫 번째 열과 마지막 열의 행 내에서 이동하는 패턴을 역순으로 식별한다.

첫 번째 단계는 패턴의 마지막 심볼을 식별해 마지막 열에서 일치하는 위치 간격을 확인하고, 이 위치를 첫 번째 열의 각 간격으로 바꾼다(동일한 문자는 이 열에서 연속돼 나타난다). 위치의 범위는 상단과 하단의 두 포인터로 표시된다.

그리고 패턴의 다음 심볼로 이동해 현재 범위 내에서 일치 여부를 확인하고, 만약 일치한다면 해당 항목을 첫 번째 열로 바꾸고 상단과 하단의 두 포인터를 갱신한다. 이 절차는 패턴의 모든 심볼이 일치할 때까지 반복된다. 마지막 범위는 일치하는 행이 행렬의 행에 표시되는 경우로, 정의된 범위의 마지막 열에서 패턴의 심볼이 나타나지 않으면 검색이 종료된다.

그림 16.14는 버로우즈 휠러 변환 알고리즘으로 패턴 AGA를 찾는 방법을 보여준다.

이 알고리즘을 사용하면 패턴 발생 횟수를 빠르게 찾을 수 있다. 그러나 패턴이 발생하는 위치를 알고 싶다면 추가적인 작업이 필요하다. 추가적인 작업 중 하나는 패턴이 발생하는 각 행의 첫 번째 위치 정보를 복구하는 것인데, 버로우즈 휠러 역변환 절차를 따라 심볼 $에 도달할 때까지의 거리를 측정한다. 하지만 실제 서열 데이터의 크기를 고려하면 너무 느리므로 자주 사용되지 않는다.

따라서 다른 대안으로 버로우즈 휠러 변환과 접미사 배열 구조를 결합해 사용하는 방법을 알아보자. 접미사 배열은 행렬 M의 각 행에 유지되는 접미사의 시작 위치 목록을 유지한다. 예를 들어 그림 16.11에 해당하는 접미사 배열은 [10, 9, 3, 7, 1, 5, 4, 8, 2, 6, 0]이다.

전체 서열의 접미사 배열을 만들면 패턴 검색 알고리즘의 결과에서 패턴의 발생 위치를 바로 찾을 수 있다. 그러나 전체 접미사 배열은 원본 서열과 같은 크기의 데이터를 가지므로 서열 데이터를 압축하려는 원래의 목적에 맞지 않다. 그렇기 때문에 작은 비율($1/K$)의 부분 접미사 배열을 만들어 위치 정보를 유지한다. 따라서 정확한 위치를 찾으려면 최대 K번의 역변환이 필요하지만, 반면에 필요한 메모리는 K의 계수만큼 줄어든다.

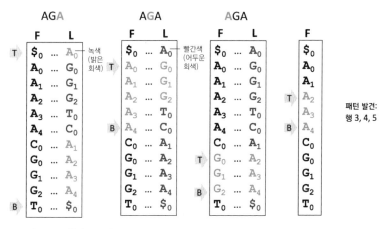

그림 16.14 버로우즈 휠러 변환을 사용해 패턴을 검색하는 방법의 예시. 첫 번째 열(검정색, 상단에 F로 표시됨)과 마지막 열(맨 위에 L로 표시돼 있는 빨간색(이 책에서는 어두운 회색으로 표시))만 표시한다. 패턴 검색 과정을 보여주기 위해 T와 B로 표시된 화살표가 각 단계의 패턴에 일치한 행 범위를 표시한다. 각 단계에 일치된 문자는 열에서 녹색(이 책에서는 밝은 회색으로 표시)으로 표시했다.

16.4.2 파이썬으로 버로우즈 휠러 변환 구현

버로우즈 휠러 변환을 구현하기 위한 파이썬 클래스를 만든다. 이 클래스는 버로우즈 휠러 변환(문자열)된 값만 유지하고 데이터 구조 측면에서 매우 단순화돼 있다. 버로우즈 휠러 변환에 필요한 절차는 그림 16.11에 표현돼 있다.

버로우즈 휠러 변환을 구현하는 데 더 효율적인 알고리즘이 존재하지만, 여기서는 학습을 위해 버로우즈 휠러 변환 행렬 M을 명시적으로 작성하고 마지막 열로 계산하는 방법으로 작성했다. 먼저 BWT 클래스를 만들어 버로우즈 휠러 변환 절차를 구현하고, test 함수를 통해 그림 16.11과 동일한 예시로 버로우즈 휠러 변환을 수행한다.

```python
class BWT:

    def __init__(self, seq = ""):
        self.bwt = self.build_bwt(seq)

    def set_bwt(self, bw):
        self.bwt = bw

    def build_bwt(self, text):
        ls = []
        for i in range(len(text)):
            ls.append(text[i:]+text[:i])
        ls.sort()
        res = ""
        for i in range(len(text)):
            res += ls[i][len(text)-1]
        return res

def test():
    seq = "TAGACAGAGA$"
    bw = BWT(seq)
    print(bw.bwt)

test()
```

그다음에는 버로우즈 휠러 변환된 데이터에서 원래의 서열로 역변환하는 절차를 구현한다. 그림 16.13에 나타낸 도식을 구현한 inverse_bwt 메서드를 만든다. get_finst_col 메서드는 행렬 M의 첫 번째 열을 검색하는 데 사용되고, nd_ith_occ 함수는 목록에서 심볼의 i번째 발생 위치를 찾는 데 사용된다.

```python
class BWT:
    (...)

    def inverse_bwt(self):
        firstcol = self.get_first_col()
        res = ""
        c = "$"
        occ = 1
```

```
        for i in range(len(self.bwt)):
            pos = find_ith_occ(self.bwt, c, occ)
            c = firstcol[pos]
            occ = 1
            k = pos-1
            while firstcol[k] == c and k >= 0:
                occ += 1
                k -= 1
            res += c
        return res

    def get_first_col(self):
        firstcol = []
        for c in self.bwt: firstcol.append(c)
        firstcol.sort()
        return firstcol

def find_ith_occ(l, elem, index):
    j,k = 0,0
    while k < index and j < len(l):
        if l[j] == elem:
            k = k + 1
            if k == index: return j
        j += 1
    return -1

def test2():
    bw = BWT()
    bw.set_bwt("ACG$GTAAAAC")
    print(bw.inverse_bwt())

test2()
```

다음 단계로 그림 16.14에 나타낸 패턴을 검색하는 절차를 bw_matching() 메서드로 구현한다. 변수 top 및 bottom은 일치하는 포인터를 유지하는 반면, 보조 메서드 last_to_finst()는 동일한 심볼의 위치를 마지막 열에서 첫 번째 열로 신속하게 변환하는 조회 테이블로 만들어준다. test() 함수는 이 클래스의 앞에서 사용된 것(그림 16.11)과 동일한 버로우즈 휠러 변환을 구현해 패턴 AGA를 검색한다(그림 16.14의 예에서 사용된 것과 동일하다).

```
class BWT:
    (...)

    def last_to_first(self):
        res = []
        firstcol = self.get_first_col()
        for i in range(len(firstcol)):
            c = self.bwt[i]
            ocs = self.bwt[:i].count(c) + 1
            res.append(find_ith_occ(firstcol, c, ocs))
        return res


    def bw_matching(self, patt):
        lf = self.last_to_first()
        res = []
        top = 0
        bottom = len(self.bwt)-1
        flag = True
        while flag and top <= bottom:
            if patt != "":
                symbol = patt[-1]
                patt = patt[:-1]
                lmat = self.bwt[top:(bottom+1)]
                if symbol in lmat:
                    topIndex = lmat.index(symbol) + top
                    bottomIndex = bottom - lmat[::-1].index(symbol)
                    top = lf[topIndex]
                    bottom = lf[bottomIndex]
                else: flag = False
            else:
                for i in range(top, bottom+1): res.append(i)
                flag = False
        return res


    def bw_matching_pos(self, patt):
        res = []
        matches = self.bw_matching(patt)
        for m in matches:
            res.append(self.sa[m])
        res.sort()
        return res
```

```
def test():
    seq = "TAGACAGAGA$"
    bw = BWT(seq)
    print(bw.bwt)

test()
```

마지막으로 이전 절에서 설명한 것처럼 접미사 배열을 사용해 패턴의 일치 위치를 수집하는 방법을 구현한다.

접미사 배열은 bw_matching_posing 메서드의 결과에서 패턴이 발생하는 위치를 수집하기 위해 bw_matching_pos 메서드에서 사용하는 속성으로 유지한다.

```
class BWT:

    def __init__(self, seq = "", buildsufarray = False):
        self.bwt = self.build_bwt(seq, buildsufarray)

    def set_bwt(self, bw):
        self.bwt = bw

    def build_bwt(self, text, buildsufarray = False):
        ls = []
        for i in range(len(text)):
            ls.append(text[i:]+text[:i])
        ls.sort()
        res = ""
        for i in range(len(text)):
            res += ls[i][len(text)-1]
        if buildsufarray:
            self.sa = []
            for i in range(len(ls)):
                stpos = ls[i].index("$")
                self.sa.append(len(text)-stpos-1)
        print(self.sa)
        return res

    (...)
```

```
    def bw_matching_pos(self, patt):
        res = []
        matches = self.bw_matching(patt)
        for m in matches:
            res.append(self.sa[m])
        res.sort()
        return res

def test():
    seq = "TAGACAGAGA$"
    bw = BWT(seq, True)
    print("Suffix array:", bw.sa)
    print(bw.bw_matching_pos("AGA"))

test()
```

16.4.3 실제로 참조 게놈에 서열 정렬

차세대 서열 분석 기법을 통해 수백만 개의 짧은 리드(100개 미만의 뉴클레오티드)를 얻게 되는데, 그러면 참조 게놈과 매우 비슷하거나(98% 이상) 일치하는 서열에 리드를 정렬하는 매핑 작업이 필수적이다.

게놈에는 반복된 서열이 많기 때문에 서열을 정렬하는 작업에 버로우즈 휠러 변환을 사용해 효율적으로 처리할 수 있다. 버로우즈 휠러 변환이 여러 개의 반복 서열 영역을 줄여줄 수 있기 때문이다. 그러나 서열 분석 오류 또는 변형에 의한 가변성을 처리할 수 없다는 단점도 갖고 있다.

버로우즈 휠러 변환이 적용된 서열 정렬 방법을 간략하게 설명하자면, 서열의 길이가 k일 때 최대 한 개의 불일치가 있는 경우 적어도 길이가 $k2 - 1$일 때는 정확하게 일치된 서열이 존재한다는 것이다. 따라서 일치하는 서열의 길이를 확장시킬 수 있다.

그러므로 더 많은 수의 불일치를 허용하면 서열의 매핑 속도가 더 느려진다. 생명정보학에서 주로 사용하는 버로우즈 휠러 변환 기반의 매핑 방법에는 BWA[100], Bowtie2[93], SOAP[102], GEM[107] 등이 있다. 서열 분석 기술이 발전함에 따라 앞으로 더 긴 리드를 얻게 될 것이고, 그에 따라 분석 방법도 발전할 수밖에 없을 것이다.

참고 문헌과 추가 자료

1959년에 르네[Rene]가 처음으로 데이터 구조 트라이를 제안했고[45], 1973년에 와이너[Weiner]가 접미사 트리의 개념을 만들었다[154]. 버로우즈 휠러 변환(BWT)은 1994년에 마이클 버로우즈와 데이비드 휠러가 개발했다[32][64].

연습 문제와 프로그래밍 프로젝트

연습 문제

1. 반복되는 메서드 repeats(self, k, ocs)를 만들어 접미사 트리에 길이가 k이고 적어도 ocs번 반복되는 패턴 목록을 추가해보자.

2. 그림 16.10을 참조해 두 개의 서열을 만드는 접미사 트리를 정의한다.

   a. 두 개의 서열 S_1과 S_2(각각 $_1$과 $_2$로 끝나는)로 나타내는 접미사 트리를 만드는 메서드를 작성해보자. 리프의 레이블은 튜플 형태 서열과 접미사의 초기 위치로 나타낸다.

   b. 이전 메서드로 작성된 트리를 설명하기 위해 접미사 트리에서 패턴을 찾는 메서드를 구현하라.

   c. 접미사 트리가 두 개의 서열을 나타낸다고 가정하고, 두 서열에서 공통된 문자열을 식별하는 메서드를 작성하라.

3. a. 16장에서 정의한 BWT 클래스와 다음 코드로 서열 CTTTAAACC$를 출력해보자.

   ```
   seq = "..."
   bw = BWT(seq)
   print(bw.bwt)
   ```

   b. 2번 질문에 대한 답을 얻는 파이썬 코드를 작성하라.

프로그래밍 프로젝트

1. 그림 16.9를 바탕으로 축약된 접미사 트리를 만들자.

    a. 서열로 축약된 접미사 트리를 작성하는 메서드를 구현하라.

    b. 접미사 트리를 만드는 클래스에 축약하는 메서드를 구현하라.

    c. 축약된 접미사 트리에서 패턴을 검색할 수 있는 방법을 구현하라.

17 더 읽을거리

17장에서는 생물정보학 심화 알고리즘과 도구에 관심 있는 독자들을 위해 유용한 자료와 링크를 제공한다. 생명정보학 서적, 교육 자료(온라인 과정과 관련 자료를 제공하는 웹사이트), 논문, 콘퍼런스를 소개하고, 전 세계 대학에서 제공하는 생명정보학 학위(주로 석사) 과정을 살펴본다.

17.1 추천하는 생명정보학 서적

이 책에서 배운 내용보다 더 심층적으로 생물정보학, 범용 알고리즘 및 프로그래밍 개념, 파이썬 프로그래밍 기법을 다루는 다양한 책이 이미 출간돼 있다. 각각의 분류에서 모든 책을 열거하기보다는 우리가 알고 있는 책 중에서 몇 가지만 추천해본다.

대부분의 생물정보학 서적은 생물학자나 생물학 관련 전문가가 작성해 새로운 생물정보학 도구를 만들기보다는 기존에 존재하는 도구의 사용법이나 분석 결과를 설명하는 데 초점을 맞춘다.

그래서 데이비드 마운트David Mount[117]와 조나단 페브스너Jonathan Pevsner의 책[125]을 추천한다. 이 책들은 생물정보학의 다양한 개념, 알고리즘, 도구를 다루는 매우 포괄적인 내용을 담고 있으며 방법과 주요 기능의 정의를 잘 설명하고 생명정보학 도구를 사용한 결과를 비판적으로 해석하는 방법을 제공한다. 이 두 책은 여기서 다루는 대부분의 주제를 다루지만, 프로그래밍 언어를 사용한 구현에는 중점을 두지 않는다. 다만, 데이비드의 책은 2004년에 저술됐고 조나단의 책은 2015년에 새로 개정판이 나왔다는 것을 참고하라.

생물정보학의 알고리즘에 중점을 둔 서적으로는 파벨 페브스너Pavel Pevzner가 닐 존스

Neil Jones[84]와 공동으로 저술한 것을 추천한다. 이 책은 생물정보학의 여러 문제를 살펴보고 이런 문제를 해결하기 위해 주요 알고리즘을 다룬다. 최근 파벨 페브스너는 필립 캄포Phlippe Compeau와 공동으로 생물정보학 알고리즘에 관한 두 권의 책을 발간했다[35]. 이 책은 알고리즘 구현을 제공하지 않지만 생물정보학에 중요한 알고리즘의 핵심을 종합적으로 설명한다.

또한 생물정보학 알고리즘이 발전하는 데 크게 기여한 서적으로 2007년에 베켄바우어Böckenhauer와 본가르츠Bongartz가 발간한 저서[28]가 있다. 이 책은 주로 서열 데이터와 문자열 처리에 관한 알고리즘을 다룬다. 주요 알고리즘의 수식 표기를 통해 좀 더 수학적인 접근 방식에 익숙한 독자에게 이상적이다.

알고리즘과 프로그래밍에 대한 개념을 제공하는 좋은 서적이 꽤 많지만, 문자열 기반 알고리즘과 관련해서는 댄 구스필드Dan Gusfield[70]와 막심 크로체모어Maxime Crochemore[39]의 책을 추천한다. 또한 일반적인 알고리즘과 데이터 구조와 관련해서는 세지윅Sedgewick과 웨인Wayne이 저술한 책[138]과 위스Wirth의 책[155]을 추천한다.

파이썬 프로그래밍 언어를 생물정보학에 사용하는 데 초점을 맞춘 실용서로는 최근 2차 개정판을 낸 세바스찬 바시Sebastian Bassi의 저서[25]가 있다. 이 책은 생물학적 데이터에 대한 많은 예시를 제공하고 바이오파이썬의 기본 사항을 포함한 파이썬 프로그래밍의 주요 개념을 다룬다. 추가적으로 미첼 모델Mitchel Model의 책[115]은 파이썬 개념에 대한 설명에 초점을 맞춘 유사한 접근법으로 생명정보학 맛보기와 프로그래밍 기술을 소개한다. 그러나 생물정보학 도구 및 작업의 알고리즘 측면은 다루지 않는다.

17.2 논문 및 학회

생물정보학은 다양한 학문이 결합한 분야로, 수많은 관련 논문이 컴퓨터학, 생물학, 의학을 아우르는 다양한 주제의 저널과 콘퍼런스를 통해 배포된다. 그러나 생물정보학 분야에서 중요한 몇 가지 저널을 간추릴 수 있다.

다음 목록에서는 생물정보학에 중요한 저널을 간략히 소개한다.

* 「Bioinformatics」(Oxford University Press): 생명정보학 분야에서 가장 중요한 저널이며 주로 유전체 생물정보학과 전산 생물학의 새로운 기법에 중점을 둔다.

두 개의 절 Discovery Notes와 Application Notes로 구분돼 있으며, 생명정보학 기술을 사용해 흥미로운 생물학적 발견을 보고하는 짧은 논문과 생물정보학 도구의 개발에 중점을 둔다.

- 「Nucleic Acids Research」(Oxford University Press): DNA의 대사 또는 상호작용에 관여하는 DNA와 단백질의 물리적, 화학적, 생화학적 측면에 중점을 둔다. 전문 생명정보학 저널은 아니지만, 다양한 분야에서 사용 가능한 데이터베이스와 생명정보학 도구에 대한 종합적인 논문을 매년 게시한다.

- 「Briefings in Bioinformatics」(Oxford University Press): 생명과학 분야 연구원 및 교육자를 위한 저널이며 생명정보학 접근법에 대한 실무적인 지침과 유전자, 분자 및 시스템 생물학의 데이터베이스와 도구에 대한 기사를 게시한다.

- 「PLOS Computational Biology」(PLOS): 살아있는 유기체를 컴퓨터 기술을 사용해 다양한 규모에서 모델링하고 이해하는 방법에 중점을 둔 과학 저널이다.

- 「BMC Bioinformatics」(Biomed Central): 자유롭게 이용할 수 있는 저널이며, 생물학적 데이터의 모델링 및 분석을 위한 생명정보학과 다른 컴퓨팅 영역에 대한 논문을 게시한다.

- 「Computer Methods and Programs in Biomedicine」(Elsevier): 생물의학 연구 및 의료 실무의 모든 측면에서 컴퓨팅 방법론과 소프트웨어에 관련된 논문을 게시한다.

- 「Computers in Biology and Medicine」(Elsevier): 생명공학 및 의학 분야에 컴퓨터를 적용하는 것과 관련된 연구 결과를 게시한다.

- 「Algorithms for Molecular Biology」(Biomed Central): 생물학적 서열 데이터 및 구조 분석, 계통 발생 재구성, 머신러닝을 위한 알고리즘에 대한 논문을 게시한다.

다음은 생물정보학 분야와 가장 밀접하게 관련된 국제 학회의 목록이다.

- ISMB(Inteligent Systems for Molecular Biology)은 2018년 기준으로 26번 개최된 생명정보학 관련 학회이며 가장 규모가 크다. 컴퓨터과학, 분자생물학, 수학, 통계학 등 다양한 분야의 연구원들이 한자리에 모인다.

- ECCB(European Confernece on Computtional Biology)는 2018년 기준으로 17번 개최된 학회이며 유럽의 생명정보학 및 컴퓨터 생물학 관련 학자들이 모인다.

- RECOMB는 2018년 기준으로 22번째 열린 학회이며 수학과 통계학을 생명과학 분야에 연결하는 것을 목표로 한다.

- BIBM(Bioinformatics and Biomedicine)은 IEEE가 후원하는 생명정보학과 건강 정보에 관련된 주요 학회다.

- ACM BCB(ACM Conference on Bioinformatics, Computational Biology and Health Informatics)는 이미 여덟 번 개최된 ACM을 위한 주요 생명정보학 학회다.

- PSB(Pacific Symposium in Biocomputing): 생물학적 문제에 대한 이론적인 연구와 해결 방법론을 주제로 토론하는 다분야 학회이며 하와이에서 열린다. 이 분야에서 오랜 전통을 갖고 있다.

- WABI(Workshop on Algorithms in Bioinformatics): 지금껏 17번 개최됐으며 생명정보학, 전산 생물학, 시스템 생물학의 알고리즘에 관련된 모든 연구를 다룬다.

- PACBB(International Conference on Practical Applications of Computational Biology & Bioinformatics)는 12번 개최된 학회로, 실용적인 생명정보학 응용에 대해 토론한다. 주로 신입 연구원을 위한 내용에 중점을 둔다.

17.3 정규 교육 과정

전 세계의 여러 대학에서 생명정보학과 전산 생물학 분야에 대한 학위를 제공하고 있다. 이전 절에서 이야기했듯이 전체 목록에서 추천할 만한 대학을 나열하면 아래와 같다. 취득 가능한 생명정보학 학위의 대부분은 석사 과정이고, 생물학(또는 생의학 분야)이나 컴퓨터과학(또는 정보학 관련 학위)에 대한 학사 학위를 필요로 한다.

- 미국 존스 홉킨스 연구소, 생명정보학 석사 과정(http://advanced.jhu.edu/academics/graduate-degree-programs/bioinformatics): 완전 온라인 과정도 제공한다.

- 미국 캘리포니아 대학교 샌디에이고, 생명정보학 및 시스템 생물학 석사 과정(http://bioinformatics.ucsd.edu/curriculum): 모델링과 시스템 생물학 연구에 중점을 둔다.

- 스위스 ETH 취리히 대학교, 전산 생물학 및 생물정보학 석사 과정(http://www.

cbb.ethz.ch/)

- 네덜란드 암스테르담 VU$^{Vrije Univ}$, 생명정보학 석사 과정(http://masters.vu.nl/en/programmes/bioinformatics−systems−biology)

- 영국 맨체스터 대학교, 생명정보학 및 시스템 생물학 석사 과정(https://www.bmh.manchester.ac.uk/biology/study/masters/bioinformatics−systems−biology/)

- 포르투갈 민호 대학교, 생명정보학 석사 과정(http://bioinformatica.di.uminho.pt)

- 남아프리카 생명정보학 연구소, 생명정보학 석사 과정(http://www.sanbi.ac.za/training−2/msc−bioinformatics/)

- 중국 베이징, 생명정보학 석사 과정(http://school.cucas.edu.cn/Beijing−Normal−University−27/program/Bioinformatics−4234.html)

- 싱가포르 남양 기술 연구소, 생명정보학 석사 과정(http://sce.ntu.edu.sg/Programmes/CurrentStudents/Graduate/Pages/msc−bioinformaticsintro.aspx)

위의 정규 과정 외에도 대부분의 대학과 여러 연구 기관에서 생명정보학의 특정 주제와 관련된 과정을 제공한다. 다음은 그런 과정의 일부 목록이다.

- 케임브리지 대학교, 생명정보학 교육(영국, http://bioinfotraining.bio.cam.ac.uk)

- Brabaham Institute, 생명정보학 교육(영국, http://www.bioinformatics.babraham.ac.uk/training.html)

- Vienna Biocenter, BioComp 교육(오스트리아, http://biocomp.vbcf.ac.at/training)

- Gulbenkian, 생명정보학 훈련 프로그램(포르투갈, http://gtpb.igc.gulbenkian.pt/bicourses)

- ECSeq Bioinformatics(독일, http://ecseq.com/)

- Cold Spring Harbor Lab(미국, http://meetings.cshl.edu/courseshome.aspx)

- UC Davis Bioinformatics core(미국, http://bioinformatics.ucdavis.edu/training)

- Bioinformatics.ca workshops(캐나다, https://bioinformatics.ca/workshops−2017)

이와 관련된 추가 자료는 GOBLET(Global Organisation for Bioinformatics Learning)이 제공하는 포털 사이트(http://mygoblet.org/training−portal)에서 검색할 수 있다.

17.4 온라인 교육 자료

지난 몇 년간 다양한 플랫폼에서 수많은 생명정보학 온라인 강의가 생겨났다. 다양한 강의 중 제공 기관의 품질을 고려해 edX와 Coursera라는 두 가지 플랫폼에서 각각 사용 가능한 강의를 선택했다(표 17.1 및 17.2).

표 17.1 edX 플랫폼에서 사용 가능한 온라인 과정 요약

기관	XSeries/Micromaster	강의
하버드 대학교	생명과학을 위한 데이터 분석	생명과학에 대한 통계 처리, 통계적 추론 및 모델링, 고차원 데이터 분석, Bioconductor[1] 소개: 유전체 분석, 고성능 컴퓨팅 기술, 기능 유전체학의 사례 연구
UC 샌디에이고		데이터 과학에 대한 소개, 유전체 분석
메릴랜드 대학교	생명정보학	DNA 서열의 정렬 및 통계 분석, 단백질 서열의 정렬 및 구조 분석
매사추세츠 공과대학교		정량적 생물학 워크숍
오사카 대학교		생명과학의 대사체학(Metabolomics)
북경 대학교		생명과학의 수학적 모델링

표 17.2 Coursera 플랫폼에서 사용 가능한 온라인 과정 요약

기관	전문 분야	강의
UC 샌디에이고	생명정보학	DNA에서 숨겨진 메시지 찾기, 유전체/유전자/단백질 분석 및 비교, 분자 진화, 데이터 과학 및 군집화, DNA와 단백질의 돌연변이 발견, 유전체 어셈블리 프로그래밍 과제
존스 홉킨스 대학교	유전체 게놈 데이터 과학	유전체 분석 기술 소개, 갤럭시(Galaxy)[2]를 사용한 유전체 데이터 과학, 유전체 데이터 과학을 위한 파이썬, DNA 서열 분석 알고리즘 및 통계 처리
마운트 시나이 (Mount Sinai)	시스템 생물학 및 생명공학	시스템 생물학의 소개, 실험 방법, 네트워크 분석, 동적 모델링 및 분석
토론토 대학교		생명정보학 I, II

(이어짐)

1　R 언어에서 많이 사용되는 생명정보학 라이브러리 - 옮긴이

2　유전체 분석 도구 - 옮긴이

기관	전문 분야	강의
뉴욕 주립대학교		빅데이터, 유전자, 의학
북경 대학교		생물정보학: 소개 및 방법
상트 페테르부르크 (Saint Petersburg) 주립대학교		생물정보학 소개: 메타유전체학(Metagenomics)

인터넷에는 생명정보학과 파이썬 프로그래밍을 학습하는 데 매우 유용한 자료가 많다. 그중 독자들에게 추천할 만한 것을 소개하면 다음과 같다.

- **NCBI 짧은 강의**(https://www.ncbi.nlm.nih.gov/Class/minicourses/)
- **EBI Train Online**(https://www.ebi.ac.uk/training/online/)
- **바이오스타즈**^{Biostars}(https://www.biostars.org/): 생명정보학에 관한 질문을 할 수 있는 포럼
- **SeqAnswers**(http://seqanswers.com/): 차세대 염기서열 분석 데이터 처리에 관한 질문을 할 수 있는 포럼
- **로잘린드**^{Rosalind}(http://rosalind.info/problems/locations): 프로그래밍 문제를 해결하며 생명정보학을 배울 수 있는 사이트
- **생물학자를 위한 파이썬**(https://pythonforbiologists.com): 생물학에 관한 배경 지식을 갖춘 사람들을 위한 파이썬 프로그래밍 자료
- **IAP**(Introduction to Applied Bioinformatics)(http://readiab.org): 생명정보학의 핵심 개념을 배울 수 있는 대화식 웹 페이지

마무리하며

이제 생명정보학 알고리즘 여행의 끝에 도달했다. 그동안의 여행이 즐거웠길 바란다. 물론 아직 생명정보학에는 많은 알고리즘이 있고 그 여정은 완전히 끝나지 않았다. 각 장의 끝에 있는 참고 자료와 17장의 내용은 독자들의 새로운 여정에 좋은 출발점이 될 것이다.

생명정보학은 융합 학문이며 독자들의 배경지식이 서로 간에 매우 다를 것으로 생각된다. 그래서 경험이 없는 독자들도 이해할 수 있도록 가급적 쉽게 설명하려고 노력했다. 다양한 알고리즘과 방법을 이해함으로써 생명정보학 분석을 최적화하거나 필요한 도구를 개발할 수 있길 바란다. 그러므로 가능한 한 단순화한 알고리즘과 파이썬 코드의 구현은 이런 목표를 염두에 둔 것이다. 이 방법을 구현함으로써 효과가 있는지 판단하길 바란다.

생명정보학 분야가 성장함에 따라 관련 도서 수가 늘어나면서 다루는 주제도 더 전문화될 것으로 예상된다. 이는 온라인 및 정규 교육과 학위 과정에서도 볼 수 있는 추세다. 그러나 여전히 일반적인 생명정보학 알고리즘을 소개하는 것이 중요하다고 생각했기 때문에 이 책을 저술했다.

책에서 다루지는 않았지만 생명정보학에는 중요한 주제가 많다. 아마도 그중 가장 주목받는 주제는 머신러닝일 것이다. 유전자 예측, 단백질 서열 분류, 유전자 발현 데이터 분석 등의 작업에 머신러닝 모델이 핵심 알고리즘으로 사용되고 있으므로, 머신러닝 모델의 기본 알고리즘과 수학 개념을 배우는 것은 오늘날의 생명정보학에서 매우 중요하다.

여기서는 다루지 않았지만, 생명정보학에서 중요한 한 가지 주제는 단백질 구조 예측, 즉 아미노산 서열을 기반으로 단백질의 3차원 구조를 예측하는 알고리즘을 설계하는 것이다. 머신러닝은 아미노산 서열에서 계산된 특징을 통해 구조를 예측하는 데 접근할 수 있다.

맞춤 의학을 위한 유전체학은 이미 많은 연구자가 연구하고 있는 분야다. 그러나 연구 또는 임상에서 만들어지는 방대한 양의 유전체학 데이터를 처리할 전문가가 부족한 상황이다. 데이터 처리 알고리즘의 세부 사항을 잘 이해하려면, 이 책에서 다루지 않은 통계적 지식과 유전자 변이에 대한 세부 정보가 필요하다. 그럼에도 우리는 데이터 분석 단계의 일부를 만들어봤다.

생명정보학의 많은 주제 중에서 복잡한 최적화 작업을 처리하는 데 사용되는 알고리즘은 생략했다. 예를 들어, 진화 알고리즘Evolutionary Algorithm이나 시뮬레이션 어닐링Simulated Annealing 같은 중요한 메타휴리스틱meta-heuristic 기법을 다루지 않았다.

책에서 이와 같이 일부 내용을 생략한 것은 이 책이 알고리즘의 기본 수학 및 통계 개념을 파이썬으로 구현하는 데 초점을 맞췄기 때문이다. 따라서 앞으로 관련 주제를 더 학습해볼 것을 권한다.

이 책을 통해 많은 것을 배웠길 바란다!

미겔 로샤
페드로 페헤이라

참고 문헌

[1] Gwas central, http://www.gwascentral.org/.

[2] Python for beginners, http://www.python.org/doc/Intros.html.

[3] The python language website, http://www.python.org/.

[4] Python tutor, visualization of code execution, http://pythontutor.com/.

[5] The python tutorial, https://docs.python.org/3/tutorial/.

[6] Computational Methods in Molecular Biology, Elsevier Science, 1998.

[7] Biopython: freely available python tools for computational molecular biology and bioinformatics, Bioinformatics 25 (11) (2009) 1422 – 1423.

[8] Biopython tutorial and cookbook, http://biopython.org/DIST/docs/tutorial/Tutorial.html. (Last update Nov 23, 2016).

[9] Alfred V. Aho, John E. Hopcroft, The Design and Analysis of Computer Algorithms, 1st edition, Addison-Wesley Longman Publishing Co., Inc., Boston, MA, USA, 1974.

[10] B. Alberts, A. Johnson, J. Lewis, M. Raff, K. Roberts, P. Walter, Molecular Biology of the Cell, 4th edition, Garland Science, New York, USA, 2002.

[11] Stephen F. Altschul, Warren Gish, Webb Miller, Eugene W. Myers, David J. Lipman, Basic local alignment search tool, Journal of Molecular Biology 215 (3) (1990) 403 – 410.

[12] Stephen F. Altschul, Thomas L. Madden, Alejandro A. Schäffer, Jinghui Zhang, Zheng Zhang, Webb Miller, David J. Lipman, Gapped blast and psi-blast: a new generation of protein database search programs, Nucleic Acids Research 25 (17) (1997) 3389 – 3402.

[13] R. Andersson, et al., An atlas of active enhancers across human cell types and tissues, Nature 507 (7493) (Mar 2014) 455 – 461.

[14] K. Asai, S. Hayamizu, K. Handa, Prediction of protein secondary structure by the hidden Markov model, Computer Applications in the Biosciences 9 (2) (Apr 1993) 141 – 146.

[15] A. Auton, et al., A global reference for human genetic variation, Nature 526 (7571) (Oct 2015) 68 – 74.

[16] Gary D. Bader, Christopher W.V. Hogue, Analyzing yeast protein-protein interaction data obtained from different sources, Nature Biotechnology 20 (10) (2002) 991–997.

[17] T.L. Bailey, Discovering sequence motifs, Methods in Molecular Biology 452 (2008) 231–251.

[18] T.L. Bailey, C. Elkan, Fitting a mixture model by expectation maximization to discover motifs in biopolymers, Proceedings. International Conference on Intelligent Systems for Molecular Biology 2 (1994) 28–36.

[19] Pierre Baldi, Søren Brunak, Bioinformatics: The Machine Learning Approach, 2nd edition, MIT Press, Cambridge, MA, USA, 2001.

[20] Anton Bankevich, Sergey Nurk, Dmitry Antipov, Alexey A. Gurevich, Mikhail Dvorkin, Alexander S. Kulikov, Valery M. Lesin, Sergey I. Nikolenko, Son Pham, Andrey D. Prjibelski, et al., Spades: a new genome assembly algorithm and its applications to single-cell sequencing, Journal of Computational Biology 19 (5) (2012) 455–477.

[21] Albert-László Barabási, Réka Albert, Emergence of scaling in random networks, Science 286 (5439) (1999) 509–512.

[22] Albert-László Barabási, Natali Gulbahce, Joseph Loscalzo, Network medicine: a network-based approach to human disease, Nature Reviews Genetics 12 (1) (2011) 56–68.

[23] Albert-Laszlo Barabási, Zoltan N. Oltvai, Network biology: understanding the cell's functional organization, Nature Reviews Genetics 5 (2) (2004) 101–113.

[24] N.L. Barbosa-Morais, M. Irimia, Q. Pan, H.Y. Xiong, S. Gueroussov, L.J. Lee, V. Slobodeniuc, C. Kutter, S. Watt, R. Colak, T. Kim, C.M. Misquitta-Ali, M.D. Wilson, P.M. Kim, D.T. Odom, B.J. Frey, B.J. Blencowe, The evolutionary landscape of alternative splicing in vertebrate species, Science 338 (6114) (Dec 2012) 1587–1593.

[25] Sebastian Bassi, Python for Bioinformatics, CRC Press, 2016.

[26] T. Beck, R.K. Hastings, S. Gollapudi, R.C. Free, A.J. Brookes, GWAS Central: a comprehensive resource for the comparison and interrogation of genome-wide association studies, European Journal of Human Genetics 22 (7) (Jul 2014) 949–952.

[27] E. Birney, et al., Identification and analysis of functional elements in 1% of the human genome by the ENCODE pilot project, Nature 447 (7146) (Jun

2007) 799 – 816.

[28] Hans-Joachim Böckenhauer, Dirk Bongartz, Algorithmic Aspects of Bioinformatics, Springer-Verlag New York, Inc., Secaucus, NJ, USA, 2007.

[29] Robert S. Boyer, J. Strother Moore, A fast string searching algorithm, Communications of the ACM 20 (10) (October 1977) 762 – 772.

[30] J. Buhler, M. Tompa, Finding motifs using random projections, Journal of Computational Biology 9 (2) (2002) 225 – 242.

[31] C. Burge, S. Karlin, Prediction of complete gene structures in human genomic DNA, Journal of Molecular Biology 268 (1) (Apr 1997) 78 – 94.

[32] Michael Burrows, David J. Wheeler, A Block-Sorting Lossless Data Compression Algorithm, 1994.

[33] P. Carninci, et al., The transcriptional landscape of the mammalian genome, Science 309 (5740) (Sep 2005) 1559 – 1563.

[34] Humberto Carrillo, David Lipman, The multiple sequence alignment problem in biology, SIAM Journal on Applied Mathematics 48 (5) (1988) 1073 – 1082.

[35] Phillip Compeau, Pavel Pevzner, Bioinformatics Algorithms: An Active Learning Approach, Active Learning Publishers, 2015.

[36] Community Content Contributions, Boundless biology, https://www.boundless.com/biology/textbooks/boundless-biology-textbook/, February 2017.

[37] G.M. Cooper, The Cell: A Molecular Approach, 2nd edition, Sinauer Associates, Sunderland, MA, USA, 2000.

[38] Thomas H. Cormen, Clifford Stein, Ronald L. Rivest, Charles E. Leiserson, Introduction to Algorithms, 2nd edition, McGraw-Hill Higher Education, 2001.

[39] Maxime Crochemore, Christophe Hancart, Thierry Lecroq, Algorithms on Strings, Cambridge University Press, 2007.

[40] G.E. Crooks, G. Hon, J.M. Chandonia, S.E. Brenner, WebLogo: a sequence logo generator, Genome Research 14 (6) (Jun 2004) 1188 – 1190.

[41] M.K. Das, H.K. Dai, A survey of DNA motif finding algorithms, BMC Bioinformatics 8 (Suppl 7) (Nov 2007) S21.

[42] Sanjoy Dasgupta, Christos H. Papadimitriou, Umesh Vazirani, Algorithms, McGraw-Hill, Inc., 2006.

[43] Margaret O. Dayhoff, Atlas of Protein Sequence and Structure, 1965.

[44] N. de Bruijn, A combinatorial problem, Proceedings of the Section of Sciences of the Koninklijke Nederlandse Akademie van Wetenschappen te Amsterdam 49 (7) (1946) 758 – 764.

[45] Rene De La Briandais, File searching using variable length keys, in: Papers Presented at the March 3 – 5, 1959, Western Joint Computer Conference, ACM, 1959, pp. 295 – 298.

[46] T. Derrien, R. Johnson, G. Bussotti, A. Tanzer, S. Djebali, H. Tilgner, G. Guernec, D. Martin, A. Merkel, D.G. Knowles, J. Lagarde, L. Veeravalli, X. Ruan, Y. Ruan, T. Lassmann, P. Carninci, J.B. Brown, L. Lipovich, J.M. Gonzalez, M. Thomas, C.A. Davis, R. Shiekhattar, T.R. Gingeras, T.J. Hubbard, C. Notredame, J. Harrow, R. Guigo, The GENCODE v7 catalog of human long noncoding RNAs: analysis of their gene structure, evolution, and expression, Genome Research 22 (9) (Sep 2012) 1775 – 1789.

[47] P. D'haeseleer, What are DNA sequence motifs? Nature Biotechnology 24 (4) (Apr 2006) 423 – 425.

[48] Reinhard Diestel, Graph Theory, 3rd edition, Graduate Texts in Mathematics, vol. 173, Springer, 2005.

[49] I. Dunham, et al., An integrated encyclopedia of DNA elements in the human genome, Nature 489 (7414) (Sep 2012) 57 – 74.

[50] R. Durbin, S. Eddy, A. Krogh, G. Mitchison, Biological Sequence Analysis: Probabilistic Models of Proteins and Nucleic Acids, Cambridge University Press, 1998.

[51] J.R. Ecker, W.A. Bickmore, I. Barroso, J.K. Pritchard, Y. Gilad, E. Segal, Genomics: ENCODE explained, Nature 489 (7414) (Sep 2012) 52 – 55.

[52] S.R. Eddy, Multiple alignment using hidden Markov models, Proceedings. International Conference on Intelligent Systems for Molecular Biology 3 (1995) 114 – 120.

[53] S.R. Eddy, Hidden Markov models, Current Opinion in Structural Biology 6 (3) (Jun 1996) 361 – 365.

[54] S.R. Eddy, What is a hidden Markov model? Nature Biotechnology 22 (10) (Oct 2004) 1315 – 1316.

[55] S.R. Eddy, A probabilistic model of local sequence alignment that simplifies statistical significance estimation, PLoS Computational Biology 4 (5) (May 2008) e1000069.

[56] S.R. Eddy, A new generation of homology search tools based on

probabilistic inference, Genome Informatics 23 (1) (Oct 2009) 205 − 211.

[57]   S.R. Eddy, Accelerated profile HMM searches, PLoS Computational Biology 7 (10) (Oct 2011) e1002195.

[58]   Robert C. Edgar, Muscle: multiple sequence alignment with high accuracy and high throughput, Nucleic Acids Research 32 (5) (2004) 1792 − 1797.

[59]   E. Eskin, P.A. Pevzner, Finding composite regulatory patterns in DNA sequences, Bioinformatics 18 (Suppl 1) (2002) S354 − S363.

[60]   Leonhard Euler, Solutio problematis ad geometriam situs pertinentis, Commentarii Academiae Scientiarum Petropolitanae 8 (1741) 128 − 140.

[61]   Even Shimon, Graph Algorithms, 2nd edition, Cambridge University Press, New York, NY, USA, 2011.

[62]   Joseph Felsenstein, Inferring Phylogenies, vol. 2, Sinauer Associates, Sunderland, MA, 2004.

[63]   Da-Fei Feng, Russell F. Doolittle, Progressive sequence alignment as a prerequisitetto correct phylogenetic trees, Journal of Molecular Evolution 25 (4) (1987) 351 − 360.

[64]   Paolo Ferragina, Giovanni Manzini, Opportunistic data structures with applications, in: Foundations of Computer Science, 2000. Proceedings. 41st Annual Symposium on, IEEE, 2000, pp. 390 − 398.

[65]   P.G. Ferreira, P.J. Azevedo, Evaluating deterministic motif significance measures in protein databases, Algorithms for Molecular Biology 2 (Dec 2007) 16.

[66]   Jeffrey E.F. Friedl, Mastering Regular Expressions, 2nd edition, O'Reilly & Associates, Inc., Sebastopol, CA, USA, 2002.

[67]   Emanuel Gonçalves, Joachim Bucher, Anke Ryll, Jens Niklas, Klaus Mauch, Steffen Klamt, Miguel Rocha, Julio Saez-Rodriguez, Bridging the layers: towards integration of signal transduction, regulation and metabolism into mathematical models, Molecular BioSystems 9 (7) (2013) 1576 − 1583.

[68]   M. Gribskov, S. Veretnik, Identification of sequence pattern with profile analysis, Methods in Enzymology 266 (1996) 198 − 212.

[69]   Stéphane Guindon, Jean-François Dufayard, Vincent Lefort, Maria Anisimova, Wim Hordijk, Olivier Gascuel, New algorithms and methods to estimate maximum-likelihood phylogenies: assessing the performance of PhyML 3.0, Systematic Biology 59 (3) (2010) 307 − 321.

[70]   Dan Gusfield, Algorithms on Strings, Trees and Sequences: Computer

Science and Computational Biology, 1st edition, Cambridge University Press, May 1997.

[71] Frank Harary, Graph Theory, Addison-Wesley, 1972.

[72] J. Harrow, A. Frankish, J.M. Gonzalez, E. Tapanari, M. Diekhans, F. Kokocinski, B.L. Aken, D. Barrell, A. Zadissa, S. Searle, I. Barnes, A. Bignell, V. Boychenko, T. Hunt, M. Kay, G. Mukherjee, J. Rajan, G. Despacio-Reyes, G. Saunders, C. Steward, R. Harte, M. Lin, C. Howald, A. Tanzer, T. Derrien, J. Chrast, N. Walters, S. Balasubramanian, B. Pei, M. Tress, J.M. Rodriguez, I. Ezkurdia, J. van Baren, M. Brent, D. Haussler, M. Kellis, A. Valencia, A. Reymond, M. Gerstein, R. Guigo, T.J. Hubbard, GENCODE: the reference human genome annotation for The ENCODE Project, Genome Research 22 (9) (Sep 2012) 1760 – 1774.

[73] D. Haussler, A. Krogh, I.S. Mian, K. Sjolander, Protein modeling using hidden Markov models: analysis of globins, in: Proceeding of the Twenty-Sixth Hawaii International Conference on System Sciences, IEEE, IEEE, 1993, pp. 792 – 802.

[74] Steven Henikoff, Jorja G. Henikoff, Amino acid substitution matrices from protein blocks, Proceedings of the National Academy of Sciences 89 (22) (1992) 10915 – 10919.

[75] G.Z. Hertz, G.W. Hartzell, G.D. Stormo, Identification of consensus patterns in unaligned DNA sequences known to be functionally related, Computer Applications in the Biosciences 6 (2) (Apr 1990) 81 – 92.

[76] Carl Hierholzer, Über die Möglichkeit, einen Linienzug ohne Wiederholung und ohne Unterbrechung zu umfahren, Mathematische Annalen 6 (1) (1873) 30 – 32.

[77] Desmond G. Higgins, Paul M. Sharp, Clustal: a package for performing multiple sequence alignment on a microcomputer, Gene 73 (1) (1988) 237 – 244.

[78] John E. Hopcroft, Rajeev Motwani, Jeffrey D. Ullman, Introduction to Automata Theory, Languages, and Computation, 3rd edition, Addison-Wesley Longman Publishing Co., Inc., Boston, MA, USA, 2006.

[79] Michael Huerta, Gregory Downing, Florence Haseltine, Belinda Seto, Yuan Liu, Nih Working Definition of Bioinformatics and Computational Biology, US National Institute of Health, 2000.

[80] Ramana M. Idury, Michael S. Waterman, A new algorithm for DNA

sequence assembly, Journal of Computational Biology 2 (2) (1995) 291 – 306.

[81] Jan Ihmels, Gilgi Friedlander, Sven Bergmann, Ofer Sarig, Yaniv Ziv, Naama Barkai, Revealing modular organization in the yeast transcriptional network, Nature Genetics 31 (4) (2002) 370.

[82] Anantharaman Narayana Iyer, pyhmm, https://github.com/ananthpn/pyhmm. (Retrieved October 2017).

[83] Hawoong Jeong, Bálint Tombor, Réka Albert, Zoltan N. Oltvai, A.-L. Barabási, The large-scale organization of metabolic networks, Nature 407 (6804) (2000) 651 – 654.

[84] N.C. Jones, P. Pevzner, An Introduction to Bioinformatics Algorithms, A Bradford book, London, 2004.

[85] Daniel Jurafsky, James H. Martin, Speech and Language Processing: An Introduction to Natural Language Processing, Computational Linguistics, and Speech Recognition, 1st edition, Prentice Hall PTR, Upper Saddle River, NJ, USA, 2000.

[86] K. Karplus, K. Sjolander, C. Barrett, M. Cline, D. Haussler, R. Hughey, L. Holm, C. Sander, Predicting protein structure using hidden Markov models, Proteins 29 (Suppl 1) (1997) 134 – 139.

[87] Kazutaka Katoh, Kazuharu Misawa, Kei-ichi Kuma, Takashi Miyata, MAFFT: a novel method for rapid multiple sequence alignment based on fast Fourier transform, Nucleic Acids Research 30 (14) (2002) 3059 – 3066.

[88] U. Keich, P.A. Pevzner, Subtle motifs: defining the limits of motif finding algorithms, Bioinformatics 18 (10) (Oct 2002) 1382 – 1390.

[89] H. Keren, G. Lev-Maor, G. Ast, Alternative splicing and evolution: diversification, exon definition and function, Nature Reviews Genetics 11 (5) (May 2010) 345 – 355.

[90] A. Krogh, Two methods for improving performance of an HMM and their application for gene finding, Proceedings. International Conference on Intelligent Systems for Molecular Biology 5 (1997) 179 – 186.

[91] A. Krogh, M. Brown, I.S. Mian, K. Sjolander, D. Haussler, Hidden Markov models in computational biology. Applications to protein modeling, Journal of Molecular Biology 235 (5) (Feb 1994) 1501 – 1531.

[92] Eric S. Lander, Lauren M. Linton, Bruce Birren, Chad Nusbaum, Michael C. Zody, Jennifer Baldwin, Keri Devon, Ken Dewar, Michael Doyle, William FitzHugh, et al., Initial sequencing and analysis of the human genome,

Nature 409 (6822) (2001) 860 – 921.

[93] Langmead Ben, Steven L. Salzberg, Fast gapped-read alignment with Bowtie 2, Nature Methods 9 (4) (2012) 357 – 359.

[94] C.E. Lawrence, S.F. Altschul, M.S. Boguski, J.S. Liu, A.F. Neuwald, J.C. Wootton, Detecting subtle sequence signals: a Gibbs sampling strategy for multiple alignment, Science 262 (5131) (Oct 1993) 208 – 214.

[95] M. Lek, et al., Analysis of protein-coding genetic variation in 60,706 humans, Nature 536 (7616) (08. 2016) 285 – 291.

[96] H.C. Leung, F.Y. Chin, Algorithms for challenging motif problems, Journal of Bioinformatics and Computational Biology 4 (1) (Feb 2006) 43 – 58.

[97] Vladimir I. Levenshtein, Binary codes capable of correcting deletions, insertions, and reversals, Soviet Physics Doklady 10 (1966) 707 – 710.

[98] S. Levy, G. Sutton, P.C. Ng, L. Feuk, A.L. Halpern, B.P. Walenz, N. Axelrod, J. Huang, E.F. Kirkness, G. Denisov, Y. Lin, J.R. MacDonald, A.W. Pang, M. Shago, T.B. Stockwell, A. Tsiamouri, V. Bafna, V. Bansal, S.A. Kravitz, D.A. Busam, K.Y. Beeson, T.C. McIntosh, K.A. Remington, J.F. Abril, J. Gill, J. Borman, Y.H. Rogers, M.E. Frazier, S.W. Scherer, R.L. Strausberg, J.C. Venter, The diploid genome sequence of an individual human, PLoS Biology 5 (10) (Sep 2007) e254.

[99] Dinghua Li, Chi-Man Liu, Ruibang Luo, Kunihiko Sadakane, Tak-Wah Lam, MEGAHIT: an ultra-fast single-node solution for large and complex metagenomics assembly via succinct de Bruijn graph, Bioinformatics 31 (10) (2015) 1674 – 1676.

[100] Heng Li, Richard Durbin, Fast and accurate short read alignment with Burrows-Wheeler transform, Bioinformatics 25 (14) (2009) 1754 – 1760.

[101] N. Li, M. Tompa, Analysis of computational approaches for motif discovery, Algorithms for Molecular Biology 1 (May 2006) 8.

[102] Ruiqiang Li, Yingrui Li, Karsten Kristiansen, Jun Wang, SOAP: short oligonucleotide alignment program, Bioinformatics 24 (5) (2008) 713 – 714.

[103] David J. Lipman, Stephen F. Altschul, John D. Kececioglu, A tool for multiple sequence alignment, Proceedings of the National Academy of Sciences 86 (12) (1989) 4412 – 4415.

[104] Ruibang Luo, Binghang Liu, Yinlong Xie, Zhenyu Li, Weihua Huang, Jianying Yuan, Guangzhu He, Yanxiang Chen, Qi Pan, Yunjie Liu, et al., SOAPdenovo2: an empirically improved memory-efficient short-read de

novo assembler, Gigascience 1 (1) (2012) 18.

[105] Nicholas M. Luscombe, Dov Greenbaum, Mark Gerstein, et al., What is bioinformatics? A proposed definition and overview of the field, Methods of Information in Medicine 40 (4) (2001) 346 – 358.

[106] Daniel Machado, Rafael S. Costa, Miguel Rocha, Eugénio C. Ferreira, Bruce Tidor, Isabel Rocha, Modeling formalisms in systems biology, AMB Express 1 (1) (2011) 45.

[107] S. Marco-Sola, M. Sammeth, R. Guigo, P. Ribeca, The GEM mapper: fast, accurate and versatile alignment by filtration, Nature Methods 9 (12) (Dec 2012) 1185 – 1188.

[108] Florian Markowetz, All biology is computational biology, PLoS Biology 15 (3) (2017) e2002050.

[109] T. Marschall, S. Rahmann, Efficient exact motif discovery, Bioinformatics 25 (12) (Jun 2009) i356 – i364.

[110] Paul Medvedev, Son Pham, Mark Chaisson, Glenn Tesler, Pavel Pevzner, Paired de Bruijn graphs: a novel approach for incorporating mate pair information into genome assemblers, Journal of Computational Biology 18 (11) (2011) 1625 – 1634.

[111] J. Merkin, C. Russell, P. Chen, C.B. Burge, Evolutionary dynamics of gene and isoform regulation in Mammalian tissues, Science 338 (6114) (Dec 2012) 1593 – 1599.

[112] F. Mignone, C. Gissi, S. Liuni, G. Pesole, Untranslated regions of mRNAs, Genome Biology 3 (3) (2002), REVIEWS0004.

[113] R.E. Mills, et al., Mapping copy number variation by population-scale genome sequencing, Nature 470 (7332) (Feb 2011) 59 – 65.

[114] Ron Milo, Shai Shen-Orr, Shalev Itzkovitz, Nadav Kashtan, Dmitri Chklovskii, Uri Alon, Network motifs: simple building blocks of complex networks, Science 298 (5594) (2002) 824 – 827.

[115] Mitchell L. Model, Bioinformatics Programming Using Python: Practical Programming for Biological Data, 1st edition, OReilly Media, Inc., 2009.

[116] Edward F. Moore, The shortest path through a maze, in: Proc. Int. Symp. Switching Theory, 1959, 1959, pp. 285 – 292.

[117] David W. Mount, Bioinformatics: Sequence and Genome Analysis, 2nd edition, Cold Spring Harbor Laboratory Press, 2004.

[118] Saul B. Needleman, Christian D. Wunsch, A general method applicable to

the search for similarities in the amino acid sequence of two proteins, Journal of Molecular Biology 48 (3) (1970) 443 – 453.

[119] Cédric Notredame, Desmond G. Higgins, Jaap Heringa, T-coffee: a novel method for fast and accurate multiple sequence alignment, Journal of Molecular Biology 302 (1) (2000) 205 – 217.

[120] C.M. O'Connor, J.U. Adams, Essentials of Cell Biology, NPG Education, Cambridge, MA, USA, 2010.

[121] Smithsonian's National Museum of Natural History and the National Institutes of Health's National Human Genome Research Institute, Unlocking life's code, https://unlockinglifescode.org/, February 2017.

[122] Q. Pan, O. Shai, L.J. Lee, B.J. Frey, B.J. Blencowe, Deep surveying of alternative splicing complexity in the human transcriptome by high-throughput sequencing, Nature Genetics 40 (12) (Dec 2008) 1413 – 1415.

[123] William R. Pearson, David J. Lipman, Improved tools for biological sequence comparison, Proceedings of the National Academy of Sciences 85 (8) (1988) 2444 – 2448.

[124] Yu Peng, Henry C.M. Leung, Siu-Ming Yiu, Francis Y.L. Chin, IDBA—a practical iterative de Bruijn graph de novo assembler, in: Annual International Conference on Research in Computational Molecular Biology, Springer, 2010, pp. 426 – 440.

[125] Jonathan Pevsner, Bioinformatics and Functional Genomics, 3rd edition, John Wiley & Sons, 2015.

[126] P.A. Pevzner, S.H. Sze, Combinatorial approaches to finding subtle signals in DNA sequences, Proceedings. International Conference on Intelligent Systems for Molecular Biology 8 (2000) 269 – 278.

[127] Pavel A. Pevzner, Haixu Tang, Michael S. Waterman, An Eulerian path approach to DNA fragment assembly, Proceedings of the National Academy of Sciences 98 (17) (2001) 9748 – 9753.

[128] Dusty Phillips, Python 3 Object Oriented Programming, Packt Publishing Ltd, 2010.

[129] R. Phillips, R. Milo, Cell Biology by the Numbers, Garland Science, Cambridge, MA, USA, 2015.

[130] Lawrence R. Rabiner, A tutorial on hidden Markov models and selected applications in speech recognition, in: Proceedings of the IEEE, 1989, pp. 257 – 286.

[131] A. Ralston, Operons and prokaryotic gene regulation, in: Nature Education, vol. 1, Nature Publishing Group, 2008, p. 216.

[132] Erzsébet Ravasz, Anna Lisa Somera, Dale A. Mongru, Zoltán N. Oltvai, A.-L. Barabási, Hierarchical organization of modularity in metabolic networks, Science 297 (5586) (2002) 1551 – 1555.

[133] Jennifer L. Reed, Thuy D. Vo, Christophe H. Schilling, Bernhard O. Palsson, An expanded genome-scale model of Escherichia coli K-12 (iJR904 GSM/GPR), Genome Biology 4 (9) (2003) R54.

[134] Marie-France Sagot, Spelling approximate repeated or common motifs using a suffix tree, in: Proc. of the 3rd Latin American Symposium on Theoretical Informatics, LATIN'98, Campinas, Brazil, 1998, pp. 374 – 390.

[135] Naruya Saitou, Masatoshi Nei, The neighbor-joining method: a new method for reconstructing phylogenetic trees, Molecular Biology and Evolution 4 (4) (1987) 406 – 425.

[136] G.K. Sandve, F. Drabløs, A survey of motif discovery methods in an integrated framework, Biology Direct 1 (Apr 2006) 11.

[137] T.D. Schneider, R.M. Stephens, Sequence logos: a new way to display consensus sequences, Nucleic Acids Research 18 (20) (Oct 1990) 6097 – 6100.

[138] Robert Sedgewick, Kevin Wayne, Algorithms, Addison-Wesley Professional, 2011.

[139] Fabian Sievers, Andreas Wilm, David Dineen, Toby J. Gibson, Kevin Karplus, Weizhong Li, Rodrigo Lopez, Hamish McWilliam, Michael Remmert, Johannes Söding, et al., Fast, scalable generation of high-quality protein multiple sequence alignments using Clustal Omega, Molecular Systems Biology 7 (1) (2011) 539.

[140] H.O. Smith, K.W. Wilcox, A restriction enzyme from Hemophilus influenzae. I. Purification and general properties, Journal of Molecular Biology 51 (2) (Jul 1970) 379 – 391.

[141] Temple F. Smith, Michael S. Waterman, Identification of common molecular subsequences, Journal of Molecular Biology 147 (1) (1981) 195 – 197.

[142] R. Sokal, C. Michener, A statistical method for evaluating systematic relationships, University of Kansas Science Bulletin 28 (1958) 1409 – 1438.

[143] E.L. Sonnhammer, S.R. Eddy, E. Birney, A. Bateman, R. Durbin, Pfam: multiple sequence alignments and HMM-profiles of protein domains,

Nucleic Acids Research 26 (1) (Jan 1998) 320 – 322.

[144] G.D. Stormo, DNA binding sites: representation and discovery, Bioinformatics 16 (1) (Jan 2000) 16 – 23.

[145] G.D. Stormo, G.W. Hartzell, Identifying protein-binding sites from unaligned DNA fragments, Proceedings of the National Academy of Sciences of the United States of America 86 (4) (Feb 1989) 1183 – 1187.

[146] Eric Talevich, Brandon M. Invergo, Peter J.A. Cock, Brad A. Chapman, Bio.Phylo: a unified toolkit for processing, analyzing and visualizing phylogenetic trees in Biopython, BMC Bioinformatics 13 (1) (2012) 209.

[147] Julie D. Thompson, Desmond G. Higgins, Toby J. Gibson, CLUSTAL W: improving the sensitivity of progressive multiple sequence alignment through sequence weighting, position-specific gap penalties and weight matrix choice, Nucleic Acids Research 22 (22) (1994) 4673 – 4680.

[148] M. Tompa, N. Li, T.L. Bailey, G.M. Church, B. De Moor, E. Eskin, A.V. Favorov, M.C. Frith, Y. Fu, W.J. Kent, V.J. Makeev, A.A. Mironov, W.S. Noble, G. Pavesi, G. Pesole, M. Regnier, N. Simonis, S. Sinha, G. Thijs, J. van Helden, M. Vandenbogaert, Z. Weng, C. Workman, C. Ye, Z. Zhu, Assessing computational tools for the discovery of transcription factor binding sites, Nature Biotechnology 23 (1) (Jan 2005) 137 – 144.

[149] Guido van Rossum, Personal home page, http://legacy.python.org/~guido/.

[150] J. Craig Venter, Mark D. Adams, Eugene W. Myers, Peter W. Li, Richard J. Mural, Granger G. Sutton, Hamilton O. Smith, Mark Yandell, Cheryl A. Evans, Robert A. Holt, et al., The sequence of the human genome, Science 291 (5507) (2001) 1304 – 1351.

[151] E.T. Wang, R. Sandberg, S. Luo, I. Khrebtukova, L. Zhang, C. Mayr, S.F. Kingsmore, G.P. Schroth, C.B. Burge, Alternative isoform regulation in human tissue transcriptomes, Nature 456 (7221) (Nov 2008) 470 – 476.

[152] K. Wang, M. Li, D. Hadley, R. Liu, J. Glessner, S.F. Grant, H. Hakonarson, M. Bucan, PennCNV: an integrated hidden Markov model designed for high-resolution copy number variation detection in whole-genome SNP genotyping data, Genome Research 17 (11) (Nov 2007) 1665 – 1674.

[153] W. Wei, X.D. Yu, Comparative analysis of regulatory motif discovery tools for transcription factor binding sites, Genomics, Proteomics & Bioinformatics 5 (2) (May 2007) 131 – 142.

[154] Peter Weiner, Linear pattern matching algorithms, in: Switching and Automata Theory, 1973. SWAT'08. IEEE Conference Record of 14th Annual Symposium on, IEEE, 1973, pp. 1 – 11.

[155] Niklaus Wirth, Algorithms + Data Structures = Programs, Prentice Hall PTR, Upper Saddle River, NJ, USA, 1978.

[156] D.J. Witherspoon, S. Wooding, A.R. Rogers, E.E. Marchani, W.S. Watkins, M.A. Batzer, L.B. Jorde, Genetic similarities within and between human populations, Genetics 176 (1) (May 2007) 351 – 359.

[157] Chi-En Wu, PythonHMM, https://github.com/jason2506/PythonHMM. (Retrieved October 2017).

[158] Daniel R. Zerbino, Ewan Birney, Velvet: algorithms for de novo short read assembly using de Bruijn graphs, Genome Research 18 (5) (2008) 821 – 829.

[159] L. Zhang, S. Kasif, C.R. Cantor, N.E. Broude, GC/AT-content spikes as genomic punctuation marks, Proceedings of the National Academy of Sciences of the United States of America 101 (48) (Nov 2004) 16855 – 16860.

[160] W. Zhang, J. Chen, Y. Yang, Y. Tang, J. Shang, B. Shen, A practical comparison of de novo genome assembly software tools for next-generation sequencing technologies, PLoS ONE 6 (3) (Mar 2011) e17915.

[161] Konrad Zuse, Der Plankalkül. Number 63, Gesellschaft für Mathematik und Datenverarbeitung, 1972.

찾아보기

생명정보학 알고리즘

파이썬으로 구현하는 생명정보학 알고리즘

발 행 | 2020년 10월 29일

지은이 | Miguel Rocha · Pedro G. Ferreira
옮긴이 | 한 주 현 · 김 태 윤

펴낸이 | 권 성 준
편집장 | 황 영 주
편 집 | 조 유 나
디자인 | 박 주 란

에이콘출판주식회사
서울특별시 양천구 국회대로 287 (목동)
전화 02-2653-7600, 팩스 02-2653-0433
www.acornpub.co.kr / editor@acornpub.co.kr

한국어판 ⓒ 에이콘출판주식회사, 2020, Printed in Korea.
ISBN 979-11-6175-476-5
http://www.acornpub.co.kr/book/bioinformatics-algorithms

이 도서의 국립중앙도서관 출판시도서목록(CIP)은 서지정보유통지원시스템 홈페이지(http://seoji.nl.go.kr)와
국가자료공동목록시스템(http://www.nl.go.kr/kolisnet)에서 이용하실 수 있습니다.(CIP제어번호: CIP2020043355)

책값은 뒤표지에 있습니다.